"十二五"职业教育国家规划教材
经全国职业教育教材审定委员会审定

U0731049

幼儿教师口语训练教程

（第三版）

主　编　王素珍

副主编　李晓光　张海燕

编　者　（按姓氏笔画排列）

王素珍　王小林　王子华　韦　萍

李晓光　李　然　严虹焰　肖　红

肖育林　肖翠玲　吴文杰　吴忠华

张海燕　范煜璟　周贤英　顾帼立

夏长青　程维薇　蔡　艳

复旦大学出版社

内容提要

本教材根据教育部《中小学和幼儿园教师资格考试标准(试行)》《3-6岁儿童学习与发展指南》和第七版《现代汉语词典》的内容，系统阐述幼儿教师口语的基本理论、基础知识，结合幼儿园教育教学的实际，通过范例分析、训练材料、思考练习等，力求做到理论与实践相结合、讲解与训练相结合。突出针对性与实用性，以提高幼师生的口语表达能力。

本次修订基本保持原版体例，同时对有关内容进行了增删处理。增加了语言实践的内容，丰富了口语训练的方法，扩充了课外练习的材料。根据学前教育事业的社会发展现状，增加了"幼儿教师资格考试和求职面试的口语训练"；并利用现代传媒技术，加入"扫码学习"方式，以方便学生的课外学习训练，增大教材的容量。

同时，第三版配置了与教材同步的课件、教案、课后习题的参考答案，供教师在教学中使用。以上教学资源可登录复旦社云平台（www.fudanyun.cn）免费下载。

复旦社云平台
数字化教学支持说明

为提高教学服务水平，促进课程立体化建设，复旦大学出版社建设了"复旦社云平台"，为师生提供丰富的课程配套资源，可通过"电脑端"和"手机端"查看、获取。

【电脑端】

电脑端资源包括 PPT 课件、电子教案、习题答案、课程大纲、音频、视频等内容。可登录"复旦社云平台"（www.fudanyun.cn）浏览、下载。

Step 1 登录网站"复旦社云平台"（www.fudanyun.cn），点击右上角"登录／注册"，使用手机号注册。

Step 2 在"搜索"栏输入相关书名，找到该书，点击进入。

Step 3 点击【配套资源】中的"下载"（首次使用需输入教师信息），即可下载。音频、视频内容可通过搜索该书【视听包】在线浏览。

【手机端】

PPT 课件、音视频、阅读材料：用微信扫描书中二维码即可浏览。

扫码浏览

【更多相关资源】

更多资源，如专家文章、活动设计案例、绘本阅读、环境创设、图书信息等，可关注"幼师宝"微信公众号，搜索、查阅。

平台技术支持热线：029-68518879。

"幼师宝"微信公众号

前　言

2006年7月,《幼儿教师口语训练教程》首次出版;第二版于2013年5月修订出版,并于2014年7月入选教育部"'十二五'职业教育国家规划教材"。随着国家学前教育事业快速发展和语言文字政策的变化,在征求教材使用者的意见和建议的基础上,对第二版进行了修订。说明如下:

1. 本教材紧扣课程思政的要求,体现党的二十大会议精神,在口语训练课程中融入教育观、职业道德感、社会责任感和教育情怀的思政元素。书中的口语训练语料均经过精心选择,旨在将思政教育与教师口语训练有机融合,引导学生在学习口语表达的同时了解中华优秀传统文化,树立文化自信和社会责任感,达到"润物细无声"的教育效果。

2. 坚持第二版教材实用性和针对性原则,保留原版的体例,教材贯穿教学案例、训练材料和思考与练习于其中,并根据需要调整了个别章节的顺序,替换了个别陈旧过时的练习内容。

3. 认真落实国家有关学前教育的政策法规,体现幼师教育"中国化"和幼儿园教育"去小学化"精神,根据教育部2012年《3—6岁儿童学习与发展指南》,删除了第二版教材中的个别章节,更换了与之相关的范例材料及练习题,突出了提高幼儿园教师专业素质和能力的导向。

4. 根据2016年9月修订的第七版《现代汉语词典》中对现代汉语词汇的增删情况,对与口语有关的教学内容进行适当调整。

5. 根据2011年教育部师范司和教育部考试中心公布的《中小学和幼儿园教师资格考试标准(试行)》和学前教育事业的社会发展现状,增加了"幼儿教师资格面试和求职面试的口语训练"一节。

6. 利用现代传媒技术,增加"扫码学习"和云平台资料下载方式,以方便学生的课外学习训练,并适当扩充教材的容量。教材中的经典诗文31篇范读音频可扫码学习;国家普通话测试中"朗读"部分的60篇作品和"说话"部分的30个说话题目可在云平台下载学习。为了方便口语课教师的课堂教学,第三版制作了与教材同步的教学课件、习题解析及配套教案。

本教材由王素珍主编。参加编写的都是幼儿师范院校和相关机构从事专业教学的一线教师。参编单位有赤峰学院学前教育与特殊教育学院、成都大学学前教育学院、天津师范大学学前教育学院、石家庄幼儿师范高等专科学校、川南幼儿师范高等专科学校、贵阳幼儿师范高等专科学校、毕节幼儿师范高等专科学校、赤峰市直属机关幼儿园、赤峰市六一幼儿园、赤峰市红山区第十五幼儿园。

参加第三版修订工作的有:王素珍、王小林、王子华、李晓光、李然、张海燕、吴忠华、夏长青。教材文字内容由王素珍统稿;教学课件由王小林制作;各章"思考与练习"的参考答案、本教材配套教案由夏长青撰写。

本书参考、借鉴、引用了许多国内外作家、学者和幼儿园教师的著述、作品、教学案例,在此表示感谢。同时,也感谢复旦大学出版社的大力支持。由于编者的水平和占有资料所限,教材有不足和纰漏之处,敬请有关专家同行和使用者指正。

目　录

绪 论

　　教师口语是教师"传道、授业、解惑"的主要工具,是各级各类学校教师、师范类院校学生必备的职业能力。自1993年原国家教委颁布《师范院校教师口语课程标准》以来,不同版本的《教师口语》相继出版,教师口语也成了师范院校实践性很强的必修课。跟随历史前进的脚步,新世纪的教师教育在教育理念、学历层次、培养模式等方面发生了重大变化,对师范院校学生包括口语表达在内的基本能力也提出了新的更高的要求,教师口语也被赋予了时代性的内容。

一、关于口头语言

　　语言是人类特有的交际工具,在人类历史上口头语言始终伴随着人们的日常生活,是人类赖以生存的基本工具之一。对此,我国传统文化中有"一言可以兴邦,一言可以丧邦""一言之辩,重于九鼎之宝""三寸之舌,强于百万之师"的古训;美国当代著名演讲学专家卡耐基说:"一个人的成功,15%取决于知识和技巧,85%取决于沟通——发表自己意见的能力和激发他人热忱的能力。"这些论述揭示了在一定的情况下语言的社会功能。当代社会科学技术的飞速发展,传播手段的日新月异,以及人们生产生活方式的改变使口头语言得到空前的重视和广泛的应用,重新审视口语的功能,从中发现当代社会口语交际呈现以下四个特点。

　　一是应用的范围不断扩大。现代传媒技术的发明普及,使口语交流突破时空界限,除了最常用的电话、手机外,人与人之间的交际交流还不断出现更加快捷方便的方式,如介于口头语言与书面语言之间的手机短信、微信、视频聊天等形式。总之,在科学技术水平发展日新月异的当代社会,口头语言交际的应用范围越来越大,并且呈现快速发展的趋势,在某些领域已经取代了其他交流方式,如有条件使用电话、手机的人很少再用书面语言联系沟通,"家书抵万金"的时代正在成为历史,此外还有多媒体音像制品等有声语言的应用以及电视、电脑的普及对纸质媒介的冲击等。

　　二是口语表达要求的专业化、职业化。现代化的物质文明改变着人们的生存方式,激烈的社会竞争、快节奏的生活,使人们必须变"讷于言而敏于行"为"快于言而敏于行"。据说,在欧美国家收视率最高的电视节目,就是谈话类的"脱口秀";我国传媒行业众多的播音、主持人中,那些知识渊博、思维机敏、口才超群的"名嘴"往往一夜之间成为"明星",受到亿万观众的欢迎甚至崇拜,主持播音也成为最令人向往的职业;在逢进必考的国家公务员、事业单位录用等所谓的"体制内"人才选拔考试中,即使是在笔试中百里挑一、甚至是千里挑一的佼佼者,也有可能在占总成绩相当比例的、以口语形式进行的面试中功亏一篑;在就业难压力大的职场,口试是考核应试者综合素质的重要环节,有的大学毕业生为了找到理想的岗位而专门参加语言交际培训进行语言包装,甚至到医院做声音美容手术;南方某大学专门开设淑女班、君子班,按着魏晋文学家嵇康在《诫子书》中"去小人之卑恭,用君子之谦裕"的标准,培养知书达理、大方得体、不卑不亢、刚柔并济,会说话、会走路,有学识、有修养、有气质的人才。

　　三是理论研究向实用、实践方向发展。口头语言属于应用语言学的范畴。近十几年来，我国此方面的研究得到突破性的进展。首先因为在 20 世纪中叶以后，现代语言学突破了索绪尔的纯语言研究的藩篱，进入语言学的动态研究的新阶段，60 年代欧美的应用语言学获得了蓬勃的发展。80 年代开始，在国外应用语言学理论的启示下，我国的语言学打破纯理论、静态描写的局面，逐步重视语言应用研究并朝着注重实践注重应用方向发展。同时，改革开放、市场经济的繁荣使现实生活中语言应用领域越来越宽阔，语言现象越来越丰富，为理论与实践相结合的研究的深入提供了丰富的语境，反过来积极影响语言学研究的价值取向和发展趋势。

　　四是语言应用中母语的规范性亟待加强。改革开放以来，现代化中国每天都在发生着变化，世界性的文化交流影响和现代资讯技术的使用使语言交际中出现了新的问题，如电脑打字致使很多人"提笔忘字"、汉语拼音与其他民族拼音文字（诸如英文字母）的混淆、汉字电脑录入中的拼音同音字导致大量同音错别字的出现、网络语言在年轻一代的滥用和以讹传讹，汉语使用中从书面语言到口头语言的不规范现象十分严重。台湾著名作家张晓风为此担忧，她说："现在华人地区一个普遍现象是：学生英语没学好，中文也没学好。如果一个民族自己的语言学得糟、烂，却成为别国语言的殖民地，那不就成为'亡国奴'了吗？"她举例说："现在大家话都不会说了。比如都说'女士们、先生们'，其实这是不对的。中文应该说'各位女士、各位先生'，因为中文的先生、女士不用多数。"此外，现实社会俯拾皆是的语言不规范现象，人们的习以为常、容忍漠视等更加令人担忧。母语使用中的混乱现象已引起教育部门和有关专家学者的注意并采取了相应措施，自 2017 年开始的高考改革，就显露出"语文将成为高考第一主角"的趋势。分析近两年的高考语文试卷可以看出，语文的难度不断提升，题量明显增加。那些知识面窄、做题速度慢、理解水平差、靠死记硬背的考生会被淘汰；而文化素养高、阅读速度快、理解能力强、母语表达又快又好者定能得高分，相信在"得语文者得高考"指挥棒的引导下，语言规范化的春天即将到来！

二、关于幼儿教师口语

　　教育部在《师范院校教师口语标准》中明确，教师口语是"研究教师口语运用规律的一门应用语言学科，是在理论指导下培养学生在教育、教学等工作中口语运用能力的实践性很强的课程"。2011 年在《幼儿园教师教育课程标准》（以下简称新《课标》）里，关于"幼儿教师应具有的知识和能力"中，要求"掌握观察、谈话、倾听、作品分析等基本方法，理解幼儿发展需要"；2012 年教育部制定的《3—6 岁儿童学习与发展指南》（以下简称《指南》）中，提出了 3—6 岁儿童各年龄阶段学习与发展的具体要求；教育部师范司、教育部考试中心在 2011 年公布的"中小学和幼儿园教师资格考试标准"中，要求幼儿教师的基本素养为："1. 了解自然和人文科学的一般知识，熟悉常见的幼儿科普读物和文学作品，具有较好的文学修养。2. 具有较好的艺术修养和审美能力。3. 具有较好的人际交往与沟通能力。4. 具有一定的阅读能力、语言与文字能力、信息获得与处理能力。"在教学目的、教学内容及训练方式等方面，幼儿教师口语与其他类型的教师口语基本相同，在要求语言具有规范性、逻辑性、启发性、激励性的同时，还应该注意突出以下三个特点。

　　（一）形象生动

　　幼儿阶段思维的特点是具体、形象，他们容易接受直观、生动、具体的事物，对概念的感知和理解，更需要借助于形象。因此，幼儿教师要善于运用语言创造直观形象，来帮助幼儿了解各种抽象的事物、词语、概念。比如：创作于 20 世纪 50 年代，影响了几代人的童话故事《小蝌蚪找妈妈》的开头："暖和的春天来了，池塘里的冰融化了，柳树上长出了绿色的叶子，青蛙妈妈在泥洞里睡了一个冬天，也醒来了……"形象生动的语言把人领入一个生机盎然、令人神往的童话世界,激起了幼儿的兴趣和想象,之后用小蝌蚪一次次找错妈妈的情节把青蛙成长过程描绘得充满了诗情画意,使人终生难忘。我国著名科普作家高士其的作品不但被幼儿所喜闻乐见,连成人也爱不释手,其原因就是语言的生动形象。

(二)生活化

语言的生活化,是指幼儿教师在组织幼儿活动时应当较多使用非概念化的生活交际语言。语言的生活化是由幼儿教育内容的生活化所决定的。幼儿在幼儿园学习的内容既包括了解和认识周围世界,也包括一些基本的生活、生存能力。在生活中学习与人交往,在生活中掌握基本常识,脱离幼儿现有生活经验的抽象概念是幼儿无法理解的。虽然幼儿教师可以偶尔使用一些书面语言或专业化的术语,但这些语言也必须是幼儿生活中常见的和符合幼儿认知水平的。例如:教师要求幼儿给桌上的不同形状的插塑分类时,使用"下面请小朋友送三角形的插塑回家(画有三角形的小篮子),送正方形的插塑回家",比"下面请小朋友按形状给这些插塑分类"效果好。"送……回家"是幼儿经常听到的生活语言,而"形状""分类"是比较抽象的概念,在日常交际中幼儿很少接触到,所以理解起来比较困难。

(三)结构简化

句法结构较为简短、词汇涉及的范围较小是幼儿教师使用语言时必须遵循的另一个标准。教师在与幼儿交谈时,所使用的词汇和语法结构应当有所调整:句子不宜过长,复句和并列句不宜过多,多用动词、形容词,少用抽象名词和副词,语法和语义关系也应限定在一定的范围之内。

比如,《小猪盖房子》的开头:"猪妈妈有三只小猪,一只是小黑猪,一只是小白猪,还有一只是小花猪。"这一段故事共用了四个单句,后三句结构相似,都是由主谓宾句子主干成分构成的简单句式,"一只是……""一只是……""还有一只是……"的重复,看似啰唆,却与上句的"猪妈妈有三只小猪"相照应,符合幼儿的认知特点。又如,儿歌《爱护青草》:"小兔小兔,轻轻跳。小狗小狗,慢慢跑。要是踩疼小青草,我就不跟你们好!"排比的句式、拟人化的对话、儿童的口吻语气、直白的语言,朗朗上口好懂易记。

三、幼儿教师口语的内容

幼儿教师口语一般包含三方面的内容。

一是教师口语涉及的基本原理、基本理论、基本知识。

二是从一般交际口语训练到幼儿教师口语训练(包括教学口语、教育口语和社会交际口语)。

三是幼儿教师口语常见问题分析纠正。

四、怎样学习教师口语

口头语言表达能力的提高非一日之功,无捷径可走,必须经过认真学习刻苦训练方能见效,为此建议从以下三方面努力。

(一)提高自身文化素质

在物质文明发达的当代社会,现实五光十色,人们心浮气躁,很多人渴望成功,梦想一夜成名,却忽视了文化修养和内在品质的提高,不懂得"慧于心而秀于言"的基本道理。因此,出色的语言表达能力以丰厚的文化积淀为基础,是一个人优秀的内在素质的外在体现。具体包括以下三方面的内容。

1. 品德

与教育界的其他同行相比，幼儿教师有着特殊的职业特点。第一，身为幼儿的第一任教师，开启鸿蒙责任重大；面对天真无邪、纯如天使的孩子，要用一言一行春风化雨、润物无声般地向民族的未来传承文明。第二，教育对象的特殊，学前阶段的幼儿花蕾般稚嫩、幼芽般娇弱，需要教师有足够的细心、耐心，尤其是一颗慈母般的爱心，时时处处精心呵护，避免儿童的身心遭受包括语言暴力在内的伤害；努力做到"爱孩子、爱一切孩子、爱孩子的一切"，像"老鹰捉小鸡"游戏里张开双臂保护宝宝的鸡妈妈一样，保护幼儿的身心健康，通过言传身教把人间的真诚、善良、慈爱播撒到幼儿的心田。

2. 学识

在科学技术和教育事业飞速发展的今天，随着国家物质文明和精神文明水平的提升，幼儿成长环境的改善、家长文化素质的提高，尤其是早期教育意识的增强，社会对幼儿园教育效果的期待和对幼儿教师的要求也逐步提高。因此，每个教师要与时俱进，不断学习，不仅要精通本学科专业知识，还应通晓相近学科的知识。在这里，把它比喻为一碗水和一桶水是十分准确的。

3. 表达能力

这里包括口头语言和书面语言两种形式。教师口语属于口头语言，但说与写相辅相成相互促进。口头语言是书面语言的基础，准确精练的书面语言是口头语言的模式，要勤动脑、勤动笔、勤动口，训练提高自己的口语表达能力。

（二）提高思维能力

说话是将内部语言迅速转化为外部语言。内部语言也就是思维活动，课堂教学就是教师把自己思维的过程和结果外化成口头语言，从而使学生感知和领悟的过程，因此良好的口语能力取决于教师思维的质量，并取决于对内部语言转化的速度，当然思维能力的高下的根本还是教师的综合文化素质。因此，要加强逻辑思维能力训练，提高语言的条理性和逻辑性；加强形象思维能力训练，提高语言的生动性、形象性；加强直觉思维能力训练，提高自身的应变能力，以保证不同语境即兴说话的自然流畅。

（三）口语训练要长期持久

口语表达能力的提高是一个长期渐进的过程，不能急于求成。从时间安排上，教师口语应从低年级开始进行梯度训练，每个学生应根据自身基础制订训练计划，学前教育专业的学生多数是女生，要充分利用女性语言感知接受能力较强的优势，经过不懈努力达到比较理想的普通话等级；语音发音技巧的掌握须根据发音要领逐一体会，在训练过程中掌握并熟练运用，从而形成稳定的技能；幼儿教师教育教学语言及交际口语，更要经过与不同交际对象在不同语言环境的交流互动，在大量言语交际活动实践中逐步提高，从而运用自如，达到预期效果。

思考与练习

1. 口头语言与书面语言的联系与区别各是什么？

2. 提高口语表达能力要从哪些方面入手？

3. 以下是一位男幼儿教师的博客，他为自己制订的教育目标你认同吗？做到这些需要教师具备哪些条件？

"让孩子在赞美中，学会欣赏；让孩子在接纳中，学会爱人；让孩子在肯定中，学会自重；让孩子在认同中，学会确定目标；让孩子在分享中，学会慷慨；让孩子在公平中，学会正义；让孩子在诚实中，学会真理；让孩子在安全中，充满信心；让孩子在友爱中，体验幸福；让孩子在鼓励中，学会自信；让孩子在包容中，学会忍耐。

　　别让孩子在批评中，学会议论；别让孩子在敌意中，学会攻击；别让孩子在恐惧中，学会焦虑；别让孩子在无助中，学会抱怨；别让孩子在荒唐中，学会羞愧；别让孩子在嫉妒中，学会怀恨；别让孩子在羞辱中，形成罪恶感。"

第一章

教师口语基础

学习提示

　　本章主要介绍教师语言活动所涉及的基础理论、基本知识和基本技巧,是后面各章节所阐述的教师口语诸项内容的基础。所以,应该了解汉语语言学、方言学、语用学及生理学、心理学、教育学等基本理论,应熟练地掌握常用常见的语音基本知识、基本常识和现阶段国家有关语言文字的政策法规等。此外,因篇幅所限,本书提到但未收入的相关内容,如现代汉语知识、普通话水平测试等,要通过课外阅读来补充拓展,以配合课堂教学,取得更理想的效果。

　　理论与实践结合、讲授与训练结合是本课程的特点,在基础理论、基本知识学习的基础上,通过长期不懈、刻苦认真地训练才能提高口语表达的能力。因此,不但要完成教材提供的训练内容,还要自觉主动地从课外或生活中选取素材予以配合,为以后的学习打好基础。

第一节　普通话是教师的职业语言

一、普通话与方言

　　普通话是现代汉民族的共同语,是《国家通用语言文字法》规定的国家通用语言,也是联合国六种工作语言之一。普通话在中国台湾被称为"国语",在新加坡、马来西亚被称为"华语"。"普通"是普遍、通用的意思,普通话以北京语音为标准音,以北方话为基础方言,以典范的现代白话文著作为语法规范。

　　同世界上其他民族的共同语一样,普通话也是在同一民族内部经过长期的使用选择,在方言的基础上逐渐自然形成的。自公元1153年金朝定都于现在的北京,至今800多年来,北京一直是全国政治、文化、经济的中心,在北方方言的基础上,北方话的影响逐渐扩大、地位日益重要,从而成为言语交际中的"官话"。中华人民共和国成立后,国家的统一和社会的安定为民族标准语的推广普及提供了条件,1956年国务院发布了《关于推广普通话》的指示,正式确立了普通话的地位、标准,使之在全国范围内广泛使用,它不仅是人们跨方言区的交际工具,也是国内各民族之间的交际工具,在经济腾飞、科技进步、文化繁荣的当代信息社会,普通话的作用和影响正日益扩大。

　　汉语方言是共同语在使用过程中出现的分歧和变体,分为地方方言和社会方言,一般的方言都是指地区方言。由于社会历史状况和自然地理环境等许多因素的制约,汉语在漫长的演变过程中,形成了内部分歧明显的方言,语言学家根据方言的不同表现,对汉语方言进行分区。继汉语方言分区的"八区说""七区说"的研究成果之后,1988年由中国社会科学院语言研究所李荣主持,中国社会科学院和澳大利亚人文科学院合作编纂的《中国语言地图集》,将现代汉语的方言分为十个大区,具体为官话区、晋语区、吴语区、徽语区、赣语区、湘语区、闽语区、粤语区、平话区、客家话区。官话区又分为八个分区，即北京官话区、东北官话区、冀鲁官话区、胶辽官话区、中原官话区、兰银官话区、西南官话区、江淮官话区。

方言是民族语言的地域分支，在物质文明发达、传媒技术先进、城市化进程加快的当代社会，各方言区的人们因交际的需要而自觉地克服方言，积极学习和应用普通话，加上方言内部的不稳定性，出现了全国各地方方言向民族标准语靠拢，各片点小方言向大城市权威方言靠拢的趋势，如吴语区方言向上海话靠拢、粤语区方言向广州话靠拢等现象，这些变化反映了语言发展去异求同的趋势。

作为以普通话为职业语言的幼儿教师，应该正确处理普通话与方言的关系。职业的示范性要求每个教师必须在教学活动中使用和推广普通话；同时也要认识到方言作为民族文化的"语言活化石"功能。中国是一个多民族、多语言、多方言的发展中国家，共有80余种民族语言，以民族语言为依托的各民族文化源远流长、异彩纷呈，形成了多元统一的中华文化特性。同时，拥有10多亿人口以汉语为母语的汉民族，也形成了种类多样、纷繁复杂的地方方言，除了上述几大方言区域，还有许多种次方言和数不清的地方土语。

从情感依托和文化传承方面讲，方言是历史留给中华民族的珍贵遗产，是本土文化积累之后注入每个人灵魂深处的信息。无论现代文明如何洗礼，每个人都有一种很深的乡土情结和寻"根"意识，正所谓"乡音无改鬓毛衰"；方言还是一种文化的载体，一个地方独特的风俗、习惯往往在方言里有着种种体现，从这个意义上讲，方言还是研究不同历史年代地域文化演变的标本。

二、关于普通话水平测试

（一）普通话水平测试是国家级考试

鉴于现代汉语内部分歧大，影响交际效果的情况，我国政府始终重视语言文字的规范化工作，几十年来，普通话的推广工作在不同历史时期和不同社会群体中经历了提倡—推广—普及—提高几个阶段。2000年10月31日，《中华人民共和国国家通用语言文字法》颁布实施，依法提出了包括幼儿教师在内的有关行业从业人员必须使用普通话的要求和相应的等级标准。根据相关规定，幼儿园教师和师范类学前教育专业的学生，合格的普通话水平测试成绩不能低于80分，即二级乙等。否则，应视为不合格教师或影响办理教师资格证书。总之，普通话水平测试作为一种语言测试，成为国家立法执法内容，足以表明国家对语言规范化的重视，作为未来的人民教师必须自觉地学习和使用普通话。

（二）普通话水平测试是对应试人普通话应用程度的综合评定

普通话水平测试是语言界学者在借鉴有关对外汉语教学及汉语水平测试方面的研究成果的基础上创立的，它不是语言知识测试，不是表达技巧测试，也不是写作水平的测试，但又与语言知识、语言技巧和写作能力有关系，所要测试的是应试人在从方言向标准语转换的过程中，掌握和运用普通话所达到的规范程度，并通过三级六等的方式予以定量定性评价。

（三）普通话水平测试是提高教师口语水平的有效途径

首先，测试的内容与形式科学合理。单、双音节、短文朗读和命题说话的内容，以及现场抽签面试的形式，使被测人在考前的学习训练等"应试"教育过程中，普通话水平迅速提高，为达标做好充分的准备；同时，普通话水平测试全部以口试的方式进行，接受测试的过程既是对自己母语水平的展示检验过程，又是对其普通话进行强化提高的过程。有的被测试内容，尤其是测试过程中出现的失误印象深刻，甚至终生难忘，所以对语言规范化的各项要求更加具体明确；之后，通过成绩反馈对自身的普通

话水平有了清醒的认识,找到差距,明确了日后继续努力的方向,将测试作为达标或提高等级的新的起点。测试实践中很多普通话成绩达一级水平的人,就是通过一次次的测试逐步提高的。

（四）普通话水平测试能提高中文信息处理能力

生活在现代社会,中文信息处理与人们的工作、生活密不可分,师范院校的师生离不开电脑打字、课件制作、发手机短信、QQ聊天、微信、微博等,同时使用现代通讯工具时语音转换成文字以及电子产品使用时的人机对话,而汉语拼音是这些媒介的汉字录入方式之一,必须做到熟练地掌握汉语拼音和准确地使用普通话,否则再先进的设备也无法使用。

三、普通话是教师口语的基础

在国家教委颁发的《师范院校"教师口语"课程标准（试行）》中,关于课程内容的规定是:"本课程由普通话训练、一般口语交际训练和教师职业口语训练三部分构成。"明确指出:"普通话是教师的职业语言,普通话训练是前提,贯穿本课程始终。"作为幼儿学前阶段的启蒙老师,学好普通话,在教学活动中使用普通话至关重要,这是由学前教育的特殊对象和规律决定的。

（一）教学手段的有声性

面对不会认字、不会写字的教学对象,幼儿教师施教的主要工具是口耳相传的口头语言。口语以语音为载体,由语音表现的音节、词句以及语调构成表音系统,借助语音的快慢强弱、千变万化来表情达意。

语音诉诸人的听觉,停留的时间非常短暂,有实验表明人的耳朵接收到的信息,清楚地留在记忆中的时间仅有七八秒钟,便被新的语言刺激所代替,前面听的话就模糊不清了,口语传播实质上是一个连续不断的语言流动、记忆转换的过程。

语音是千变万化的,不同的语音承载着不同的信息,语音上的"差之毫厘",可能会造成语义理解上的"谬之千里"。语音的稍纵即逝的特点,决定着人们接收口语信息时无法像书面语那样,可以反复阅读、仔细品味。为了使幼儿能够听得清楚、理解准确,就要求幼儿教师必须吐字清晰、语音准确、语速适中;遣词造句要简明扼要,避免歧义,不能给听话人造成接收信息的困难,导致理解的错误,在句式选择上要多用口语化的短句,尽量将书面语言转换成通俗易懂的口语,同时充分使用语言的表达手段,如语调、语速、节奏、重音等,和语言的辅助工具——态势语,以完成语言交际的任务。著名儿童教育家孙敬修老先生在给孩子们讲故事时,就特别注意故事语言的口语特征。他经常对故事的原稿作合理的改动,使之更适宜播讲。例如,有一个故事原稿是这样的:

> 蔚蓝的天空,没有一丝云。一条潺潺的溪水从卵石中间穿过,卵石在清澈的水中忽隐忽现,清晰可见。溪边端坐着一位长者,面庞清瘦,双目炯炯有神!

这段话如果作为诉诸视觉的书面文字,写给一般人看,自然无可非议,但作为广播稿,说给儿童听,就难以取得理想的效果。孙敬修老先生播讲时改为:

> 嘿,这天可真蓝哪!一点儿云彩也没有。有一条小河哗哗啦啦地流着。这水可清亮啦!水里有好些圆石头,像鸡蛋似的,人们都管它叫卵石,这些卵石在水里可以看得清清楚楚!在河边坐着一个老头儿,长得虽然瘦,可是挺结实,那双眼睛可有精神啦!

将书面语改为口语词汇,用词通俗,句式灵活,表达生动、形象、自然、亲切,使孩子们一听就懂。体现了口语特有的表现功能。

（二）教师语言的示范性

幼儿的语言发展大部分是通过没有外界压力的自然观察和模仿而完成，如果没有语言范例，幼儿的语言得不到正常发展。在幼儿园里教师的语言无疑是幼儿模仿的对象、学习的典范，因此教师所使用的语言客观上具有很强的示范性。

教师语言对幼儿语言发展的影响有时是有意识、有计划的，有时是无意识、无计划的。有意识、有计划的影响包括帮助幼儿理解学习和行为要求，学习一些规范性的语言表达方法、语言交往规则，纠正语言错误。例如：当某一幼儿无意间踩了另一幼儿的脚时，教师会提醒这位幼儿："丁丁，你应该对佳佳说什么？""对，应该说'对不起'。"再如：一幼儿对老师说："妈妈说我们明天去了外婆家。"老师通过重复幼儿的话来纠正幼儿语言中时态动词使用的错误："哦，你是说你和妈妈明天要到外婆家去呀……"教师说话的语气、风格等也可能成为幼儿模仿的对象，为幼儿所习得。幼儿经常会在家里和爸爸、妈妈等人玩"上课"的游戏，学着老师的样子说："小朋友们，现在我给大家讲个有趣的故事……我看哪个小朋友认真听？……妈妈小朋友听得最认真，我喜欢她，我要给她一朵小红花……"从幼儿的这段话中，能够看到教师的影子，不是教师有意识地传授，而是幼儿无意间自然获得的，是教师语言潜移默化影响的结果。

从教师的语言中，幼儿可以直接获得新的词汇、句式，学会理解生活指导性语言，学会与人交流的方法和技能。当然，只有良好的言语示范才能对幼儿语言发展、良好语言习惯的养成起到积极的促进作用，而不良的言语表现则可能会产生消极的影响。教师坚持说普通话有利于幼儿学习普通话、养成用普通话回答问题的习惯，但如果教师在与家长交流时经常使用方言，则有可能会引起幼儿的好奇和注意，产生负迁移。因此，每一位教师必须清楚地意识到自己的语言行为可能对幼儿产生的榜样作用，从而更加自觉地说普通话。

（三）教学内容的综合性

口语表达是一种创造性的精神活动，它综合了人的多方面素质和才能，调动了说话人的语言、思维等各种因素以达到交际目的，口语表达的过程是一个由语言到思维，再由思维到表达的多重转化过程，是调动说话人的多方面素养和潜能综合而成的系统工程，在这个过程中离不开观察、记忆、思考、联想、想象等智力因素的参与，也同时受说话人知识、阅历、经验、情感、气质、性格等非智力因素的制约。

与中小学教师不同，幼儿园教学活动虽然有纲要、计划的具体要求，但仍具有很大的机动性，教学内容、课外活动的安排往往受客观条件影响，如时令、气候、场所等，认识雨雪等自然常识活动最好安排在下雨下雪的日子，计划中的户外活动也可能会因为气候的变化而临时取消，这就要求幼儿教师口语表达具有应变性和综合性。普通话测试中的"说话"，是没有任何文字凭借的即兴命题说话，对3分钟左右约500字的口语测试，要求说话人语音准确、用词规范、语句流畅、紧扣题目、言之有序、结构完整，是难度最大的综合测试，也是幼儿教师口语训练的模拟课堂，对提高自身的语言综合能力、临场发挥能力、思维应变能力有很大的作用，每个幼师生都要在普通话培训测试的过程中锻炼自己，提高自己。

思考与练习

1. 什么是普通话？
2. 你所在的地方属于哪个方言区？举例说明本地方言与普通话的主要差别。
3. 在教育教学活动中，幼儿教师与中小学教师的口语表达有什么不同？

4. 将宋代诗人杨万里的《宿新市徐公店》转换成现代汉语口语描述给幼儿听。

宿新市徐公店

篱落疏疏一径深,树头花落未成阴。

儿童急走追黄蝶,飞入菜花无处寻。

5. 以下面三首儿歌为例,分析理解幼儿文学作品的语言特点。

雨 铃 铛

（金 波）

沙沙响,沙沙响,春雨洒在房檐上。

房檐上,挂水珠,好像串串小铃铛。

丁零当啷,丁零当啷,它在招呼小燕子,快快回来盖新房。

秋

（许 浪）

高粱熟了昂着头,谷子熟了低着头,玉米熟了歪着头,芦花白了摇着头。

一阵秋风吹来了,树上苹果露着头,娃娃唱起丰收歌,拍着手儿点着头。

摇 篮

（黄庆云）

蓝天是摇篮,摇着星宝宝,白云轻轻飘,星宝宝睡着了。

大海是摇篮,摇着鱼宝宝,浪花轻轻翻,鱼宝宝睡着了。

花园是摇篮,摇着花宝宝,风儿轻轻吹,花宝宝睡着了。

妈妈的手是摇篮,摇着小宝宝,歌儿轻轻唱,宝宝睡着了。

6. 阅读 20 世纪 30 年代女作家萧红的《呼兰河传》(第三章节选),归纳其叙事特点和语言风格。

呼兰河这小城里边住着我的祖父。

我生的时候,祖父已经六十多岁了,我长到四五岁,祖父就快七十了。

我家有一个大花园,这花园里蜂子、蝴蝶、蜻蜓、蚂蚱,样样都有。蝴蝶有白蝴蝶、黄蝴蝶,这种蝴蝶极小,不太好看。好看的是大红蝴蝶,满身带着金粉。

蜻蜓是金的,蚂蚱是绿的,蜂子则嗡嗡地飞着,满身绒毛,落到一朵花上,胖圆圆的就和一个小毛球似的不动了。花园里边明晃晃的,红的红,绿的绿,新鲜漂亮。

据说这花园,从前是一个果园。祖母喜欢吃果子就种了果园。祖母又喜欢养羊,羊就把果树给啃了。果树于是都死了。到我有记忆的时候,园子里就只有一棵樱桃树、一棵李子树,因为樱桃和李子都不大结果子,所以觉得他们是并不存在的。小的时候,只觉得园子里边就有一棵大榆树。

这榆树在园子的西北角上,来了风,这榆树先就啸,来了雨,大榆树先就冒烟了。太阳一出来,大榆树的叶子就发光了,它们闪烁得和沙滩上的蚌壳一样了。祖父一天都在后园里边,我也跟着祖父在后园里边。祖父戴一个大草帽,我戴一个小草帽。祖父栽花,我就栽花;祖父拔草,我就拔草。当祖父下种,种小白菜的时候,我就跟在后边,把那下了种的土窝,用脚一个一个地溜平,哪里会溜得准,东一脚西一脚的瞎闹。有的菜种不单没被土盖上,反而把菜籽踢飞了。

　　小白菜长得非常快,没有几天就冒了芽了,一转眼就可以拔下来吃了。祖父铲地,我也铲地;因为我太小,拿不动那锄头杆,祖父就把锄头杆拔下来,让我单拿着那个锄头的"头"来铲。其实哪里是铲,也不过爬在地上,用锄头乱勾一阵就是了。也认不得哪个是苗,哪个是草。往往把韭菜当作野草一起割掉,把狗尾草当做谷穗留着。等祖父发现我铲的那块满留着狗尾草的一片,他就问我:"这是什么?"我说:"谷子。"祖父大笑起来,笑得够了,把草摘下来问我:"你每天吃的就是这个吗?"我说:"是的。"我看着祖父还在笑,我就说:"你不信,我到屋里拿来你看。"我跑到屋里拿了鸟笼上的一头谷穗,远远地就抛给祖父了。说:"这不是一样的吗?"祖父慢慢地把我叫过去,讲给我听。说谷子是有芒针的;狗尾草则没有,只是毛嘟嘟的真像狗尾巴。祖父虽然教我,我看了也并不细看,也不过马马虎虎承认下来就是了。一抬头看见了一个黄瓜长大了,跑过去摘下来,我又去吃黄瓜去了。黄瓜也许没有吃完,又看见了一个大蜻蜓从旁飞过,于是丢了黄瓜又去追蜻蜓去了。蜻蜓飞得多么快,哪里会追得上。好在一开初也没有存心一定追上,所以站起来,跟了蜻蜓跑了几步就又去做别的去了。采一个倭瓜花心,捉一个大绿豆青蚂蚱,把蚂蚱腿用线绑上,绑了一会儿,也许把蚂蚱腿就绑掉,线头上只拴了一条腿,而不见蚂蚱了。玩腻了,又跑到祖父那里去乱闹一阵,祖父浇菜,我也抢过来浇,奇怪的就是并不往菜上浇,而是拿着水瓢,拼尽了力气,把水往天空里一扬,大喊着:"下雨了,下雨了。"

　　太阳在园子里是特大的,天空是特别高的,太阳的光芒四射,亮得使人睁不开眼睛,亮得蚯蚓不敢钻出地面来,蝙蝠不敢从什么黑暗的地方飞出来。是凡在太阳下的,都是健康的、漂亮的,拍一拍连大树都会发响,叫一叫就是站在对面的土墙都会回答似的。花开了,就像花睡醒了似的。鸟飞了,就像鸟上天了似的。虫子叫了,就像虫子在说话似的。一切都活了。都有无限的本领,要做什么,就做什么。要怎么样,就怎么样。都是自由的。倭瓜愿意爬上架就爬上架,愿意爬上房就爬上房。黄瓜愿意开一个谎花,就开一个谎花,愿意结一个黄瓜,就结一个黄瓜。若都不愿意,就是一个黄瓜也不结,一朵花也不开,也没有人问它。玉米愿意长多高就长多高,它若愿意长上天去,也没有人管。蝴蝶随意地飞,一会从墙头上飞来一对黄蝴蝶,一会又从墙头上飞走了一个白蝴蝶。它们是从谁家来的,又飞到谁家去? 太阳也不知道这个。只是天空蓝悠悠的,又高又远。可是白云一来了的时候,那大团的白云,好像洒了花的白银似的,从祖父的头上经过,好像要压到了祖父的草帽那么低。我玩累了,就在房子底下找个阴凉的地方睡着了。不用枕头,不用席子,就把草帽遮在脸上就睡了。

　　7. 用普通话朗读散文《不朽的失眠》。

不朽的失眠
（张晓风）

示范音频

　　他落榜了! 一千二百年前。榜纸那么大那么长,然而,就是没有他的名字。啊! 竟单单容不下他的名字"张继"那两个字。

　　考中的人,姓名一笔一画写在榜单上,天下皆知。奇怪的是,在他的感觉里,考不上,才更是天下皆知,这件事,令他羞惭沮丧。

　　离开京城吧! 议好了价,他踏上小舟。本来预期的情节不是这样的,本来也许有插花游街、马蹄轻疾的风流,有衣锦还乡袍笏加身的荣耀。然而,寒窗十年,虽有他的悬梁刺股,琼林宴上,却并没有

他的一角席次。船行似风。

江枫如火，在岸上举着冷冷的爝焰，这天黄昏，船，来到了苏州。但，这美丽的古城，对张继而言，也无非是另一个触动愁情的地方。

如果说白天有什么该做的事，对一个读书人而言，就是读书吧！夜晚呢？夜晚该睡觉以便养足精神第二天再读。然而，今夜是一个忧伤的夜晚。今夜，在异乡，在江畔，在秋冷雁高的季节，容许一个落魄的士子放肆他的忧伤。江水，可以无限度地收纳古往今来一切不顺遂之人的泪水。

这样的夜晚，残酷地坐着，亲自听自己的心正被什么东西啮食而一分一分消失的声。并且眼睁睁地看自己的生命如劲风中的残灯，所有的力气都花在抗拒，油快尽了，微火每一刹那都可能熄灭。然而，可恨的是，终其一生，它都不曾华美灿烂过啊！

江水睡了，船睡了，船家睡了，岸上的人也睡了。惟有他，张继，睡不着夜愈深，愈清醒，清醒如败叶落余的枯树，似梁燕飞去的空巢。

起先，是睡眠排拒的他。（也罢，这半生，不是处处都遭排拒吗？）而后，是他在赌气，好，无眠就无眠，长夜独醒，就干脆彻底来为自己验伤，有何不可？

月亮西斜了，一副意兴阑珊的样子。有鸟啼，粗嘎嘶哑，是乌鸦。那月亮被它一声声叫得更黯淡了。江岸上，想已霜结千草。夜空里，星子亦如清霜，一粒粒零落凄绝。

在须角在眉梢，他感觉，似乎也森然生凉，那阴阴不怀好意的凉气啊，正等待凝成早秋的霜花，来贴缀他惨淡少年的容颜。

江上渔火二三，他们在干什么？在捕鱼吧？或者，虾？他们也会有撒空网的时候吗？世路艰辛啊！即使潇洒的捕鱼的，也不免投身在风波里吧？然而，能辛苦工作：只有我张继，是天不管地不收的一个，是既没有权利去工作，也没福气去睡眠的一个……

钟声响了，这奇怪的深夜的寒山寺钟声。一般寺庙，都是暮鼓晨钟，寒山寺庙敲"夜半钟"，用以惊世。钟声贴着水面传来，在别人，那声音只是睡梦中模糊的衬底音乐。在他，却一记一记都撞击在心坎上，正中要害。钟声那么美丽，但钟声自己到底是痛还是不痛呢？既然失眠，他推枕而起，摸黑写下"枫桥夜泊"四字。然后，就把其余二十八字照抄下来。我说"照抄"，是因为那二十八个字在他心底已像白墙上的黑字一样分明凸显：

> 月落乌啼霜满天，江枫渔火对愁眠。
>
> 姑苏城外寒山寺，夜半钟声到客船。

感谢上苍，如果没有落第的张继，诗的历史上便少了一首好诗，我们的某一种心情，就没有人来为我们一语道破。

一千二百年过去了，那张长长的榜单上（就是张继挤不进去的那纸金榜）曾经出现过的状元是谁？哈！谁管他是谁？真正被记得的名字是"落第者张继"。有人会记得那一届状元披红游街的盛景吗？不！我们只记得秋夜的客船上那个失意的人，以及他那场不朽的失眠。

第二节　语言规范化训练

在人们日常的口头语言的交际中，汉语方言与普通话的差异，从构成语言的三要素即语音、语汇、语法诸方面具体分析，则语音方面的差别最为突出，词汇次之，表现在语法方面的差异较小。

一、语音基本知识

语音即语言的声音,是从人的发音器官发出的能表达意义的声音符号。作为语言的物质外壳,语音具有社会属性、物理属性和生理属性。

(一)语音的构成和分类

1. 音节

音节是语音的基本结构单位,是听觉上能够自然分辨出来的语音片段,一个汉字记录一个音节,音节和文字基本一致是汉语的特点。

现代汉语的基本音节有四百多个,学习和运用普通话必须熟练掌握这些基本音节。

按照汉语音韵学的传统分析方法,可以把汉语音节分成声母、韵母和声调三个部分。声母是指音节开头的辅音,韵母是指音节中声母后面的部分,声调是音节的高低升降变化。

2. 音素

音素是语音的最小单位。将音节从音色的角度加以分析就会得到一个个最基本的不能再进行划分的语音单位,这就是音素。汉语的音节最少由一个音素构成,如"一"yī 和"五"wǔ;最多由四个构成,如"黄"huáng 和"迥"jiǒng。

普通话的音素共有 32 个,根据不同的发音情况和发音特点,音素分为元音、辅音两大类。

元音是发音时气流在发音器官内不受阻碍而形成的音素,如:ɑ、u、i;辅音是发音时气流受到发音器官一定的阻碍而形成的音素,如:b、t、g。元音和辅音的区别主要有三点:

(1)发元音时,气流较弱,在发音器官内不受阻碍;发辅音时,气流较强,在发音器官内受到一定阻碍。

(2)发元音时,声带振动,声音比较响亮;发辅音时,声带不一定振动,声音一般不响亮。

(3)发元音时,发音器官各部位保持均衡的紧张状态;发辅音时,发音器官形成阻碍的部位特别紧张。

3. 普通话语音的特点

普通话语音以北京语音为标准音,它具有以下五个特点:

(1)音系比较简单,音节结构形式较少。

(2)音节中元音占优势。

(3)四个声调抑扬分明且高音成分较多。

(4)音节间间隔清晰。

(5)词的双音节化和轻重格式的区分,以及轻声、儿化的使用,使得有声语言表达更加准确丰富。

(二)记录语音的符号

1. 国际音标

国际音标是国际语音学会制定的一套记音符号,是用来研究和记录各民族语言的工具,它基本上采用拉丁字母,现有一百多个符号。国际音标的最大特点是一个符号只表示一个音素,一个音素只用一个符号表示。由于它记音精细简明,所以在国际上应用广泛。

2. 汉语拼音方案

世界上的文字大致分为拼音文字和非拼音文字两类,因汉字是表意性的非拼音文字,音形义结合,读写不一致,给使用者造成困难和不便,为此,1958 年 2 月由第三届全国人民代表大会第五次会议批准并正式公布使用汉语拼音方案。

汉语拼音方案是现代汉语普通话的注音符号,它是诠释北京语音音位系统、辅助标准音教学的有效工具,对语音规范化和推广普通话,纠正方音具有十分重要的作用,同时又是人们日常生活中计算机系统的中文录入及手机短信等现代语言录入系统之一。汉语拼音方案包括五部分:字母表、声母表、韵母表、声调符号、隔音符号。为通俗易懂便于发音和识记,本教材普通话采用《汉语拼音方案》记音,方言中出现的无法用《汉语拼音方案》描述的音节或音素用同音、近音汉字描述。

二、汉语语音方言辨正

（一）普通话声母和声母辨正

普通话中声母发音的主要特征是气流在发音器官中受到阻碍,由于阻碍的部位和消除阻碍的方式不同就产生了不同的声音,阻碍的部位就是发音部位,阻碍消除的方法就是发音方法。根据发音部位和发音方法可以把普通话 21 个辅音声母和 1 个辅音韵尾进行以下分类（见表 1-1）:

表 1-1　普通话声母表

发音方法 ＼ 发音部位			双唇	唇齿	舌尖中	舌根	舌面	舌尖前	舌尖后
塞音	清	不送气	b		d	g			
		送气	p		t	k			
塞擦音	清	不送气					j	z	zh
		送气					q	c	ch
擦音	清			f		h	x	s	sh
	浊								r
鼻音	浊		m		n	ng			
边音	浊				l				

普通话里大部分音节都以辅音声母开头。还有一些音节直接以元音开头,没有声母,被称为零声母音节,如"安"ān、"恩"ēn、"烟"yān、"因"yīn(y、w 是 i、u 的变体,起隔音作用)。为了便于学习与记忆,周有光先生选择 21 个声母的代表字,创编了声母歌《采桑》和 21 个声母及零声母 Y、W 代表字的儿歌:

春日起每早,采桑惊啼鸟,风过扑鼻香,花开落,知多少!

小朋友,挽着手,进花园,慢步走。随飞鸟,绕翠柳,赶蜻蜓,喂蝌蚪。

方言在声母方面的表现有很多,因方言区域的不同而表现各异,以下就主要的有代表性的表现辨析如下:

1. z　c　s—zh　ch　sh

普通话声母中的舌尖后音 zh　ch　sh(翘舌音)和舌尖前音 z　c　s(平舌音),是许多方言区的人应用普通话的难点。吴方言、闽方言、粤方言、客家方言等方言区和官话大区中的东北官话、西南官话方言中均有所表现,有的无翘舌音,有的平翘舌混淆,所以区别平翘舌音是学普通话的重点之一。比较下列各组词语:

师长 shī zhǎng　—　司长 sī zhǎng

诗人 shī rén　—　私人 sī rén

主力 zhǔ lì　—　阻力 zǔ lì

木柴 mù chái　　— 　木材 mù cái

训练材料

(1) 听音分辨

计算机　　　　　时装鞋　　　　　旅行社　　　　　照相机

出租汽车　　　　音响设备　　　　知识产权　　　　申请专利

(2) 听教师朗读下列词语,标出声母

主力—阻力　　　初步—粗布　　　乱吵—乱草　　　商业—桑叶

史记—死记　　　支援—资源　　　栽花—摘花　　　师长—司长

诗人—私人　　　棉纸—棉籽　　　山脚—三角　　　推迟—推辞

(3) 朗读下列词语

zh—z	正宗	种族	摘枣	准则	指责	壮族	主宰	振作	追踪
z—zh	增值	做主	诅咒	杂志	组织	载重	自助	阻止	造纸
ch—c	穿刺	尺寸	炒菜	楚辞	长存	船舱	纯粹	储藏	初次
c—ch	擦车	辞呈	草场	财产	错处	仓储			
sh—s	生死	十四	胜诉	绳索	食宿	伸缩			
s—sh	素食	私事	死水	苏轼	唆使	扫射			

(4) 绕口令练习

z—zh

红砖堆、青砖堆、砖堆旁边蝴蝶追,蝴蝶绕着砖堆飞,飞来飞去蝴蝶钻砖堆。

隔着窗户撕字纸,一次撕下横字纸,一次撕下竖字纸,是字纸撕字纸,不是字纸,不要胡乱撕一地纸。

c—ch

紫瓷盘,盛鱼翅。一盘熟鱼翅,一盘生鱼翅。迟小池拿了一把瓷汤匙,要吃清蒸美鱼翅。一口鱼翅刚到嘴,鱼刺刺进齿缝里,疼得小池拍腿抠牙齿。

s—sh

石、司、施、史四老师,天天和我在一起。石老师教我大公无私,司老师给我精神粮食,施老师叫我遇事三思,史老师送我知识钥匙。我感谢石、司、施、史四老师。

三山撑四水,四水绕三山,三山四水春常在,四水三山四时春。

四是四,十是十,十四是十四,四十是四十。谁说十四是四十,或说四十是十四,轻者造成误会,重者误了大事。

zh—ch—sh

大车拉小车,小车拉小石头,石头掉下来,砸了小脚指头。

(5) 古诗朗读

盛年不重来,一日难再晨,及时当勉励,岁月不待人。(陶渊明)

三更灯火五更鸡,正是男儿发愤时。黑发不知勤学早,白首方悔读书迟。(颜真卿)

绿遍山原白满川,子规声里雨如烟。乡村四月闲人少,才了蚕桑又插田。(翁卷)

2. f—h

在普通话里唇齿音 f 和舌根音 h 分得很清楚,而在有些方言中却出现混淆的情况。比如:闽方言

多数把 f 读成 b、p 或 h；湘方言有些地区把 f 读成 h、u；粤方言则将 h(u 开头的韵母，如"虎"hǔ，花 huā)，多读作 f。如：

公费 gōng fèi — 工会 gōng huì

仿佛 fǎng fú — 恍惚 huǎng hū

废话 fèi huà — 绘画 huì huà

虎符 hǔ fú — 富户 fù hù

训练材料

(1) 听音分辨

湖泊	珊瑚	呼吸	恍惚	蝴蝶	胡须
马虎	门户	沪剧	糊涂	囹圄	狐狸
非凡	反复	芬芳	丰富	芳菲	肥胖

(2) 对比训练

字的对比：

f—h 发—哈	烦—寒	方—夯	粉—很
冯—横	父—户	斧—虎	防—杭
愤—恨	饭—汗	扶—壶	夫—呼

词语对比：

f—h 理发—理化	发钱—花钱	舅父—救护
附注—互助	防虫—蝗虫	斧背—虎背

(3) 朗读诗句

① 谁言寸草心，报得三春晖。

② 春蚕到死丝方尽，蜡炬成灰泪始干。

③ 等闲识得东风面，万紫千红总是春。

(4) 读绕口令

① 洪湖荷花好绘画，画好洪湖画荷花。

② 黄虹飞，翻粪肥。肥混粪，粪混灰，不知是灰混粪还是肥混灰。

③ 红凤凰，黄凤凰，粉红墙上飞凤凰。凤凰飞，飞凤凰，红黄凤凰飞北方。

④ 红光商场卖混纺，红混纺，黄混纺，粉红混纺，粉黄混纺，黄红混纺，红黄混纺，样样混纺销路广。

⑤ 风吹灰飞，灰堆花上花堆灰，风吹花灰，灰飞去，灰在风里飞又飞。

⑥ 正月里，正月正，姐妹二人去逛灯，大姐名叫粉红女，二姐名叫女粉红。

粉红女身穿一件粉红袄，女粉红身穿一件袄粉红。

粉红女怀抱一瓶粉红酒，女粉红怀抱一瓶酒粉红。

姐妹找了个无人处，推杯换盏饮刘伶。

女粉红喝了粉红女的粉红酒，粉红女喝了女粉红的酒粉红，粉红女喝了一个酩酊醉，女粉红喝了一个醉酩酊。

女粉红揪着粉红女就打，粉红女揪着女粉红就拧。女粉红撕了粉红女的粉红袄，粉红女就撕了女粉红的袄粉红。

姐妹打罢停下手,自己买线自己缝。粉红女买了一条粉红线,女粉红买了一条线粉红。

粉红女是反缝缝缝粉红袄,女粉红是缝反缝缝袄粉红。

3. n—l

普通话中的n是鼻音,l是边音,发音部位和发音方法有明显差异,但在西南、江淮地区、福建、湖南等地区,有的全读成n,有的全读为l,有的互相混读,也有的只有在一定韵母(i、ü前)的前面才能分,情况比较复杂。如:

水牛 shuǐ niú   — 水流 shuǐ liú

浓重 nóng zhòng — 隆重 lóng zhòng

脑子 nǎo zi   — 老子 lǎo zǐ

鲇鱼 nián yú   — 鲢鱼 lián yú

训练材料

(1) 字的对比

那—辣	讷—乐	奈—赖	馁—磊	内—类
孬—捞	挠—牢	脑—老	闹—烙	南—篮
难—兰	囊—狼	你—里	逆—立	聂—裂
鸟—了	尿—料	妞—溜	碾—脸	念—恋
娘—凉	奴—炉	努—鲁	怒—路	挪—罗
糯—洛	暖—卵	女—吕	虐—略	

(2) 词语对比

男鞋—蓝鞋	大怒—大路	女客—旅客	一年——一连
难住—拦住	水牛—水流	无奈—无赖	南宁—兰陵
男女—褴褛	留念—留恋	泥巴—篱笆	允诺—陨落
闹灾—涝灾	鸟雀—了却	老农—老龙	

(3) 鼻边音组词

n—l   奶酪　耐劳　脑力　内力　内陆　奴隶
　　努力　女郎　能量　年历　年轮　年龄
　　暖流　鸟类　农林　农历

l—n   冷暖　留念　流年　老年　老衲　老娘
　　老牛　老农　来年　烂泥　凌虐　利尿

(4) 读绕口令

① 门外有四辆大马车,你爱拉哪两辆就拉哪两辆。

② 老龙恼怒闹老农,老农恼怒闹老龙,龙怒龙恼农更怒,龙闹农怒龙怕农。

③ 大柳河旁有六十六棵大青柳,大青柳下有六十六个柳条篓。有六十六个入伍六个月的新战士学编篓。教编篓的是大柳河乡大柳河村的六十六岁的刘老六。

④ 念一念,练一练,n、l的发音要分辨。l是边音软腭升,n是鼻音舌靠前。
你来练,我来念,不怕累,不怕难,齐努力,攻难关。

⑤ 六十六岁刘老六,修了六十六座走马楼,楼上摆了六十六瓶苏合油,门前栽了六十六棵

垂杨柳,柳上拴了六十六个大马猴。忽然一阵狂风起,吹倒了六十六座走马楼,打翻了六十六瓶苏合油,压倒了六十六棵垂杨柳,吓跑了六十六个大马猴,气死了六十六岁刘老六。

⑥ 盘里放着一个梨,桌上放块橡皮泥,小丽小齐学捏梨,眼看梨,手捏泥,一会儿捏成一个梨。比一比,真梨假梨差不离。

⑦ 有座面铺面向南,门口挂个蓝布棉门帘。摘了蓝布棉门帘,
看了看,面铺面向南,挂上蓝布棉门帘,看了看,面铺还是面向南。

⑧ 蓝教练,女教练,吕教练,男教练。蓝教练不是男教练,吕教练不是女教练。
兰南是男篮主力,吕楠是女篮主力,蓝教练在男篮训练兰南,吕教练在女篮训练吕楠。

4. b d g j zh z—p t k q ch c

在南方的几大方言区中,有将普通话中的送气音与不送气音混淆的现象,即分不清 b—p,d—t,g—k,j—q,zh—ch,z—c。如:

波浪 bō làng   —   泼辣 pō là

体统 tǐ tǒng   —   冬虫 dōng chóng

功课 gōng kè   —   空壳 kōng ké

千金 qiān jīn   —   渐进 jiàn jìn

诚挚 chéng zhì   —   正直 zhèng zhí

才子 cái zǐ   —   在此 zài cǐ

训练材料

(1) 听音分辨

乒乓球   活泼   跪拜   逮捕

冲撞   枇杷   澎湃   浸透

(2) 听教师读下列词语,标出声母

逼迫	摆谱	被迫	半票	拍板	旁边
排比	判别	顶替	地毯	动弹	灯塔
坦荡	态度	糖弹	特点	功课	孤苦
高亢	工科	凯歌	看管	考古	刻骨
机器	佳期	嘉庆	坚强	千斤	曲剧
清剿	群居	支持	展翅	战车	章程
插针	查证	车站	诚挚	字词	早操
造次	杂草	擦澡	刺字	才子	参赞

(3) 对比训练

① 字的对比:

b—p	拔—爬	败—派	伴—盼	倍—配	避—僻	捕—普
d—t	蛋—炭	稻—套	笛—提	毒—涂	堤—踢	夺—砣
g—k	规—亏	柜—匮	剑—愧	公—空	怪—快	姑—哭
j—q	集—齐	歼—千	截—茄	近—沁	局—渠	净—庆

zh—ch 铡—茶 招—超 丈—唱 植—迟 轴—稠 撞—创

z—c 字—刺 罪—脆 凿—曹 坐—错 在—菜 灾—猜

② 词语对比：

b—p 败兵—派兵 鼻子—皮子 部位—铺位 辫子—骗子

d—t 淡化—炭化 肚子—兔子 毒药—涂药 稻子—套子

g—k 米缸—米糠 怪事—快事 工地—空地 孤树—枯树

j—q 犟人—呛人 净利—清理 坚强—牵强 掬水—渠水

zh—ch 直到—迟到 仗着—唱着 侄子—池子 质子—赤子

z—c 座位—错位 在场—菜场 自序—次序 大字—大刺

(4) 读绕口令

① 白猫黑鼻子,黑猫白鼻子。黑猫的白鼻子,碰破了白猫的黑鼻子。白猫的黑鼻子破了,剥个秕谷皮儿补鼻子;黑猫的白鼻子不破,不必剥秕谷皮儿补鼻子。

② 吃葡萄不吐葡萄皮,不吃葡萄倒吐葡萄皮。

③ 大兔子,大肚子,大肚子的大兔子,要咬大兔子的大肚子。

④ 白石塔,白石搭,白石搭白塔,白塔白石搭,搭好白石塔,白塔白又大。

5. r—i(y)

在东北方言中,很多人将浊辅音声母 r 发成元音 i。如:

肉 ròu — 又 yòu 热 rè — 夜 yè

人 rén — 银 yín 日 rì — 易 yì

训练材料

(1) 声母 r 与零声母 i 的分辨练习

y—r 鱼肉 佣人 容易 圆润 有人 软硬

日月 仁义 夜以继日 优柔寡断

一尘不染 软硬兼施 又有油又有肉

r—l 锐利 人类 人力 热烈 熔炉 燃料

l—r 烈日 例如 历任 老弱 冷热 列入

(2) 读五字口诀

瑞日仍融融,融雪润饶壤。

榕绒软茸茸,蓉蕊扰人眼。

容忍非柔弱,荣辱若等闲。

燃油熔锐刃,染褥纫秋兰。

肉乳让老弱,妇孺亦仍然。

如入大同境,重任仁人肩。

(3) 绕口令

① 太阳热,晒人肉,晒得人身好难受。

② 天上有个日头,地下有块石头,嘴里有个舌头,手上有个指头。不管是天上的热日头、地下的硬石头,嘴里的软舌头,手上的手指头,还是热日头、硬石头、软舌头、手指头,反正都是

练舌头。

③ 人是人，银是银，人银要分清。银不是人，人不是银，发不清人银弄不清语音。

④ 肉眼不念右眼，仍然不念棱兰，远山不念软山，入室不念玉室，然后不念言后，日夜不念热夜。

6. j q x — z c s

在官话大区的城区较年轻女性群体中，发声母 j q x 这三个舌面辅音时将发音部位向前移动，发成近于 z c s 的语音，一般被称作"尖音"或"尖音色彩"，如在"学校""小桥""叫嚣"等音节均为 j—z，q—c，x—s。如：

jīng jì 经 济	jiān jué 坚 决	xiāo xi 消 息	xiàn xiàng 现 象
qīn qiè 亲 切	qià qiǎo 恰 巧	xū xīn 虚 心	xǐ xùn 喜 讯
zì cí 字 词	zì sī 自 私	zì zūn 自 尊	cǎo cóng 草 丛
sī suǒ 思 索	zuì zé 罪 责	cēn cī 参 差	cán sī 蚕 丝

训练材料

(1) 朗读下列双音节词语，注意轻擦音同塞擦音的区别

j　交界　　急件　　坚决　　夹击

q　弃取　　铅球　　前期　　秋千

x　腐朽　　朽木　　习性　　纤细

j—x　积习　　军需

x—j　下界　　险峻

q—x　谦虚　　侵袭

x—q　稀奇　　向前

(2) 给下列多音节词语注音

j　讥笑　　讥讽　　集体　　集合　　拥挤　　挤车　　技术　　技能

q　欺骗　　欺辱　　奇怪　　奇特　　启事　　启迪　　汽车　　汽水

x　希望　　夕阳　　学习　　习作　　喜悦　　想念　　虾仁　　看戏

j　饥寒交迫　　积少成多　　疾言厉色　　集思广益　　济济一堂　　急如星火

　　假公济私　　价廉物美　　驾轻就熟　　箭在弦上　　皆大欢喜　　解放思想

　　解甲归田　　戒骄戒躁　　金碧辉煌　　尽心竭力　　尽善尽美　　近水楼台

　　惊天动地　　兢兢业业　　精益求精　　炯炯有神　　教学相长　　见景生情

q　七上八下　　其貌不扬　　奇耻大辱　　取之不尽　　奇珍异宝　　旗鼓相当

　　千载难逢　　岂有此理　　气吞山河　　千山万水　　求同存异　　恰如其分

　　前功尽弃　　千真万确

x　熙熙攘攘　　喜出望外　　喜形于色　　细水长流　　下马观花　　先声夺人

　　弦外之音　　现身说法　　相敬如宾　　心心相印　　心领神会　　心慌意乱

　　心急如火　　谢天谢地　　息息相关　　习以为常　　洗耳恭听　　喜新厌旧

先睹为快　先入为主　相辅相成　相依为命　逍遥自在　小题大做
笑容可掬　心花怒放　心平气和　心神不宁　心照不宣　心直口快

(3) 读绕口令

① 司机买雌鸡，仔细看雌鸡，四只小雌鸡，叽叽好欢喜，司机笑嘻嘻。

② 七巷一个漆匠，西巷一个锡匠；七巷漆匠偷了西巷锡匠的锡，西巷锡匠偷了七巷漆匠的漆。

③ 小金到北京看风景，小晶到天津买纱巾。看风景，用眼睛，还带一个望远镜；看纱巾，带现金，到了天津把商店进。买纱巾，用现金，看风景，用眼睛，巾、金、京、津、晴、景都要读标准。

④ 小琴手脚灵，轻手擒蜻蜓。小青人精明，天天学钢琴。擒蜻蜓，趁天晴，小琴晴天擒住大蜻蜓。学钢琴，趁年轻，小青精益求精练本领。你想学小琴还是学小青？

（二）普通话韵母和韵母辨正

普通话的韵母有39个，主要由元音构成，根据不同构成方式分为单韵母（由一个元音充当），复韵母（由两个或三个元音复合而成），鼻韵母（元音加鼻辅音韵尾构成）三类。普通话中的韵母大多由元音构成，因为元音发音时声带振动音节响亮，所以形成北京语音优美悦耳、富有乐感的特点。

	开口呼	齐齿呼	合口呼	撮口呼
单韵母	-i -i	i	u	ü
	a	ia	ua	
	o		uo	
	e			
	ê	ie		üe
	er			
	ai		uai	
	ei		uei	
复韵母	ao	iao		
	ou	iou		
	an	ian	uan	üan
	en	in	uen	ün
鼻韵母	ang	iang	uang	
	eng	ing	ueng	
	ong	iong		

在不同的方言区，韵母的不正确发音主要表现在以下三方面。

1. 单韵母辨正

(1) 元音 a。元音 a 在发音时嘴张大，舌头位置放得很低，嘴唇呈自然状态，不圆，让气流呼出。在包括北方官话在内的全国很多地区，高元音的 a 发音存在开口度不大、舌位低度不够、口腔没打开等问题，从而影响了汉语语音音节的优美、响亮、悦耳。如：

花 下 八 麻 沙 辣 洒 差

训练材料

① 单音节：阿　拔　帕　马　发　怕　擦　飒　达　塔　那　拉　眨　岔　啥　嘎　卡　哈

② 双音节：阿爸　疤瘌　怕啥　马达　砝码　发蜡　杂沓　飒飒　打靶　大厦　打发　拉萨
　　　　　腊八　渣打　茶马　刹那　沙发　戛纳　哈达

③ 四音节：拔苗助长　马到成功　发号施令　打草惊蛇　拿手好戏　杂乱无章
　　　　　飒爽英姿　煞费苦心

④ 绕口令：
　　一个胖娃娃，捉了三个大花活蛤蟆，三个胖娃娃，捉了一个大花活蛤蟆。捉了一个大花活蛤蟆的三个胖娃娃，真不如捉了三个大花活蛤蟆的一个胖娃娃。
　　张大妈，夏大妈，你看咱们的好庄稼。高的是玉米，低的是芝麻，开黄花、开紫花的是棉花，圆溜溜的是西瓜，谷穗长得像镰刀把，钩着想把地压塌。张大妈，夏大妈，边看边乐笑哈哈。

⑤ 诗词：待到秋来九月八，我花开后百花杀。冲天香阵透长安，满城尽带黄金甲。（黄巢）

⑥ 儿歌：春雨沙沙沙，浇绿大西瓜；小河哗哗哗，掀起快乐波；白鹅嘎嘎嘎，唱支淋雨歌。
　　　　老奶奶，收南瓜，南瓜甜，南瓜大，拿不动，抱不下。
　　　　走来一个小娃娃，拉着小车笑哈哈，帮助奶奶送南瓜。

(2) 分清 i—ü。闽方言、客家方言及官话大区的西南官话分区中没有撮口呼韵母(ü 和 ü 开头的韵母)，往往将 ü 发成 i。如：

比喻 bǐ yù　　　— 比翼 bǐ yì

汲取 jí qǔ　　　— 记起 jì qǐ

玉米 yù mǐ　　　— 一米 yì mǐ

权限 quán xiàn — 前线 qián xiàn

训练材料

① 词语练读

i	汽笛	集体	积极	笔记	地理	基地
	气体	起义	利益	毅力	厘米	体系
ü	女婿	区域	雨具	旅居	聚居	曲剧
	序曲	须臾	语序			

② 对比训练

字的对比：

移—鱼　　机—居　　期—区

西—需　　里—旅　　你—女

词语对比：

饥民	居民	意见	遇见	切实	确实	夜光
月光	潜力	权利	颜色	原色	印书	运输
斤两	军粮	分期	分区	经济	京剧	大写

大雪　　荷叶　　和悦　　大雁　　大院　　皮件　　疲倦

白银　　白云　　通信　　通讯

③ 绕口令

i 一二三，三二一，一二三四五六七，七个阿姨来摘果，七个花篮儿手中提。

七棵树上结七样儿，苹果、桃儿、石榴、柿子、李子、栗子、梨。

清早起来雨稀稀，王七上街去买席。骑着毛驴跑得急，捎带买蛋又贩梨。

一跑跑到小桥西，毛驴一下跌了蹄，打了蛋，撒了梨，跑了驴，急得王七眼泪滴，又哭鸡蛋又骂驴。

ü 村里新开一条渠，弯弯曲曲上山去。河水雨水渠里流，满山庄稼一片绿。

④ 诗词

i 孤山寺北贾亭西，水面初平云脚低。几处早莺争暖树，谁家新燕啄春泥。

乱花欲渐迷人眼，浅草才能没马蹄。最爱湖东行不足，绿杨阴里白沙堤。

（白居易：《钱塘湖春行》）

ü 京江抵，海边吴楚。铁瓮城，形似无今古。北国陵高，西津横渡。

几人携手分襟处。凄凉渌水桥南路。奈玉壶、难叩鸳鸯语。

行雨行云，非花非雾。为谁来为谁还去。

（贺铸：《鸳鸯语》）

(3) 分清 o—e。在普通话中元音 o 是后半高圆唇元音，而 e 是后高不圆唇元音，两者的差别在于嘴唇的圆展上，官话区以外的有些方言区将 e 发成 o 或 uo，而官话区内有些地方则将 o 或 uo 发成 e，如东北或山东的有些地区。如：

没课 méi kè　　—　　没破 méi pò

不摸 bù mō　　—　　不喝 bù hē

内膜 nèi mó　　—　　内阁 nèi gé

合作 hé zuò　　—　　隔膜 gé mó

训练材料

① 不要把 o 读成 e

o　　　婆婆　　磨破　　默默　　风波　　菠菜　　漂泊

e　　　客车　　色泽　　苛刻　　折射　　割舍　　特色

o—e　伯乐　　波折　　叵测　　模特　　墨盒　　破格

e—o　膈膜　　扯破　　胳膊　　恶魔　　折磨　　色魔

② 不要把 ou 读成 eu

欧洲　　喉头　　走狗　　收购　　兜售　　抖擞　　丑陋　　守候　　都有

斗殴　　口头　　楼漏　　小偷　　山沟　　发愁　　忠厚

③ 不要把 uo 读成 ue

脱落　　活捉　　火锅　　骆驼　　坐落　　错落　　国货　　阔绰　　懦弱

硕果　　躲过　　做错　　争夺　　灾祸　　扩大　　诉说

④ 不要把 ong 读成 eng

ong　　脓肿　　隆重　　轰动　　工农　　通融　　总共

　　　农场　　脓包　　浓厚　　玩弄

eng 丰盛　　横生　　风筝　　增生　　生成　　整风　　更正　　登程

⑤ 读绕口令

o　大哥有大锅，二哥有二锅。大哥要换二哥的二锅，二哥不换大哥的大锅。

哥俩一争夺，不知是大哥的大锅碰破了二哥的二锅，还是二哥的二锅碰破了大哥的大锅。

王伯伯家老婆婆，今年年末八十多。背不驼，腿不跛，为晒太阳爬坡坡。爱吃菠萝、菠菜、胡萝卜，白天馍馍蘸芥末，晚上芥末加饽饽。捧着笸箩簸一簸，簸出茶叶剩下末儿。

太阳从西往东落，听我唱个颠倒歌。天上打雷没有响，地上石头滚上坡；江里骆驼会下蛋，山里鲤鱼搭成窝；腊月酷热直流汗，六月爆冷打哆嗦；姐在房中头梳手，门外口袋把驴驮。

　　e　坡上立着一只鹅，坡下就是一条河。宽宽的河，肥肥的鹅，鹅要过河，河要渡鹅，不知是鹅过河，还是河渡鹅。村里有条清水河，河岸是个小山坡，农民坡上挖红薯，闹闹嚷嚷笑呵呵。忽听河里一声响，河水溅起一丈多，吓得我忙大声喊："谁不小心掉下河？"大家一听笑呵呵，有个姑娘告诉我："不是有人掉下河，是个红薯滚下坡。"

⑥ 诗词

o　湖光秋月两相和，潭面无风镜未磨。遥望洞庭山水翠，白银盘里一青螺。（刘禹锡：《望洞庭》）

e　鹅、鹅、鹅，曲项向天歌。白毛浮绿水，红掌拨清波。（骆宾王：《咏鹅》）

　　(4) 分清 e—er。e 和 er 是南方诸方言区的人学习普通话的难点，很多人不会发卷舌元音 er，将 er 发成 e 或 ê 的音。如：

儿化 ér huà　 — 　恶化 è huà

二心 èr xīn　 — 　恶心 ě xīn

而且 ér qiě　 — 　扼要 è yào

训练材料

① 词语练读

e　色泽　　特色　　客车　　合格

er 二十　　耳朵　　儿子　　女儿

　　而且　　木耳　　偶尔　　儿童　　儿化　　婴儿

② 听音分辨

双音节：合理　彻底　许可　曲折　二女儿　第二车　而今　而已　儿童　儿化

　　　　儿女　儿歌　儿戏　耳朵　耳目　耳环　洱海　二胡　二心　二黄　二炮

四音节：儿女情长　尔虞我诈　耳鬓厮磨　耳聪目明　耳目一新　耳濡目染

　　　　耳熟能详　耳提面命　耳闻目睹　接二连三

③ 绕口令

要说"尔"专说"尔"，马尔代夫，喀布尔，阿尔巴尼亚，扎伊尔，卡塔尔，尼泊尔，贝尔格莱德，安道尔，萨尔瓦多，伯尔尼，利伯维尔，班珠尔，厄瓜多尔，塞舌尔，哈米尔顿，尼日尔，圣彼埃尔，巴斯特尔，塞内加尔的达喀尔，阿尔及利亚的阿尔及尔。

④ 诗词

嫁得瞿塘贾，朝朝误妾期。早知潮有信，嫁与弄潮儿。（李益：《江南曲》）

2. 复韵母辨正

常见的复韵母读音缺陷有很多表现,如:口形不准(比如 ie、üe 的第二个元音 ê 的发音,为书写简便将 ê 写作 e,e 与 ê 两个元音的发音明显不同,ê 发音时嘴角应该明显地向两边展开,否则就会读成 e);舌位不准(比如 ou、iou 中的高元音 o,发音时舌位是靠后、半高的,如果舌位太高就会读成缺陷音)。这里主要强调韵头、韵腹、韵尾的完整和发音动程不明显的问题。

(1) 前响复韵母发音时丢失韵母 i u。普通话里有许多复韵母和鼻韵母有韵头 i u,而在很多方言中往往没有,如:粤、吴、闽、客家方言没有韵头 i;吴方言区和官话大区有些地方在 d t n l z c s 这七个韵母在同以 u 为韵头的音节相拼时没有韵头 u。如:

安能 ān néng — 安宁 ān níng

张氏 zhāng shì — 装饰 zhuāng shì

白毛 bái máo — 白描 bái miáo

不堪 bù kān — 不宽 bù kuān

多半 duō bàn — 多变 duō biàn

(2) 中响复韵母发音时动程不完整;高元音韵腹发音不到位。由两个或两个以上元音构成的复韵母的发音,不是元音与元音的简单相加,而是存在着由一个元音舌位、口形向另一个元音舌位、口形滑动的过程,即所谓动程。而在包括北方官话区在内的很多地方,复韵母发音存在着动程短、韵腹不突出等问题。比如:小(xiǎo)的发音应从韵头 i 的舌位开始滑向高元音 a 再归到 o 的舌位,而方言中则将 xiao 发成近于 xao 的音,发音过程不明显并且高元音 a 开口度小,使得 iao、iou、uai、uei 等中响复韵母音节中均有韵头不清晰、韵腹不响亮、韵尾不归音的现象,从而产生音节缺陷,必须注意克服。

iao 发音时,先发 i,紧接着发 ao,使三个元音结合成一个整体。例如,"巧妙""小鸟""教条"的韵母。

iou 发音时,先发 i 紧接着发 ou,紧密结合成一个复韵母。例如,"优秀""求救""牛油"的韵母。

uai 发音时,先发 u,紧接着发 ai,使三个元音结合成一个整体。例如,"摔坏""外快"的韵母。

uei 发音时,先发 u,紧接着发 ei,紧密结合成一个整体。例如,"退回""归队"的韵母。

中响复韵母在自成音节时,韵头 i、u 改写成 y、w。如:

wēi miào	miào yào	xiāo yáo	yōu jiǔ	yōu xiù
微妙	妙药	逍遥	悠久	优秀

huī duī	tuì huí	cuī huǐ	guī duì	wěi suí
灰堆	退回	摧毁	归队	尾随

训练材料

① 听音分辨

双音节:

吊销	苗条	疗效	调料	渺小	美妙	叫嚣	小鸟	久留
优秀	牛油	旧友	妞妞	幽幽	外踝	怀揣	乖乖	情怀
淮海	揣测	衰败	拽住	徘徊	元帅	释怀	垂危	悔罪
荟萃	推诿	汇兑	水位	追悔	回味	魁伟	回归	回馈

② 绕口令

iao:水上漂着一块表,表上落着一只鸟。鸟看表,表瞪鸟,鸟不认识表,表也不认识鸟。

iou:一葫芦酒,九两六。一葫芦油,六两九。六两九的油,要换九两六的酒;九两六的酒,不换六

两九的油。

uai：槐树槐，槐树槐，槐树底下搭戏台，人家的姑娘都来了，我家的姑娘还不来。说着说着就来了，骑着驴，打着伞，歪着脑袋上戏台。

uei：威威、伟伟和卫卫，拿着水杯去接水。威威让伟伟，伟伟让卫卫，卫卫让威威，没人先接水。一二三，排好队，一个一个来接水。

③ 古诗

春眠不觉晓，处处闻啼鸟。夜来风雨声，花落知多少。（孟浩然：《春晓》）

白日依山尽，黄河入海流。欲穷千里目，更上一层楼。（王之涣：《登鹳雀楼》）

半亩方塘一鉴开，天光云影共徘徊。问渠哪得清如许，为有源头活水来。（朱熹：《观书有感》）

示范音频

叠叠烟波隔梦思，离愁几日减腰围。行云自亦伤无定，莫就行云托信归。（欧阳修：《行云》）

3. 鼻韵母辨正

常见的鼻韵母读音缺陷有以下三种。一是动程不明显或主要元音的开口度不够。最容易产生这种缺陷的是 ian、uan、üan、uen、iang、uang、ueng 这几个鼻韵母。二是鼻化。发鼻韵尾时应该由舌尖与门齿背或舌根与软腭构成阻碍，堵住口腔通道，气流从鼻腔透出。如果发鼻韵尾时两个发音部位没有构成阻碍，就会形成口鼻同时出气的发音状态，使元音鼻化而产生缺陷。三是韵尾归音不准。比如，前后鼻韵母正确的归音位置是：前鼻韵尾——舌尖和门齿背造成阻碍；后鼻韵尾——舌根和软腭造成阻碍。如果把这两组鼻韵母的尾音位置弄颠倒，就会产生读音错误；如果只是韵尾归音的位置不准，就会产生读音缺陷。这种现象在晋语方言区普遍存在，成为西北方言的标志性特点。

n 和 ng 都是鼻音韵尾，但 n 是前鼻音，ng 是后鼻音，有些方言却不能分辨，如：闽方言中只有 ng 没有 n；晋方言中两者混淆并多将 n 发成 ng；吴方言和西南官话大都能分别 an 和 ang，却不能分 in—ing、en—eng；粤方言和客家方言除 n、ng 外，还有 m 作韵尾的音节。如：

安然 ān rán　—　昂然 áng rán

审视 shěn shì　—　省市 shěng shì

信服 xìn fú　—　幸福 xìng fú

训练材料

（1）读准下列词语

① an—ang

安放　繁忙　肝脏　南方　反抗　赞赏

② ang—an

傍晚　畅谈　方案　钢板　唐山　当然

③ en—eng

本能　人称　神圣　文风　真正　人证

④ eng—en

诚恳　登门　缝纫　承认　成分　成人

⑤ in—ing

民警　聘请　银杏　心灵　新兴　引擎

⑥ ing—in

灵敏　挺进　迎新　影印　领巾　倾心

(2) 对比辨音

烂漫—浪漫	葬送—赞颂	搪瓷—弹词	申明—声明
陈旧—成就	沉思—生丝	木棚—木盆	刮风—瓜分
市政—市镇	清蒸—清真	亲生—轻声	金鱼—鲸鱼
红星—红心	人名—人民	谈情—弹琴	老凌—老林

(3) 绕口令

① 扁担长,板凳宽,扁担没有板凳宽,板凳没有扁担长。扁担绑在板凳上,板凳不让扁担绑在板凳上。

② 望天空,满天星,光闪闪,亮晶晶,好像那,小银灯,仔细看,看分明,大大小小、密密麻麻、闪闪烁烁,数也数不清。

③ 老彭拿着个盆,路过老陈的棚。盆碰棚,棚碰盆,棚倒盆碎棚压盆。老陈要赔老彭的盆,老彭不要老陈来赔盆。老陈陪老彭去补盆,老彭帮老陈来修棚。

④ 人寻铃声去找铃,铃声紧跟人不停,到底是人寻铃,还是铃寻人。

⑤ 青龙洞中龙做梦,青龙做梦出龙洞,做了千年万载梦,龙洞困龙在深洞。

自从来了新愚公,愚公捅开青龙洞,青龙洞中涌出龙,龙去农田做农工。

(4) 儿歌

① 大雁下蛋:大雁,大雁,头上转转,飞到水边,下个蛋蛋。

② 两只羊:桥东走来一只羊,桥西走来一只羊,一起走到小桥上,你也不肯让,我也不肯让,扑通掉进河中央。

③ 捉蜻蜓:天灵灵,地灵灵,满天满地捉蜻蜓,捉蜻蜓捉蜻蜓,捉到一只小蜻蜓。

(5) 歌曲

童　年

（罗大佑）

池塘边的榕树上,知了在声声地叫着夏天。

操场边的秋千上,只有蝴蝶儿停在上面。

黑板上老师的粉笔还在拼命唧唧喳喳写个不停,

等待着下课,等待着放学,等待游戏的童年。

总是要等到睡觉前,才知道功课只做了一点点。

总是要等到考试以后,才知道该念的书还没有念。

一寸光阴一寸金,老师说过寸金难买寸光阴,

一天又一天,一年又一年,迷迷糊糊的童年。

没有人知道,为什么太阳总下到山的那一边。

没有人能够告诉我,山里面有没有住着神仙。

多少的日子里总是一个人面对着天空发呆,

就这么好奇,就这么幻想,这么孤单的童年。

阳光下蜻蜓飞过来，一片片绿油油的稻田。

水彩蜡笔和万花筒，画不出天边那一条彩虹。

什么时候才能像高年级的同学有张成熟与长大的脸。

盼望着假期，盼望着明天，盼望着长大的童年！

一天又一天，一年又一年，盼望着长大的童年！

（三）普通话声调和声调辨正

声调是音节的高低升降变化，在汉语中声调能够区别意义。调值是声音的实际读法，调类是将相同调值的字归为一类。

普通话有 4 个调类：阴平、阳平、上声、去声。四个调类的调值分别是：阴平（55）、阳平（35）、上声（214）、去声（51）。

调类	调值	调号	调型	例字
阴平	55	-	高平	光 guāng
阳平	35	′	中升	明 míng
上声	214	ˇ	降升	磊 lěi
去声	51	＼	全降	落 luò

声调在方言中的表现很复杂，有的调类多，有的调类少，还有的保留了入声；在调值方面，有些方言的调值不足，如东北部分方言阴平 55 读 44，阳平 35 读 24，去声 214 读 21 或 213，去声 51 读 42 等。

训练材料

1. 练读词语，给每个词标上声调

逼迫　鼻子　笔记　毕业　吃喝　合作　白鹤

克服　激动　吉利　寂寞　墨绿　宿舍　食物

事物　白色　假若　弱者　昨天　把握　公约

喜悦　竭力　缩影　设计　射击　环行　缓刑

2. 读下列词语，比较它们的声调

罚钱—发钱　　求职—求知　　隔壁—戈壁　　劫机—阶级

春节—纯洁　　字母—字模　　小鱼—小雨　　剪彩—剪裁

突然—徒然　　包子—电子　　枝叶—职业　　碧玉—比喻

危急—危机　　导演—导言　　恕罪—赎罪　　松树—松鼠

3. 读下列词语，注意第二个音节的调值高度

去—去：热爱　　胜利　　建设　　锻炼　　庆祝　　魅力

　　　　倡议　　伴奏　　照耀

去—阴：浪花　　构思　　乐章　　诞生　　促膝　　窒息

　　　　气温　　辣椒　　信封

上—去：榜样　　宝贵　　哺育　　访问　　考验　　把握

　　　　警卫　　走路　　请客

阴—阴：鲜花　　山歌　　芳香　　青春　　珍惜　　光阴
　　　　　丰收　　波涛　　今天

阴—上：潇洒　　蛙泳　　清早　　花蕊　　烟火　　歌曲
　　　　　英语　　公主　　冬笋

阳—上：联想　　明朗　　传统　　持久　　棱角　　成果
　　　　　调整　　勤俭　　雄伟

上—上：古板　　处理　　领导　　影响　　展览　　舞蹈
　　　　　水果　　海鸟　　请柬

4. 四声分项练习

阴平：青春光辉　　春天花开　　公司通知　　新屋出租
阳平：人民银行　　连年和平　　农民犁田　　圆形循环
上声：彼此理解　　理想美满　　永远友好　　管理很好
去声：下次注意　　世界教育　　报告胜利　　创造利润

四声顺序：花红柳绿　　山明水秀　　深谋远虑　　光明磊落
四声逆序：异口同声　　墨守成规　　大好河山　　痛改前非
四声交错：心领神会　　言简意赅　　瑞雪丰年　　耳聪目明
四字同调：江山多娇　　儿童文学　　保我领土　　胜利闭幕
两调重叠：丰衣足食　　欢欣鼓舞　　十拿九稳　　斗志昂扬

5. 读绕口令

(1) 姥姥喝酪,酪落姥姥捞酪;舅舅捉鸠,鸠飞舅舅揪鸠;妈妈骑马,马慢妈妈骂马;妞妞扭牛,牛拗妞妞拧牛。

(2) 小娇娇吃饺饺,娇娇老吃小饺饺;老姥姥问姥姥,姥姥老问老姥姥;麻妈妈问妈妈,妈妈老问麻妈妈。

(3) 山前有个严圆眼,山后有个严眼圆,两人山前来比眼。不知是严圆眼的眼比严眼圆的眼圆,还是严眼圆的眼比严圆眼的眼圆。

(4) 王家有只黄毛猫,偷吃汪家灌汤包,汪家打死王家的黄毛猫,王家要汪家赔王家的黄毛猫,汪家要王家赔汪家的灌汤包。

(5) 老师老是叫老史去捞石,老史老是没有去捞石,老史老是骗老师,老师老说老史不老实。

6. 声调儿歌

(1) 一声平,二声扬,三声拐弯,四声降。

(2) 一声高高平又平,二声好像上山坡,三声下坡又上坡,四声就像下山坡。

(3) 你拍一,我拍一,一声高高平又平,你拍二,我拍二,二声好像爬山顶,
你拍三,我拍三,三声下坡又上山,你拍四,我拍四,四声快速降下去。

（四）语流音变

读准普通话的声母、韵母、声调和音节,是学好普通话语音最基本的要求。但是,只做到这一步,还不能自然地说话或朗读。因为人在说话或朗读时,不是孤立地把一个个音节发出来的,而是把许多音节组成词和句子连续地说出来的,一个音节在连续的语流中不免互相影响,产生语音变化,这种语音变化叫音变。要想说流利的普通话,必须注意普通话里的音变现象。

下面简单介绍普通话里三种主要的音变现象。

1. 轻声

在一连串音节组成的词或句子里，某些音节失去它原有的声调，读得比较轻、比较短，这种现象叫作"轻声"。例如，"头"tóu 原来读阳平，在"木头"mùtou 这个词里，"头"读得比"木"轻得多、短得多，这就是一个轻声音节。有的轻声具有区别词义和词性的作用，也有一部分双音节词的第二个音节习惯上读轻声，并无区别词性和词义的作用。

2. 变调

由于邻近音节声调的影响，有些音节的声调往往要发生变化。这种声调变化现象叫变调。普通话中的四个声调，当受到邻近音节声调影响的时候，或多或少都有些变化。其中，阴平、阳平、去声的变化并不显著，变化最显著的是上声以及一些具体词语，如"一、不"等。

3. 儿化

普通话单独读 er 的字非常少，常用的只有"儿、而、耳、二"几个。普通话里另有一个不能自成音节的"儿—r"，它是一个没有具体意义的后缀。这个"儿—r"可以同其他韵母结合起来，改变原来韵母的读音，成为一种卷舌韵母，叫做儿化韵。儿化韵的"儿"不是一个单独的音节，而是在一个音节的末尾音上附加的卷舌动作，使那个音节因儿化而发生音变。如"花儿"，就是发韵母 ua 时，在 a 的基础上加上一个卷舌动作而发出来的音。儿化并不只是语音现象，它还具有语汇意义和语法意义，并有一定的修辞作用，使汉语在表达上更加精确。

儿化在有些词里有确定词性的作用。如：画（动词）；画儿（名词）。

儿化对有些词有区别词义的作用。如：信（信件）；信儿（消息）。

儿化后，有的表示细小、轻微的意思。如：小刀儿。还有的表示说话人的喜爱、亲切的感情。如：小孩儿。有些词习惯上儿化，并没有什么作用。如："旁边儿"。

以上语音规范化的要求和训练，主要就语音基本知识、方言语音辨正、口语语流音变规律等几方面展开，语音是语言标准化的重点和难点，需要长期不懈地努力，因篇幅所限还有几个与语音规范化有密切关系的内容未被收入，须在此提示，具体是《汉语拼音方案》《普通话声韵调配合总表》《普通话异读词审音表》。

三、现代汉语词汇

语言规范化除语音方面的要求外还包括词汇和语法使用的准确规范。词是语言的建筑材料，只有一个一个的词语按一定的组词造句规则构成句子、句群、篇章，才能完成语言交际的任务。

普通话词汇以北方话为基础，是指保留其使用面广泛的词而剔除使用面很窄的方言土语，其他方言区中少数表现力强的词语也被吸纳到普通话语汇中来，从而丰富现代汉语语汇。

推广普通话和促进汉语规范化最通用标准的工具书是《现代汉语词典》，《现代汉语词典》于 1956 年 7 月开始收集资料，1958 年初开始编写，1960 年印出"试印本"征求意见，直到 1978 年 12 月才正式出版。这是中国首部权威的现代汉语规范型词典，由中国社会科学院语言研究所编纂，商务印书馆出版，著名语言学家吕叔湘、丁声树曾先后主持，国内一流的专家和学者参与审订。几十年来这部词典经过多次修订迄今已印刷 400 多次，发行 5 000 多万册。2016 年 9 月，第六次修订的第七版《现代汉语词典》出版发行，与 2012 年发行的第六版比较，新版《现代汉语词典》增收近几年涌现的新词语 400 多条，增补新义近 100 项，删除少量陈旧和见词明义的词语。例如，"贿选""精神暴力""二维码""医闹""充电桩""垃圾分类"等词，被收入其中。

第六、七版词典中的新词新义新用法充分反映了中国新时期特别是近几年来涌现的新事物、新概念、社会生活的新变化和人们的新观念。有的词虽然出现时间短，但符合语法，表现力强，而且能够在词义和用法上填补汉语词汇系统中的空缺，使表达更加丰富多样。

新词语涉及社会生活的方方面面，大致有五个类别：反映时代变迁、记录社会生活的词，如宅、奴、低碳、闪婚、首付、山寨、月光族、廉租房、电子书；新兴洋词，如 CPI、PM2.5、FTA；外来词，如晒、博客、丁克、粉丝、批萨、嘉年华、脱口秀、宅急送；粤港澳地方词增收了"力挺、出糗、捷运、劈腿、八卦、搞掂（搞定）、狗仔队、无厘头"等；符合现代语言生活需要，为广大群众所接受使用的方言词"忽悠、嘚瑟、指定、女汉子、老赖"等方言词也被收入其中。

在学校教育教学活动中，说普通话用规范词是每个教师的职责，一般来说，词汇的不规范现象在书面语言中表现较少，大多出现在口头语言交流中，所以幼儿教师应该熟悉和掌握新版《现代汉语词典》增加的内容，发挥工具书的指导作用，强化口头语言的规范意识，自觉使用标准规范词汇，抵制滥用外来词、网络新词怪词现象，用准确规范生动活泼的语言教书育人。

思考与练习

1. 什么是语音、音节、音素、元音、辅音？
2. 元音和辅音的区别有哪些？
3. 《汉语拼音方案》的用途是什么？由几部分构成？各部分的内容是什么？
4. 什么是声母？普通话的声母有多少个？举例说明你所在的地区方言声母与普通话声母的差异有哪些？
5. 什么是韵母？普通话的韵母有多少个？举例说明你所在的地区方言韵母与普通话韵母的差异有哪些？
6. 什么是声调？普通话有几个调类？调值分别是多少？举例说明你所在地区方言调类调值与普通话的调类调值的差异有哪些？
7. 熟悉、掌握第六、七版《现代汉语词典》中新增的单字和词条，并在教育教学中运用。
8. 综合运用现代汉语声、韵、调、音变等语音知识，按口语语音规范化的要求，以第一人称讲述《小孩》。

小　孩

（李　钢）

示范音频

小孩是人群中的矮人族，他们直立行走，但更多的时候是趴着。他们热爱土地，热爱自由，以玩为生活的主要内容，一脑子玩的思想。小孩的眼睛长得和大人不同，随时能看见大人看不见的东西。一些微生物，一些飞行物，各类甲虫，并立即与之厮混在一起，不觉得自己跟这些东西有什么两样。小孩的耳朵也设计得很特别，随时听不见大人的呼喊。小孩是天生的自然主义者，他们以为自己降临到这个世界上就是专门来玩的。

小孩有自己的社会组织，分布于各地。一个小孩无论走到哪里，都能用个人方式飞快地找到组织，并积极向组织靠拢。这个组织一向从事逃避成人社会管束，破坏大人规矩，把家长的话当做耳边风等一系列抵抗活动，主要表现在每天集体把衣服弄脏。小孩普遍崇尚不修边幅，经常反穿鞋子，衣

冠不整，以区别于成人社会的衣冠楚楚，道貌岸然。小孩以为以一身肮脏换取快乐是再值不过的，何况衣服是大人花钱买的，钱本来就是脏的。一群小孩中最脏的那几个往往就是组织里的核心人物，负责领导大家四处寻找乱七八糟的地方作为据点。他们活跃于沙坑、泥堡，啸聚于砖垛、石堆，潜伏于草丛、墙角，在这些地带摸爬滚打。由于他们刚从天堂来到世界不久，我们只好相信小孩惯常出没的地带与天堂里的情形大致相同。

小孩与小孩有福同享，有块饼干大家啃，一粒糖果大家轮着舔。小孩喜欢很神秘地藏在某处，像鸵鸟一样把整个屁股都露在外面，自以为藏得很严实。小孩口袋里的宝贝，在大人看来全是废物，那是一些石块，一些铁片、木棒、皮筋和瓶盖，不知他们留有何用。小孩要把相当一部分精力投注到一些创世纪的活动中。他们用吐唾液和撒尿的方式和泥，捏出许多的小泥人。一个新的世界就这样诞生了。

你是大人，小孩敢做的事情你不一定敢做。小孩敢在任何场合号啕大哭，你不敢；小孩敢用脏屁股坐到家中洁净的沙发和床上，或站在玻璃茶几上往下跳，你也不敢；小孩还敢把你公司的重要文件折成纸飞机、小船，用来飞翔和航行，甚至撕成雪花乱撒。这个打死你也不敢。

成人比小孩只不过把表面的不洁净藏到内心。每一个成人都怀念童年，却再也回不到童年了。所谓"返老还童"、所谓"童心未泯"，只不过是成人的追求和希望达到的境界。小孩的天真、纯洁、无私、诚实以及坦率，永远都是成人社会的一面镜子。

每一个小孩都要告别自己的时代，走向成人社会。这是小孩悲剧的开始。说谎，是小孩进入成人世界的第一个标志；吃独食表明小孩在继续长大，为第二个标志；知道了钱的用处并利用它，是第三个标志。这样的小孩已经开始脱离集体的社会组织。有朝一日，昔日的小孩朝你走来，他们身材高挑、风度翩翩、仪态万方、举止得体，你就知道他们已经彻底沦落为成人。

9. 用普通话讲故事《小猪糊涂涂》。

小猪糊涂涂

森林中住着一只小猪，因为它做什么事都不认真，所以大家都叫它糊涂涂。尽管这样，小猪糊涂涂还是想当一名警察。于是，它就跑到警察局，对黑猫警长说："黑猫警长，我想当警察，行吗？"黑猫警长左看看右瞧瞧，说："不行，不行，你整天就会吃，不会干，怎么当得了警察呢？"小猪哀求着说："我最大的心愿就是能当上一名警察了，求求你就答应我吧！"黑猫警长拗不过它，无奈地说："那好吧！狐狸经常小偷小摸，还抢夺别人的东西，如果你能把狐狸抓到监狱里，我就让你当警察。"小猪糊涂涂说："没问题，我一定把狐狸抓回来！"说完，小猪糊涂涂就穿着警察制服、拿着警用手铐大摇大摆地出发了。

走在去往狐狸家的小路上，小猪糊涂涂一边走一边念叨："手铐、狐狸、监狱。"走着走着，小猪糊涂涂一不小心踩到了路中间的一块大石头，摔个四脚朝天，小猪糊涂涂连忙爬起来，走啊走，终于走到了狐狸的家门口，这时狐狸正在呼呼地睡大觉。小猪糊涂涂没费多大劲就把狐狸铐了起来，拖着狐狸就走。过了一会儿，狐狸清醒了，就问："小猪，你为什么要抓我呀？"小猪糊涂涂说："黑猫警长叫我来抓你的。"狐狸说："黑猫警长为什么要抓我呀？"小猪糊涂涂说："因为你欺负小动物们，所以要抓你。"

走着走着，小猪突然闻到了一股香味，还听到了一个声音："又嫩又鲜的羊肉串啊！"小猪馋得口水直流。这时候，狡猾的狐狸眼珠一转计上心来，它对小猪说："这羊肉串很好吃的，你快去吃几串吧！再说了，你吃了羊肉串还可以补充力量。"于是，小猪糊涂涂就跑去吃了一串又一串的羊肉，但是它感觉这些羊肉串的味道还不够。狐狸就说："你要喝一杯酒才更有味道的。"于是，小猪糊涂涂就喝了一大杯酒。吃饱喝足了，小猪糊涂涂就醉倒在地上睡着了，一动也不动。这时，狐狸摸出小猪身上带的钥匙,打开了手铐,然后把小猪糊涂涂拖到森林里,脱下小猪的警察服装,穿在自己身上,飞快地跑到街上买了一件狐狸皮给小猪糊涂涂穿上,又把手铐给小猪戴上,它自己逃跑了。

过了一会儿,小猪糊涂涂醒了,它摸摸自己的毛,摸摸自己的尾巴,看看套在自己身上的狐狸皮,又看见戴在自己手上的手铐说:"哦!手铐、狐狸都在这里呢!就差回监狱了。"于是就赶紧跑回警察局,说:"报告黑猫警长,我把狐狸抓回来了,你把它送监狱吧!可是……可是,不知怎么,我不见了。"黑猫警长看了看小猪,哈哈大笑,说:"小猪啊,你可真是个糊涂涂啊!"

从此,小猪糊涂涂只好在梦里去当警察了。

第三节　汉语发音原理和技巧

对教师而言,口头语言表达能力是最基本最重要的职业技能,任何语境中的说话过程都是将个人的学识、修养、文化、思想等诸多隐性素质通过发音器官的生产加工而外化为语音形式的过程。其间,语音的载体——发音器官的充分利用和有效发挥很重要,正所谓"工欲善其事,必先利其器"。在实践中我们看到,任何"口若悬河,舌似利刃"的"器"都不是与生俱来的,而是在科学方法的指导下经过长期的训练逐渐形成的。训练的内容主要有以下三方面。

一、呼吸发声

(一)呼吸

肺是呼吸的活动风箱,气流是发音的原动力。肺部呼出的气流,通过支气管、气管达到喉头,作用于声带、咽头、口腔、鼻腔等发音器官,便发出了不同的语音。声音的强弱、高低、长短及共鸣状况,与呼出的气流速度、流量、压力等有直接关系。因此,有效地控制呼吸是口语训练的重要一环。

有的人以为生活中每人都在呼吸,都会呼吸,因此根本无须练习。实则不然,教学活动中的呼吸与平时生活中的呼吸不尽相同,它不仅直接影响着声音的音量大小、音质优劣,还会对思想情感的表达起到重要的作用。生活中气吸得浅,到胸部就可以了。在以教师语言信息单项输出为主的课堂教学以及朗读演讲中,往往要气沉丹田,做到呼吸"深沉、通畅、饱满、自如"。使呼吸达到这一要求应做到以下三个方面。

1. 要有正确的呼吸姿态

正确的呼吸姿态:头顶虚空肩膀松,直背收臀要弛胸,眉宇舒展心欢畅,神态清爽脑集中。这里呼吸姿态包括姿势与神态两个方面,正确的呼吸姿态就是使形体与精神都处在对呼吸有利的最佳状态。

2. 要有正确的吸气方式

正确的吸气方式:兴奋从容两肋开,小腹微收肩莫抬,扩展腰背七分满,不觉吸气气自来。也就是说,在既兴奋又从容的状态下,两肋向周围展开,上肢松弛自由,气息不能太满,满则僵,无法控制。若两肋不张而又有意向里吸气,这就会发出较响的吸气声,夹杂在言语活动中,影响语言的效果。

3. 要有正确的呼气方式

正确的呼气方式:丹田支点要扎根,气柱缓缓往上升,不僵不懈控制好,两肋逐渐复原形。丹田是呼气的支点,不能懈怠,一懈怠气就失去了根。呼出的气要均匀、平稳,要控制好两肋,不要一呼气两肋就复原,否则气息一用就没了;也不要两肋始终不动,使气息僵死在里面。

（二）发声

发声是有声语言训练的又一项基本功，说话人必须学会驾驭自己的声音，要做到这一点，首先要了解发声器官的生理机制，掌握正确的发音方法及相关理论，并且坚持不懈地练习。

1. 发声的精神状态

人的精神状态对发声有直接的影响，只有在"最佳"状态下才能产生"最佳效果"。正确的发声精神状态应该是积极、松弛和集中。

积极，指精神状态是振奋的、积极的，神经的传导作用敏锐而迅速，在此种状态下，声音就会像一股暖流从胸中溢出。如果以消极、被动、应付式的精神状态发声，神经的传导作用迟缓而呆滞，声音也会是疲沓的、冷漠的。在学习过程中，状态积极的含义还包括学习态度要积极、有目标、有信心、有步骤。

松弛，指从精神到全身肌肉都是放松的，反应灵活，思维敏捷，毫无紧张感和僵硬感。精神状态和全身肌肉状态是互为影响的。精神的紧张会导致肌肉的僵硬，如朗读中常见的气促、喉紧，"声音不听使唤"等，都是精神过于紧张所致，只有在松弛的状态下才能自如地控制声音。

集中，指精神要集中。朗读或讲述时，精神要集中到所讲的内容上，防止混入其他杂念。在进行发声练习时，精神应集中于要解决的问题上。这样自我反馈灵敏、调整及时，可以收到较好的练习效果。最忌讳散漫无目标的练声，因为它不仅影响练习效果，有时甚至会巩固错误的方法，收到相反的效果。

积极、松弛、集中是整体要求，不能顾此失彼。积极、集中而不松弛，易成僵硬；松弛而不积极集中，便成松懈。这些都不利于正确的发声。

2. 发声的形体状态

发声的形体状态指的是讲话或发声练习时的姿势。姿势正确与否直接影响发声质量，应该从学习阶段就养成良好的习惯。如果长期用不正确的姿势发声，不仅影响发声能力，甚至会造成更严重的后果。比如，经常侧头发声会使左右两声带不均衡；弓腰驼背发声则不利于呼吸，有害健康。

发声正确的形体姿态如下：

（1）坐姿：肩垂，颈背松而直，躯体略前倾，小腹微收，舒适地坐于椅子的前端，两肘松弛地放于桌上，双手拿稿，略离桌面，两脚自然着地。

（2）立姿：一脚向前伸出半步，身体重心放在伸出的前脚掌，后脚自然跟上，成"丁字步"；两臂自然下垂或两手轻扣于胸腹前。这时胸自然挺起，小腹微收，肩下垂。这种姿势有利于胸部的扩展，可以自如地移动身体重心及活动上肢，姿态也就较优美健康。男士也可以采用两脚平稳分开的姿势。

3. 发声的生理状态

发声的生理状态，主要指在发声的过程中，与发音器官相关的部位所呈现出来的状态。正确的发声生理状态应该是："开牙关、要微笑、舌根松、下巴掉、一条声柱通硬腭、声音集中打面罩。"

"开牙关、要微笑"，必然引起软腭上提，这就增加了口腔的空间，并具有一定的力量，可以加强口腔的共鸣，使声音竖立、明亮、圆润，避免挤压出缺少共鸣、毫不悦耳的缺陷音来，后声腔适当打开，对充分运用胸腔、咽腔共鸣也有好处。"舌根松"是指喉部要放松，以免紧张，阻碍气息的畅通，产生挤压声音的现象。"下巴掉"，不是说有意识地把下巴向下拉，而是让自己有一种下巴轻松得如同不存在的感觉，目的还是让它松弛。"一条声柱通硬腭，声音集中打面罩"，是指结合气息的作用，要形成一条声柱（而不是一片）直通硬腭中心线，打到面罩上来，使声音集中，并具有穿透力。

训练材料

以立姿讲述《爱心树》，注意体会呼吸发声的生理状态和心理状态。

爱 心 树

〔美〕谢尔·希尔弗斯坦

很久以前,有一棵大大的苹果树。一个小男孩每天都喜欢来这儿玩。他爬到苹果树上吃苹果,躲在树阴下打个盹儿,他爱那棵树,那棵树也爱跟他玩。

时光流逝,小男孩渐渐长大,不再来树下玩了。

一天,男孩回到树旁,一脸忧伤。树说:"和我一起玩吧!"男孩回答:"我已经不是小孩子了,我不再爬树了。我想要玩具,我想有钱来买玩具。"树说:"抱歉,我没有钱,但是你可以摘下我的苹果去卖,这样你就有钱了。"男孩手舞足蹈,把苹果摘了个精光,开心地离去了。

男孩摘了苹果离开后,就再也没有回来。一天,男孩回来了,树喜出望外。树说:"和我一起玩吧!""我没有时间玩。我要做工养家,我们要盖房子来住。你能帮我吗?""抱歉,我没有房子,但你可以砍下我的树枝来盖房子。"男孩把树枝砍了个精光,开心地离去了。

树心满意足地看着男孩的背影。然而,从那以后,男孩再也没有回来。

一个盛夏,男孩回来了,树雀跃万分。树说:"和我一起玩吧!""我很伤心,我越来越老了,我想去划船,让自己悠闲一下。你能给我一条船吗?""用我的树干去造一条船吧。你可以开开心心地想划多远就划多远。"男孩砍下树干,造了一条船。他划船而去,很久没有再露面。

终于,多年以后,男孩回来了。树说:"抱歉,我的孩子,可惜我现在什么也无法给你了。没有苹果给你吃……"男孩回答道:"我也没有牙去咬了。""没有树枝给你爬……""我老得再也爬不动了。""我实在什么都给不了你了……我唯一留下的就是我的枯老的根了。"树流着眼泪说。"我现在也没有什么需要了,只要有个地方歇一下就好了。经过这些年,我太累了。"男孩回答到。"好吧,老树根是歇脚的最好地方了。来吧,坐在我身上吧。"男孩坐了下来,树开心得热泪盈眶……

这是我们每个人的故事。树就是我们的父母。

当我们年幼时,我们喜欢跟妈妈和爸爸玩……当我们长大后,我们离开他们……只有当我们有求于他们或遇到麻烦的时候,我们才回家。无论如何,父母总是一如既往,有求必应,想方设法让你开心。

你可能觉得男孩对树太无情,然而我们谁又不是那般对待我们的父母的呢?

二、吐字归音

(一)音节的构成

汉语音节是由声母、韵母、声调组成的。比如:"广—guǎng",g 是声母,uang 是韵母,声调为上声。其中,韵母又可以根据音色的变化分为三个音素 u、a、ng,这三个音素按序排列为韵头 u、韵腹 a、韵尾 ng。从整个字音来说,字头是声母 g 加上韵头 u,字腹指主要元音即韵腹 a,字尾即韵尾 ng。但是,并不是所有的音节都是这种情况:有的音节无声母(字头),如"印—yìn";有的音节无韵尾(字尾),如"波—bō";还有的音节只有主要元音(字腹),如"午—wǔ"。所以,并不是所有的字都有头、腹、尾,吐字的时候就要注意。

(二)吐字归音的方法

吐字归音的方法可以用出字、立字、归音来概括。

一是出字,是对字头的处理,要求叼住弹出。

"叼住"是就声母的成阻与持阻两个阶段而言的。字头是整个字音的着力点。有句话说得好，"咬字千斤重，听者自动容"。字头不着力就不能形成优美的声音。发"字头"的时候，发音器官成阻的两个部位不要接触或接近的面积太大，否则，口腔肌肉及舌肌容易松弛，字音不能清晰响亮。

"弹出"是指声母的除阻阶段，也叫吐字阶段。要求把字送出去轻捷有力，就像弹出刀刃，干脆利落，不使拙劲。

二是立字，是对字腹的处理，要求拉开立起。立字的过程是韵腹的发音过程。一个音节能否发得圆润、响亮、饱满与韵腹的发音关系很大。字腹是字音里口腔开度最大的一部分，它的音程长，响度大，最富色彩。

三是归音，是对字尾的处理，要求干净利索，趋向鲜明，到位弱收。归音时，音节的发音到了收尾的时候，气渐弱、力渐松、口渐闭、声渐正，要给人字音完整结束的感觉，不能字音发到一大半就没了。所以归音比出字、立字难度更大。

（三）注意事项

第一，要把"字头"的部位找准确，并在准确的部位上适当用力，用"字头"的力量来带动整个字音的响度，字头不能太长，这是字正的基础。

第二，"字腹"是字音里最长的一段，要"字腹"响亮就要适当地扩大声腔，一般开口和深度比日常语言要略大、略后。

第三，"字尾"要根据声音的高低和升降决定收音的宽窄。高音和升调收得宽些，低音和降调收得窄些。从"字腹"过渡到"字尾"气流要逐渐地由强到弱，口腔肌肉由紧逐渐放松。这样才能恰如其分归音到位。

（四）吐字的综合感觉

吐字的综合感觉概括为五个字，即拢、弹、滑、挂、流。

拢：指发音有关部位着力点向口腔中部集中。

弹：指字音从口腔出去时灵活轻快弹发有力。

滑：指吐字过程中唇舌对音素的过渡要有滑动感。

挂：指字音出口前要"挂"在硬腭前部。

流：指字音在口腔内要有沿中纵线向前流动的感觉。

训练材料

读韵文《笠翁对韵》和散文《有所敬畏》注意每个音节的吐字归音。

笠 翁 对 韵

（一 东）

示范音频

天对地，雨对风，大陆对长空。山花对海树，赤日对苍穹。雷隐隐，雾蒙蒙，日下对天中。风高秋月白，雨霁晚霞红。牛女二星河左右，参商两曜斗西东。十月塞边，飒飒寒霜惊戍旅；三冬江上，漫漫朔雪冷渔翁。

河对汉，绿对红，雨伯对雷公。烟楼对雪洞，月殿对天宫。云叆叇，日曈曚，蜡屐对渔蓬。过天星似箭，吐魄月如弓。驿旅客逢梅子雨，池亭人抱藕花风。茅店村前，皓月坠林鸡唱韵；板桥路上，青霜锁道马行踪。

北对海,华对嵩,四岳对三公。宫花对禁柳,塞雁对江龙。清暑殿,广寒宫,拾翠对题红。庄周梦化蝶,吕望兆飞熊。北牖当风停夏扇,南帘曝日省冬烘。鹤舞楼头,玉笛弄残仙子月;凤翔台上,紫箫吹短美人风。

有 所 敬 畏
(周国平)

在这个世界上,有的人信神,有的人不信,由此而区分为有神论者和无神论者,宗教徒和俗人。不过,这个区分并非很重要。还有一个比这重要得多的区分,便是有的人相信神圣,有的人不相信,人由此而分出了高尚和卑鄙。

一个人可以不信神,但不可以不相信神圣。是否相信上帝、佛、真主或别的什么主宰宇宙的神秘力量,往往取决于个人所隶属的民族传统、文化背景和个人的特殊经历,甚至取决于个人的某种神秘体验,这是勉强不得的。一个没有这些宗教信仰的人,仍然可能是一个善良的人。然而,倘若不相信人世间有任何神圣价值,百无禁忌,为所欲为,这样的人就与禽兽无异了。

相信神圣的人有所敬畏。在他心目中,总有一些东西属于做人的根本,是亵渎不得的。他并不是害怕受到惩罚,而是不肯丧失基本的人格。不论他对人生怎样充满着欲求,他始终明白,一旦人格扫地,他在自己面前竟也失去了做人的自信和尊严,那么,一切欲求的满足都不能挽救他的人生的彻底失败。

相反,对于那些毫无敬畏之心的人来说,是不存在人格上的自我反省的。如果说"知耻近乎勇",那么,这种人因为不知耻便显出一种卑怯的无赖相和残忍相。只要能够不受惩罚,他们可以在光天化日下干任何恶事,欺负、迫害乃至残杀无辜的弱者。盗匪之中,多这种愚昧兼无所敬畏之徒。一种消极的表现则是对他人生命的极端冷漠,见死不救,如今这类事既频频发生在众多路人旁观歹徒行凶的现场,也频频发生在号称治病救人实则草菅人命的某些医院里。类似行为每每使善良的人们不解,因为善良的人们无法相信,世上竟然真的会有这样丧失起码人性的人。在一个正常社会里,这种人总是极少数,并且会受到法律或正义力量的制裁。可是,当一个民族普遍丧失对神圣价值的信念时,这种人便可能相当多地滋生出来,成为触目惊心的颓败征兆。

赤裸裸的凶蛮和冷漠只是不知耻的粗糙形式,不知耻还有稍微精致一些的形式。有的人有很高的文化程度,仍然可能毫无敬畏之心。他可以玩弄真心爱他的女人,背叛诚恳待他的朋友,然后装出一副无辜的面孔。他的足迹所到之处,再神圣的东西也敢践踏,再美好的东西也敢毁坏,而且内心没有丝毫不安。不论他的头脑里有多少知识,他的心是蒙昧的,真理之光到不了那里。这样的人有再多的艳遇,也没有能力真正爱一回,交再多的哥们,也体味不了友谊的纯正,获取再多的名声,也不知什么是光荣。我对此深信不疑:不相信神圣的人,必被世上一切神圣的事物所抛弃。

三、共鸣控制

发音中的共鸣是指声带振动时影响到其他邻近的器官或器官内部的空间所产生的声响效果。虽然发音器官是先天的,但共鸣却可以训练调节和改善。共鸣训练的目的就是通过共鸣的调节来改善声音的色彩,达到美化声音的目的。

(一)共鸣腔

人们发音过程中可利用的共鸣腔体有鼻腔、口腔、咽腔、喉腔、胸腔和头腔,这里主要介绍前三种。

1. 鼻腔

鼻腔是固定的容积较大的不可调节的共鸣腔体。

鼻腔共鸣是由鼻腔向周围骨质膨出的含气骨腔鼻窦来实现的。鼻窦包括额窦、筛窦、上颌窦及蝶窦。它们各有小孔与鼻腔相通，在发超高音时，"上部共鸣"的产生就是利用喉、咽、口腔的共振经头骨的传导引起这些小窦振动起到共鸣作用的。这些小窦的共振会使发声者感到头部有振动感，这就是通常指的"头腔共鸣"。

2. 口腔

口腔是最复杂、动作最灵活的腔体，它既能充当共鸣器官，又担负咬字器官的职能。口腔共鸣能使声音明亮结实，字音圆润清晰，是人类语言的制造场。

3. 咽腔

咽腔由上到下可分为鼻咽、口咽和喉咽三段。

咽腔是人类发声的重要共鸣腔。发音时，除了三个鼻辅音 m、n、ng 声波自鼻腔发出外，大部分声波要经咽壁自口腔发出。此外，胸腔、头腔也是发音器官中常用的共鸣腔，此处不作详细介绍。

（二）共鸣控制的训练

口腔共鸣训练法是口语训练常用的方法，一般采用张口练习法。可用惊吓张口、半打哈欠、吞咽食物张口等感觉练习口腔张力，在气推声之前吸气和同时打开口腔立即发音，经过多次反复练习，可获得口腔共鸣的发音效果。

此外，还有胸腔共鸣训练法、头腔共鸣练习法，也就是人们常说的"三腔共鸣"。

训练材料

读现代诗《祖国啊，我要燃烧》和散文《牡丹的拒绝》，注意体会含有高元音 a 的音节的共鸣控制。

祖国啊，我要燃烧
（叶文福）

示范音频

当我还是一株青松的幼苗，
大地就赋予我高尚的情操！
我立志作栋梁，献身于人类，
一枝一叶，全不畏雪剑冰刀！

不幸，我是植根在深深的峡谷，
长啊，长啊，却怎么也高不过峰头的小草。
我拼命吸吮母亲干瘪的乳房，
一心要把理想举上万重碧霄！

我实在太不自量了：幼稚！可笑！
蒙昧使我看不见自己卑贱的细胞。
于是，我受到了应有的惩罚——

迎面扑来旷世的风暴！

啊，天翻地覆……

啊，山呼海啸……

伟大的造山运动，

把我埋进深深的地层，

——我死了，那时我正青春年少。

我死了！年轻的躯干在地底痉挛，

我死了！不死的精灵却还在拼搏呼号：

"我要出去！我要出去！

我要出去啊——我的理想不是蹲这黑暗的囚牢！"

漫长的岁月，

我吞忍了多少难忍的煎熬，

但理想之光，依然在心中灼灼闪耀。

我变成了一块煤，还悲愤地捶打地狱的门环：

"祖国啊，祖国啊，我要燃烧！"

地壳是多么的厚啊，希望是何等的缥缈！

我渴望：渴望面前闪出一千条向阳坑道！

我要出去，投身于熔炉，化作熊熊烈火：

"祖国啊，祖国啊，我要燃烧——"

牡丹的拒绝（节选）

（张抗抗）

示范音频

　　它被世人所期待，所仰慕，所赞誉，是由于它的美。它美得秀韵多姿，美得雍容华贵，美得绚丽娇艳，美得惊世骇俗。它的美是早已被世人所确定，所公认了的。它的美不惧怕争议和挑战。有多少人没有欣赏过牡丹呢？却偏偏要坐上汽车飞机轮船，千里万里跋山涉水，天南海北不约而同，揣着焦渴与翘盼的心，滔滔黄河般地涌进洛阳城。

　　……

　　然而，枝繁叶茂的满园绿色，却仅有零零落落的几处浅红，几点粉白。一丛丛半人高的牡丹植株之上，昂然挺起千头万头硕大饱满的牡丹花苞，个个形同仙桃，却是朱唇紧闭，洁齿轻咬，薄薄的花瓣层层相裹，透出一副傲慢的冷色，绝无开花的意思，偌大的一个牡丹王国，竟然是一片黯淡萧瑟的灰绿……一丝苍白的阳光伸出手竭力抚弄着它，它却木然呆立，无动于衷。惊愕伴随着失望和疑虑……你不知道牡丹为什么要拒绝，拒绝本该属于它的荣誉和赞颂？

　　于是，看花人说这个洛阳牡丹真是徒有虚名，于是洛阳人摇头说其实洛阳牡丹从未如今年这样失约，这个春实在太冷，寒流接着寒流，怎么能怪牡丹？当年武则天皇帝令百花连夜速发以待她明朝游玩上苑，百花慑于皇威纷纷开放，惟独牡丹不从，宁可发配洛阳，如今怎么就能让牡丹轻易改了性子？

……

其实你在很久以前并不喜欢牡丹。因为，它总被人作为富贵膜拜，后来你目睹了一次牡丹的落花，你相信所有的人都会为之一动：一阵清风徐来，娇艳鲜嫩的盛期牡丹忽然整朵整朵地坠落，铺散一地绚丽的花瓣，那花瓣落地时依然鲜艳夺目，如同一只被奉上祭坛的大鸟脱落的羽毛，低吟着壮烈的悲歌离去，牡丹没有花谢花败之时，要么炼于枝头，要么归于泥土，它跨越委顿和衰老，由青春而死亡，由美丽而消遁。它虽美却不吝啬生命，即使告别也要留给人最后一次惊心动魄的体味。

所以，在这阴冷的四月里，奇迹不会发生，任凭游人扫兴和诅咒，牡丹依然安之若素。它不苟且不俯就不妥协不媚俗，它遵循自己的花期自己的规律，它有权利为自己选择每年一度的盛大节日，它为什么不拒绝寒冷。

……

于是，你在无言的遗憾中感悟到，富贵与高贵只是一字之差，同人一样，花儿也是有灵性，有品位之高低的。品位这东西为气为魂为筋骨为神韵只可意会，你叹服牡丹卓尔不群之姿，方知"品位"是多么容易被世人忽略或漠视的美。

思考与练习

1. 发音时正确的精神状态是什么？
2. 发声生理状态十二字诀是什么？
3. 吐字归音的三段六字分别是什么？
4. "三腔共鸣"指的是哪三腔？
5. 运用下面的训练材料，体会呼吸发声、吐字归音、共鸣控制三种发音技巧。
(1) 古诗：一去二三里，烟村四五家。亭台六七座，八九十枝花。
(2)《火烧云》（萧红　普通话朗读作品9号）。
(3) 电视片《沙漠中的艺术宝库》解说词片段。

示范音频

　　甘肃省河西走廊的西端是一片茫茫沙海，历史名城敦煌就坐落在这里。它在汉、唐时代是通往西域"丝绸之路"上的咽喉重镇。如今，"丝绸之路"上的阳关道早已被滚滚流沙湮没，汉代的长城也只留下了一些断壁残垣，玉门关早已残缺不全。

　　然而，就在浩瀚的沙海中，却有一个神话般的绿色小岛。岛上绿树掩映，峭壁上布满了蜂房般的洞窟。它就是坐落在敦煌东南20公里处的艺术宝库——莫高窟，人们习惯称它为千佛洞。莫高窟共有492个洞窟，由北向南长达一里半。

　　一千多年前，佛教通过"丝绸之路"传到中国，作为咽喉之地的敦煌古城，首先迎来了东方的行脚僧人。公元366年，一个名叫乐僔的和尚，在千佛洞开凿了第一个用来坐禅诵经的石窟。此后历经北魏、西魏、北周、隋、唐、五代、宋、元等封建王朝，许多王孙贵族、豪门世家，还有一些普通老百姓，怀着不同的目的，依照不同的物力财力，陆续营造了大大小小的石窟，请画工塑匠在洞窟中塑造了供他们顶礼膜拜的神像，描绘了一幅又一幅以佛经故事和"天国"景物为题材的壁画。

(4) 散文

人没法自己活着

（俞敏洪）

有一个人想要知道天堂和地狱到底有什么区别，请求上帝解释清楚。上帝一言不发，带着他去参观天堂和地狱。他吃惊地发现天堂和地狱完全一样，都有阳光和微风，都有绿树和草坪。所不同的是：天堂的人一个个健康快乐，相互友爱，脸上露出幸福的笑容；而地狱里的人一个个面黄肌瘦，互相厮打，眼里流露出贪婪和仇恨的神色。于是，他询问上帝这两群人为什么会如此不同。上帝带他去了天堂和地狱的食堂，结果他发现天堂和地狱的食堂也完全一样，设施一样，饭菜也一样，每个人都用一把比自己的胳膊要长得多的勺子吃饭。因为勺子太长了，所以没有一个人能自己喂自己吃饭。天堂的人互相帮助，把勺子里的饭菜喂到对方的嘴里去，因此每个人都吃得饱饱的；而地狱中的人只想往自己的嘴里喂饭，结果由于勺子太长吃不到，所以饿得面黄肌瘦，痛苦不堪。

天堂和地狱的区别并没有我们想象的那么大。我们生活的每一天都面临着天堂和地狱的选择。当我们选择和别人和睦相处，互相帮助，互相合作时，我们的生活就变成了天堂；当我们选择贪婪、掠夺、霸道、独占、自私时，我们的生活就变成了地狱。没有一个人能依靠自己的力量活一辈子。每时每刻我们都在享受着别人所创造的各种科学和文化成果，都在享受着别人伟大心灵所带给我们的精神满足。我们日常生活所用的几乎每一样东西都是别人智慧和劳动的结晶。有时候人们对于使用别人所创造的东西太习以为常了，以至于经常忘了感激。一颗不知道感激的心是残酷的心。同样，一颗不知道给予的心是自私而苍白的心。当我们痛苦和悲伤时，我们总希望别人能够分担和理解；当我们拥有财富和资源时，我们却总想独自享用。世界上的很多道理本来十分简单，由于我们被贪欲和自私所蒙蔽，所以经常忘记了生活中什么最重要。在我们只知道独占时，我们已经失去了整个世界。

我们总是在别人的帮助和支持下才能顺利度过此生。父母给我们以真爱，兄弟姐妹给我们以亲情，同学给我们以友谊，朋友给我们以关怀，老师给我们以知识，同志给我们以理解；家庭给我们以温馨，学校给我们以快乐，剧院给我们以激情，球场给我们以狂热，公园给我们以宁静；还有那海边的橄榄树，以及树下长裙飘逸的姑娘给我们以无限遐想和憧憬。在别人给我们的身体和精神营养的同时，千万别忘了把自己的智慧、思想、友情、爱心和别人分享。当别人需要你时，千万别忘了伸出你充满爱意的双手——因为在这个世界上，总有人需要你，就像你永远需要别人一样。

第二章

一般口语交际训练

学习提示

　　口语交际能力是现代人必须具备的能力,口语交际不是一般意义上的"口才",它是一个人心理、思维、知识、经验、审美等素质的综合反映。培养口语交际能力,不仅对每个社会个体至关重要,而且对促进社会和谐进步,实现人际沟通具有重要意义,更是合格教师必备的基本素质。

第一节　口语交际的特点及原则

一、口语交际的界定

(一) 什么是口语

　　人类用语言进行交际,有口头语言和书面语言两种形式。口语就是在口头上使用的语言。综观人类发展的历史,即使是在文字出现以后,人们交际时使用的语言仍然以口头语言为主。

(二) 什么是口语交际

　　口语交际是听、说双方在特定环境里以语言为载体,凭借听、说进行交流、沟通,传递信息、联络感情、处理问题的一种言语活动。口语交际的核心是交际,它不同于听话、说话,而是由听、说双方共同进行的一种交际形式。它包括口语交际的前提、对象、目的、语境和方式五个要素。

二、口语交际的特点

(一) 口语交际的互动性

　　口语交际活动需要在个体与个体之间、个体与群体之间进行。只有交际双方不停地发出信息,才能使交际活动持续下去。即便是独白体说话,比如讲故事、演讲等,虽然以一方讲话为主,其他人只做听众,即使一言不发,但仍需要情感、态度等各方面信息的交流与沟通,这是听说双方相互影响的过程。如果听众不能适当配合,说话者则很难将话题继续下去。

(二) 口语交际的实践性

　　口语交际是一种在具体情境中与人交往的实践。无论在社会活动、家庭生活还是幼儿园工作环境中,每时每刻都存在着人与人、人与社会之间的交往,这种交往本身就是一种实践,以此达到沟通情感、协调关系、彼此交流、相互理解的目的。只有交际的双方都参与到话题中来,展开你来我往的交际实践,才能够形成真正的口语交际。这种口头语言交流活动能促进语言的发展和思维能力的增强,有利于交际活动的顺利进行。

（三）口语交际的综合性

口语交际能力不只是"听、说"的能力，更是一个人的综合素质，诸如思想、人格、风度、个性、气质、修辞技巧等各方面的有机结合，也是融语音、语法、思维、论辩等认知能力和目的、动机、情绪、情感、价值观为一体的"复合体"。

（四）口语交际的情感性

在口语交际活动中，情感具有很大的作用。它对人的声音、表情都有一定的影响，甚至对话题内容的选择、说话时的语气语调、持续的时间长短、交际活动的成功与否都有明显的影响。

三、口语交际的原则

（一）合作原则

这是 1967 年美国语言学家格赖斯提出的关于语言交际的基本原则。他认为，口语交际是一种双向活动，必须在说话人与听话人之间展开，为了交谈的顺利进行，谈话双方都应遵循一些原则，即彼此之间相互配合，使得他们能够正确理解对方的话语。合作原则应包含四点：

（1）质量准则：提供的信息要真实。

（2）数量准则：提供的信息能够满足需要，但又不多于需要。

（3）相关准则：所说的话必须和话题有关。

（4）方式准则：要简洁、有条理，避免模糊、歧义。

其中，前三点与"说什么"有关，最后一点则与"怎样说"有关。

另外，合作原则还要求交际的双方要做到：根据别人的兴趣爱好说话；根据别人的性格特点说话；根据别人的潜在心理说话；根据别人的不同身份说话；切忌主动提及别人的隐私、伤感事和尴尬事。

（二）礼貌原则

礼貌原则又叫礼貌准则，是英国剑桥大学人类学家布朗和莱文森于 1978 年发表的《语言应用的普遍现象——礼貌》中首次提出，经英国当代著名的语言学家 G. N. 利奇创新归纳的语言实际应用模式，是 20 世纪语言学研究和应用的主要成果之一。利奇在英国当代语言学研究的基础上，将现实语言交际中的礼貌准则归纳成六条：

（1）得体准则：尽量少让别人吃亏，尽量让别人多得益。

（2）慷慨准则：尽量少让自己得益，尽量多让自己吃亏。

（3）赞誉准则：尽量少贬损别人，尽量多赞誉别人。

（4）谦逊准则：尽量少赞誉自己，尽量多贬损自己。

（5）一致准则：尽量减少双方的分歧，尽量增加双方的一致。

（6）同情准则：尽量减少双方的反感，尽量增加双方的同情。

美国社会语言学家莱考夫也提出了礼貌三原则：

（1）不要强加，即不要干预别人的事情。

（2）提供选择，即让听话人自己决定。

（3）友好相待，即双方建立起一种平等的关系。

莱考夫还认为，礼貌原则虽然在不同的文化环境中表现方式有差别，但其基本形式是一致的。

汉文化的四大礼貌原则：

（1）贬己尊人原则：称自己或与己相关的人或事物时要贬要谦。称听者或与听者有关的人与事物时要抬要尊。

（2）称呼准则：用适当称呼主动跟对方打招呼，在相互称呼时要遵循上下、贵贱、长幼有别的传统来体现人际交往中的社会关系。

（3）文雅准则：选用雅言，禁用秽语；多用委婉，少用直言。避免直接提及使人不愉快或难堪的事物。

（4）求同准则：说者、听者在诸多方面力求和谐一致，尽量满足对方的欲望。当不得不批评别人或发表不同意见时，往往是先褒后贬，即先把对方赞扬一番，指出并肯定双方共同点，然后再说出不同点、不赞成或该批评之处。这样，批评作为言语行为虽不够"礼貌"，但能以礼貌方式得以表现。

中国是世界闻名的礼仪之邦，在传统文化中，"礼"有着特定的内涵（维护社会等级差别的行为法则），礼貌语言也有完善的语言系统、语用制度和民族习惯，并在几千年的历史发展中形成了特定的"礼文化"。随着现代社会制度的建立，尤其是改革开放以后，礼貌语言传统的社会功能消失，成为不分等级差别，供每个社会成员效仿的行为规范；成为文明社会中先进文化的代表；成为促进人与人之间消除抵触、化解矛盾的工具。因此，学习借鉴古今中外的礼貌准则，提倡使用健康文明的礼貌语言，并使之成为促进人与人、人与社会和谐发展的途径，成为创造幸福美满的家庭关系、和睦互助的邻里关系、亲情加友情的同事关系、平等互敬的干群关系和教学相长的师生关系的和平使者。

（三）角色转换原则

每个人在社会中都有自己的角色。在交际活动中，每一个说话者都必须清楚地认识到自己的角色定位，作为一个社会人，角色常常处在一个动态的变化过程中，不同的场合、不同的交际对象和角色身份等都可能发生变化。这就要求说话者及时调整自己的角色位置，说出来的话应该符合自己的角色身份。否则，言语便会因为不符合现实的角色而显得不伦不类。

就教师而言，社会角色十分明确，但交际角色则会发生变化。在工作上，无论是和家长还是同事或领导交往，会出现交际角色和社会角色的重合；但是，走向社会情况就截然不同，如去饭店、公园、医院、菜市场等不同场所，其交际角色随时随地在发生着变化。因此，一个人的言语交际能力的高低除了其他因素外，与其能否意识到自己角色的变化并且及时做出相应调整是密切相关的。

在一般情况下，每个人的语言风格是相对稳定的，并与其社会角色相一致。当然，随着交际角色的改变，言语风格也应该有适当的变化。所以，口语交际要注意对象，就是见什么人说什么话。如和同学、朋友交谈，就需自然平和、坦诚真挚、淳朴实在，不应装腔作势、虚情假意、咬文嚼字；而和长辈、老师说话，就需落落大方、彬彬有礼、恭敬谦虚，不应扭捏作态、语言粗俗、不懂装懂；和家人或关系密切的人交谈，就需真诚直率，不能口是心非。总之，一切语言手段的运用都必须恰当正确，既符合话题内容，符合语言情境，尤其是要与说话人的年龄、职业、身份、地位相吻合、相协调，否则就会产生滑稽感，令人啼笑皆非，甚至导致交际失败。

四、口语交际中应处理好的四个关系

（一）处理好书面语言与口头语言的关系

人们用语言进行交际，共有口头和书面两种形式。文字出现以前，语言只有口、耳相传的交际形式。我们称其为口头语言，有了文字以后才产生了书面语言。口语的历史很长，它是随着人类的产生而产生的；书面语言的历史较短，只有几千年。书面语言是在口头语言的基础上产生的，虽然两者都是交际工具,但口语主要靠听觉,表现于听与说,书面语言主要靠视觉,表现于读与写。由于各自凭借的客观条件不同,使用的情境不同,致使它们之间既有联系又有区别。

（二）处理好表述语言与肢体语言的关系

在人际交往中,人们为了表达自己的思想感情,经常借助于肢体语言,以达到强化口语交际内容的目的。但是,肢体语言的运用,仅仅起到一种辅助作用,不能喧宾夺主,而且运用时如使用不当,还可能造成负面影响。因此,我们在使用口语交际时,要形成这样的共识:

第一,口语交际活动中,为了更好地表情达意,准确地传递信息,要适当地使用肢体语言;

第二,在使用肢体语言时,要把握适时、适度的原则;

第三,肢体语言仅仅起到辅助作用,不可能代替语言的表述。

（三）处理好思维与语言的转换关系

口语交际是人际间相互交流思想感情的活动。思想交流的外在形式是说话,而说什么,怎么说,以及在特定的情景中能否很快有话说,能不能得体地说,都受到思维的影响和制约。

1. 思维与口语交际的关系极为密切

语言既是交际的工具,也是思维的工具。思维是人脑特有的功能,包括形象思维、抽象思维等多种形态。同时,思维又与语言密不可分。没有思维就没有语言,思维是语言的内容,语言是思维的工具。我们的语言表达过程,实际上是把思维的内容结构表述出来的过程,语言要受思维指向的支配。另一方面,语言对思维也起着加工、改造的作用。在口语交际的过程中,思维的品质和水平,会在很大程度上制约口语交际的效果。我们在训练时,不能只在语言的技巧上下工夫,还要认真地进行思维训练。

2. 从思维到语言的转化很重要

简单地说,口语交际就是说话的过程,而说话过程就是从内部言语向外部言语转化的过程。实际上就是思维—语言—思维的过程,人的某个具体思维内容,在没有找到恰当话语表达时,是交织在一起、是模糊的,分不出条理,划不出界限。然而,说出的话却是有次序的链条,同时每句话的组成成分——词语都是可以分离的。因此,要想把自己的思维变成话语,首先就要用词语把思维分隔开,接着再按句法规则把分隔开的各个成分组织起来,使之变成可以叫人理解的链型的话语。口中所说应该与脑中所想完全重合,没有完全重合就得不断更换词语或调整句子结构,直至重合为止。从思维到言语的转化过程的快与慢、好与坏,是一个人口语交际能力强与弱的重要标志。所以,学习口语交际,首先要在这种转化能力上下工夫。

（四）处理好倾听和表达的关系

口语交际强调"双向互动",注重人与人之间的交流与沟通和信息的往来交换。因此,参与交际的人,不仅要认真倾听,还要适时回应,表达自己的意见和想法。交际双方通过口语交际实践,互相启发、互相促进、互相补充,在双向互动中实现信息的沟通和交流。所以,学会"听"和"说",是口语交际得以成功的重要因素。为此要注意以下两点。

第一,在交流对象讲话时,要注视说话人的眼睛,全神贯注地听,并且边听边想,不打断别人。这样才听得明白,才有话可交谈。

第二,在表达自己的意见时,要先理清思路,语言准确生动,表达清楚明白。做到言之有"礼",即根据特定的情境采用恰当得体的用语;言之有"物",即有具体内容,不讲空话、套话或含糊不清的话;言之有"序",即按一定的顺序说,注意事物内在的联系及因果关系,力求意明句畅;言之有"节",即说话要简洁明了,不拖泥带水。同时,还要注意观察对方的反应,及时纠正口语表达上的错误,促使交际

双方在宽松愉快的语言氛围中无拘无束地进行口语交际，形成良好的口语交际能力。

范 例 分 析

20世纪70年代，美国代表团访华时，曾有一名官员当着周恩来总理的面说："中国人很喜欢低着头走路，而我们美国人却总是抬着头走路。"此话一出，语惊四座。周总理不慌不忙，脸带微笑地说："这并不奇怪。因为我们中国人喜欢走上坡路，而你们美国人喜欢走下坡路。"

点评： 美国官员的话里显然包含着对中国人的轻蔑，但囿于外交场的礼节，正面斥责对方又显得不礼貌。中国领导人的回答机智幽默、绵里藏针，不但打破尴尬窘迫局面，又预示了社会主义中国蒸蒸日上的前景。

思考与练习

1. 口语交际有什么特点？
2. 口语交际中要遵循哪些原则？
3. 口语交际中应处理好哪几个方面的关系？
4. 新春佳节，邻居王阿姨家的对联贴反了："爆竹两三声人间是岁"被贴在了左边，"梅花四五点天下皆春"被贴在了右边。请你根据中国传统文化中贴对联的有关要求，用适当得体的语言向她说明并进行纠正。
5. 传话游戏。分组（15人左右）让一个学生对另一个学生说几句话，再由这个学生把话传给下一个学生。以此类推，最后一个学生把听到的话说出来，看他说的话是否与第一个学生说的一致，然后各小组进行归纳总结。

第二节　肢体语言技巧及训练

肢体语言，是以说话人的身姿、手势、表情、眼神来传递信息，诉诸听话人视觉的一种无声语言，又称身体语言，以运用身体的各种动作代替语言以达到表情达意的沟通目的。

一、肢体语言的作用

在一般口语交际和教师职业口语的运用中，肢体语言具有不可忽视的作用。成功的口语交际和教育、教学活动，不仅得力于优秀的有声语言，也有助于适度、得体的肢体语言。肢体语言的恰当使用可以完善表达的内容，使对方能更好地理解教学内容。同时，还可以缩短双方之间的心理距离，营造良好的课堂气氛。

肢体语言的作用可概括为以下三个方面。

第一，在口语交际过程中，说话人的身姿体态、举手投足、神情变化等始终伴随着其有声语言，传递着各种信息。通过动态的、直观的形象与有声语言协调统一，同时作用于交际对象的视觉和听觉，补充和强化了有声语言的信息，使有声语言的表现力和感染力得到了升华。

第二，如果说"言心为声"，肢体语言则是无言的心声，即内化于心而外现于形，是交际双方心理状态和情感的自然流露或有意识的表现。人们可以通过肢体语言表情达意，也可以通过肢体语言观察、分析对方的内心世界，以便双方更好地交流、沟通。

第三，在口语交际过程中，肢体语言所表达的情感信息往往具有暗示作用。说话者或听话者有意识地通过身姿、手势、表情、目光等手段传递信息，可以调动或影响交际对象的情绪，启发或引导对方的思路，通过调节肢体语言辅助有声语言来有效控制口语交际活动，可以化不利、被动的局面为有利、主动的局面，以达到口语交际的成功。

在一般口语交际活动中和教师职业口语的运用中，学习使用正确的肢体语言，养成运用肢体语言的好习惯，对加强人际的交流、沟通，减少信息传递中的误差，丰富口语交际的内涵，以及保持良好的教师形象，都有着重要的作用。

二、肢体语言的内容

肢体语言包括身姿语、手势语、仪态语、目光语。

（一）身姿语

身姿，即身体的姿态，包括站姿、坐姿、走姿等。正确、良好的身姿语往往是一个人的生理状态、知识修养等基本素质的综合体现。

站姿，是讲话时常用常见的姿势，一般分为两种形式：一是自然式，两脚基本平行，相距与肩同宽，两臂自然下垂，两脚跟并拢，两脚尖张开 60°，身体重心落于两腿正中；二是前进式，两脚一前一后，相距适中。标准的站姿，从正面观看，全身笔直，精神饱满，两眼正视，两肩平齐；从侧面看，两眼平视，下颌微收，挺胸收腹，腰背挺直，手中指贴裤缝，整个身体庄重挺拔，给人以亲切、自信的感觉。好的站姿，不仅美观，还是身体健康、精力充沛的标志。课堂上教师的身姿语是学生的第一印象。教师的站姿要端庄、稳健、挺直，给人以精神饱满的感觉。

坐姿，是双向交流中听、说双方都使用的姿势。坐的姿势，是一种静态的姿势，指除了下肢以外的上身各部位的姿势。要注意头部端正而自然，双目平视，双肩平正放松，上身挺直，收腹，下颌微收，两下肢并拢。任何一种坐姿都毫不掩饰地反映了人的心理状态。在口语交际过程中，听说双方都要注意观察对方身姿的变换，推测其心理状态，以此作出相应的调整。

行姿，指的是一个人在行走时的具体姿势。良好的走姿应当身体直立、收腹直腰、两眼平视前方，双臂放松在身体两侧自然摆动，脚尖微向外或向正前方伸出，跨步均匀，两脚之间相距约一只脚到一只半脚，步伐稳健，步履自然，要有节奏感。起步时，身体微向前倾，身体重心落于前脚掌，行走中身体的重心要随着移动的脚步不断向前自然过渡，并注意在前脚着地和后脚离地时伸直膝部。教师在行走时，应当掌握正确的行进姿势，身体协调，姿势优美，步伐从容，步态平稳，步幅适中，步速均匀。

（二）手势语

手势语是人类常用的一种非语言交际手段，是态势语的重要组成部分。手势语是通过手和手指的动作和形态来代替语言交流和表达思想。它主要包括手指、手掌和双臂体态语。

手势表达的含义生动丰富，一般分为四种：一是情意手势，主要用来表达说话者的情感；二是指示

手势,用来指明要说的人、事物、方向等;三是象形手势,用来描摹具体的人或事物的形貌;四是象征手势,用来表达抽象概念。

根据手的动作范围,一般将手势分为三个区域:上区为肩部以上,多表现积极、振奋、肯定、张扬等意义;中区为肩部到腰部,多表现坦诚、平静、和气等叙述、说明的中性意义;下区为腰部以下,多表现憎恶、鄙视、压抑、否定等贬义。手势的方向,如向上或向下,向前或向后,向内或向外以及手势的定型、不定型等,都表达不同的含义,应注意根据本民族共同理解的意义来选用,并适当体现个性特点。

教师在课堂教学中要"以手势助说话",手势要目的鲜明,要针对不同教学对象、教学内容正确选用不同含义、不同区域、不同指向的手势;手势要根据表达需要选择不同的速度、频度、幅度、角度等。

手势是口语交际中使用频率很高的非言语符号。行为心理学家发现手势具有极丰富的表意功能,它可以弥补交际语言的不足,起到增强沟通效果的作用。

（三）仪态语

仪态语包括仪表仪容,主要通过人的五官表情来体现,表情是心灵的屏幕,它像镜子一样把交际双方复杂变化的内心活动反映出来。口语表达时,要注意自身表情的明朗、真挚、有分寸,克制影响交际效果的表情;听人说话时,要"听其言而观其色",观察对方的面部表情的变化,窥测对方的心态或言不由衷处。面部表情包括面部肌肉、眉、唇等的变化,其中微笑是面部表情的基本形式,学会在口语交际中多一些真诚的微笑,会有助于你与对方的沟通,有助于交际目的的实现。

教师在教学中的仪态语可分两种:一种是常规性的,做到和蔼、亲切、热情、开朗,常带微笑,这是教师面部表情的基本要求,它能有助于学生产生良好的心理态势,创造和谐轻松的学习氛围;另一种是变化的面部表情和眼神,面部表情指眉、眼、鼻、嘴、脸的动作和状态。在课堂教学中,教师面部表情的喜怒哀乐要根据教学内容和学生的感情共鸣而变化,注意不能过分夸张,更不能板着面孔,毫无生气。使教学活动在生动活泼的氛围中进行。

（四）目光语

目光语就是眼神,眼睛是心灵的窗口,眼神是面部表情达意最丰富的渠道,是表情语中的核心。要根据口语交际的需要恰当运用各种眼神来帮助说话,如正视表示庄重和诚恳,斜视表示轻蔑,环视是与听众交流,点视具有针对性和示意性,仰视表示崇敬或傲慢,俯视表示关心或忧伤,凝视表示专注,漠视表示冷漠,虚视可以消除紧张心理等。

教师的目光要有神采,用丰富的眼神使口语表达更加生动传神。幼儿教师组织活动时要扩大目光语的视区,始终把全体幼儿都置于自己的视野之中,并用广角度的环视表达对每个孩子的关注。要用眼神的交流组织教学活动,捕捉反馈信息,针对不同对象使用不同的目光点视,如对态度认真、思维活跃的孩子投去赞许的目光,对"开小差"的孩子投以制止的目光,对回答问题胆怯的孩子投以鼓励的目光等。

教师的眼神要灵活,有神采,切忌总是盯着天花板、窗外或讲义,不敢正视教育对象。当众说话时不要挤眉弄眼,不要有过多过强的目光语活动。

三、肢体语言技巧训练

（一）运用肢体语言的基本要求

和谐是肢体语言运用的美学要求,包括肢体语言运用的得体、自然和适度。肢体语言是有声语言的辅助手段,它只有与有声语言整体和谐,才能达到良好的效果;过分夸张,矫揉造作,只会起到相反的作用。因此,和谐是肢体语言运用的基本要求,也是训练的最终目的。首先,要做到和谐,应注意在口语交际中的肢体语言要与当时的交际场合、交际对象、交际目的相符；其次，要自然大方，把握分寸。肢体语言的运用要同有声语言的内容、语调、响度、节奏等协调，要同说话者或听话者的心态、情感相吻合，注意适时、适量、适度，做到恰如其分。

（二）肢体语言训练的一般原则

第一，以口语为训练载体。肢体语言作为口语交际活动的辅助手段，不可能脱离口语而孤立地进行训练。肢体语言训练的基本形式应当以"读—听—说"为载体。

第二，分解与综合相结合。根据人们的视觉观察习惯，肢体语言训练的程序首先宜从宏观着眼，注意总体轮廓形象，然后由宏观到微观，逐步进行局部肢体语言的分解训练。肢体语言的运用应当始终是一个和谐、自然的整体，因此肢体语言的分解训练是相对的，是指在训练过程的某一特定阶段中，有针对性地突出某项训练。分解训练的目的是为了更好地综合运用。

第三，由模仿、创造到自然运用。肢体语言训练的方法可以先由观察、分析入手，进行模仿性训练；再结合不同的口语材料，设计不同的语境，进行创造性训练；最后训练肢体语言的随机应用，达到得体、自然、适度的效果，并能有意识地利用肢体语言调控口语交际活动。

（三）肢体语言技巧训练要领

第一，身姿训练应做到经常化。

第二，手势运用要简洁、自然、适度、有力；要与有声语言和身姿协调，手随心行，话到手到，出势稳，停势准，收势慢。不要繁多、杂乱、生硬、造作。

第三，表情和眼神的运用要与口语表达的内容和目的一致。表情与眼神的变化不要过于频繁，要适度。表情与目光是一个有机整体，不宜再做分解训练。

范 例 分 析

以下是民间流传的一个故事：

一个人走进饭店，要了酒菜，吃完后摸摸口袋发现忘了带钱，便对店老板说："店家，今日忘了带钱，改日送来。"店老板连声"不碍事，不碍事，"并恭敬地把他送出了门。

这个过程被一个无赖看到了，他也进饭店要了酒菜，吃完后摸了一下口袋，对店老板说："店家，今日忘了带钱，改日送来。"

谁知店老板脸色一变，揪住他要钱，否则就要他把衣服留下抵饭钱。

无赖不服，说："为什么刚才那人可以赊账，我就不行？"

店老板说："人家吃菜，筷子在桌子上对齐，喝酒一盅盅地倒，斯斯文文，吃罢掏出手绢揩嘴，是个有德行的人，岂能赖我几个饭钱。你呢？筷子往胸前对齐，狼吞虎咽，吃上瘾来，脚踏上板凳，端起酒壶直往嘴里灌，吃罢用袖子揩嘴，分明是个居无定室、食无定餐之徒，我岂能相信你！"

一席话说得无赖哑口无言，只得留下外衣，狼狈而去。

点评：故事留给我们的启示：一、动作姿势是一个人思想品德、文化修养的外在体现。品德端正、富有涵养的人，其姿势必然优雅；一个品格低下、缺乏教养的人，很难会做出谦谦君子的姿态。二、在人际交往中，我们必须注意自己的形象，讲究动作与姿势。因为这是陌生人了解你的一面镜子，同时也可以通过对方的动作、姿势来了解、衡量别人。

训练材料

1. 肢体语言训练

(1) 游戏：你来比画我来猜

游戏规则：选两名同学，用态势语表达某种动作行为，其他人猜出答案。

A 东张西望　B 泪流满面　　C 皮笑肉不笑　D 捧腹大笑　E 拔河比赛

F 看短信　　G 玩电子游戏　H 踢足球　　　I 穿衣服　　J 看书

(2) 每天有意识地做几次"坐如钟""立如松"训练，逐步养成与人谈话时的良好身姿习惯，纠正随意、失礼的不良身姿。

(3) 以"我的自画像"为题，在讲台上作三分钟讲话，请老师和同学们当场纠正你的不当身姿。

(4) 对着镜子模仿并设计不同情境的话语表达时的各种手势。

(5) 找一首儿歌或故事，并根据内容设计手势语。

(6) 讨论：教师的表情语运用不当的常见情况有哪些？你认为这些表情语可能会对学生产生什么样的影响？

2. 肢体语言综合练习

(1) 观看优秀演讲家的演讲录像和优秀教师的教学录像，对其肢体语言进行赏析，并进行由分解到综合的模仿训练。

(2) 观看有关礼仪录像，练习站姿、坐姿、走姿。同学之间互相纠正不良身姿。

(3) 哑剧小品训练。构想生活中的某个情节片断，以哑剧形式表现出来。或者，一人表演或数人合作，表演后让同学说出大致内容或主要情节，测定肢体语言的表现力如何。

思考与练习

1. 肢体语言训练有何作用？

2. 肢体语言训练包括哪些内容？

3. 肢体语言训练的基本要求是什么？

4. 肢体语言训练应遵从哪些原则？

5. 写一段约200字的短文，表现人物在特定环境中片刻间的表情和动作，内容自选，如老友重逢、比赛获胜等。

6. 为下面的故事设计体态语。

卖火柴的小女孩（节选）

〔丹麦〕安徒生

示范音频

　　她在一座房子的墙角里坐下来，蜷着腿缩成一团。她觉得更冷了。她不敢回家，因为她没卖掉一根火柴，没挣到一个钱，爸爸一定会打她的。再说，家里跟街上一样冷。他们头上只有个房顶，虽然最大的裂缝已经用草和破布堵住了，风还是可以灌进来。

她的一双小手几乎冻僵了。啊,哪怕一根小小的火柴,对她也是有好处的! 能从成把的火柴里抽出一根,在墙上擦燃了,来暖和暖和自己的小手吗? 她终于抽出了一根。哧! 火柴燃起来了,冒出火焰来了! 她把小手拢在火焰上。多么温暖多么明亮的火焰啊,简直像一支小小的蜡烛。这是一道奇异的火光! 小女孩觉得自己好像坐在一个大火炉面前,火炉装着闪亮的铜脚和铜把手,烧得旺旺的,暖烘烘的,多么舒服啊! 哎,这是怎么回事呢? 她刚把脚伸进去,想让脚也暖和一下,火柴灭了,火炉不见了。她坐在那儿,手里只有一根烧过了的火柴梗。

　　她又擦了一根。火柴燃起来了,发出亮光来了。亮光落在墙上,那儿忽然变得薄纱那么透明,她可以看到屋里。桌上铺着雪白的台布,摆着精致的盘子和碗,肚子里填满了苹果和梅子的烤鹅正冒着香气。更妙的是这只烤鹅从盘子里跳了下来,背上插着刀和叉,摇摇摆摆地在地板上走着,一直向这个穷苦的小女孩走来。这时候,火柴灭了,她面前只有一堵又厚又冷的墙。

第三节　听话能力及训练

　　人际交往、口语表达中最基本和最常用的方式就是"听"和"说"。"听"是接收外来信息,"说"是输出个人信息,也就是表达个人思想情感。从根本上说,输出信息必须以接收信息为前提,而对于一个生理健全的人来说,"听"是人们日常交际中获取信息的重要途径。

　　良好的听话能力是学生提高学习效率的重要前提。学习成绩优异的学生,在听课时大都能够准确及时地捕捉到教师讲解的要点,对于关键语句有敏锐的反应能力。

　　提高听话能力是提高语文能力的重要环节。语文能力的构成有四个要素,即听、说、读、写,这四个方面必须互相作用、互相促进、共同提高。听可以说是四者之基础。

　　听话能力的提高还可以促进思维能力与智力水平的提高。听话训练同时也是进行思维能力的训练。听话能力的提高,也就是在不断地培养思维的条理性、开阔性和灵活性的一个过程,从而最终促进了智力的发展。

　　听话能力的提高,可以说是口语交际正常进行的关键,不懂听话与不会听话,都无法使口语交流顺利地进行。为此,加强听话训练对每个人来说都是十分重要的。

一、听话的作用

(一)在双向交流中的作用

　　人们的言语交际活动包括了听、说、读、写几个方面,但在现实言语交际中却有近一半的时间都在听别人说话,这就要求人们应具有一定的听话能力,以便正确理解别人话语中的含义,不至于曲解别人的意思。

　　随着人类交际活动的日益频繁及现代科学技术的迅速发展,听话已成为社会生活中交流信息的主要途径,听话能力已成为人们进行日常交际的重要能力。现代信息社会对人的听话能力提出了更高的要求:听得准、听得快、记得牢,有较高的言语品评能力和重新组合的能力。这些能力只有通过系统的训练才能提高。

　　听话能力的提高还可以促进思维、智力和语言能力的全面发展。听、说、读、写的能力是一个人生存发展的必备能力,从四种能力的辩证关系来看,听可以促进说,读可以促进写;反之亦然。然而,听、说、读、写能力的提高又离不开良好的思维品质,因为语言表达的内容实际上就是思维的结果。在语言训练中,

要重视思维的同步训练,不断培养思维的条理性、开阔性、敏捷性、灵活性,进而全面提高言语操作能力。

（二）在以教师单向信息输出为主的课堂教学中的作用

良好的听话能力是人们获取知识的重要途径。有调查表明,学习成绩优秀的学生,听课时大都能快速而准确地捕捉到教师讲解的重点,对关键语句有敏锐的反应能力,边听、边记、边思考的听记能力较强,因此他们的学习效率就较高。

由此可见,具有良好的听话能力,有助于学习能力的提高。作为学生,接受知识主要是以口耳相传的课堂教学方式来进行,如果听话能力强,就能在课堂上抓住教师所讲知识的重点和中心,能及时把握该掌握的内容并随时消化巩固;然而,有的学生听课时抓不住重点和中心,眉毛胡子一把抓,学习效率很低。

具有良好的听话能力,也是未来教师做好教育教学工作的重要本领。课堂教学是双向互动的活动,教师不仅要说,也要听,听学生的信息反馈,才能因材施教、对症下药,才会教学相长共同提高。

范例分析

　　一个很受学生欢迎和尊敬的老师到某个学风不太好的班级去上课。她走进教室时有同学就问了她一个问题:"老师,您喜欢我们班吗?"（教室里立即鸦雀无声。）她听后,反问道:"怎么突然想到问这样的问题?"（说实话,她虽然谈不上不喜欢这个班,但是对这个班她还是有她自己的看法的。）同学又说了:"刚才,×老师上课批评了我们,还说所有教我们班的老师都不喜欢我们班,您呢?"她说:"我能容忍你们的所作所为,你们说呢?"全班异口同声地回答道:"喜欢!"她又说了:"谢谢同学们的理解和支持,不过呢,我还是希望你们要认真地反思一下,你们过去的行为是否很恰当,以后该怎样做才会更好。"同学们很高兴地答应了,一节课就在这样轻松愉快的气氛中开始了。

　　点评: 从这个事例来看,同学们在上节课受到教师的批评后心中不安,刚好这节课是他们所喜欢的教师上课,他们很想听听是不是真正所有的教师都对他们失望了。

二、听话的要求

（一）心理方面的要求

其一,宽容。听话时必须有一种宽容大度的心态,顺耳的、趣味相投的、见解一致的要听,不顺耳的、趣味不同的、意见相左的也要听,只有这样才可能听到各种有价值的想法和意见,有利于作出正确的判断和选择。

其二,耐心。每个人说话都具有不同的语气、语调、表达方式以及独特的情感、态度。有的人说话可能会使听者觉得不适应,甚至"受不了",听得不耐烦。这就要克制自己的情绪并及时调整自己的心理,耐心地适应听话的需要,从中吸收有价值的材料。

其三,支持。无论什么级别的讲话者,都希望、渴望得到听者的认可与支持,否则势必影响其水平的发挥,降低说的效果。因而,好的倾听者要对讲话者给予微笑和鼓励,或主动引导,促进其更好地发挥,这样也有利于自身获得真正有益有用的信息。

（二）思维方面的要求

听话对思维的要求主要体现在以下三个层面。

其一,集中。只有思维集中,才能准确及时地捕捉对方的话语信息,并迅速对信息进行筛选,去繁就简,把握住核心内容,抓住要点,准确地理解说话内容。集中,是听话对思维的基本要求。

其二,灵活。要善于认同说话人的思维方式,适当采用常规思维方式、发散思维方式、逆向思维方式来准确判断听话内容的要点和真实意图。

其三,开阔。从某种意义上说,任何一个人都是一座知识的宝库,他的话语就是这座知识宝库的窗口。听话的人只有思维开阔,才可以举一反三,更多地了解到这座宝库里的知识。开阔,是听话对思维的最高要求。

（三）质量方面的要求

听话要求听者在听话中,能够听得准、记得清,能明确地辨析语音;理解得快,分析得准,能准确地理解语意;品评敏锐、评价及时,具有较强的听话品评能力和听话组合能力。

三、听话的分类训练

听话训练主要包括听记训练、听辨训练和组合训练三种方式。

（一）听记训练

口语不同于书面语,具有即时性,当说话人的声音结束,就再也找不到口语的痕迹了。所以,在听话时要具有注意能力及瞬间接受能力,能及时抓住说话者话语中的关键的、重要的、有意义的、有价值的信息,既能丰富知识、增长见识、提高素养,还能在双向交流中回答、应对对方的问题。

听记训练是培养人们把听到的话语迅速而准确地记录("心记"或"手记")下来的能力的训练。它的主要训练目标是提高捕捉话语要点的能力。

听记最根本的问题是速度。一般说来,正常的书写速度是无法跟上讲话速度的,这就要讲求"听"的技巧。比如,记词头、中心词、略缩语词或记关键句等方式,每个人可以根据自己的记录习惯进行技巧的应用和处理。

听记训练可以分为三个步骤:听读、听记、听改。先听读,了解大意,在此基础上听记,避免误差,再听读校对。通过这样的反复训练就可以有效地提高听记水平。

训练材料

1. 听记接力比赛,比一比哪行传得最快、最准确。

学生们分行坐定以后,老师把事先准备好的写有一句 10—20 个词、句的纸条,分别交给各行第一排的学生看一遍,然后每行第一排学生迅速而小声地(不让第 3 人听到)将纸条内容告诉其后面的第二位同学,依次传下去,最后一排的学生到黑板上把听到的内容写出来,看看哪一行的同学记得内容最多、最准。

2. 先听话后抢答问题。

(1)听完后请说出下面这段话中的一个多音字,再将此字的几个读音正确拼读出来。

前天,我们去参加了一个推广普通话的研讨会,针对学生普通话参差不齐的现状,大家提出了不少合理化建议,比如勤学、苦练、多比较。有人甚至提出了要滋补身体,吃人参、蜂蜜等营养品,足以表现出大家的良苦用心。

(2)听下面材料,立即回答指定的问题。

语文老师拿了一叠作文本走进了教室。她说:"同学们,昨天你们写了《记一件好事》的作文。今天,我给大家出一道数学题。"

同学们愣住了:语文老师出数学题? 怪事!

语文老师的数学题是这样出的：某班有50名学生，有38人捡到钱包并交给了失主。全校1 000名学生，照这样计算，一共捡了多少个钱包？全国两亿名学生一共捡了多少个钱包呢？听完这段话后，同学们哄堂大笑。

问题：

① 老师出数学题的真实意图是什么？

② 同学们为什么会哄堂大笑？

3. 听读两遍艾青的《我爱这土地》后，要求背诵出来。

　　假如我是一只鸟，

　　我也应该用嘶哑的喉咙歌唱：

　　这被暴风雨打击着的土地，

　　这永远汹涌着我们的悲愤的河流，

　　这无止息地吹刮着的激怒的风，

　　和那来自林间的无比温柔的黎明……

　　——然后我死了，

　　连羽毛也腐烂在土地里面。

　　为什么我的眼里常含泪水？

　　因为我对这土地爱得深沉……

示范音频

（二）听辨训练

对词语、句子、句群以及整段话语意义的理解是听话能力的核心。要能听辨出说话者的大致内容以及关键词语，力求准确、完整，同时能辨别出语句重音。因为，语句重音是体现语句目的的重要手段，重音不同，语句目的也不同。

例如，"我不能去"：

（1）"我不能去"（意思是：让别人去）

（2）"我不能去"（意思是：不是我主观上不肯去）

（3）"我不能去"（意思是：是我客观上去不了）

（4）"我不能去"（意思是：让别人来）

另外，汉语中的同音词、近音词多，也应该注意识别。如"形式"与"形势"，"娇气"与"骄气"，"石油"与"食油"，等等。应该学会在听话过程中从上下句的关系中迅速而准确地判断词语的含义。

听辨训练是对听觉的辨别、分析能力的训练。听得清、记得准是对听的基本要求，边听边辨别是对听的高层次要求。

教师要通过训练自己的听话能力，做到正确辨析学生朗读、说话时的语音、句子及内容的正误，然后加以纠正；在课堂讨论中能迅速地分辨争论各方的不同观点，然后加以准确的评析。听辨训练还包括对听到内容进行分析、正确地理解，听、解"话中话"，听、辨"假话"等方面的能力训练。

训练材料

1. 听一段故事，辨别讲述人在语音、语气和语调等方面的处理是否得当。

2. 听读下面这段话，思考回答问题：这篇文章要告诉我们什么道理？为什么？

墙壁上，一只虫子在艰难地往上爬，爬到一大半，忽然跌落下来。

这是它又一次失败的记录。

然而，过了一会儿，它又沿着墙根，一步一步地往上爬了。

第一个人注视着这只虫子，感慨地说："一只小小的虫子，这样的执著、顽强；失败了不屈服；跌倒了，从头干；真是百折不回啊！我遭到了一点挫折，我能气馁、退缩、自暴自弃吗？难道我还不如这只虫子？!"

第二个人注视它，禁不住叹气说："可怜的虫子！这样自暴自弃地爬行，什么时候才能爬到墙头呢？只要稍微改变一下方位，它就能很容易地爬上去；可是它就是不愿反省，不肯看一看。唉——可悲的虫子！反省自我吧：我正在做的那件事一再失利，我该学得聪明一点，不能再闷着头蛮干一气——我是个有头脑的人。可不是虫子。"

3. 听读下面一段话，简述这段话的要点，并回答问题。

齐白石少年时代就对虾产生了浓厚的兴趣，经常到溪流里观察这种招人喜爱的小动物，用棉花为诱饵钓虾。少年时代的这种兴趣，使齐白石早就萌生了画虾的艺术种子。

他60岁以前画虾主要是摹古，学习八大山人、李复堂、郑板桥等名家画虾的技法。

62岁时，齐白石自认为对虾的体会还不够深刻，需要长期细心观察和写生，就在画案的水碗里，长期养着数只活虾。齐白石每天都要细心观察它们很多次，看它们的形状，看它在水中游动时的姿态，还常常用笔杆触动它们，看虾跳跃时的各种姿势。这个时期他画的虾，依然还是侧重在追求外形。因此，他笔下的虾虽已超越了古人，但和他80岁以后画的虾还差一段儿距离。总的看来，虾的外形很像，但精神不足，还不能表现虾的透明的质感。

66岁时，齐白石画虾产生了一个飞跃。虾的身躯已有质感，头、胸部前端有坚硬感，腹部节与节若连若断，中部拱起，似乎能蠕动。虾的长臂钳也分出三节，最前端一节较粗，更显有力。虾的后腿由十只减少为八只。

68岁时，画虾又进了一步。这时虾的特点是：腹部小腿继续删减，由八只减到六只；以前画虾眼是两个浓墨点，后来在写生中观察到，虾在水中游动时两眼外横，于是虾眼由两个浓墨点改画成两横笔；最关键的突破是在虾的头胸部分的淡墨上加了一笔浓墨。齐白石认为，对虾写生了七八年，这一笔是创造最成功的，他说："这一笔不但加重了虾的重量，并且也表现了白虾的躯干透明。"这时画虾已达到形神兼备，可以说算成功了。

但是，齐白石仍不满足，还继续追求笔墨的简练。70岁后，又有意删除不损害虾的真实性的腿，78岁时画的虾后腿就只有五只。

80岁以后画的虾，才真正达到炉火纯青的地步：那精确的体态，富有弹力的透明体，在水中浮游的动势……可以说，艺术造型的"形""质""动"三个要素都臻于完美的境界。作家老舍在齐白石93岁寿辰的庆祝会上说："白石老先生画的虾，可以看出虾在水里游的运动，像活的一样，但他作画的时候绝不是对自然事物简单的模拟。有一次他说：'虾爪上的东西还很多，可是我不用画这些玩意儿。'他是有提炼的。"老舍提出的提炼，就是把虾的次要部分删除，对虾的重要特征进行艺术夸张，使虾的神情更为突出，所以比较池塘里的虾，人们反而更喜爱齐白石画的虾。（龙协涛《艺苑趣谈录》）

请迅速回答以下问题：

(1) 齐白石在多大年龄时自认为对虾的体会还不够深刻，需要长期细心观察和进行写生？

(2) 66岁时，齐白石画出的虾身躯、头、胸、腹、节各有什么特征？

(3) 齐白石68岁时画的虾主要在几个方面有改进？

(4) 齐白石对于虾的后腿画法的改进，都有哪几次？

(5) 什么时候齐白石画虾才到了炉火纯青的地步？从哪儿说明他的画虾技法炉火纯青？

4. 听后请回答问题。

某人很自负，写了一篇文章，语言不通，却感觉极好。他去拜访一位名人，假意请求指点，实则想

自我炫耀。

名人看了说："名人的文章七窍，如今你已通了六窍。"他听了大为高兴，到处向人转述自己"已通了六窍"。

一个朋友忍不住对他说："人家是说你这人……"他这时才醒悟过来。

请猜猜朋友对他说了一句什么话？

5. 听读下面材料。

一天夜里，某城市发生了一起凶杀案。第二天，公安局扣留了两名犯罪嫌疑人。其中一名50多岁，一名30多岁。

刑侦人员问："昨天晚上，你们都去过什么地方？"

50多岁的人回答说："我一夜都没出去，第二天8点多钟才起床。我每天都是这时候起床。"

"起床后干什么？"

"我一边刷牙，一边哼歌曲。"

"有证人吗？"

"单身汉，没有证人。"

30多岁的人是这样回答的：

"我也一夜没出去。大约晚上7点多钟就睡了。第二天一大早起床后，发现我那只老台钟又停了，就赶紧上发条。这钟常常停，每天要上一次发条。"

"钟什么时候停的？"

"8点半，我记得很清楚。"

"有没有证人？"

"我老婆可以作证。"

"你老婆几点起床的？"

"她上夜班。"

刑侦人员找出了真正的罪犯，继续审讯，案子很快就破了。

回答问题：

(1) 你能判断出谁是真正的罪犯吗？

(2) 你的判断根据是什么？

6. 听以下材料，想想哲学家应该怎样对待诡辩者。

古希腊哲学家梅内德谟曾经机警地回答过诡辩论者的挑衅。一个诡辩论者："你是否已经停止打你的父亲了？"这个疑问句，一般是不能直接表示判断的，但它隐含着一个判断，就是在问"是"与"否"时，已预设了一个"你过去曾经打过你的父亲"这个肯定判断，所以无论你回答"是"或"否"都等于承认了问话者事先做出的判断。显然，诡辩论者是想让梅内德谟陷入困境。然而，梅内德谟作为一个哲学家是不会轻易落入圈套的。哲学家要如何回答，才能使诡辩论者听了以后，自认失败呢？

（三）听话组合训练

听别人说话，不可能也没有必要一字不漏地全部记下来，应记住主要内容。要做到这一点，听话时就要不断过滤掉重复的或模糊的信息，而主要记住那些关键词语，特别是人名、地名、时间、重要数字以及事情的主要情节、规律性的认识和重要的结论，否则只会记住前面的，丢了后面的，最后一无所获。

听话组合训练是对不同的话语内容边听、边进行归类组合并且作出评价的听话技能训练。

1. 整理纲要。

以"我心目中的老师应该是这样的……"为题,组织一次班会讨论,在积极发言的同时,认真倾听大家的发言。会后,归类整理出一份讨论纲要。

2. 综合听记。

到幼儿园进行一次与小朋友的交流活动,事先准备十多条小朋友可能感兴趣的问题,然后让每个小朋友自选三个喜欢的问题回答,综合运用多种听话技能,挑选出 5 个小朋友回答最多的问题. 将小朋友的说话内容进行归类。

四、综合评价训练

在日常生活中,我们常常听到的话语是多种内容或多个角度的,有时是杂乱无章的,这就需要人们边听边对话语内容进行重新归类、组合,才能准确地体现话语的含义,全面地把握话语的内容。正确理解说话人的意思,及时判断其说话内容的是非优劣,是听话的基本要求。要做到听音辨义,说话人的见解是否正确有依据,说话人的思路是否明确,内容是否真实可信,说话人用了哪些表达技巧以及总体评价怎样等。

在各级各类教育机构的教育教学活动中,教师经常对教育对象进行综合评价,评价的质量直接影响着教育的质量,也能衡量出一个教师的综合素质,所以听话中在听、记、辨基础上做出的综合判断评价,对教育对象而言,其意义已经超出语言交际本身,有时甚至影响教育对象的终生。

训练材料

1. 听同桌朗读下文,请你简单地评价这段散文在内容和形式上的特点。

谈 生 命
(冰 心)

示范音频

我不敢说生命是什么,我只能说生命像什么,生命像东流的一江春水,他从高处发源,冰雪是它的前身。他聚集起许多细流,合成一股有力的洪涛,向下奔流,他曲折地穿了过悬崖峭壁,冲倒了层沙积土,挟卷着滚滚的沙石,快乐勇敢地流走,一路上他享受着他所遭遇的一切。有时候他遇到岩石前阻,他愤激地奔腾了起来,怒吼着,回旋着,前波后浪地起伏催逼,直到冲到了这危崖,他才心平气和地一泻千里。有时候他经过了细细的平沙,斜阳芳草里,看见了夹岸红艳的桃花,他快乐而又羞怯,静静地流着,低低地吟唱着,轻轻地度过这一浪漫的行程。有时候他遇到暴风雨,这激电,这迅雷,使他心魂惊骇,疾风吹卷起他,大雨击打着他,他暂时浑浊了,扰乱了,而雨过天晴,又加给他许多新生的力量。有时候他遇到了晚霞和新月,向他照耀,向他投影,清冷中带些幽幽的温暖;这时他只想休憩,只想睡眠,而那股前进的力量,仍催逼着他向前走……

2. 鲁迅先生的《孔乙己》中的一段:

有几回,邻居孩子听得笑声,也赶热闹,围住了孔乙己。他便给他们茴香豆吃,一人一颗。孩子吃完

豆,仍然不散,眼睛都望着碟子。孔乙己着了慌,伸开五指将碟子罩住,弯腰下去说:"不多了,我已经不多了。"直起身又看一看豆,自己摇头说:"不多不多! 多乎哉? 不多也。"于是这一群孩子都在笑声里走散了。

　　要求:(1) 从孔乙己给孩子分豆吃的语言动作概括出他的性格特点。

　　　　　(2) 孔乙己两次言语中的语言风格一样吗? 各是什么风格?

　　3. 请两位同学就某个问题进行会话,其他人注意听,然后对二人说话的内容、形式、条理及说话能力做简单的评说。

思考与练习

　　1. 听话能力有什么意义?

　　2. 听话能力的要求有哪些?

　　3. 听话训练有哪几种方式?

　　4. 阅读下面的故事,从中受到哪些启发? 把这则故事讲给父母或朋友们听。

示范音频

我　知　道

　　有这么一只小兔子,他总觉得自己很聪明,什么都懂了,不管人家讲什么,他都在边上嚷嚷:"这个,我知道……我知道……"邻居老兔奶奶见了,夸他说:"这孩子,真聪明,什么都知道!"

　　有一天,雪下得很大。兔妈妈病了,她对小兔子说:"孩子,你自个儿出去找点吃的吧,当心碰上狼……"小兔子没等妈妈说完,就嚷着:"我知道,我知道。"兔妈妈说:"你知道? 你说说,狼的样子是怎样的? 你听我说,狼的样子很可怕,小小的眼睛……"小兔子没听妈妈说完话,就跳出洞去,跑走了,一边还在嚷着:"我知道,我知道……"

　　小兔子在森林里乱跑乱跳,不知上哪儿去找东西吃。忽然,他听见"咩咩"的一声叫,给吓了一跳。他抬头一看,哎呀! 前面站着一个怪东西,长着长长的胡子,弯弯的角,睁着一双小小的眼睛正看着他呢! "小小的眼睛……"小兔子想起妈妈说的话,心里想:这一定是狼了,吓得转身就逃。"别跑,别跑,小兔子!"怪东西在后面叫他呢! 小兔子偷偷回头看了一眼,怪东西站在那儿,没有来追他。小兔子胆子大了一点,他停住了脚步,轻轻地问:"你是狼吗?"那怪东西听了,把肚子都笑疼了:"你这小兔子,连我山羊公公也不认识啦。"小兔子没见过山羊公公,可他听妈妈说过,山羊公公可好了,这才松了一口气,说:"嗨,我还当你是狼呢!"山羊公公对小兔子说:"你自个儿出来,可要当心碰上狼,那狼呀,拖着一条粗粗的尾巴……"小兔子没等山羊公公说完话,就嚷起来:"我知道! 我知道!"一边跳着跑远了。

　　小兔子正跑着,忽然从树上扔下一个松果来,正打在他的头上。是谁在和小兔子开玩笑呀? 小兔子抬头一看,树枝上蹲着个小动物,正在向他扮鬼脸呢! 小小的眼睛,粗粗的尾巴。小兔子害怕得叫了起来:"狼! 狼!"那小动物听小兔子这么一喊,以为真的狼来了,吓得马上钻进树洞去躲了起来。这一来,小兔子才知道那小动物不是狼,还跟他一样,很怕狼呢,就嘻嘻地笑了起来。那小动物听见小兔子在笑,偷偷地从洞口伸出头来问:"哪里有狼呀? 你骗我!"小兔子说:"我没骗你,我刚才当你是狼呢!"那小动物听了,笑得差点从树上摔下来:"真是个小傻瓜,我是小松鼠! 你没见过狼吧,好,让我仔仔细细告诉你吧,那狼嘛,尖尖的爪子,血红的嘴巴……"小兔子没等他说完,又嚷着:"我知道,我知道……"说着就跳着跑开了。

　　雪越下越大了,北风呼呼地吹着。小兔子跑了好半天,一点吃的东西也没有找着,肚子又饿,身子又冷,真不好受啊!忽然,他看见大树旁边的雪堆里,有半截红萝卜的叶子。小兔子高兴极了,连忙跑了过去。

突然,大树后面窜出个东西来,长了一身灰灰的毛,样子挺难看,可是说话挺和气。那东西说:"小兔子,你饿了吧? 正好,这里有个红萝卜,快过来。我拔出来送给你。"小兔子望着他,心里有点害怕,他想这会不会是狼呢? 狼到底是什么样子的呢? 他拼命想着妈妈的话,想着老山羊和小松鼠的话,可是谁的话他也没听完,怎么想得起来呢? 小兔子真后悔没有把人家告诉他的话听完。这时候,那东西一步一步朝着他走过来了。

"孩子! 快逃!"这是谁在喊呀,小兔子听出来了,是老兔奶奶的声音。他回转身就没命地跑。那东西正是狼呀! 它看见小兔子跑了,就飞快地追了上来,牙齿磨得格格响。哎呀! 小兔子跑着,跑着,跑不动了,快给狼追上了! 正在这时,老兔奶奶从树丛里奔了出来,在狼面前一闪,狼看见了老兔奶奶,就丢下小兔子,来追老兔奶奶了。小兔子连忙找了个树洞,钻进去躲了起来。

老兔奶奶可聪明呢,她绕着一棵大树兜圈子,兜了一圈又一圈,突然钻进一个洞里去了。狼在洞口等了半天,也没见她出来,只好拖着尾巴走开了。

天快黑了,老兔奶奶知道狼跑远了,才从洞里跑出来,又在树洞里找到了小兔子,把他带回家去。兔妈妈向老兔奶奶谢了又谢,回头对小兔子说。"你出去这大半天,懂得点什么没有?"小兔子说:"我认识了山羊公公,小松鼠,还认识了大坏蛋——那只狼。""还有呢?""还有,还有,我以后事儿没听明白,再也不说'我知道,我知道'了。"

第四节 口语交际的表达技巧及训练

一、汉语语音的特点及表达技巧

(一) 高元音多

在现代汉语中,每个音节都有元音音素,其中高元音多并且音节响亮,声音悦耳,以 a 为例,在普通话 1 200 多个音节中,含元音 a 的音节 500 多个,这些音节多优美动听,富有音乐美。中国古典文学作品中的诗词就是充分发挥了汉语语音音色优美、音节整齐的特点而琅琅上口,令人爱不释手的。

因此,如果说话者在口语表达时掌握高元音的正确发音方法,并能将悦耳动听的音色、丰富优美的语言和真挚饱满的情感融为一体,做到以声传情,将取得理想的表达效果。

(二) 一个汉字一个音节

音节是构成词和句子的最小的自然语音单位,是说话和听话时最容易分辨出来的语音单位。在汉语里,音节是语素的语音形式,汉字是音节的书面形式。在普通话里,除了个别情况外,一个汉字就是一个音节;反过来也是如此,一个音节就写成一个汉字。由此,就要求说话者在说话时,吐字清晰,如受地球的引力而坠落地上的重物,掷地有声,声声入耳。

(三) 声调的高低升降

声调是音节音调的高低升降变化,也就是音节的音高变化。在汉语里一个音节一般表示一个汉字,所以声调也叫字调。

在现代汉语里,声调是音节结构中不可缺少的组成部分,它同声母、韵母一样,有区别意义的作

用。比如说"联系"和"怜惜"、"题材"和"体裁"，它们所表示的音节写法不一样，而且词语的意义也不同，这一切都靠不同的声调来区别。

普通话四个声调的调值分别为平调、升调、曲折调和降调。现代汉语通过声调的高低升降、错落有致，构成音韵美。

没有节奏的口语会让人感到单调乏味。顺应汉语语音的调值变化，表达者在说话时可根据表达的需要以及词汇、句式、语气的特点进行抑扬顿挫的起伏处理。

例如，诗歌《乡愁》虽然篇幅短小，却是作者余光中思乡情怀的流泻。意蕴深厚，字字情真意切，句句感人肺腑。朗诵这首诗时要运用凝重舒缓的节奏，平实而又深情饱满的语气，并结合声调上的曲折变化，语调上抑扬顿挫，一唱一叹，回环往复，只有如此，才能再现诗歌愁绪郁结、萦绕不去的感情基调。

小时候／乡愁是一枚小小的邮票／我在这头／母亲在那头

长大后／乡愁是一张窄窄的船票／我在这头／新娘在那头

后来啊／乡愁是一方矮矮的坟墓／我在外头／母亲在里头

而现在／乡愁是一湾浅浅的海峡／我在这头／大陆在那头

示范音频

二、汉语语汇特点及表达技巧

（一）基本义、引申义、比喻义

1. 基本义

基本义是指词在现代汉语中较早出现的常用意义，是多义词最基本最常用的意义。例如："走"在普通话里常指步行，"步行"就是"走"的基本义。

词的基本义在《现代汉语词典》中，常常作为词的第一个义项提出。例如：《现代汉语词典》对"人"的注释的第一项是"能制造工具并使用工具进行劳动的高等动物"。

掌握词的基本义是了解多义词词义的最好方法。因为多义词的词义不管有多少项，都是从一个基本意义直接或间接发展出来的，掌握了多义词的基本义，根据具体的语言环境，可以推断出那些发展引申出来的意义。所以，掌握多义词的基本义十分重要。

例如，由"人"的基本义引出了另外的七个意义：

（1）每人；（2）成年人；（3）某种人；（4）别人；（5）人的身体或意识；（6）人手、人才；（7）人的品质、性格或名誉。

2. 引申义

引申义是由基本义发展出来的意义。

例如，"收获"：

（1）收割成熟的庄稼：春天播种，夏天耕耘，秋天收获。

（2）农作物的收成：你今年的收获不错吧？

（3）学习、工作等的心得或成绩：这次的学习，我的收获挺大的。

在"收获"的三个意义中，第一个是基本义，第二、三个都是引申义，但第三个意义不是从第一个意义而是从第二个意义直接引申出来的，第三个意义是第一个意义的间接引申。

3. 比喻义

比喻义是基本义通过比喻用法形成的固定的意义。

结晶：基本义是指物质由液态或气态形成晶体的现象，也指形成晶体。它的比喻义是"珍贵的成果"，例如：这本书是他多年心血的结晶。

鉴于汉语词义有上述基本义、引申义和比喻义的区别，这就要求说话者在表达时注意准确选取词语的意义加以使用，而听话者在接收语音信息时更要注意辨别。不正确的使用会引起意义上的混淆，影响交际，甚至会造成误解。例如："他终日游手好闲，惹是生非，是个没有心肝的家伙。"这是评价"他"缺乏道德感、责任心，而不是指他真的缺失心脏肝脏这些身体器官。这里选用的是词语的比喻义，并非是基本义。

（二）准确与模糊

作为一个社会人，所说的话要让别人乐于接受，易于接受。根据交际对象、交际场合、交际背景决定用准确语言还是用模糊语言。

关于词的准确性，人所共知。词的模糊性，是指有些词的意义所概括的范围没有明确的界限，究其原因是客观世界存在着很多界限不清的事物，同时人在认识客观事物的过程中受到主观条件的限制，只能近似地观察客观事物，如高—低、深—浅、美—丑。正确运用模糊词语可以使语言表达更科学更准确，因为模糊不是含糊不清，而是有清晰的中心而无明确的边缘。

将李清照的"乍暖还寒"改为"一会零下 20 度，一会零下 5 度"岂不大煞风景，诗意荡然无存。而在"问君能有几多愁，恰似一江春水向东流"中，正是恰当运用了比喻模糊语，表现了"愁"之深之长从而成为千古名句的。

再如，电影《非诚勿扰》中有一段男主角的经典台词："自我介绍一下，我岁数已经不小了，日子小康，抽烟，不喝酒。留学生身份出去的，在国外生活了十几年，没正经上过学，蹉跎中练就一身生存技能，现在学无所成海外归来。实话实说，应该定性为一只没有公司、没有股票、没有学位的'三无伪海龟'。人品五五开，不算老实，但天生胆小，杀人不犯法，我也下不去手。总体而言，还是属于对社会有益无害的一类。有意者电联，非诚勿扰。""我岁数已经不小了"（到底是多大）"没正经上过学"（怎样算没正经上过学）"不算老实"（怎样才不算老实）全都没有具体解释，然而却给我们展示了一种极致的朦胧美。葛式影片依然是人们心中执著的期待，特别是那些朴实的经典语言给人们留下了深刻的印象。

（三）直白与委婉

直白就是直截了当、清楚明白地说出自己要表达的意思。教师在传授知识时，必须具备直白表达能力。

直白的基本要求包括用词准确精当、语句干净利落。

把想要表达的意思曲折、间接地表达出来的说话方式就是委婉。委婉的表达常常是在出语前后对语音、语势、语意等方面做一定的变通：（1）语速放慢，语调趋于平稳；注重情绪交流；选词审慎并适当弱化用词的分量。（2）在独白表达时，先迂回铺垫，再表明看法；在对话时，先顺承或肯定对方的某些表述，然后通过过渡引入自己要说的内容。（3）不把话挑明，而是言在此而意在彼；或用商询的语气，不把话说得过于确定；或用"模糊语言"，语意的指向宽泛一些，达到暗示的目的。

例如：有一个很胆小不爱说话的小朋友活动中举起了小手，不同的老师说法也不一样：（1）"某某居然也举手发言了。"（2）"今天某某小朋友真乖，勇敢地举起了小手来发言，我们欢迎他。"显而易见，这两种表达方式的效果是截然不同的。

苏霍姆林斯基说过："教育技巧的核心是暗示。"教育教学口语中的"暗示"，其主要表现形式就是委婉。对学生说话，有时不必非得"打开天窗说亮话"，把话说得很直白，直白方式用于传授知识是必要的，但是在不同的教育教学情境中，针对学生的心理、性格、情感、认知等的不同，有时说话绕一下弯

子,效果会好得多。

（四）抽象与形象

现代社会中人们的生存离不开人与人、人与社会、人与自然交往接触。面对不同的对象、不同的内容,我们要用不同的说话方式来加以表达,才能达到预期的目的。

谈及社会科学知识时,要做到形象生动、感情丰富,要使人有如见其人、如闻其声、如临其境之感,要让别人发现美、感受美,并能创造美,对未来充满美好的憧憬,对前途有着热切的期盼。

谈及自然科学内容时,要把外界事物的客观性、规律性用简洁、准确、富有逻辑性的言语告之于人,让别人更好地了解客观世界、探索客观世界。

（五）庄谐适度的幽默

人们交际内容的丰富多样,决定了交际语言风格的多样性。在庄严、肃穆、正式的场合,语言一定要准确庄重;而在轻松、愉快、和谐的氛围中,语言要轻松幽默。当代社会快节奏的生活和激烈的竞争使人们长期处于精神紧张状态,为此巧用幽默可以为疲惫者驱除疲劳,为孤独者增添情趣,为成功者减轻压力。同时,幽默也是教师常用的口语风格之一。

苏联教育家斯维洛夫说过:"教育家最主要也是第一位的助手是幽默。"教师的幽默是师生关系的"润滑剂",它能益智明理,是教师教学过程中启发思维、推动领悟、构筑和谐教学气氛的重要手段。

例如:

> 语文课上教师正在讲宋代诗人叶绍翁的《游园不值》,一个迟到的学生推门而入,径直坐到自己的座位上。教师看了他一眼,接着就诗中发问:"大家想想,诗人去拜访朋友,为什么'小扣'柴扉而不是'猛扣'呢?"大家回答因为"猛扣"不礼貌,教师接着说"'猛扣'尚且不礼貌,假如'不扣'而'呼'的一声撞门而入呢?"大家都笑了,迟到的学生红着脸低下了头。教师避免了直接批评的尴尬对教学产生的消极影响,又巧妙地教育批评了学生而不伤其自尊心,同时维护了教师的威信。

三、汉语语法特点及表达技巧

语法是词、短语、句子等语言单位的结构规律。语素怎样组合成各种结构的词,词怎样组合成各种短语,短语或词怎样组成不同句子,再用什么手段、方式组成句群,其中都有规律规则和应用技巧。

在现代汉语里,我们要表达所思、所想、所感,都是以句子为单位进行的。句子的语法单位可以分成四级:语素、词、短语、句子。

在口语运用的过程中,应该通过学习,准确掌握汉语语法特点并根据在语素、构词、成句等方面的具体要求选择适当的类型,增强表达效果。

四、汉语修辞方法运用的技巧

现代汉语修辞方法很多,如比喻、拟人、借代、夸张、对偶、排比、回文、仿词、嵌字等,幼儿教师要掌握这些方法并充分运用各种修辞技巧使自己的表达更加生动、具体、形象、活泼。下面重点介绍比喻、拟人、夸张三种方法。

（一）比喻

用相似的事物打比方去描绘事物或说明道理的修辞方法就是比喻。比喻就是打比方。

古人曾有"能博喻然后为师"之说,并深刻地揭示了比喻在表达中的作用:"善喻者,以一言明数

事;不善喻者,百言不能明其意。"（魏·刘劭）

比喻里被比方的事物叫本体,用来打比方的事物叫喻体,联系两者的词语叫比喻词。本体和喻体必须是性质不同的两种事物,利用它们之间在某方面的相似点来打比方,就构成了比喻。

比喻的作用有三个方面:一是使深奥的道理浅显化,助人加深理解;二是使抽象的事物具体化,让人便于接受;三是使概括的事物形象化,给人鲜明的印象。

比喻的种类:

比喻主要分为三类:明喻、暗喻、借喻。

1. 明喻

明喻的构成方式是本体、喻体都出现,中间用"像、如、似、仿佛、犹如、有如、一般"一类的比喻词。例如:

云像一个忙碌的画家,在天空中画出一幅又一幅的图画。（幼儿诗《云》）

珍珠般雨点,一颗一颗挂在草叶上。（吴然:幼儿散文《珍珠雨》）

2. 暗喻

暗喻又叫隐喻,本体和喻体都出现,但用"是、变成、成为、等于"等比喻词。例如:

雪花飞啊飞,飞成白蝴蝶。（幼儿园语言材料 儿歌《雪花》）

暗喻虽然不用"像、如"一类的比喻词,实际上比起明喻来,本体和喻体的关系更为紧密。这种比喻直接指出本体就是（或成为）喻体,突出了两者的相似点。

3. 借喻

借喻不说出本体,或不在本句说出,而是借用喻体直接代替本体,比喻词也不出现。例如:

小松鼠今天晚上真漂亮呀!他的两只尖尖的小耳朵上方有两颗绿茵茵的小星星!（陈静雯:童话《耳朵上的绿星星》）

作者把暗中装扮小松鼠的萤火虫比喻成绿星星,但是本体萤火虫在句中并未出现。

咦/是哪个调皮的小鬼/给大山系上腰带? 噢/原来是一条小山路。（幼儿诗《腰带》）

腰带是喻体,本体小山路在下句出现。

使用比喻应注意以下三方面。

第一,本体和喻体必须是不同类事物,但在某一点上极其相似。例如:

生存的小品文,必须是匕首,是投枪,能和读者一起杀出一条生存的血路的东西。（鲁迅《小品文的危机》）

"小品文"和"匕首""投枪"是完全不同的事物,但它对人类社会的作用,却应该和"匕首""投枪"一样,具有强烈的战斗性。

第二,要用具体比抽象,用浅显比深奥,用熟悉比陌生,让人容易理解,使人容易接受。例如:

家是什么? 家,是一盏灯、一扇窗户、一张柔软的床。（幼儿园语言材料《家是什么》）

梦像一条小鱼,在水里游来游去,想捉他,他已经跑了。（幼儿诗《梦》）

这就使无形的化为有形的,具体而形象。

第三,比喻要新颖,不落俗套。新颖的比喻才具有吸引力,受人喜爱,能给人鲜明的印象。

比喻作为一种常见的修辞方法,被普遍地运用于幼儿园教育教学活动中。比喻可以把抽象的事物形象化,把不熟悉的事物变得熟悉起来,把深奥的道理变得浅显易懂,以激发幼儿学习的兴趣;还可以培养幼儿的想象力。

比较浅显的比喻,可用来教给幼儿认识具体的事物;比较复杂的比喻,能让幼儿明白某个道理。比如:教师说"团结就是力量"的道理,常常用"一根筷子容易断,一把筷子就难断了"的比喻来说明。

教育教学口语中运用比喻:以浅喻深,化深为浅;以简喻繁,化繁为简;以熟喻生,化生为熟。

（二）比拟

把物当作人来写，或把人当作物来写，或者把甲物当作乙物来写，叫比拟。比拟包括拟人和拟物两种。

1. 拟人

把物当作人来写，赋予物以人的动作行为或思想感情，叫拟人。它包括两种情况。

一是用表现人的特征的词语描述事物。例如：

（1）在高空，漂浮着那么一朵小小的奇异的云彩。她轻松愉快，不断变幻着颜色和形状，无休无止地随风飘荡。（严文井《浮云》）

（2）桃树、杏树、梨树，你不让我，我不让你，都开满了花赶趟儿。（朱自清《春》）

（3）有一天夜里，象棋正好和陆军棋放在一起，圆圆（指象棋）跟方方（指陆军棋）没事儿就开始聊天了。（叶永烈《圆圆和方方》）

句（1）说云彩轻松愉快；句（2）说桃树、杏树、梨树互不相"让"；句（3）说象棋和军旗能交谈聊天等都是赋予有生命或无生命的事物以人的特性，都是拟人。

二是让人和事物说话，或者直接把事物变成人，跟人一样说话、行动，具有人的思想感情。例如：

（1）看见堆成小山一样的巧克力饼，小猪笨笨高声叫道："哇，这么多的巧克力饼，多得可以盖一座房子！"（杨红樱《巧克力饼屋》）

（2）这一圈小山在冬天特别可爱，好像把济南放在一个小摇篮里，它们安静不动地低声说："你们放心吧，这儿保准暖和。"（老舍《济南的冬天》）

（3）国王的御橱里有两只罐子：一只是陶的，一只是铁的。骄傲的铁罐看不起陶罐，常常奚落它。"你敢碰我吗？陶罐子？"铁罐傲慢地问。"不敢，铁罐兄弟。"谦虚的陶罐回答说。（黄瑞云《陶罐和铁罐》）

（4）老山羊正在看书，小白兔的信飞来了。（冰波《桃树下的小白兔》）

句（1）中小猪高声说话；句（2）的小山自己能说话；句（3）中铁罐和陶罐对话；句（4）的山羊看书，小兔写信都是把物"人格化"了，都是拟人。

2. 拟物

把人当作物来写，使人具有物的动作或情态，或者把甲物当作乙物来写，表达某种强烈的爱憎感情，叫拟物。例如：

（1）五婶、张木匠、小飞蛾三个人都要动身了，小飞蛾说："艾艾！你不去看看你姥姥！"艾艾说："我不去！初三不是才去过了吗？"张木匠说："不去就不去吧！好好给我看家！不要到外边飞去！"（赵树理《登记》）

（2）回家的路上，爸爸说，他要写诗了，心中诗句啊，随着音乐喷泉喷了出来。（蒲华清《音乐喷泉》）

（3）还有一问，是："公理"几块钱一斤？（鲁迅《"公理"之所在》）

句（1）把人写成像鸟一样能"飞"；句（2）把"诗句"写成如泉一般能"喷"出来；句（3）把"公理"写成商品去卖都是拟物。

值得注意的是以下两点。

第一，运用比拟，必须根据表达的需要，符合人或事物的特征，做到贴切自然；不可牵强附会，随便使用比拟。例如：

禾苗见它弯腰，花儿见它点头，云儿见它让路，小树见它招手。（小学语文《谜语》）

让禾苗、花儿、云儿、小树能够"弯腰""点头""让路""招手"，是由这些事物在风中表现出的特点决定的，如果说"禾苗让路""云儿招手"就不合适了。

第二,要注意比喻特别是其中的借喻和比拟的区别。比喻重在"喻",是把甲事物喻为乙事物,甲乙两事物一主一从,而且一般都出现;如果是借喻,则往往只出现喻体,本体不出现,比拟重在"拟",是把甲事物比作乙事物,而乙事物一般不出现,只出现表现乙事物思想言行的词语。例如:

(1) 哦!他一定喜欢冬天,要不,怎么身上开满了梅花。(吴成《梅花鹿》)

(2) 世界发出尖锐的啸声向后倒去/时间疯狂地旋转/雪崩似地纷纷摔落(舒婷《会唱歌的鸢尾花》)

句(1)用"梅花"比喻梅花鹿身上的斑点;句(2)时间可以旋转,显然是比拟。

比拟在幼儿教育中很常见,幼儿富于幻想,幼儿的思维又是以自我为中心的,他们常常把动植物当作朋友,认为动植物跟他们一样能说话,能游戏。抓住这一特点,运用拟人、拟物的修辞方法,会增强口语表达效果。

范例分析

小鸡提着小桶和小鸭一起出去玩。它们走到一条小河边,小鸡不会游泳,过不了河,小鸭说:"我来驮你过河。"他们过了河,走到山坡上,玩得很高兴。小鸭不小心掉进坑里去了,土坑太深,小鸭怎么爬也爬不上来。小鸡说:"别着急,我来想办法。"小鸡走到河边用水桶盛水,再回到坑边,把水倒进坑里,小鸭浮上来啦!小鸡、小鸭又在一起玩啦。它们高兴地说:"你帮我,我帮你,我们俩是好朋友。"

点评:这个故事把小鸡,小鸭当成两个孩子,他们有人的特性,他们之间友好相处,团结友爱。一切都反映着人的特征,使幼儿感到新奇有趣,而且具有教育意义。

(三) 夸张

有意对客观事物言过其实,用以强调或突出事物某方面特征,表达某种强烈感情的修辞方法,叫夸张。

夸张包括扩大夸张、缩小夸张和超前夸张三种。

1. 扩大夸张

故意把一般事物往大、高、多、重、强等方面言过其实,就是扩大夸张。例如:

(1) 再看看笔陡的石级,石级边上的铁链似乎是从天上挂下来的,真叫人发颤。(小学语文《爬天都峰》)

(2) 老爷爷的故事,像天上的星星一样多,讲也讲不完,是哪来的呢?(刘丙钧《老爷爷的胡子》)

句(1)"从天上挂下来的"极言"石级"之高和陡;句(2)"老爷爷的故事"多到犹如天上的星星不可胜数,显然是扩大夸张。李白的诗句"白发三千丈,缘愁似个长"中用三千丈的白发突出愁绪之长之深。

2. 缩小夸张

故意把一般事物往小、低、少、轻、弱等方面言过其实,就是缩小夸张。例如:

(1) 我和指导员每人背上一捆,高兴地跨着大步往回走,恨不得一步赶回村子,把书发给同学们。(小学语文《珍贵的教科书》)

(2) 在你的胸前/我已变成会唱歌的鸢尾花/你呼吸的轻风吹动我/在一片叮当响的月光下/用你宽宽的手掌/暂时/覆盖我吧(舒婷《会唱歌的鸢尾花》)

句(1)"一步赶回村子"极言时间之短,突出了急切的心情;句(2)"我"缩小成一朵娇弱的鸢尾花,愿意被"你呼吸的轻风吹动"、被"宽宽的手掌覆盖",突出男子宽广的胸怀和"我"寻得爱和幸福的满足与甜蜜。

3. 超前夸张

把事物出现的先后顺序打乱,把后出现的事物说成先出现或同时出现,就是超前夸张。例如:

（1）船长冷冷地回答说："他是个法国老流氓……听说他在那边阔绰过一个时期，可是您看他今天已经落到什么田地！"我父亲脸色早已煞白，两眼呆直……（莫泊桑《我的叔叔于勒》）

（2）凉飕飕的月光从窗户外泻进来，没有睡着也进入了梦境。（张贤亮《男人的一半是女人》）

句（1）本来是听完后才动声色，却说成了"早已煞白"；句（2）没有睡着却已经进入梦境。

运用夸张时应注意以下三点。

（1）夸张不是浮夸，必须合乎情理，不能脱离生活的基础和依据。

（2）夸张应和事实保有距离，否则就分不清是在陈述事实还是在运用夸张。

（3）要注意应用的场合，严肃的总结、报告类的应用文不宜使用夸张修辞。

范例分析

长腿七和短腿八

〔美〕木子

示范音频

长腿七的两条腿有七尺长，短腿八的两条腿只有一尺八寸长。

长腿七住在第七村第七街第七号，短腿八住在第八村第八街第八号。

长腿七和短腿八两人是好朋友。

长腿七喜欢穿长长的牛仔裤，短腿八喜欢穿短短的短裤头。

长腿七住的是高高的高房子，短腿八住的是矮矮的矮屋子。

长腿七睡高床，用高桌子高板凳。短腿八睡矮床，用矮桌子矮板凳。长腿七固定在每个月的第七天去找短腿八喝酒。短腿八也固定在每个月的第八天去找长腿七喝酒。

长腿七从第七村走到第八村只要走七分钟，短腿八从第八村走到第七村要走八小时。

长腿七请短腿八吃午饭这一天，短腿八在半夜里醒来就要出门去赶路。轮到短腿八请长腿七吃午饭这一天，长腿七要等短腿八煮好八个菜才出门。

短腿八在长腿七家里吃完了午饭要立刻走，走到晚上8点才到家。长腿七在短腿八家里吃完了午饭可以一直玩儿，玩儿到晚上7点钟才回家。

长腿七要弯着膝盖，驼着后背，才进得了短腿八的矮屋子。短腿八要站在长腿七家的高板凳上，才吃得到高脚桌上的饭菜。

长腿七是裁缝师，缝衣针常常掉在地上捡不到，一定要等短腿八来替他捡。

短腿八是种枣子的农夫，他爬上梯子也采不到树上的枣子，长腿七不要用梯子，一伸手就采到枣子。

长腿七做一条裤子要用布七尺七，短腿八做一条裤子只要一尺八。

长腿七替短腿八修屋顶，短腿八替长腿七刷地板。

长腿七的鞋带松了，短腿八替他系鞋带。大水来的时候，长腿七把短腿八扛在肩膀上。

长腿七喜欢捕捉枣树上的小知了。短腿八喜欢追逐草丛里的小蟋蟀。

每个月的第七天，短腿八在家忙里忙外，忙着招待长腿七来喝酒吃午饭。每个月的第八天，长腿七在家忙里忙外，忙着招待短腿八来喝酒吃午饭。

他们两个，你来我往很密切。

长腿七对短腿八说:"如果你不来,我的缝衣针掉满地。"

短腿八对长腿七说:"如果你不来,我的枣子没人替我采。"

长腿七对短腿八说:"你的短腿真有用。"

短腿八对长腿七说:"你的长腿更有用。"

时间一年一年,一月一月地过去。长腿七和短腿八一直都是好朋友。

点评: 这则故事通篇采用夸张手法。长腿七和短腿八身高相差悬殊,然而也正是这一点使得他们彼此需要,互相帮助,最终成了好朋友。友谊的长久之道在于取长补短,作者意在颂扬人与人之间彼此尊重、互相扶持的美好情感。

训练材料

阅读下列语言材料,判断它们分别属于哪种夸张手法。

1. 我刚来这个片儿管户籍的时候,回民大院的"院长"就是白大妈,她是属爆杖的,一点就着。碰上院里搬来个陈大爷,捻儿更急,你还没点哪,他就炸了。(陆明生《大院今昔》)

2. 酒未沾唇人自醉。(湄窖酒广告)

3. 有个消息连未出生的宝宝听了也会拍手鼓掌。(强生系列婴儿护理用品广告)

4. 沙枣的形状有的是圆的,像一颗颗红珊瑚珠子;有的是长圆形的,像一块块红宝石。谁见了也禁不住会摘下一串,枣没沾唇,心就甜了。(左岗《我家乡的沙枣树》)

5. 一个浑身黑色的人,站在老栓面前,眼光正像两把刀,刺得老栓缩小了一半。(鲁迅《药》)

6. 这媳妇才算媳妇,要如今的妇女呀,别说守一年,男人眼没闭,她就瞧上旁人了。(周立波《暴风骤雨》)

7. 憨老汉真是饿急了,那位大嫂刚把一碗黑面饸饹端进来,他接住,嘴还没沾上碗边,半碗饸饹早就咽下肚了。(周汶《小店》)

8. 他酒没沾唇,心早就热了。(郑直《激战无名川》)

9. 他骨瘦如柴。

10. 芝麻粒儿大的事,不必放在心上。

11. 震耳欲聋　　一手遮天　　气吞山河　　天衣无缝　　度日如年

　　永垂不朽　　一落千丈　　一步登天　　一毛不拔　　九牛一毛

　　寿比南山　　顶天立地　　寸步难行　　滴水不漏　　垂涎三尺

　　怒发冲冠　　望梅止渴　　沧海一粟　　薄如蝉翼　　立锥之地

　　未卜先知

思考与练习

1. 读下列成语,体会音节在声调上的高低升降变化。

　　深谋远虑　　鸡鸣狗吠　　风调雨顺　　千锤百炼

　　暮鼓晨钟　　热火朝天　　万古流芳　　碧草如茵

花好月圆　　风雨如晦　　赤手空拳　　虎背熊腰

英雄好汉　　万马奔腾　　语重心长　　处之泰然

2. 有感情朗读以下作品。

我 的 祖 国

（秋酿醇酒）

示范音频

我的祖国，高山巍峨，雄伟的山峰俯瞰历史的风狂雨落，

暮色苍茫，任凭风云掠过，坚实的脊背顶住了亿万年的沧桑从容不迫。

我的祖国，大河奔腾，浩荡的洪流冲过历史翻卷的漩涡，

激流勇进，洗刷百年污浊，惊涛骇浪拍击峡谷涌起过多少命运的颠簸。

我的祖国，地大物博，风光秀美孕育了瑰丽的传统文化，

大漠收残阳，明月醉荷花，广袤大地上多少璀璨的文明还在熠熠闪烁。

我的祖国，人民勤劳，五十六个民族相濡以沫，

东方神韵的精彩，人文风貌的风流，千古流传着多少美丽动人的传说。

这就是我的祖国，

这就是我深深爱恋的祖国。

阳 光

阳光 在窗上 爬着

阳光 在花上 笑着

示范音频

阳光 在溪上 流着

阳光 在妈妈的眼里 亮着

小青虫的梦

（冰 波）

示范音频

　　夏夜的草丛里，音乐响起来了，它和月光一样，仿佛会流淌似的。"吉铃铃……"那是蟋蟀在开音乐会。他的琴弹得特别好，油亮亮的样子也特别神气。"噢，伟大的音乐家！"爱听音乐的昆虫们都这么说。

　　躲在一片草地下的小青虫，动也不敢动，他在偷偷地听着。小青虫虽然长得难看，但它爱音乐，爱得那么厉害。"唉……"每当蟋蟀弹完一曲，小青虫都会发出轻轻的叹息。"太美了……"音乐，总会把小青虫带到一个遥远的梦境里。

　　可是，蟋蟀不喜欢小青虫，常常把她赶走。他挥着优雅的触须，不耐烦地说："我的音乐这么美，你这么丑，去去去！"小青虫只好伤心地爬开去，躲在远远的地方流眼泪。眼泪里映着满天冷冷的小星星。

3. 请分析李煜的《虞美人》中运用了哪些模糊语言,并分析其效果。

4. 假设你是班长,正向全班布置去幼儿园见习事宜,而此时两个同学在小声聊天,请你分别用直白和委婉两种方式来加以制止。

5. 假设你是幼儿园教师,在组织活动时发现有个小朋友仍沉浸在刚才播放的视频中,并且模仿其中小动物的行为在地上爬行起来,其他小朋友的注意力都被他吸引,有的大笑,有的跟着效仿,造成秩序的混乱,请你用委婉的话语来处理这种状况。

6. 请用幽默的方法做自我介绍。

7. 请在你学过的课文以及看过的文章里,举出拟人、比喻、夸张的修辞方法。

8. 分析舒婷的《致橡树》中共运用了哪些修辞方法。

9. 辨析下列句子中的手法是比喻还是比拟。

(1) 他确乎有点像一棵树,坚壮、沉默,而又有生气。(老舍《骆驼祥子》)

(2) 月亮一露面,满天的星星惊散了。(杨朔《金字塔夜月》)

(3) 真理它却不会弯腰。(臧克家《胜利的狂飙》)

(4) 只有那眼珠间或一轮,还表示她是一个活物。(鲁迅《祥林嫂》)

(5) 层层的叶子中间,零星地点缀着些白花,有袅娜地开着的,有羞涩地打着朵儿的。(朱自清《荷塘月色》)

10. 模拟幼儿园语言活动情景讲述安徒生童话《豌豆上的公主》,体会夸张手法的运用。

从前,有一位王子,他想找一位真正的公主结婚。可是到哪儿去找真正的公主呢?

一天晚上,忽然刮起了大风,下起了暴雨。那暴风能把人刮跑,那大雨像海水从天上往下倒,太可怕了! 这时"当当当"有人在敲城门,老国王走过去开城门。城门外站着一个姑娘,她说她是真正的公主。可是她的样子多难看啊! 水沿着她头发、衣服往下流,流到地上成了河。

示范音频

老皇后不相信她是真正的公主,就走进屋子,把所有的被褥都搬开,在床板上放了一粒豌豆。接着又取出 20 床垫子,把它们压在豌豆上,然后又在这些垫子上放了 20 床鸭绒被。这位公主夜里就睡在这些东西上面。

早晨起来她对大家说:"啊,我夜里睡得不舒服极了! 差不多整夜没有合眼。谁知道我床上有件什么东西? 我睡在一块很硬的东西上,弄得我全身发青发紫,这真怕人!"

现在大家就看出来了,她是一位真正的公主。

第五节　说话能力及训练

说话是教师传道授业解惑的途径。教学效果的好坏,很大程度上就取决于教师的口语表达能力的强弱。作为未来的人民教师,幼师学生要努力地训练自己的说话能力,以胜任各项教育教学工作。以下分类介绍独白体说话和会话体说话。

一、独白体说话训练

独白体说话就是以说话人为主,顺着自己的思路表情达意的说话方式。独白体说话有多种形式,各有其功能和要求。本节的独白体说话训练,主要有四种方式,即述评类、即兴发言、演讲、讲故事。

（一）述评类

1. 复述

（1）复述的概念及种类。复述，就是把听到的话语、读过的语言材料在理解的基础上加以整理，重新讲述出来的一种口头表达方式。复述可以分为详细复述、概要复述和扩展复述三种类型。

① 详细复述。详细复述就是把原材料的内容原原本本地重述出来。要求内容上不做增加和删减，表现方法和语言风格尽量维持原貌。复述不同于背诵，表情、语气要自然。

详细复述要做到：第一，顺着原材料的思路逐段复述内容；第二，关键语句基本保持原状；第三，体现原材料内容层次。当然，口语复述中一般的语句可以做适当的增删调换。详细复述的作用：第一，有助于将书面语转换成口头语；第二，有助于训练记忆能力和逻辑能力。

② 概要复述。概要复述是根据一定的目的对原材料进行选择、综合，然后用简明的语言把主要内容陈述出来。

概要复述要做到：第一是把握整体，抓住中心，陈述主要内容；第二是对主要内容进行概括、归纳；第三是语言简明连贯，要言不烦。概要复述类似于作文的中的"缩写"，它是对原材料的加工和再创作，其要领是把握整体、理清线索、保枝去叶、反映原貌。概要复述能训练概括能力、综合能力。概要复述可以调整原材料的结构层次，重新组合语句，但要注意"述"，即要做陈述，要有观点有材料，或者有人物有情节，做到面貌清楚，有血有肉，防止变成内容提要或者复述提纲。

③ 扩展复述。扩展复述是对原材料作适当扩充、展开的叙述。

扩展复述的要领：第一，根据原有材料作合理想象，或者做理性延伸，但不要背离原意和基本框架；第二，不要面面俱到，根据原材料的中心思想确定扩展的重点；第三，根据表达的需要运用描述、解说、论证、比喻、对比、夸张等多种手法。

对不同的材料内容作扩展复述，其侧重点各不相同。对叙述性材料作扩展复述，要通过合理想象补充细节，使讲述的内容更生动、更充实、更完整；对说明性材料作扩展复述，可以使所述内容更具体、更详尽；对议论性材料作扩展复述，可以增加理性论证的层次，补充论据材料，作更深入的剖析。

（2）复述的基本要求。针对不同的原材料，可以采用不同的复述方法，不论哪种形式的复述，都要注意把握以下三点基本要求。

第一，准确地表达原材料的中心、重点，不能改变原意或者丢掉重点。

第二，条理清楚，线索分明，前后连贯。

第三，把书面语转换成口头语，语流顺畅，富有表现力。

❀ 范 例 分 析

扩展复述《鲁迅先生踢"鬼"》的故事。

原文：

在绍兴乡村教书时，有一天到朋友家谈话很晚才回家。经过一个坟地时，看见一个白影子在晃动，就用皮鞋踢了一脚，发现是个盗墓的。

复述文：

鲁迅先生在浙江绍兴教书的时候，每天晚上总喜欢到一位朋友家去谈天，有时很晚才回家。

朋友家离学堂有好几里路,要经过一片坟地。

有一天,鲁迅先生和朋友谈得很晚才回家,这时已是半夜了。鲁迅正快步走,忽然发现不远处有一个白影子蹲在坟墓旁,忽高忽低,一会儿大,一会儿小,真像人们传说的鬼。

鲁迅不相信鬼和神,他大步走上前去,用又硬又重的皮鞋向白影子踢去,只听得白影子"哎哟"一声倒了下去。鲁迅弯下腰,细细一看,原来并不是什么鬼,而是一个盗墓的。

点评:根据原故事进行加工复述后,情节更生动,语言更形象,"踢"鬼的描写更具体。心存正气,凛然不惧,鲁迅先生的胆识和为人令人钦佩。

训练材料

1. 请对《小壁虎借尾巴》分别作详细复述、概要复述和扩展复述。

小壁虎在墙角捉蚊子,一条蛇咬住了它的尾巴。小壁虎一挣,挣断尾巴逃走了。

没有尾巴多难看啊!小壁虎想,向谁去借一条尾巴呢?

小壁虎爬呀爬,爬到小河边。他看见小鱼摇着尾巴。小壁虎说:"小鱼姐姐,您把尾巴借给我行吗?"小鱼说:"不行啊,我要用尾巴拨水呢。"

小壁虎爬呀爬,爬到大树上。他看见老黄牛甩着尾巴,在树下吃草。小壁虎说:"牛伯伯,您把尾巴借给我行吗?"老黄牛说:"不行啊,我要用尾巴赶蝇子呢。"

小壁虎爬呀爬,爬到屋檐下。他看见燕子摆着尾巴,在空中飞来飞去。小壁虎说:"燕子阿姨,您把尾巴借给我行吗?"燕子说:"不行啊,我要用尾巴掌握方向呢。"

小壁虎借不到尾巴,心里很难过。他爬呀爬,爬回家里找妈妈。

小壁虎把借尾巴的事告诉了妈妈。妈妈笑着说:"傻孩子,你转过身子看看。"小壁虎转身一看,高兴地叫起来:"我长出一条新尾巴啦!"

2. 用叙述的语言复述唐诗《赠汪伦》。

示范音频

2. 描述

(1)描述的概念及种类。描述就是以生动形象的言辞,表示自己对客观事物的看法,从而使接受者获得鲜明的印象和深刻的感受,产生如临其境、如闻其声、如见其人的感觉。从描述角度的不同来划分,可以将描述分为直接描述与间接描述;从描述详略的不同可以将描述分为细致描述和简要描述。

直接描述又叫正面描述,是对描述对象进行直接的描述。这种描述是说话人把观察、感受到的是什么直截了当地说出来。它是描述中最基本的方法。

间接描述又叫侧面描述,是通过与有联系的其他人、其他事、其他物、其他景的描述,或者是别人评价,来达到描述自己的对象的目的,这种方法也叫烘托。

细致描述就是对描述对象的突出方面进行精细、周密的描述。这种描述说话者往往倾其全力,调动各种技巧和手段,如对比、类比、比拟、夸张等淋漓尽致地表现描述对象的状况,给接收者以极其鲜明、生动的印象。

简要描述则不同,不讲求周密、精细,较少调动技巧、手段,不修饰或少修饰,只是简单、质朴地予以勾勒,给接收者一个大体轮廓。

（2）描述的基本要求。

① 描述的目的要明确。在描述时必须明确目的，紧紧围绕交际的中心，为交际的目的和主旨服务。

② 描述要自然贴切。描述时免不了会融合说话人的感情因素，但这种因素应该是自然的、贴切的，应当符合描述对象的基本状况，否则会影响交际的效果，甚至适得其反。

③ 描述要突出重点。为了帮助接受者更好地认识、理解描述对象，就必须抓住对象最突出的特点来描述，泛泛而谈，人云亦云难以获得理想的交际效果。

❋ 范例分析

以下是一段幼儿描述春天的文字：

爸爸、妈妈带着我去寻找春天，春天像个害羞的小姑娘，遮遮掩掩，躲躲藏藏。

马路上有许许多多的车辆来来往往，川流不息，过了一会儿。我们到了湿地公园，我左看看，右看看，好像走进了美妙的世界：粉红的桃花笑红了脸，碧绿的柳树笑弯了腰，枝柳随风摇摆，那是春天的头发吧？蜻蜓好像在柳树旁边跳舞，在桃花旁唱歌，好像在说："美丽的春天来啦！"

我们看到清澈见底的小溪，解冻的小溪叮叮咚咚，那是春天的琴声吧？小鱼儿在水中自由自在地玩耍，有时捧起一朵朵浪花儿。我和妹妹仔细地参观着，看了一会儿，我们来到了一片绿油油的草地，小草从地下探出了头来，那是春天的眉毛吧？树木吐出点点嫩芽，那是春天的音符吧？

我们来到了沙滩上，我和妹妹光着脚丫，坐在沙滩看浪花，哗……哗……一束束浪花像问号，在问孩子想什么？

点评：幼儿的内心世界总是充满色彩和诗意的，他们总是用与生俱来的丰富想象力赋予周遭的事物以灵动的气息。说话者巧用比喻、拟人等修辞手段，成功描摹出一幅缤纷热闹的春景图，形象生动。孩子眼中的春欢快、跳跃，如同自己的生命一样天真俏皮。

训练材料

1. 针对下列题目进行简要描述训练。

　　（1）我喜爱的动（植）物

　　（2）我爱看的书

　　（3）那天，我去了游乐场

2. 小游戏——"看谁说得准"

　　规则：

　　（1）一人正对画面描绘，另一人背对画面猜描绘的内容。

　　（2）描绘者不能直接说出描绘对象的名称，也不能提及对象名称中的字，只能讲述其特征，否则淘汰。

　　（3）只可口述，不能出现肢体动作。

　　（4）两人一组，两组同时进行，先猜出者胜出。

长城、机器猫、雪山、相声、月饼、裙子、甲骨文、天堂、牡丹、口香糖、母亲、苹果、小沈阳、电话、鸡犬升天、鸽子、小说、游泳池。

3. 解说

（1）解说的概念及种类。解说就是对客观事物或事理作准确地说明或解释。

解说从不同的角度可进行不同的划分。从解说的详略、规模划分，可分为简约性解说和详细性解说；从解说的语言风格划分，可分为平实性解说、形象性解说和谐趣性解说；从解说的内容划分，可分为实物解说、程序解说和事理解说。

（2）解说的基本要求。

① 内容要真实准确。解说是向人们阐明事理、传授知识，必须实事求是，还要求做到准确无误，不得违背事实，任意夸大或缩小。

② 条理要清晰明白。解说必须根据事物本身的条理与特征以及人们认识事物的特点与规律，精心安排顺序，尽量做到层次分明、条理清晰。

③ 语言要简洁通俗。解说的语言要准确精当、简洁明了，能抓住要害。解说的语言还要做到深入浅出、通俗易懂，能够化抽象为具体、化深奥为通俗。

❀ 范 例 分 析

对于体育锻炼的好处作简约性解说：

正确进行并长期坚持体育锻炼对人体有百利而无一害。

首先，它强健体格，利于人体生长发育；增强肌体免疫、抗病能力；其次，它塑造人格，提高锻炼人的意志力、耐受力。

点评：这段话言简意赅、完整全面地说明了坚持体育锻炼的好处。

训练材料

（1）用详细性解说的方式向人介绍元宵节传统食品——元宵。

（2）用简约性解说的方式向人介绍唐三彩。

4. 评述

（1）评述的概念及种类。评述就是对一定的人物、事件或观点发表自己的见解。评述主要可以分为三类：先述后评，先评后述，边述边评。

（2）评述的基本要求。

① 评的态度要公允中肯，述的内容要真实准确。评与述要一致，评的态度要公正，意见要公允中肯，不可有偏见，不能主观片面；述要实事求是，准确客观，不可夸大其词，修饰无度。

② 评述要观点明确，理由充分。评和述的关系，也就是观点和材料的关系。有了观点，理由应当充分，不能泛泛而谈，言之无据。

③ 评述讲究论证，论证要逻辑严密，条理分明，概念明确，推论合理。在语言运用方面，用词精当

准确,通俗流畅,评要做到要言不烦,述要做到简练概括。

范例分析

在屈原罹难地——湖南省岳阳市发生了一件新鲜事,古代诗人屈原竟然成了某种饲料的"品牌代言人"!此事被媒体披露后,社会舆论一片哗然。以下是对此的评论。

我们的爱国诗人屈原成了"猪饲料"的品牌代言人,著名文学家、思想家鲁迅先生也要为臭豆腐代言,更过分的是旁边还竖着"一臭万年"的牌子。如此不尊重文化、不尊重先贤的行为真是让人难以容忍。

生活中我们也会开些小玩笑,在网络上发表些有趣的文章、视频,这些都很平常。但凡事都有个限度的,利用一些反常规的手法单纯地搞笑,或是提示身边的人注意不文明、不礼貌的行为,再或是展示一下我们高超的制作技术、文学功底,这些都无可厚非。但是,如果玩笑开大了,就会让人产生反感,原本轻松的环境也会变得尴尬。

一些企业的老板为了宣传自己的产品,想出了"用历史名人代言与人物背景关系相悖的产品,为的是出奇制胜,引来大家的关注"。

但是,这些广告损害的是我们民族的尊严和感情,这些伟人是我们中华民族景仰、尊崇的文化先贤,倘若我们纵容这些"拿无聊当有趣,视油滑为幽默"的恶俗、低俗事件任意糟蹋我们的文化,多少年之后,我们的子孙对这些事情感觉变得麻木了,没有了愤怒,我们民族的文化、尊严也就失去了他应有的价值和地位。

点评:身为华夏子孙,我们继承着荣光,然而对于民族的责任和义务我们担当了多少?文化不可践踏,先贤不容玷污。评述人客观陈述事实之后,对这种现象予以痛斥,言语中除去愤怒,还满是对国民麻木的深沉忧虑。先述后评,言之有据,发人深省。

训练材料

就以下热门话题,设计一段即兴评述。

有这样一条消息:湖北省教育厅新制定了高校教师师德行为规范,其中禁止教师在自然灾害、事故灾难、社会安全事件中不顾学生安危抢先逃生。身为幼儿教师,应该怎样看待这一社会现象?

（二）即兴发言

1. 即兴发言的概念

即兴发言就是在特定的情境和主题的诱发下,应邀或者自发地进行的即时性说话,是一种不凭借文稿来表情达意的随机自由的口语表达活动。有时候是在毫无准备的情况下,被人邀请盛情难却;有时候是自己兴之所至,随想随说。

2. 即兴发言的作用

即兴发言能够锻炼人的多方面能力:（1）思维能力:不管是应邀还是自愿,说话者都要在极短的时间内,快速思考出符合特定场合主题的内容。（2）组织能力:有了短暂的思考,得到的内容还有可能是凌乱的、不合时宜的,还应该对语言和思路进行组织、整理、调配,不然一经脱口而出,就可能造成覆水难收的后果。（3）应变能力：有时说话者会遇到很棘手的话题难以回答,这就要求说话者充分发挥随机应变的能力,快速应对。（4）表达能力：经过上述的一系列活动,说话人通过有声语言恰当、得体地表达出来。

即兴发言有时选取两三个着眼点,快速构思,连点为线,提炼出几个词或短语,或对比或并列或递进地进行讲述。比如,在班会上交流自己的学习体会,可按照疑——善于质疑、思——勤于思考、动——动笔写动嘴说三个要点展开,这样就把自己的学习体会明确地讲出来了。

3. 即兴发言的技巧

大庭广众之中,在没有讲稿甚至没有思想准备的情况下,要说几分钟的话,而且要说得有条理有感染力,这并不是一件容易的事情。在即兴发言中应该注意以下四个方面的问题。

（1）借用情境,捕捉话题。进行即兴发言遇到的第一个问题是说什么。这就需要说话者做出快速反应,依据特定语言环境选择话题,如自己所处的场合、周围的环境、说话的对象,以及时间、地点、实物等情境因素和情境特点展开联想,迅速确定说话的内容。

🌸 范 例 分 析

一位幼儿园教师刚走上讲台,孩子们忽然大笑起来,教师感到莫名其妙。坐在前面的一个小朋友小声说："老师,你的扣子扣错了。"教师一看,果真第四颗扣子扣在了第五个扣眼里。局面有些尴尬。迅即这位教师沉着从容地对孩子们说："老师想你们了,急急忙忙赶着来见你们。不过这也没什么好笑的,有的小朋友昨天在给玩具找家时就犯了这样张冠李戴的错误。"

点评: 这位教师先用幽默风趣的语言为自己解了围,接着又顺势把扣错扣子的意外情况和幼儿的活动情况联系起来,借此作比,既显得自然顺畅,又很有说服力,可谓机敏智慧。顺势牵连的应急艺术确能有效地将人挽救于困境之中,但必须注意"牵"得要自然,"连"得要巧妙,不能牵强附会,否则会弄巧成拙。

（2）思路清晰,言之有序。有了说话的内容后应迅速确定先说什么,再说什么,后说什么,要思路清晰,条理分明。不要想一点说一点,一件事还没有说完就又说另一件,到后面又急着补充,这样就会显得语句不连贯,层次紊乱不清。我们可以把瞬间想好的要说的话排列成序,只有说话条理清晰,才容易让人听明白,也才会得到别人的认可。

🌸 范 例 分 析

新学期的干部改选后,全班同学请新任班长讲话,新班长的发言十分精彩：

同学们：感谢大家的信任! 既然同学们选举了我,我就希望大家支持我。刚才,有同学说："某某,就等你新官上任烧三把火了!"这使我忐忑不安。不过,在我看来,我们班不存在烧"三把火"的问题,而是如何让"火"继续燃下去的问题。因为,我们前任班长某某,我们的前任班委,已经把火烧起来了。(掌声)所以说,我们新班委面临的工作,不是烧"三把火",而是继承与创新的问题。

所谓继承,是因为班上已经有了好的规章制度可供我们"萧规曹随";说创新,是因为时过境迁,我们面临的是新情况、新问题,需要我们去对症下药。

如果说,实在要烧火的话,那不是"三把火"而是全班 48 把火。为了这难得的学习生活,希望同学们都燃烧起来,既照亮自己,也照亮别人! 谢谢大家,请多多关照!

点评: 这位新当选的班长首先对全班同学对他的信任表示感谢并希望大家今后支持他的工作;然后针对同学们的不同看法,一一阐明了自己的观点,既表达了对前任班委工作的肯定,打消了同学们的疑虑,又提出了新班委的任务,目标明确,解释周全,赢得了同学们的信任。

（3）简洁晓畅,具体生动。即兴发言要语言准确,言简意赅,不拖泥带水;要通俗易懂,平易近人;要流利通畅,避免或减少不必要的停顿或无意义的重复;要具体翔实,忌说空话、套话,可根据不同场合,适当地加入生动的比喻,幽默的言辞,使听众有兴趣,并受到感染。

范例分析

世界著名科学家爱因斯坦的相对论在《物理学年鉴》上发表后,引起整个世界的轰动。有一次他应邀到一所大学去演说。有人发问,什么是相对论。他解释说:"假如让你坐在一个漂亮姑娘的身旁,即便坐上几个小时,但你觉得像是片刻;反之,如果让你坐在热火炉上,即便是片刻,你也会觉得像几个小时,这就是相对论的意义。"

点评: 以具体事物作喻体来说明抽象事物,对许多人来说都不陌生。但用得好,却并不容易。爱因斯坦用以说明相对论的喻体选得非常精妙,热火炉与漂亮姑娘这两个喻体不仅具体,而且形象。这就便于解释一个抽象理论,便于听者展开联想领悟相对论的精髓。而且,喻体的诙谐浅显和相对论的严肃深奥置于一处,会形成一种幽默感,听者在轻松愉悦的氛围中理解接受了新兴的现代科学观念。

（4）从容不迫,自然大方。说话时要镇定从容,精神放松,克服紧张情绪,避免慌不择言、急不择言。要充满自信,大方从容。避免呼吸急促、吐舌挤眼、抓耳挠腮、摆弄衣角、目光旁骛等不良表情和动作。同时,还应当在讲话的过程中调整情绪,注意与听者的交流。

范例分析

我国著名歌唱家关牧村出国演出。在一次酒会上,英国主人打趣说:"您的歌喉太迷人了,用我们的市场来交换您,您认为怎么样?"关牧村听后,也用玩笑的方式回答:"实在对不起,我只能把歌声留给你们,因为临来时,我把心留在祖国了。"

点评: 关牧村的处理落落大方,冷静沉着。巧妙的回答赢得了阵阵热烈的掌声和赞许的笑声,融洽了宾主间的感情,增进了双方的友谊。

1. 面对以下情况,你如何作答。

看了《喜羊羊和灰太狼》的视频以后,有小朋友说:"灰太狼是个凶恶的坏家伙,总是想吃小羊,还欺负它们。"另一小朋友当即反驳说:"我喜欢灰太狼,因为他很爱红太郎,也没真的吃过羊。"

2. 根据所提供的某个词语(如:风铃、白纸、野马、鹅卵石、朦胧诗、牛仔裤等),即兴讲一席话,可以抒情、说理,也可以咏物、叙事。

3. 请一位同学阐述一个观点,随即请另一个同学进行反驳。

（三）演讲

演讲又叫讲演、演说,是在公开场合面对听众,对某个问题或事件发表意见,阐述事理,借助有声语言和肢体语言表达思想感情的综合性口语表达形式。

1. 演讲的类型

从内容上看,演讲可以分为政治演讲、教育演讲、经济演讲、军事演讲、宗教演讲等;从演讲目的看,演讲有学术性演讲、说服性演讲、鼓动性演讲、娱乐性演讲、凭吊性演讲等;从演讲场合看,有大会演讲、法庭演讲、课堂演讲、宴会演讲、街头演讲、巡回演讲、广播电视演讲等。

2. 演讲的方式

根据演讲的方式,分为有准备的演讲和即兴演讲两类。

（1）有准备的演讲。有准备的演讲一般又称专题演讲,可以分为读稿演讲、离稿演讲和列纲演讲。

① 读稿演讲。官方公开场合或其他重要集会上,一般运用读稿演讲的方式,事前写好演讲稿,会上照本宣读,以示庄重,并且保证了演讲的严密性和正确性。

② 离稿演讲。事前写好演讲稿,会上不看讲稿,在原稿的基础上即兴发挥。这是效果最好的一种演讲方式。

③ 列纲演讲。事前列出详细的或简单的提纲,把中心内容、结构层次、主要事实或数据列出来。这种方式很实用,在一般的场合都可以使用。

（2）即兴演讲。演讲者没有讲稿或提纲,临时即席边想边说。在演讲前或者临时确定了简单的提纲,或者边想边讲。即兴演讲主要靠思维和表达的敏捷性,靠随机应变的能力灵活处理。

范 例 分 析

熊焰波的《当你被误解的时候》演讲词:

有一句老话叫作"万事开头难"。演讲如此,即兴演讲更是如此。不过,我总感觉到万事结束更难。我们在座的好多同志都知道《诗经》中有这样一句话:"靡不有初,鲜克有终",也就是说任何事物都有一个开头,但很难得到一个圆满的结尾。但好的开头也是很难的,所以我庆幸我第一个走上了即兴演讲的讲台。

大家看到,7分钟以前,我从在座的百余双眼睛的监视下抽到这个题。当我们的主持人用他浑厚的声音宣布这个题目的时候,我因紧张而凝固的血液沸腾了,因激动而僵化的思想活跃了。

7分钟里，我在思考这样一个问题：人总有被误解的时候，何必为误解发愁！我们的南疆英烈被误解过，我们辛勤耕耘的老师们被误解过……但是，怎样从误解中找到理解呢？我可以这样说，理解的大门只向那些心胸开阔、勇于进取的人敞开着，理解的金钥匙只属于那些有头脑的人。我们的战士从他们在前线的英勇奋斗中，从他们血染疆场的行动中找到了理解。我们的老师以他辛勤培养祖国劳动者的劳动获得了理解……所以说，朋友，要寻求理解，守株待兔行吗？不行！唯有那些心胸开阔、奋发进取的人，才有资格获得真正的理解，在时间与空间、必然与偶然的辩证关系中得到理解。

我们寻求理解，当我们得到理解的时候，我们就会把误解变成一种真正的动力，用它去推动我们更好地理解别人，让别人再来理解自己。我不知道在座的各位有没有被误解过，但我肯定地说，我是被误解过。我在大学读书的时候，干社会工作，曾被误解过；我参加演出活动，也被人误解过。就是这次到北京来的时候，有人还风言风语，说我参加演讲比赛是想出风头。我何尝不希望得到理解呢？可是大家都听到了，警告铃声响了，它在向我出示黄牌，它对我说："小伙子，你要寻求理解吗？那就少说空话，多干实事。到实践中去，到自己的奋斗中去寻求理解吧！"

在这里，我要对那些被误解的正在寻求理解的朋友们说上一句："敲响警告铃出示这个黄牌，在奋斗中去寻找理解吧！"

点评：熊焰波从"万事开头难"说起，抓住第一个发言这一机会，并引用《诗经》的话，新颖别致、即兴而发、不同凡响，开场博得满堂掌声。接着从"人总有被误解的时候"出发，以他人和自己的经历为例，规劝人们不应为被误解而发愁，应用行动让人理解，确能发人深思。最后将赛场警告铃声巧妙引入演讲之中，浑然天成。这充分体现了演讲的独特魅力。

3. 演讲的技巧

演讲要注意内容和形式的完美统一。

演讲的过程由构思和撰稿，记稿和试讲，正式演讲三个阶段组成。

这里重点介绍第一阶段：构思、撰稿。

这个阶段包括拟定题目、确立主题、选择材料、安排结构，一直到形成演讲稿。

（1）拟题技巧。选择的演讲题目应有时代特点和现实意义，应是听众感兴趣的，也是演讲者所熟悉、能动情、可把握的，要能引人关注，发人深省。

（2）立意技巧。立意即确定主题。演讲的主题必须鲜明，体现演讲者的独特体会、真知灼见；演讲的主题必须集中，每次演讲的主题不要多，最好只有一个。

（3）选材技巧。演讲的材料十分广泛，选择材料时要注意：一是围绕主题选取；二是材料要真实准确；三是材料要典型精练；四是材料要新颖生动。

（4）结构技巧。演讲的结构一般分为三部分：开头、主体、结尾（或导言、本体、结论）。

① 开头要吸引听众的注意力。

开头的方法很多：开门见山，揭示主题；引经据典，摆出观点；提出问题，引人思考；出其不意，一鸣惊人；设置悬念，隐而不发；借用情景，引申开去；抒发感慨，沟通情感；幽默诙谐，引发兴致等等均可。既要扣住主题、合情合理，又要出语巧妙、引人入胜。

华中科技大学校长李培根在毕业典礼致辞的开头中有这样一句话：

"同学们，在华中科技大学的这几年里，你们一定有很多珍贵的记忆！"

平实简洁的一句话，却极富感染力，犹如火石瞬间点燃了学生的热情，激活了他们关于母校的若干回忆。有国家盛世的，也有青春成长的；有关于老师的、也有关于追过的女孩的；还有"俯卧撑""躲猫猫""打酱油""妈妈喊你吃饭"这些津津乐道的调侃和烙刻在骨子里的正义、责任与良知；有姐的狂放，哥的犀利……总之都是独特而珍贵的。没有"架子"的一校之长用质朴的语言抒发着自己的感慨，也就此向学生发出了沟通邀约，拉近了说者和听者之间的心理距离。

② 主体要中心突出。

演讲主体部分的结构，要根据材料和内容而定，不拘一格。或丝丝入扣，严密论证；或夹述夹议，寓理于事……但都要处理好详与略、层次与段落、过渡与照应等关系，做到层次清楚、有张有弛。特别要设计一个或多个演讲的高潮，造成波澜起伏的气势。

交代层次有种种方法。用"第一""第二""第三"等序数词交代要讲的问题或观点；用同样格式的句子起头，明确层次；用几个设问句，引出几个层次的观点；用加重音量说出中心句，引起听众注意等等都可以。

范例分析

作家莫言2012年12月3日应邀参加日本北九州市举行的第二届"东亚文学论坛"时发表了题为《悠着点，慢着点——"贫富与欲望"漫谈》的演讲。以下是主体中提炼出的部分正文：

人类的欲望是填不满的黑洞，穷人有穷人的欲望，富人有富人的欲望。……毫无疑问，贫富与欲望，依然是当今世界的主要矛盾，是人类痛苦或者欢乐的根源。……

我们要用我们的作品告诉人们，尤其是那些用不正当手段获得了财富和权势的富贵者们，他们是罪人，神灵是不会保佑他们的。我们要用我们的作品告诉那些虚伪的政治家们，所谓的国家利益并不是至高无上的，真正至高无上的是人类的长远利益。……

我们应该用我们的文学作品向人们传达许多最基本的道理：譬如房子是盖了住的，不是用来炒的，如果房子盖了不住，那房子就不是房子；我们要让人们记起来，在人类没有发明空调之前，热死的人并不比现在多；在人类没有发明电灯前，近视眼远比现在少；在没有电视前，人们的业余时间照样很丰富；有了网络后，人们的头脑里并没有比从前储存更多的有用信息；没有网络前，傻瓜似乎比现在少。我们要通过文学作品让人们知道，交通的便捷使人们失去了旅游的快乐，通讯的快捷使人们失去了通信的幸福，食物的过剩使人们失去了吃的滋味，性的易得使人们失去恋爱的能力。

我们要通过文学作品告诉人们，悠着点，慢着点，十分聪明用五分，留下五分给子孙。

我们要用文学作品告诉人们，维持人类生命的最基本的物质是空气、阳光、食物和水，其他的都是奢侈品，当然，衣服和住房也是必要的。我们要用我们的文学作品告诉人们，人类的好日子已经不多了。当人们在沙漠中时，就会明白水和食物比黄金和钻石更珍贵，当地震和海啸发生时，人们才会明白，无论多么豪华的别墅和公馆，在大自然的巨掌里都是一团泥巴；当人类把地球折腾得不适合居住时，那时什么都变得毫无意义，当然，文学也毫无意义。

点评：演讲通过摆出事实—揭示本质—呼唤理性，层层深入，抽丝剥茧，围绕财富与欲望问题反思现实，点醒大众。莫言身为作家关怀生命体恤人类的强烈使命感清晰可见。

③ 结尾要给听众留下深刻印象。

结尾的方式多种多样：把演讲的内容进行归纳作为结尾部分的，称为归纳式结尾；将演讲的重点、

难点和精华之所在,进行画龙点睛式的概括,给听众以完整、清晰的印象,称为点睛式结尾;根据演讲的基调、潜在的内容让听众作进一步的思考、畅想,从而结束演讲,称为畅想式结尾;把演讲的内容延伸到其他方面,称为延伸式结尾。

好的结尾能使听众与演讲者产生强烈的共鸣,极大地鼓舞听众的热情。

❀ 范例分析

梁启超的演讲名篇《少年中国说》的排比式结尾如下。

少年智则国智,少年富则国富,少年强则国强,少年独立则国独立,少年自由则国自由,少年进步则国进步,少年胜于欧洲则国胜于欧洲,少年雄于地球则国雄于地球。

点评: 这一串排比,饱含激情地赞美了中国少年的勃勃生机,展示了少年中国的美好未来,犹如江河奔腾,气势磅礴,淋漓尽致地表达了演讲者的思想和感情,必然给听众留下深刻的印象。

（5）语言技巧。

① 语音技巧:发音要清楚、准确、响亮;感情充沛,张弛有度,表达流畅;语调抑扬顿挫,语气富有变化,音量适当,音色刚柔相济,自然、亲切;恰当地运用停连、重音、节奏和语调等语音技巧。

② 肢体语言技巧:一要结合演讲内容;二要考虑语言环境;三要体现演讲者的个性。要用得自然、恰当、适时、协调,既要避免怯于使用或过少使用,又要切忌过于夸张,更不能过多过滥。

❀ 范例分析

2009年3月中央电视台著名节目主持人白岩松在美国耶鲁大学发表了题为《我的故事以及背后的中国梦》的演讲,当提及1978年中美正式建交时,他两手食指各成弯曲状然后紧紧勾连,继而当说到两个伟大的国家和他可怜的家庭就此"戏剧性地交织在一起"时,他又两手握拳拳心向下一手在上一手在下然后腕部徐徐交叠在一起,动作严肃、郑重而有力,同时目光中透出诚挚、庄严和笃定,让人直观真切地感受到国与国之间的友好邦交带给整个民族和普通国人的梦想与希望。

③ 控制会场的技巧:演讲者要有临场应变能力,要掌握一些控制会场的技巧。

➤ 设置悬念。在必要的地方设置悬念,吸引听众注意力,让听众跟着演讲者的思路走。

➤ 引用有趣的事情。当听众疲劳,注意力分散的时候可以临时引用有趣的事情(如引人发笑的现实问题、幽默的故事、生动的对话等),一是可以调节气氛,二是可以从不同侧面阐述问题。

➤ 引乱为治,因势利导。有时会场突然发生意外情况,甚至出现了乱子,演讲者要及时根据眼前发生的事情,设法把听众的注意力拉回来。

➤ 故作惊人之举,故说惊人之话。这种故弄玄虚的做法,可以让听众惊愕、等待,演讲者就可以把听众引导到演讲话题上来。

➤ 随机采取诙谐幽默的手法。诙谐幽默不仅能博人一笑,更重要的是能最大限度地发挥寓教于乐的效果。

范例分析

美国总统威尔逊在一次竞选演说中,遇到一部分反对者的捣乱。他的演讲刚一开始,场内就有人大声喊叫"狗屎,垃圾"。威尔逊面对骚动,没有惊慌,也没有"弹压",而是沉着应变。他先报以宽厚的微笑,然后严肃地举起双手表示赞同,停留片刻,用激动的口吻说道:"这位先生说得好,我马上就要讲脏、乱问题了!"这样一来,捣乱者顿时哑口无言,场内听众则报以热烈的掌声。

　　点评:威尔逊表现了极大的灵活性。他巧用拈连的手法,借对方的题目另做文章,以退为进,变被动为主动,赢得了听众。

训练材料

1. 要求:题目可自定,也可选用以下题目,按要求准备、演练,在小组训练中展示。(演讲时间:3—5分钟,根据人数确定)

(1) 新时代的幼儿教师职业之我见

(2) 大学生是否应该兼职

(3) 一堂好课的标准是什么

(4) 一位我喜欢的演讲者

(5) "大多数人想要改变这个世界,但罕见有人想改造自己。"你怎样看?

(6) 我心中的英雄

(7) 人生应该守望执著还是随机应变?

(8) 战争与文明

(9) 出众的人物或事物,一定都是"誉满天下,谤满天下"。你同意吗?

2. 要求:利用材料进行脱稿训练(时间:每人2—3分钟)

演讲案例:何振梁申奥陈述演说

示范音频

主席先生、国际奥委会的委员们:

　　无论你们今天做出什么样的选择,都将载入史册。但是,只有一种决定可以创造历史。你们今天这个决定可以通过体育促进世界和中国友好相拥在一起,从而造福于全人类。

　　将近50年前,我第一次参加了奥林匹克运动会,那是在赫尔辛基。从那时起我就深深地爱上了奥运精神。和祖国的许多同胞一样,我认为奥林匹克价值理念具有普遍意义,奥林匹克圣火照亮着人类前进的道路。

　　在我的生涯中,我一直梦想着将奥运会带来中国,让我的男女同胞在我的祖国体验奥林匹克理想永恒的魅力。

　　选择北京,你们将在奥林匹克历史上第一次将奥运会带到拥有世界上五分之一人口的国家,让十亿人民有机会用他们的创造力和奉献精神为奥林匹克运动服务。

　　你们所传达的信息也许将意味着一个全球团结新时代的开始。

　　如果你们把举办2008年奥运会的荣誉授予北京,亲爱的同事们,我可以向你们保证,7年之后,北

京将让你们为今天的决定而自豪。

谢谢！

（四）讲故事

故事是一种以真实的或虚构的事件作为讲述对象，具有连贯性、吸引力和感染力的叙事性文学体裁。讲故事就是把我们看到的、听到的或自己编的故事，用口语有声有色、绘形绘神地讲出来。

讲故事是人们喜闻乐见的一种口语形式。好的故事，有助于人们开阔视野，增长知识，认识生活，发展思维，获得精神上的愉悦，陶冶高尚的思想情操。由于故事情节生动，语言活泼，容易感知和吸收，所以在幼儿园讲故事是寓教于乐的有效手段，是对幼儿进行教育教学活动的极好形式。因此，会讲故事是幼儿教育职业的要求，是幼儿教师的基本功。

讲故事应该做到以下四个方面。

1. 恰当地选择故事

故事的作品数量不计其数，风格类型丰富多彩，篇幅长短不一，所以我们要根据教学的目的、对象有针对性地选择适当的材料。在幼儿园教育教学活动中，选择故事要注意以下四点。

（1）思想感情积极健康，具有"真、善、美"的内涵，对幼儿的成长有益。李其美的《鸟树》是一篇充盈爱心的幼儿生活故事。冬冬和扬扬关爱弱小动物的感情是那么纯洁美好，他们种下小鸟种子，期盼来年鸟树长大、开花结果，果熟了，裂开来就跳出好多小鸟。他们善良无邪的童真世界如同一面镜子让我们反思成人世界的冷漠和复杂。

（2）情节要有趣，形象要生动，能吸引幼儿的注意力。情节有趣能抓住孩子的心，提高孩子的听赏和阅读的兴趣；形象生动则能留住孩子的心，对故事的印象历久弥新。《贪吃的小狐狸》就是一个妙趣横生的故事，情节单纯却又曲折有致。狐狸妈妈出门了，这可乐坏了一贯贪吃的狐狸小不点，他把家里的水果、酸奶和冰箱里的肉品尝了一遍后，大饱了口福，却因为肚子痛被送进了医院。故事里小不点的形象鲜活可爱，生活气息浓郁，亲和力强。由于小狐狸贪吃且不加节制的性格极具代表性，所以幼儿在读着小狐狸的时候，好像也在看着自己。笑声之后，孩子会将小不点的教训迁移到自己身上，予以吸取。作者的用意可谓良苦。

（3）叙事方式和表现手法符合幼儿的思维特点。故事的主题要明确集中，让人听了之后就能直接明白其中的真意。例如，杨金光的《大家一起吃》就是教导幼儿学会分享。叙述方式不宜过于复杂，一般采用直叙。例如，林松英的《快递公司公开招聘》，故事情节主线只有一条：熊大叔招聘出题——小猪、小狗、狗獾应聘答题——面试通过，招聘成功。做到了单纯发展，不枝不蔓。表现手法可以多样化。幼儿对拟人、夸张、象征等手法向来青睐有加。在杨红樱的童话故事《猫小花和鼠小灰》中，本是天敌的老鼠和猫像人一样交上了朋友，是成功运用拟人手法的典型范例。赵冰波《小青虫的梦》将读者带入了安谧忧伤的诗一般的意境，淡淡的愁绪静静流淌。小青虫就像丑小鸭一样，成为追求美但是路途艰辛的象征符号。这不仅使得幼儿陶醉在小青虫纯美曲折的梦境里，也是使成人徜徉其间，思索回味的主要原因。

（4）语言要浅显、生动，琅琅上口，适合幼儿语言接受的特点和水平。婴幼儿故事语言的总体风格表现为朴素、浅显同时要活泼、明快、口语化，富于幼儿情趣。这样的故事即适合幼儿听赏，也便于成人讲述。例如，贺宜的《说大话的小黑鸡》语言特点就是浅白却不失生动，极富表现力。

2. 熟悉故事

要记住故事的题目，把握人物和环境，理解故事的主题，熟记故事的情节、人物的语言。讲故事，不是读故事、背故事，因此要熟记故事，做到熟能生巧。

3. 对原文进行再创作

讲故事是讲述者基于原材料之上发出的个人行为,是带有鲜明个性特征的演绎,其本身就是进行再创作的过程。讲故事不是背诵故事,要在熟悉故事的基础上对原材料作适当的处理。

(1) 情节的再创作:讲述者根据需要可适当调整情节,力求做到情节曲折,结构完整。

曲折:"无巧不成书",巧妙的情节设置才能牢牢地吸引听众,使之沉浸流连。在讲故事时,应对情节的发展作精心安排,使之呈现一波三折、起伏跌宕之势,力求做到奇特和情理的高度统一。既出乎意料,又在情理之中;也可在细节等方面做文章,或添枝加叶,或修枝剪叶,还可以增加设问,设置悬念等。

完整:完整连贯、有头有尾,是对故事的基本要求。这就提示讲述者在对故事进行再度创作时也要注意尊重故事情节的完整性。情节的推进演变过程必须交代清楚,其中包括前因后果和中间的发展过程,即发生、发展、高潮、结局等。考虑幼儿的理解能力,围绕一条故事主线,干净利落地讲述,力求叙述完整、脉络分明。

(2) 形象的再创作:讲故事需要对形象进行再创作,将作者通过无声文字塑造的人物形象转化成为讲述者用有声语言塑造的人物形象。力求做到鲜活立体,个性突出。

鲜活立体:讲述者调动声调、语气、表情、体态语等丰富手段完成对形象的再创作,使形象饱满立体、活灵活现,使听者如见其人、如闻其声。

个性突出:其一指故事中的人物要有自己独特的个性特征,带有不可复制性;其二指故事中的人物形象会打上讲述者鲜明的个性烙印,即同一个故事,因生活年代、地域环境、文化修养、性格身份等的区别,不同的讲述者会有不同的把握和理解,处理方式也会各异。因此,人物形象是作者的,也是故事讲述人的。

玛格丽特·怀兹·布朗的儿童绘本《逃家小兔》会使孩子甚至成人都爱不释手,原因是它成功塑造了爱意拳拳的兔妈妈和调皮可爱的小兔宝宝两个令人难忘的形象。故事通篇由兔妈妈和小兔子的对话构成,没有曲折的情节,没有任何的环境描写,更没有显性的主题表达,但却字字汇入人的心田,句句和爱有关。因为,作者客观为讲述者留下了广阔的塑造空间,所以它十分适合讲故事时进行再创作,独特的形象演绎也成为可能。

(3) 语言的再创作:调整语言,改换句式以适应不同年龄的听众。面对幼儿,应该把书面词语改成艺术化、规范化的口语。用语浅显、生动、活泼,句式力求简洁明快,适宜于幼儿接受,又有利于提高他们的语言水平。

故事原文是这样的:"小猪往前走,看见前面有一只长耳朵、短尾巴、红眼睛的小白兔,就高兴地喊'小白兔,我和你玩好吗'?"讲述时改为:"小猪走着走着,忽然,看见前面有一只小白兔,长长的耳朵,短短的尾巴,红红的眼睛,哇!好漂亮啊!于是啊就高兴地喊起来:'喂,小白兔,我和你一起玩儿,好吗?'"

谢尔·希尔弗斯坦的绘本《爱心树》中的语言尤其是人物语言刻画出了人物形象的性格特点,大树因不断给予却不求回报而伟大深沉,男孩因不停索取但从不知回报而显得渺小贪婪。两者之间精彩的人物对话可供讲述者们进行语言的再创作,从而把这两个人物形象生动地呈现在观众面前,做到形神毕现。

4. 对角色进行声音处理

在有声语言的运用上,应注意对角色进行处理,做到"言如其人",对不同的人物形象要有效地控制好声带,或挤压让声带更加粗厚,使声音变得浑厚苍老,或拉伸让声带更加薄细,使声音变得清脆稚嫩,以表现出不同人物的性格特征;还要把握好语速、节奏的变化;要使用必要的口技,把自然界的万事万物模拟出来。还要使用肢体语言,眼神、表情、手势、身姿恰当,以强化人物形象的感染力。

比如，可将《爱心树》（见第一章第三节）中男孩不同时期的人物语言用上述技巧表现出来，小孩时期说话声音应该高而细，吐字靠前，语速较快；老年时期说话声音低而粗，吐字靠后，语速缓慢。这样，男孩在不同年龄阶段性格和思想的改变就如同一幅幅剪影般清晰可视、生动可感了。孩子听后必然会产生喜爱、亲近大树的感情倾向，并且由大树形象联想到关爱呵护自己的父母，感怀他们的默默付出，加强形象迁移后的教育意义。

讲故事的技巧：

故事，侧重于事件过程的描述，强调的是人物的形象性和情节的连贯性、生动性。因此，在讲故事的过程中要做到把人物形象、事件过程和环境介绍立体地展现在听众面前，使人如闻其声、如见其形、如临其境，吸引听众，使之受到感染，收到良好的效果。

在讲故事的过程中要注意以下四点。

第一，处理好开头和结尾。

故事的开头一定要有吸引力，要能够引起幼儿倾听的欲望，故事的结尾要能够让幼儿有所思索，富有意味。开头语和结束语都可以根据故事的特点和讲故事的目的进行设计。

第二，处理好叙述语言和人物语言。

要讲好故事，语言必须准确、清晰、生动，声音的高低快慢一定要符合情节展开和人物性格，注意区别故事中作者的叙述语言和情节中的人物语言，并注意两者间的转换。

叙述语言，要体现讲故事者作为旁观者的客观性，用声自然、平稳，又要体现讲述者的感情、态度，叙述语言根据内容、风格的不同，而运用与之相应的语气、语调、语速、节奏、音量等，并且随着情节的发展而起伏变化。

人物语言应有故事人物的"角色"感，做到声如其人，着力表现人物性格和思想感情，抓住人物的言行和心理活动。比如，谦虚的人说话平静真诚；骄傲的人说话盛气凌人；自尊自爱的人说话不卑不亢；奉承拍马的人说话低三下四；性格刚强的人说话铿锵有力；性格懦弱的人说话有气无力等等。也可以运用恰当的语气语调进行模仿，在运用"模拟"手段时，声音可以适当地夸张。

第三，注意肢体语言的运用。

讲故事是一门讲演结合的有声语言艺术，其主要表现手段除了"讲"以外，还有"演"。眼神、表情、动作等的设计都要视故事内容的要求而定，运用一定要自然得体，恰如其分，争取做到形象贴切。这样，既可以生动地表现故事内容，又能使人物性格鲜明突出，给听众留下深刻印象。具体地说，面部表情要得体，可略带夸张，手势和身姿幅度要小，千万不要生硬、做作。要注意的是，肢体语言的使用要适度得体，从容坚定，切忌模棱两可，犹豫不决。总之，以"讲"为主，以"演"为辅，绘声绘色，才能把故事讲得真切生动，引人入胜。

范例分析

雪 花 飘
（马光复）

示范音频

晓雪问爷爷："妈妈干吗对我总是笑脸，可对您就板着脸？"

爷爷把晓雪搂在怀里，答："因为你是妈妈的宝宝，也是爷爷的宝宝，我老了，就让妈妈把给我的笑脸，一起都给了你。"

晓雪摇头,说:"不嘛,不嘛!我不愿意。"

天冷了,这一天,大雪纷纷扬扬,铺天盖地下起来。

妈妈给晓雪买了一条漂亮的小围巾,笑着对晓雪说:"乖乖,天冷了,妈妈给你买了一条漂亮的围巾,喜欢吗?"

晓雪摇头:"不喜欢,我要大的!"

妈妈去换了一条大些的,咖啡色的。

"很好!妈妈,谢谢您。"

回到家里,晓雪把大围巾围到爷爷的脖子上,说:"爷爷,妈妈给您买了一条围巾。"

"谢谢你,也谢谢妈妈。"

妈妈下班回来,晓雪严肃地趴在妈妈耳边上说:"妈妈,我把您给我的微笑,送给了爷爷!我求求您,以后,您对我板着脸吧!"

点评:这则故事提出了一个很严肃的现实问题,即尊老爱幼。故事通篇几无训诫之辞,但生动的人物形象却透出玄机,作者的抑扬态度清晰可见。作者巧用晓雪的乖巧懂事来反衬妈妈行为的失当之处。故事寓教于趣,为迷失在冷漠世界的成人提供了一面自省之镜。在讲故事前,先要对其中出场的人物形象进行揣摩,做到胸中有形象。并且,结合不同的人物性格巧妙设计人物动作,在讲述时借恰当的肢体语言表现出来。其中爷爷的"搂"应该是慈祥温暖的,晓雪"摇头"的坚定,回家把围巾"围"在爷爷脖子上的体贴和兴奋,以及"趴"在妈妈耳边的严肃,都应该用富于表现力的肢体动作传达出来。

第四,适当运用口技模拟声音。

由于情节的需要,讲故事有时要模仿自然界的风声、雨声、流水声,模仿人的笑声、哭声、叹息声,也要模仿动物的鸣叫声以及汽车声、轮船声、飞机声、枪炮声等。口技模拟运用得好,可以起到渲染环境气氛的作用,增强故事的真实性和形象性,加强口语的表达效果。

✿ 范 例 分 析

唱 歌 比 赛

有一天,小鸡、鸭子、小狗、小羊和小猫比赛唱歌,它们请小白兔做裁判员。

小鸡第一个唱:"叽叽叽,叽叽叽。"小白兔说:"小鸡唱得太轻了。"

鸭子接着唱:"呷呷呷,呷呷呷。"小白兔说:"鸭子唱得太响了。"

小狗说:"我来唱。"它很快地跑到前面,唱:"汪汪汪,汪汪汪。"小白兔说:"小狗唱得太快了。"

小羊说:"我来唱。"它慢吞吞地走到前面,唱:"咩——咩——咩。"小白兔说:"小羊唱得太慢了。"

最后,轮到小猫唱,小猫不慌不忙地走到前面,唱起来:"喵,喵,喵。"小白兔说:"小猫唱得不快也不慢,声音不小也不大,好听极了,小猫应该得第一名。"

示范音频

点评： 这几种动物是幼儿生活中很常见的，是他们熟悉的事物。讲述时要注意：

（1）要掌握好叙述语言和角色语言的语气语调。

（2）角色语言中，小鸡声音尖、细、慢，鸭子声音沙哑、洪亮，小狗声音快速、洪亮，小羊声音细、柔、慢，小猫声音细、长、尖。而裁判员小白兔的声音应干脆、坚定、自然。

（3）肢体语言上，特别注意双手的不同造型对这六个人物形象的体现。并且，还要刻画出小鸡的轻——胆小、羞涩，鸭子的响——大胆、无所谓，小狗的快——豪爽、泼辣，小羊的慢——胆怯、温柔，小猫的不慌不忙——悠闲自若。

另外，看图讲故事和讲儿童绘本也是幼儿园语言活动的一种常见方式，要根据画面表现的内容和意义边看边讲。它包括了单幅图和多幅图，一般以多幅图为主。

在单幅图讲述时，要让幼儿学会有条理、有顺序地观察，从小就养成好习惯，避免"东一榔头西一棒子"的无头绪的做法；在多幅图中，画面一个接着一个，人物处于活动中，环境处于变化中。这就要求讲述者要仔细观察图画，抓住故事发展的线索，充分发挥想象，讲清楚人物的活动和环境的变化；既要注意一个画面的独立性，又要把几幅画面的内容连贯起来，把情节发展讲得层次清楚，首尾一贯。

看图讲故事既可以锻炼幼儿选词造句、绘形绘色的说话能力，同时对他们的观察能力、思维能力和想象能力也是很好的锻炼。

训练材料

对下列故事进行适当再创作，然后讲出来。讲述时要求绘声绘色，声情并茂。

给狗熊奶奶读信
（张秋生）

示范音频

邮递员鸵鸟阿姨，给狗熊奶奶送来了一封信。

狗熊奶奶是那样的高兴，她盼信盼了好几天，她是很想念远方的小孙子的。

狗熊奶奶老眼昏花，她看不清信上说些什么。

她来到河边，请河马先生帮她念一念信。当河马张开大嘴，高声地读了一句："奶奶您好！"时，狗熊奶奶就不那么高兴了：

"他是这样粗声粗气地称呼我吗？连'亲爱的'也不加。这个没礼貌、不懂事的小东西！"

当信中说到他想吃奶奶做的甜饼时，狗熊奶奶更不高兴了：

"他就这样用命令的口气，叫我给他捎甜饼吗？这办不到！"

狗熊奶奶气鼓鼓地从河马先生手中拿回信，步履蹒跚地回家了。

走在半路上，她越来越想小孙子了。正巧，夜莺姑娘在树上唱歌。她请夜莺姑娘把信再读一遍。

夜莺姑娘喝了点露水润润嗓子，当她念了第一句："奶奶，您好！"时，狗熊奶奶听了浑身舒服：

"小孙孙你好！虽然你没用'亲爱的'，可是我从语气中听出来了，这比加'亲爱的'还要亲爱……"

当念到小孙孙想吃奶奶做的甜饼时，狗熊奶奶的眼眶湿润了：

"这多好，我可爱的小孙子，他没忘记我，连我做的蜂蜜甜饼也没忘记，他是一个有良心的孩子……"

狗熊奶奶乐呵呵地从夜莺姑娘手中接回了信,迈着轻快的步子,回家给小孙子做甜饼去了。

二、会话体说话训练

（一）交际语

1. 交际语概述

交际语是交际者出于某种社交需要,运用连贯规范的有声语言传递信息、表情达意的口语表达形式。

2. 交际语的特点

交际语所运用的是口语形式,以双方面对面交际为主要方式。它既需要斟酌选择贴切简短的口语材料,又必须考虑对方的情况和信息反馈,而且还要受当时社交环境的制约,并可以配以其他手段（如肢体语言等）,以上这些决定了交际语的以下特点。

（1）及时性。口语交际一开始,思想就必须紧紧跟上,要求交际者思维敏捷,反应灵活,表达迅速。内部语言的思维和外部语言的口语几乎是同步的。交际语训练,重要的一项就是要做到"心到口到",想得快、说得好、说得准。

（2）突发性。口语交际的发生,并不是事先预约好的,它有着很强的突发性。具体而言有两种情况:一是双方都没有准备,没有预料;二是一方没有准备,没有预料。

（3）特定性。交际语有其环境因素的特定性,总是在一定的交际环境中进行的。交际语要切合题旨和情境,合乎说话人的身份和交际对象,才能做到得体。环境因素主要是指交际对象、时间、空间和具体的场景。交际对象的性别、年龄、民族、职业、文化程度等,都会影响到交际语言形式的选择。

（4）综合性。交际语的运用是一种综合性的语言表达艺术。交际语的运用主要取决于两个方面:一是语言知识的掌握和运用能力;二是社会文化知识的掌握和运用能力。这两种能力在交际活动中恰当的综合运用是交际活动顺利和成功进行的保证。

3. 不同交际语体类别的训练

（1）社交应酬语体。

① 接待。在社交应酬中,接待的范围很广泛,但接待工作有共同的特点。要做到礼貌待客,热情周到,又要维护本单位的利益形象。还有,接待时根据不同的对象,采取不同的接待方法,要灵活多样。

接待包括出迎、问候、握手、介绍、交谈、送客几个环节。

出迎、问候:客人到来时,应该诚挚热情地表示欢迎,常用语有"您好！欢迎您""您是×先生吧?一路辛苦了""欢迎您指导工作"。

介绍:有介绍姓名、职务等,明确身份、关系、称呼。有自我介绍和为他人介绍。在宾客间作介绍,要注意礼节。可以先向双方打招呼:"请允许我来介绍一下",或"请允许我介绍你们认识一下",注意介绍顺序,把身份低、年纪轻的,介绍给身份高、年纪大的,把男士介绍给女士,态度要庄重,避免使用不恰当的称呼。

交谈:交谈时应根据接待的对象不同,采用恰当的交谈方式和交谈的话题。要注意倾听,理解对方的目的、要求,表明自己的观点和意见。语言要得体、委婉。

送客:可说些致谢、道歉、欢迎来访的话,如"再见！欢迎再次光临!""接待不周,请多多原谅""希望以后常联系",等等。

随着现代化通讯工具的使用,接待除了人与人之间面对面交际外,还有通过电话、微信、电子邮件

等交际方式,在使用现代传媒工具时,除注意上述接待要求外,还应做到语言表述清楚、准确,说话态度谦和,用语文明等。

② 拜访。拜访是联络感情,拓宽社交范围的礼节性的交谈形式。拜访时交谈要注意以对方为中心,就对方所关心的话题而谈,并时时注意观察对方的表情,获得反馈信息,及时调整谈话内容。交谈时,要以听为主,尊重对方,表明自己的见解时语言要委婉。

拜访时还要考虑被访者的年龄、职务、身体状况、兴趣爱好等,以便选择与控制拜访的话题,拜访时间的长短,一些细节也要特别注意,否则会导致拜访的失败。

③ 应聘。对于求职者而言,是一种综合性极强的被动性谈话。应试者的形象仪表、综合素质、业务能力、言谈举止、思维能力、应变能力等都会呈现在用人单位面试官眼前。

一般而言,用人单位要了解的情况有:应试者是否适合做该项工作,应试者是否有能力做好这个工作,应试者对该项工作的热爱程度、向往程度等。

由此,应试者就应在面对主考官时尽量做到:形象大方,服装整齐;精神饱满,充满自信;注重礼貌,举止端庄;听清主试者的问题,确定应答的方式和侧重点;态度坦率真诚,语言清晰简洁;思维敏捷,机智巧妙,善于应变;不卑不亢,注意"度"的把握;适当表达出自己对此项工作的热情和向往,表达出求职的诚意。

(2) 交流沟通语体。

① 交谈。两个以上的人就共同关心的话题谈话,称为交谈。它是口语交际中最常用、最基本的交流沟通方式。

交谈的过程,实质上是交际双方相互的信息发出与反馈的过程,即双向发出、双向互馈、信息共享,达到交流的目的。交际的双方自始至终既是说者又是听者。换言之,交谈者是说者与听者的统一体。

交谈要以相互尊重、理解为基础。交谈双方不论年龄、级别、职务如何,都应相互平等。交谈中要保持诚恳、和蔼、谦逊、热情的态度,以取得对方的信任,使交谈能深入下去。

交谈要把握好以下四个环节。

➤ 时机的选择。交谈没有固定的时间和地点,随时随地都可能发生,这就要把握好时机,该谈则谈,不错过时机;该收则收,不拖泥带水。

➤ 话题的选择。交谈总要有一定的话题,应寻找双方均感兴趣的话题,由交谈的一方引出,另一方衔接上,形成彼此顺承、互相补充的交谈过程。如果有一方对话题不感兴趣,可以转换话题,用新的话题代替。要避免谈死亡、疾病、离异等不愉快的话题,也应避开个人财产状况、工资收入、女士年龄等个人隐私话题。

➤ 方法的选择。交谈展开之后,如何谈得有成效,方法很重要。基本方法是耐心倾听,积极反馈;多说良言,不讲恶语。

➤ 肢体语言的选择。交谈的双方都应注意自己的身体姿势,以肢体语言辅助交谈。站姿:不弯腰驼背、摇摇晃晃,给人精神不振或缺乏庄重之感;坐姿:不抬头仰身靠在座位上,不上身后仰双腿放在前面的物品上,不跷起二郎腿并左右摇晃,以免给人倨傲不恭、放纵失礼、心不在焉的感觉;手势:不要用手指直指对方,不要拍着胸脯说话,不要用手拍击桌子,显得盛气凌人;目光:应亲切友好,不可左顾右盼,或死死盯住对方,显得心不在焉或缺少礼貌。

② 谈心。在日常生活中,为了增进了解,消除误会与分歧,或某种工作需要,往往采用谈心的方式来沟通。

谈心时要平等相待,无论是上级对下级,还是老师对学生、家长对孩子,既然是谈心,就要彼此有诚意。谈心也要做好准备。谈心与聊天不同,它往往是相约进行的,要了解对方的想法和心态,要找到打开心扉的钥匙。谈心还要随便些，可以从闲聊开头，可以讲些幽默有趣的事，目的是为了消除紧张感，不宜"直奔主题"。谈心要讲究方式，或诱导式，或启发式，或直白式，或迂回式，或接迎式。

③ 劝导。劝导是以和风细雨的说理方法，规劝被说服对象的一种谈话方式。

劝导的功能是开导、劝诫、疏通、安慰、点拨。

劝导要注意针对性，把话说到事情的点子上，说到对方的心坎上。既要循循善诱，又要听对方的陈述，要进行正反分析；既要以理服人，又要以情感人。该委婉的要委婉，该直白的就直白，该剖析的就剖析。劝导还要设身处地替对方着想，要让对方明白利害关系。

（二）辩论

1. 辩论概述

辩论，也叫论辩，是持不同见解的双方或多方，就同一话题所进行的话语交锋。辩论以阐述为基本表达方式，以彰扬真理、伸张正义、明辨是非、批驳谬误为基本目的。

辩论的客体是参辩各方共同探究的辩题，辩论的主体是持不同见解的各方。辩题、立论者和驳论者是构成辩论的三大要素，缺一不可。

参与辩论的各方应有一些必要的共识和前提。否则，就无法"讲道理"，不能形成思想交锋，也就不可能达到明辨是非、探求与坚持真理的目的。

2. 辩论的特点

（1）观点的对立性。辩论各方的观点是截然对立的，至少是有明显分歧的。没有对立便没有辩论。

（2）论证的严密性。辩论较一般的阐述逻辑更严密，论述更周全。否则，说理不周露出破绽，就很容易陷入困境，遭到失败。

（3）表达的现场性。辩论比其他口语表达形式具有更强的现场性。如果任何一方不注意洞察、应对辩论现场的风云变幻，便不能适时地把握辩机，取得胜利。因此，现场性和应变性是紧密地联系在一起的。

（4）思维的敏捷性。辩论中的场面和情况都是不可预期的，及时明察对方的策略，并迅速组织反击就尤为重要。因此，要做辩场的胜者，必须磨砺自己的智慧，训练思维的机敏性。

3. 辩论的类型

辩论从不同角度可以分为不同类型。

（1）按辩论的目的，可以分为分清是非真伪的辩论和判断优劣得失的辩论。

（2）按辩论的方法，可以分为辩白、辩护、辩驳。

（3）按辩论的内容和形式，可分为生活辩论、专题辩论、赛场辩论。

赛场辩论又称辩论比赛，是高等院校学生中经常开展的一项课外活动，是有组织的按严格的规则和程序，围绕事先拟订的辩题，由扮演观点截然相反的参赛双方展开激烈交锋的辩论竞赛活动。

4. 辩论的技巧

（1）逻辑技巧。辩论要言语线索清晰，使论证令人信服，使各种诡辩原形毕露。

① 例证法。举出事实来论证自己的论点或反驳对方的论点，即"事实胜于雄辩"。

② 类比法。根据两种事物在某些特征上的相似，得出他们在其他特征上也可能相似的结论，来论证自己观点的正确合理或驳斥对方论点的错误荒谬。

③ 归纳法。由许多个别事实归纳出一般道理的方法。在辩论中，适当应用归纳法论证，可以使自己的论题更有根基，也更有说服力，同样，反驳对方的论题也会更加有力。

④ 归谬法。为了反驳某个论题，先假设这个论题是正确的，然后由它推出明显的荒谬结论，从而证明这个论题是错误的。

⑤ 揭露矛盾法。一个错误的论题，或者与客观实际相矛盾，或者自相矛盾。只要揭露矛盾之处，使对方无法自圆其说，这个论题也就被驳倒了。

（2）语言技巧。辩论，既是思想的交锋也是语言的较量。辩论的语言要准确、严密，避免歧义和漏洞，谨防给对方留下把柄；要简洁明快，不给对方思考的余地；要出语有力，能击中要害；要把握分寸，否则，既有失风度，也容易成为被攻击的目标。

在辩论中，不可忽视语言的生动性。辩论者生动、幽默、风趣的语言总能够打动听众，赢得辩论的主动权。熟练地、恰当地运用比喻、夸张、设问、反问、反语等修辞手法或适当地引用名言警句，运用成语、谚语、歇后语作点缀，能增加语言的生动性、幽默感，使语言富有感染力。

（3）应变技巧。如果说前面讲到的逻辑技巧、语言技巧还可以在赛前做好准备的话，应变技巧则不可能提前准备。

那么，在辩论中如何应变呢？

一是冷静听辩，善于捕捉现场情况。在辩论中，只有冷静专注地听辩，才能透过纷繁的语言表述抓住对方的观点、材料或论证中的疏漏和不足，并进行相应的反驳。

二是思维敏捷，灵活应对，选择适当策略进行反击。辩论者思维要敏捷，能迅速地理解，迅速地判断，迅速地做出陈述与反驳。同时，思路要开阔灵活，能多角度多侧面地去考虑问题并迅速地选定应对的策略。

（4）体态与风度。形象是无声的语言。辩论中辩手的表情、手势、动作、仪态等对论辩的成败也起着很大的作用。勇敢自信、热情饱满的态度，诚恳坦荡谦逊质朴的风格，潇洒自然的仪态，简洁明了的手势，往往能给人耳目一新的感觉，拉近听辩双方的心理与情感距离。

在辩论中，争论是必不可少的，但切忌争吵不休，以势压人。要坚持以理服人，切忌讽刺过分、揭人之短。

（三）戏剧对白

戏剧是一种舞台综合艺术，它借助于各种因素，通过演员的表演，展现广阔的社会生活。在戏剧艺术中，剧本是其中的文学因素，是一剧之本，它提供一个适合表演的故事，规定角色性格，写出戏剧对白。

戏剧对白就是指剧本中角色之间的对话。

戏剧是对话的艺术。对话有多重任务，对话除表现人物的年龄、性别、职业、地位、情趣特征外，还必须交代人物间的关系及由此而引发的戏剧冲突，这种语言要充分揭示人物的内心世界，人物间心理的激烈碰撞、交融。对话既塑造栩栩如生的人物形象，又借助对话展开情节，推动情节向前发展，构成戏剧冲突。

戏剧对白是一种专业性很强的语言表演艺术，用声音塑造形象，在语言技巧方面具有相当高的要求。

1. 戏剧对白的技巧

（1）对白语言的个性化。

现实生活中千人一面、千人一腔的现象是没有的，由于人们生活环境、文化修养、年龄特征、个人经历以及个性爱好等的不同，形成了各自独特的气质、风格与个性。戏剧台词的对白语言如果是"脸谱化"的表达，就不符合生活的真实。

对白语言的表演，一定要突出人物的个性特质。所谓的"闻其声如观其人"，就是对台词性格化的要求。对扮演的角色作深入的分析，探讨角色的心理，反复揣摩角色的台词，不但要了解角色说了什么，更要了解角色为什么要这样说。没有个性化的语言，人物形象就没有光彩，语言也就失去了表现力。

表演者要全身心地投入到所扮演的角色中,根据其性格特点,找到其特有的言语表达方式,通过声音、语调、节奏、神态的变化,塑造出具有立体感的、活生生的人物形象。

(2) 对白语言的交流感。

对白语言的最大特点就在于交流,是两个或两个以上的角色之间的语言交流、思想交流。

演员在创造角色的过程中,要把自己的台词说得生动、有表现力,也要把对方的台词研究透,并在语言的交流中,随时掌握对方的思想言行的变化。角色与角色的相互交流,不仅仅是语言上,更主要的是心灵的撞击,对白的过程是思想、感情交流的过程,也是用言语打动对方、引起对方重视,刺激对方心灵变化的过程。由此构成戏剧冲突,推动情节发展。

(3) 对白语言中的潜台词。

所谓潜台词,是指潜隐于人物台词中实质性的意义,也就是话中有"话",话外有"音",它能揭示人物的精神世界或隐秘的内心活动。由于潜台词是对白语言中展示人物心灵的一种特殊的言语形式,因此历来受到表演艺术家的重视。剧本中矛盾冲突的高峰,特别是剧中人物之间的针锋相对、气势逼人的对白,多使用潜台词,潜台词既有助于刻画人物性格,又有利于掀起剧情波澜,推动情节向纵深发展。

由于潜台词是剧作家精心设计的角色个性化语言,是人物内心活动的直接表露,因此表演者要认真体会准确表现潜台词,先对全部人物的台词有一个整体的认识,然后分层次、段落,逐字逐句解析、揣摩,不能断章取义,也不能主观臆想,一切都应围绕着人物、剧情来展开。

2. 戏剧对白中的肢体语言

在戏剧对白中,要塑造出栩栩如生的人物形象,除了用声音为人物造型外,肢体语言的运用也非常重要。戏剧对白中"演"的成分很浓,人物的表情、步态、手势、身段、习惯动作都应找到最能表现人物特征,展示人物个性的最佳契合点,在表演时要格外重视手势和眼睛这两把能够揭示人物内心世界的钥匙。手势,有助于人物性格特征的描绘,能积极协助人物传情达意;除了手势外,要善于运用眼睛来传神,从而使人物形象个性突出活灵活现。

❀ 范 例 分 析

童话剧《小熊请客》的一段对白:

小鸡　（唱第一曲"到小熊家里去"）

　　　　叽叽叽,

　　　　真呀真快活,

　　　　今天过节小熊请客。

　　　　我们到他家里去,

　　　　又吃又玩又唱歌,

　　　　真呀真快活!

　　　　[狐狸跳了出来,满脸含笑地迎着小鸡走过来。]

狐狸　哎呀呀,亲爱的小鸡呀!我简直都不敢认你啦!你今天打扮得多么漂亮呀!你这是要到哪儿去呀?

小鸡　今天小熊请客,我到他家玩去!

狐狸　这可真太好啦!咱们可以一块儿好好地玩玩啦!我跳舞给你看。小鸡(狐狸把两眼眯成一条缝,声音特别柔和地),你带我一块儿去吧?

小鸡　（上下看了狐狸一眼）你?

（唱第二曲"我才不带你!"）

狐狸,狐狸!

你没出息,

你自己不做工,

还想白白吃东西。

我呀,哼!

我才不带你!

〔小鸡连头都没回一下,就一跳一跳地走远了。狐狸气死了,看着小鸡的背影,狠狠地骂起来。〕

狐狸　哼,又是一个坏东西!（想了想）好哇,你们不带我去,我自己去。到了小熊家,我就把好吃的东西,一口气都吞进肚子里,你们等着吧!

点评：小鸡应邀去小熊家时的心情是高兴而期待的,表演时表情应该轻松而兴奋,作喜悦状;动作是蹦蹦跳跳的,作轻快状。碰到狐狸听了它的意图后,先是紧张,作怀疑状,后是拒绝,作果断状。对于狐狸,则要区别对待。看到小鸡后跳出来时,"满脸含笑"地"迎着""走过来";接着妄图借讨好小鸡达到目的时的献媚状,"两眼眯成一条缝""声音柔和";最后诡计未果、计划落空被小鸡断然拒绝时的恼羞成怒,转而咒骂发愿。剧中狐狸的狡猾和善变暴露无遗,表演者精湛的表演会使狐狸的本性得到淋漓尽致的展现,令观众过目不忘。

训练材料

1. 阅读幼儿童话剧《狮子打喷嚏》片段,认真体会,分组完成对白训练。要求用富于表现力的声音和恰当的肢体语言塑造人物形象,使之生动、丰满、鲜活。

示范音频

背景：森林里。

狮子：（慢慢地走出来,咳嗽两声,揉鼻子,之后想打喷嚏）"啊——啊——""啊——嚏——"

大树：哎——哟——,这是怎么了,我的老骨头都要散架了。（身体摇晃,同时散落手中的树叶）

猴子：哎——哟——,大树爷爷,是不是地震了?（翻了个大跟斗后撞在树旁,爬起挠头说）

大树：我也不太清楚,或许是地震。

鸽子：（边飞来边说）不是地震,是狮子打的大喷嚏啊!

大树、猴子：哦,原来如此!

熊猫：（从地上慢慢地爬起）它应该早点看病的,弄得我们大家都这么狼狈。

鸽子：它呀,已经很久没有锻炼身体了!

大树：肯定是不锻炼身体,才会生病的!害得我们都受它的影响了。

狮子：（低着头走到大家身边）真不好意思,我连累你们了,我向大家保证,以后再不会有这样的事情发生了。

大树:(摆出一副教育的架势)你说真的吗?那你可要天天锻炼身体才行!

狮子:(举起一只手作发誓状)我发誓,以后一定好好锻炼身体,不再打喷嚏影响大家了。

熊猫、大树、鸽子、猴子:(齐声说)我们相信你一定能做到的!

思考与练习

1. 根据要求开展复述训练

概要复述:《项链》《鸿门宴》

详细复述:《游子吟》《回乡偶书》

扩展复述:望梅止渴、守株待兔、狐假虎威、掩耳盗铃

2. 请把你最近看过的一本文学著作用概要式复述讲给同宿舍的人听。

3. 每人复述一个故事。课外试讲,然后在课堂开"故事会",讲过以后进行评议。

4. 以自己熟悉的亲人或朋友为主人公作一篇500字文稿的谐趣性解说练习。

要求:

(1) 确定解说内容重点和关键,思路清晰,重点分明。

(2) 使用多种口语修辞手法,善于捕捉人物特点。

(3) 注意用停连、重音等表达技巧,语言流畅、生动。

5. 随着网络和手机的普及应用,校园里出现很多"低头族"。请你就此现象进行评述。

6. 请同学抽取话题,准备3分钟,然后到讲台展示。活动后由老师和同学共同评说。

　　话题举例:(1) 我的愿望　(2) 我的学习生活　(3) 童年的记忆　(4) 我喜爱的职业　(5) 难忘的旅行　(6) 我的朋友　(7) 我喜爱的季节　(8) 谈谈服饰　(9) 科学发展与社会生活　(10) 我喜爱的明星　(11) 我向往的地方　(12) 个人修养　(13) 购物(消费)的感受　(14) 我一直在努力让自己变得更美丽……　(15) 有时候我觉得自己是一只小小鸟　(16) 我渴望成功,但我深深地知道……　(17) 我将怎样描述我所生活的时代呢　(18) 成长的岁月里,真正影响过我的是……　(19) 时间在一分一秒地过去……　(20) 不管发生什么事,生活总在继续　(21) 如果鼓起了勇气,很多事都可以成功　(22) 我忽然想起,50岁时的自己会是怎样的呢　(23) 我是一个活泼(文静、好动、寂寞、时尚、无法形容)的男(女)孩　(24) 靠近你的朋友,更要靠近你的敌人　(25) 这样的男孩(女孩),让我欢喜让我忧　(26) 没有比人更高的山　(27) 那些是父母给我的　(28) 给快乐找个理由　(29) 在岔路口……　(30) 你的心里还有风景吗

7. 你到幼儿园见习,走进活动室,指导教师和小朋友热烈欢迎并请你讲话,请设计一段200字左右的即兴发言。

8. 以《让生命丰盈》为题写一篇演讲稿,并在适当场合演讲。

9. 作为幼儿园新教师,第一次组织家长会并要在会上演讲,请你准备一份即兴演讲稿,主题自定。

要求:

(1) 感情充沛,从容自信,紧扣话题;

(2) 结构清晰,开头引人入胜,主体充实突出,结尾言简意赅;

(3) 用语生动恰切,表述流畅;

（4）不少于 800 字。

10. 分角色讲故事《小黄鹂唱歌》。

11. 假定你父母的同事到你家里拜访,而父母又不在家,你怎么接待?

12. 交谈练习:

（1）你的同学有心事,你怎样去和她交谈,以便使她快乐起来。

（2）作为班级干部,你在工作中遇到了同学的不理解、不支持,你怎么和他们交谈?

13. 设计你到幼儿园去求职应聘的自荐说话。

14. 根据自己的特点设计两段自我介绍:要求第一段话适用于比较正式的或比较严肃的场合,第二段话适用于气氛比较轻松的场合。

15. 有同学因为学习基础较差,产生了不想继续读书的想法,你怎样去劝导她?

16. 辩论练习:

（1）"现代社会中有知识就行"与"现代社会中有能力就行"。

（2）"学生用大量时间上网有利于学习"与"学生用大量时间上网会荒废学习"。

（3）"男老师多对幼儿园更有利"与"女老师多对幼儿园更有利"。

（4）"物质越是富足的时代越不需要节约"与"物质越是富足的时代越是需要节约"。

（5）"选择越多越幸福"与"选择越多越痛苦"。

17. 戏剧对白训练:

要求:

（1）语言富有表现力,人物形象生动鲜活;

（2）肢体语言自然恰当,个性突出。

《小熊拔牙》(节选)

示范音频

妈妈　我是狗熊妈妈。

小熊　我是小熊娃娃。

妈妈　我长得又胖又大。

小熊　我就像我妈妈。

妈妈　妈妈要去上班。

小熊　小熊在家玩耍。

妈妈　不对,你要先洗脸……

小熊　嗯嗯……好吧,洗一下。

妈妈　不对,你还要刷牙

小熊　嗯嗯,好吧,刷一下。

妈妈　不对,要好好地刷。

　　　还有……

小熊　还有,还有……

　　　什么也没啦!

妈妈　不对,想想吧!

　　　……不自己拿饼干?

　　　……不自己拿……

小熊　好啦,好啦,都知道——

不自己拿饼干,

不许抓糖球,

还不许打架……

[小熊用脑袋把妈妈往门口顶,妈妈疼爱地戳一下它的额头,出去了。

小熊　妈妈上班了,啦啦啦

现在我当家,啦啦啦

先唱个小熊歌:

1 2 3 4,哇呀呀呀,呀

再跳个小熊舞:

5 4 3 2,蹦蹦蹦蹦

哎呀,答应过妈妈洗脸呀。

先洗洗熊眼睛,

再擦擦熊嘴巴;

熊鼻子抹一抹,

熊耳朵拉两拉;

熊头发梳三下,

嗯,就不爱刷牙,

那——就不刷吧!

第三章

教学口语训练

学习提示

　　理解幼儿教师教学口语的特点;认识幼儿教师教学口语在组织各课程领域教学活动中的作用和在语言教学活动中的地位;掌握教学口语的不同类型及基本技能;设计各种类型的教学用语,运用应变和调控的技能,培养语言的机智灵活性。在学习和训练过程中紧密联系幼儿园教学实践同时要注意各部分内容的综合运用。

第一节　认识幼儿教师教学口语

一、什么是幼儿教师教学口语

　　幼儿教师教学口语是教师为达到教育教学目标,组织幼儿进行教学活动时使用的语言。教学口语是教师指导幼儿学习,引导幼儿探索与表达的最主要的手段,是教师传递知识技能、表达态度情感时最主要的工具,是教师的教学原则和教学策略最基本的表现。

　　教师有目的、有计划地引导幼儿主动参与活动,在教学活动中扮演幼儿学习的合作者、支持者和引导者。

　　一个教师,如果在语言修养上达到了较高水平,教学过程就会有一种无形的吸引力。苏霍姆林斯基指出:"对语言美的敏感性,这是促使孩子精神世界高尚的一股巨大力量。这种敏感性,是人类文明的一个源泉所在。"幼儿教师的教学口语不仅要符合一般的语言规律,更要符合幼儿教育的特殊要求,适应不同年龄幼儿心理特征和语言接受能力,这样才能达到预期的教学效果,实现教育教学目标。因此,掌握和运用教学口语艺术是幼儿教师的基本素质。

二、幼儿教师教学口语的特点

　　教学口语是科学与艺术的结合。

　　教学口语的科学原则,是指语言表达形式要符合语言的语音、语义和语法的体系,要清晰、明白,要有逻辑性,要合乎语法规则。保证教学中能以准确的语言清晰地传授正确的知识,同时使幼儿接受规范语言的熏陶。

　　教学口语的艺术原则是使语言生动、形象,更富表现力。一个合格幼儿教师需要不断锤炼自己的语言,让教学口语达到艺术美的层次。用音高、音强、音质、音速等方面配合显示出声音打动心灵的魅力;用语气、语调、停顿、节奏等技巧充分表达出热情、真诚、善良、同情等丰富细腻的情感;用充满情趣、饱含智慧的语言给幼儿以激励和启迪。这样的教学口语才能使幼儿把学习活动当作一种艺术享受，主动、愉快地学习。

教学口语的科学原则表现为规范性、逻辑性、针对性；艺术原则表现为形象性、启发性、情感性、趣味性。

（一）规范性

规范性是指教学口语应当遵守国家的规定，在语音、词汇和语法等方面符合全国通用的普通话的规范要求。2001年1月1日起施行的《中华人民共和国国家通用语言文字法》第十条规定："学校及其他教育机构以普通话和规范汉字为基本的教育教学用语用字。"（详见第一章第一节）

科学实验证明，幼儿期是语言发展的关键期，这一时期幼儿语音的模仿能力强，词汇量增加速度快，口语理解和表达能力发展迅速，而且大部分是通过自然观察和模仿而得来的，因此教师的语言是幼儿有声语言的楷模。幼儿教师良好的语言能力对幼儿语言发展起到积极的促进作用；反之，则可能产生消极的影响。例如：教师在教学活动中坚持说普通话有利于幼儿学习普通话，养成用普通话回答教师问题的习惯。如果在生活中经常使用方言，可能会降低幼儿学习普通话的热情；教师经常读错字音，说话语病较多，会对幼儿产生消极的影响。

（二）逻辑性

逻辑性是指教学口语符合事物的客观规律，根据思维的逻辑，恰当地使用概念、正确地进行判断，严密地进行推理。用精确的词汇表达知识的内涵，用言简意赅的语句表达丰富的内容，用层次分明的语序表达明确的目的。

1. 教学思路清晰

教学思路的清晰取决于教师对教学活动的设计是否做了充分必要的准备，是否对活动目标、幼儿经验知识准备做到心中有数。对教学内容、指向和过程都有了清楚的认识，教学口语就能按照既定的方向导入活动内容，才会环节与层次分明，不会思路凌乱，不知所云。

例如："蚕的一生"（大班）系列主题活动之一"蚕宝宝找桑叶"。幼儿先通过对比实验了解蚕的主要食物是桑叶，积极参与讨论、观察、分析蚕寻找桑叶的方法，老师最后小结："我们通过实验，知道了蚕宝宝最喜欢吃的是桑叶，有些小朋友认为蚕宝宝是用鼻子靠嗅觉找到桑叶的，有些小朋友认为蚕宝宝是用眼睛靠视觉找到桑叶的，还有些小朋友认为蚕宝宝是用它的触角靠触觉来寻找食物的。观察得非常仔细，说得很有道理！"

这是一次观察性的实验活动，孩子们得出的结论并不统一，但实验的目的并不在于得到什么样的结果，而是鼓励幼儿学会观察、发表意见、体验乐趣。教师对幼儿观点的总结和评价达到了这一目的，内容条理清楚，逻辑严密，和实验过程一致。对"嗅觉""听觉"等概念的准确使用，为幼儿以后关注和学习科学概念有一定的促进作用。

❋ 范 例 分 析

请你摸一摸（小班）

师：请小朋友摸一摸桌上的棉花球和玻璃球，捏一捏有什么感觉？
幼：玻璃球滑滑的，捏不动。棉花球软软的，能捏动。

师：捏得动，叫软。捏不动，叫硬。谁来告诉大家玻璃球、棉花球是软的，还是硬的？

……

师：现在请你们再摸摸砂纸，摸有砂的一面，什么感觉？摸它的反面又有什么感觉？

幼：这面砂纸滑滑的，反过来那面粗粗的、糙糙的。

师：滑滑的就叫光滑。粗粗的就叫粗糙。砂纸有砂的一面是粗糙的，反过来那面是光滑的。

点评： 教师用让幼儿亲自感知，激发他们在自我感知的基础上进行表述。在这一过程中，教师始终在用语言指导幼儿的思维与表达，当幼儿说到玻璃球"捏不动"，棉花球"能捏动"时，教师巧妙地插进了"硬"和"软"的概念，既使幼儿自然接受，又能准确、科学地概括上述两种物质的性质。

2. 教学线索缜密

在教学活动中，以知识的由浅入深、幼儿思维发展的由简单到复杂为教学线索安排好教学过程，各环节之间要具有紧密内在的逻辑联系，才会衔接紧凑，缜密严谨。

范例分析

科学活动"动物真有趣"（大班）

老师要求幼儿形成"动物"的概念，常见的办法是说出"动物"的定义，这位教师却用了一段提问语，让幼儿在回答中学会"动物"的概念。

师：什么是动物？

幼：会爬。会爬会走的都叫动物。

师：鱼不会爬、不会走，只会在水里游。鸟会飞，它们是不是动物？

幼：它们是动物，因为它们会活动。会活动的生物叫动物。

师：能活动的生物叫动物，可是，飞机会飞，是不是动物？

幼：飞机自己不会飞，是人开动的，它没有生命，不是动物。

师：对了，能自己活动的生物叫动物。

点评： 这段极朴素明快简洁的教学言语是一段具有紧密内在联系的语段，教师提出的几个问题，紧紧围绕着"动物"概念的定义而设计，先让幼儿通过对猪、鸡、蚯蚓等动物会走、会爬的归纳，认识到动物的一个特点，然后再进一步发问，让学生把会爬、会走的特点扩大归纳为"能活动"，接着从反面发问，澄清模糊认识，最后说出"动物"的定义。这种由具体到一般归纳的顺序，充分体现了教师教学言语的缜密。

3. 安排好教学环节结构

在段与段之间转换、一个内容向另一个内容过渡时，有意地总结一下再引出下文，可以使教学口语更加严密。

科学活动"亲亲小草"(小班)

组织幼儿到户外草地上游戏。引导幼儿交流分享对小草的发现。

教师:请小朋友看一看小草的样子,摸一摸小草的感觉,闻一闻小草的味道,再把发现告诉老师。

幼儿分别回答:小草绿绿的;小草一棵一棵地长在地上,湿湿的,叶子上有露珠。小草软软的,用手摸一摸很舒服。小草有一种淡淡的香味,很好闻的。

教师进一步启发:在草地上玩有什么感觉呢?

点评:这样提问既符合幼儿的接受能力,又激发幼儿分享交流的兴趣,很自然地过渡到下一个教学环节。最后,引导出"保护小草、爱护绿地"的环保教学目标。

4. 讲解要简洁、精确

在讲解时,首先要明快简洁,多选用口语化的词语,不用晦涩艰深的词语,词语没有言外之意,不使用词的比喻义、象征意;多用短句,不用或少用关联词语和修饰限制性词语。其次,要通俗精确:准确把握知识的内在结构;抓住关键词和要点。

"神奇的纸棒"(小班)

在活动过程中,教师发现一个小朋友将教师事先准备好的纸棒放在嘴边说话,便对其他幼儿说:"刚才老师看见金一冰小朋友把小嘴巴对准纸棒在说话呢,现在我想请你们每一个人找一个好朋友,一个对着纸棒说话,另一个用小耳朵听,听听你的好朋友说了些什么?"幼儿玩了一会儿后,教师提问:"小朋友听到你的好朋友说的话了吗?"幼儿纷纷抢着回答,教师小结:"这个长长的、圆圆的,空心的纸棒,能把我们说的话传出来,我们给它起一个名字,叫传声筒。"

点评:教师在这里给"传声筒"下的定义,虽然不是一个特别严密的科学定义,但是用了"长长的、圆圆的、空心的"三个定语就把传声筒的基本要素概括了出来,帮助幼儿整理出了零散的日常经验,促进了幼儿思维水平的不断提高。

5. 句子完整,句意贯通

不完整的句子让幼儿听不明白,缺少主语、谓语或宾语的句子可能会造成幼儿理解困难。上下句之间,几个相连的句子之间,要有语义上的衔接,形成一个有一定中心的句群。如果没有语意的贯通,就会让幼儿感到困惑,抓不住重点。比如,下面这段教学口语:

研究昆虫是一件很有意义又很有趣的事情。世界上有许多种昆虫。世界上有很多人在研究昆虫。昆虫有的有益于人类,有的不益于人类。研究昆虫的大科学家有谁呢?

范例分析

　　教师教幼儿进行家畜分类,把动物卡片和画着房子的两张白纸发给每个幼儿,对大家说:"我请小朋友让小动物分别住进两间房子里,动脑筋想一想,哪些动物能住在一起?"

　　(幼儿操作,讨论)

　　教师:"小朋友们把牛、马、羊、猪放在一间房子里,为什么这样住呢? 噢,因为它们都有四条腿,有蹄子,有尾巴;能生小牛、小马、小羊、小猪;还能喂奶,又都是家里养的。它们有共同的特点,所以让它们住在一起,我们管这样的动物叫作家畜。"

> **点评:**教师从这四种动物的共性推导出"家畜"的概念,思路为:"因为……有共同的特点,所以……住在一起。"在讲述中使用了幼儿容易理解的语句,用词规范、准确,整段话条理清楚,语意明确。

　　幼儿的逻辑思维虽然尚处在发展阶段,他们的理解和判断能力有限,因此教师在使用语言时,注意内容的科学性和表述的逻辑性,有利于幼儿掌握正确的信息,理解教师的指导性语言,促进幼儿逻辑思维的发展。

　　(三)针对性

　　针对性就是应根据不同的活动环境、不同年龄或水平的幼儿运用不同的语言。

　　因材施教是教学的重要原则之一,它要求教师在教学过程中从幼儿实际出发,根据不同阶段的具体情况,采用不同的方法,进行不同的教育,使每个孩子都能在各自原有的基础上得到充分发展。教学口语也必须遵守这一原则。

　　幼儿的年龄不同,他们的思维能力、知识水平、对语言的领会和接受水平有很大差别,所以在小班、中班、大班的幼儿学习活动中,教师应针对性地选择恰当的教学口语。

　　1. 小班(3—4 岁)幼儿的教学口语

　　小班幼儿神经系统的发育还很不完善,他们知识经验少,理解能力差,所掌握的词汇有限,思维处于具体形象阶段的初期,因此教师在对小班幼儿说话时应抓住具体、形象这两个关键,要做到以下五个方面。

　　(1) 词语简单易懂,多用单句、短句。

　　对小班幼儿说话时,所用词语简单易懂,有时须多用叠音词,如高高的、圆圆的、大大的、红红的;句子多为简单的短句。在向幼儿提问时,要问得非常具体,答案最好是一句话,最多不要超过两句话,其备选答案也要单一。

范例分析

　　① "小鸡长着圆圆的头,圆圆、黑黑的眼睛,尖尖的嘴。"

　　② "小白兔的眼睛是什么颜色的?"

　　③ "谁知道刚才老师讲的故事叫什么名字?"

> **点评:**示例①中的描述用语浅显、易懂,叠音词的运用更使语句富有韵律美。
> 　　　　示例②③两个问题简单、具体,适合小班幼儿回答。

（2）表扬或批评内容具体，有情感色彩。

小班幼儿的情感非常容易受暗示，教师的情绪、情感在很大程度上影响着幼儿，幼儿也会根据教师的情绪反应来判断自己行为的正确与否，因此教师在表扬或批评幼儿时要加进自己的情感色彩，语言要具体，便于幼儿理解。

 范 例 分 析

①"今天芳芳自己穿好衣服了，老师特别高兴。"

②"今天小明洗手的时候没玩水，老师可喜欢他了。"

③"今天小涵在外边玩游戏的时候打了小红一下，老师可不喜欢爱打人的孩子，以后不打了，好吗?"

点评：教师这几句表扬或批评的话内容都非常具体，而不是"表现好"或"表现不好"这样空泛的评价，小班幼儿易于理解和接受。

（3）使用肢体语，语气稍夸张。

小班教师在讲故事的时候，要有较丰富的肢体语(当然不能过多)。恰当的肢体语可以辅助教师的口语表达，也可以帮助幼儿加深理解教师所说的内容。比如：讲故事"两只笨狗熊"，在讲到狐狸出坏主意的时候，教师的眼睛要有"滴溜儿一转"的动作；在讲到"今天的天气真冷呀"时，教师不仅要在"真"字处适当拉长音，还要手抱双肩，做出寒气袭来缩紧全身的样子。

（4）语言拟人化。

小班教师的语言拟人化成分较多，这与这一阶段幼儿具有"泛灵"特点有关。小班幼儿认为猫、狗、大树、房子都和人一样会说人话，具有人的"灵性"。

 范 例 分 析

①"请你听一听，现在是什么乐器在唱歌?"

②"今天小鸡到咱们小一班来当小客人，小朋友快欢迎它。"

③"小狗的妈妈藏在哪儿呢?"

点评：这三个例子都具有拟人化特点，非常符合小班幼儿的心理特征。

（5）语速慢，多重复。

小班教师在说话的时候，语速要稍慢，语调要柔和，且重复的次数稍多，以便与小班幼儿接受能力较差相适应。

2. 中班(4—5岁)幼儿的教学口语

中班幼儿的思维仍处于形象思维阶段，教师的语言仍然离不开具体、形象的特点。但是，他们毕竟比小班幼儿有进步，主要表现为知识、经验丰富了一些，语言的接受能力和表达能力都有所增强。和小班教师相比，中班教师的话语有如下三方面的变化。

（1）句式多样化，语言表达的内容更丰富。

由于幼儿认知能力的提高，教师表达时的自由度加大了，不仅使用单句，而且可以使用简单复句句式，用词也多样化，语言表达的内容随之更丰富。

范例分析

①"假设你正在过小桥,迎面走来了一个人,你该怎么办?"

②"现在我们来玩一个游戏。你们身后有许多小旗子,请你们辨认一下哪些是国旗。每个人拿一面国旗到老师这里来。"

点评：示例①中既有陈述句,又有疑问句,还有假设复句。

示例②中有陈述句和祈使句,并且有三重指令。

（2）提问的内容稍宽泛,答案有多种。

因为中班幼儿思维能力比小班有所提高,所以中班教师在提问时就没有必要像小班教师那样提答案单一的问题,而可以提备选答案有多种可能的问题,以启发幼儿在回答问题时从多种角度进行思考。

范例分析

①教师："叶子都有什么用?"

幼儿A："菜叶能吃。"

幼儿B："树叶能挡太阳"

幼儿C："菜汁能喝。"

幼儿D："有的叶子是药,能治病。"

②教师："苍蝇、蚊子都传播疾病,我们应该怎么预防?"

幼儿A："消灭苍蝇和蚊子。"

幼儿B："吃东西之前把手洗干净。"

幼儿C："别吃苍蝇爬过的东西。"

幼儿D："别让蚊子叮着。"

点评：这两个问题设计得比较巧妙,具有激发幼儿思维的功能,因此幼儿的答案既具体,又多样。

（3）语言重复次数减少。

中班教师在给幼儿布置某项任务或提出某项要求时,不必像小班教师那样反复叮嘱,只须说一两遍就可以了。

3.大班（5—6岁）幼儿的教学口语

大班幼儿的思维水平虽然还处在形象思维阶段,但是由于神经系统的发育已趋于完善,他们已有了初步的抽象思维,与此相对应,教师的话语有如下三个特点。

（1）语言中出现一些表示类别概念的词。

大班幼儿对事物的类别有了初步认识,这时教师要教他们一些表示类别概念的词,如家禽、家畜、交通工具、塑料制品等。

（2）复句增加。

大班幼儿对事物及其关系有了进一步理解,教师在口语表达中可增加复句的数量及难度。

> ①"因为陈洁小朋友是个好孩子,所以大家都喜欢他。"
>
> ②"刚才许多小朋友讲述了自己最喜欢的人,有的说喜欢爸爸,有的说喜欢妈妈,有的说喜欢奶奶,这些小朋友讲得都很好。"
>
> **点评:** 示例①是因果复句。示例②是并列复句。

(3)语言更简洁。

教师在小班必须说得较具体的话,在大班可说得较概括、简洁。

> ①"今天小东表现不错。"
>
> ②"8 的相邻数是几?"
>
> ③"家畜有什么共同的地方?"
>
> **点评:** 示例①只用了"表现不错"这种概括性较强的话,而没有说他具体哪方面表现好,但是幼儿仍能正确理解。
>
> 示例②和示例③语言简洁,没有附加提示。

(四)形象性

教师口语的形象性是指教师善于创造直观形象,唤起幼儿对具体事物的真切感知。幼儿的思维方式以形象思维为主,他们更容易理解和接受直观、生动、具体的教育影响,需要借助形象来认识事物。因此,幼儿教师的教学口语必须具有形象性。在学习活动中,教学口语是引导幼儿思维活动的主要外因。形象性语言可以激发幼儿积极的联想和想象活动,诱发幼儿参与学习活动的兴趣。

1. 描述具体细致

在幼儿学习活动中,教师应该注意选用能够描述出事物外型的大小、形状、颜色,事情发展的经过、原因、结果,人物形象的表情、动作、语言、心理活动等的具体细致的语言。

> ①"小朋友闭上眼睛,听听窗外的雨声像什么?哗哗——像小河在流。嘀嘀嗒嗒——像钟表响;睁开眼看看雨像什么?像梳子一样密,像针一样细,一串一串的多像穿起来的珍珠;往远处看,还像一道门帘儿。"
>
> ②在"我最喜欢吃的食物"活动中,教师介绍:"我最喜欢吃牛皮糖。牛皮糖长长的,外面有一层白芝麻,咬一口又香又甜。牛皮糖很有韧劲儿,吃起来可以拉得很长很长,像一根橡皮筋似的。这种糖的味道很特别,所以我最喜欢吃牛皮糖。"
>
> **点评:** ①通过各种比喻描述雨的声音形状。②通过外形、味道等细致介绍牛皮糖。

2. 运用多种修辞手法

修辞能够从某种角度反映客观事物的属性、联系及其发展规律。教学口语中灵活、恰当地运用修辞手法,可以把呆板变为活灵活现,把深奥变为简易生动,能够调动幼儿的注意、想象、联想、情感等心

理活动。

教学口语运用的修辞手法有比喻、拟人、夸张、对比、引用等。请看下面教师在教学中适当运用修辞方法的例子：

（1）幼儿："老师，叶子掉下来的时候，树妈妈会疼，会死吗？"

教师："不会的，树妈妈有根部固定在地上，只要根是健康的，大树就不会死。树掉叶子，就像我们人掉头发一样，是不痛不痒的，一段时间后它还会生长出好多的新叶子！"

（2）语言活动"有用的绳子"（大班）

老师提出问题拓展谈话范围："假如我们的身体是一根绳子，躯干是粗绳子，四肢是不粗不细的绳子，手指脚趾是细绳子，头发是细细的绳子，它们各有什么用处？"

（3）教师对幼儿说：

"昨天我去商店买东西，长长的柜台里站着两个售货员。左边那个售货员满脸笑容，远远地对我点头；右边那个售货员愁眉苦脸，不爱搭理我。你们猜我到哪一边买东西去了？"

范例分析

教师：我先说个谜语，请小朋友猜猜是什么动物，猜对了，把它画在纸上。

身体高大像房子，

鼻子长长像钩子，

牙齿长长像刀子，

耳朵宽大像扇子，

四条粗腿像柱子，

尾巴细小像辫子。

幼儿：大象！

点评：教师连用六个比喻，把大象的整体形象和分部特征说得具体而生动，便于幼儿感知。特别是当说到"像房子""像钩子"时，语气要强调，吐字要清晰，这才能激发孩子的想象，也能给教师口语平添几分趣味，增强表达的效果。

3. 运用拟声词、摹色词、叠音词

用这些词语有色、有声、有形，收到栩栩如生的效果。请看以下实例：

（1）有位教师在音乐欣赏活动中弹奏钢琴曲《骑木马》前，这样说："嗒嗒嗒嗒，嗒嗒嗒嗒……远处传来了马蹄声，声音渐渐近了，一个小朋友骑着马，飞快地跑着……"

（2）在讲大闹天宫时教师说："孙悟空用金箍棒对着水晶宫大殿里的柱子，用力一扫，只听'喊哧咔嚓，稀里哗啦'，怎么回事呀？大殿的柱子都折了，水晶宫眼看要塌了。孙悟空'噌'的一下跳出水晶宫，翻了一个跟头，不见啦！"

（3）"小朋友，你们知道今天是什么日子吗？今天是阴历腊月初八，食堂里的叔叔阿姨给你们做了一锅香喷喷、热腾腾的腊八粥，好吃极了！粥里有红红的枣，黄黄的豆，还有……你们看看还有什么？"

4. 语言有动态感

幼儿的天性是活泼好动的，根据这一心理特点，教学活动中要多用动态词语。

例如：中班活动"眼睛会说话"。

老师一边操作卡片《眼睛和心情》，一边扮演眼睛进行自述。

"我在生气的时候会瞪着眼睛；我在高兴的时候会眯着眼睛；我在伤心的时候会垂下眼睛流泪；我在惊奇的时候会睁大眼睛；我在注意听讲时眼睛会一动不动；我在害怕的时候会闭上眼睛。"

在教学过程中，老师要运用动态词语并配合适合的眼神和体态语动作，吸引他们的注意力。

优秀教师的语言魅力就在于能够化复杂为简单，化抽象为具体，化平淡为神奇，激发幼儿的学习兴趣，引起他们的注意，调动他们的各种感官去联想、想象、回忆，产生如临其境、如闻其声、如睹其色、如见其人的感觉。

（五）启发性

幼儿获得经验不仅来自教师的口头传授，而且要经过自己探索、发现、总结得来，所以在幼儿集体教学活动中要注重引导幼儿在探索中发现、学习，在游戏中归纳、总结。幼儿是教学活动的主体，教师是引导者。幼儿教师的教学口语要有启发性，引导幼儿去探索和发现，启迪幼儿去归纳和总结。

✿ 范例分析

《树真好》比较常绿树和落叶树的叶子的基本特征。

师：常绿树和落叶树的叶子一样吗？（幼：不一样。）

师：大家看，老师在周围的桌子上放了两种树叶，一种是落叶树的叶子，一种是常绿树的叶子。请你们两手各拿一片（做出左手一片右手一片的动作语言），然后马上回来坐下。开始吧。（幼儿到身后的桌上去拿树叶，拿到后回到原来的地方。）

师：请你摸一摸，看一看，它们有什么不一样？（幼：一片厚一点，一片薄一点。）

师：除了这里不一样，还有哪里不一样？（幼：一片亮，一片不亮。）

师：还有哪里不一样？（幼：一个颜色深，一个颜色浅。）（幼：大小不一样。）

师：哦，它们的形状不一样。还有哪里不同？（幼：一片光滑，一片不光滑。）

师：为什么常绿树的叶子会亮呢？因为上面有蜡。（幼：常绿树叶子的正面颜色深，正面和反面颜色不一样。）

教师小结：孩子们，仔细看看，其实，常绿树和落叶树不一样的地方就是，常绿树的叶子表面非常光亮，叶子很厚，正面颜色深。我们在马路上看到好多树，即便我们不知道它的名字，但是我们可以通过看它的叶子知道它是常绿树还是落叶树。

点评：在这段教学片断中，教师使用启发性语言鼓励孩子不断去发现，积极思考，并帮助幼儿一点点归纳观察结果。教师只在小结的部分作一些讲解。因为有了前面的铺垫，幼儿很容易理解教师的讲解内容。

（六）情感性

情感性就是教师在幼儿学习活动中必须充分调动自己的情感，使教学口语充满强烈的情感感染力。

教学活动在本质上是一种认知活动。心理学研究揭示，认识活动与意向活动交融一体，而其中的情感是一个重要的因素。"人的思维一开始就和情绪情感有密切的联系，而且这种联系从未完全消失。"（尼塞）没有情感活动的参与，人类的认识活动所产生的作用要小得多。没有情感就没有艺术，因此教学口语的艺术性同样离不开情感。

在幼儿学习活动过程中，教师要用具有鲜明情感色彩的、具有强烈的感染性和鼓动性的教学语

言,去拨动幼儿的心弦,引起他们内心世界的共鸣,获得理想的教学效果。富有强烈情感色彩的教学口语,不仅影响幼儿的认知水平、智力水平,还要影响他们的人格特征。

正如苏霍姆林斯基说:"在知识的活的身体里要有情感的血液在畅流。"

1. 用充满积极情感的语言去激发幼儿参与活动的热情

教师要注意选择使用一些富于情感表现力的词语、句式,流露出真诚、丰富的情感,调动起幼儿兴奋、热情等良性情感。

例如:认识水果(小班)。

老师引导幼儿进入角色:"水果丰收啦,许多小动物要去摘果子,大家多快乐啊! 请小朋友把动物的头饰戴上,我们也去找找水果在哪里吧!"

小班幼儿的情感非常容易受暗示,教师可以说"水果丰收了""多快乐啊"这些表现情感的句子,营造了欢快的活动气氛。

❋ 范 例 分 析

"闪烁的星星"(中班)

教师:这么美丽的星星,好想把它们都留在身边,你们能帮帮我,让我天天都见到小星星吗?

幼儿:把它摘下来嘛!

幼儿:做一个小星星呀!

幼儿:我觉得可以把小星星画在纸上,这样就能天天看到它们了!

教师:好吧,我们一起来把自己心中最美的小星星画下来。

点评:"让我天天都见到小星星"是教师根据教学需要表现的情感,孩子当然乐于为教师出谋划策。"心中最美的"引导孩子去发现生活中的美。

2. 用语音、语调、节奏、态势语传情达意

语音悦耳动听,语调愉快柔和,节奏明快富于乐感,会让幼儿得到美的享受,面露微笑,活动轻松,是进入幼儿情感世界的"通行证"。教师要善于运用语气的轻重缓急,语调的高低曲直,节奏的快慢起伏,表现丰富的情感变化。

例如:教师教幼儿匹配图形时说:

"小朋友们,咱们玩一个摸图形卡纸游戏。(亲切、微笑、兴趣盎然)你们每个人面前有一个小盘子(指幼儿面前的盘子),盘子里的卡纸有许多图形,大小、颜色、形状都不一样。(弯腰从离教师最近的幼儿的盘子里拿出几种图形卡纸展示)请你们闭着眼睛随便摸出两个图形(做闭眼动作),然后睁开眼睛(做睁眼动作),看一看你自己摸的图形大小、颜色、形状是不是一样。再跟周围小朋友比一比,看看你的图形跟他们的图形大小、颜色、形状是不是一样。把完全一样的配成一对(伸出两手食指,迅速靠近,停在眼前),放在老师桌前。如果不一样,就放回自己盘里,看谁盘里的图形先配完。好,现在开始。(走到小朋友中间)"

从教师说话的态度、神情、语调和态势,就能知道这位教师是情绪饱满的。她用自己的声音笑貌创造了适当的语境,引起幼儿的兴趣。

3. 激励幼儿奋发向上的激情

教师对幼儿正确的回答,富于创造性的举动,用热情洋溢的话语加以肯定和赞扬,同时教师还带着微笑、点头、注视及抚摸、拍头等态势语动作,让幼儿感到教师的体贴、关爱和信任。

一个孩子用与众不同的方法玩橡皮泥,教师看到了,对他说:"哦,你用勺子来压橡皮泥,真是个好主意!我也要像你这样做,不过我还要用勺子把儿来压橡皮泥,你看好玩吗?"

点评:教师对幼儿富于创造性的举动进行了由衷赞扬,还表示向他学习,令幼儿非常兴奋。

(七)趣味性

趣味性是指教学口语能够契合并调动幼儿的兴趣,把幼儿的潜在的学习积极性充分调动起来,使他们愉快、自觉、主动地学习。

兴趣是人们对客观事物的一种积极的认识倾向,它能推动人们去探索新的知识、发展新的能力。优秀的幼儿教师对孩子的一言一行、一举一动都了如指掌,她们非常重视语言的趣味性。

教学口语要有趣味性的前提条件是:怀着一颗不泯的童心,以儿童的眼睛去观察,以儿童的耳朵去聆听,以儿童的心灵去感受生活,汲取幼儿生命节奏中的活力和光彩,分享幼儿成长过程中的纯真与好奇。唯有如此,才能表达出符合幼儿认知心理和水平的富有童趣的语言。

1. 语言内容的趣味性

(1)幼儿的认知思维是一种以自我为中心的思维,他们总是生活在现实和幻想交叉的两个世界中,所以幼儿在活动过程中,极容易沉浸到教师所创设的情境中去。

例如:中班活动"造句旅游"。

教师出示纸盒机器人,并以机器人的口吻对幼儿说:"我是小铃铛,说话声音响,谁想和我做游戏,快来摸我的大肚皮。摸出卡片讲一讲,回答正确红灯亮。"请一幼儿上来摸卡片,并大声地看图造句,如:"小朋友在看图。"教师以机器人的口吻评价道:"回答正确、嘀、嘀、嘀。"按机器人,使其头上的红灯亮三下。

(2)幼儿的自我中心思维导致幼儿的泛灵观念,即将世上万事万物都看作有生命的、有情感的东西,教师应当根据幼儿认知心理的这一特点,借助幻想、夸张、拟人等艺术表现手法,增强教学口语的表达效果。

下面是"小动物的家"(中班)的教学设计:

引导幼儿观看图片,说说发生了什么事。

师:那儿发生了什么事?让我们一起去看看。

(幼儿自由观察、议论。)

幼:小鸟哭了;

幼:小兔哭了;

幼:小猫在哭;

幼:乌龟也哭了;

幼:它们的房子倒了。

师:小动物们的房子倒了,哭得好伤心,现在我们一起想个办法帮助它们,好吗?这儿有很多材料,你们认真看看,想想可以用什么东西帮助小动物?怎么帮助?

(3)游戏是幼儿的天性,幼儿通过游戏来学习社会的知识,通过游戏来体验生活。如果把教学活动变为游戏活动,教学口语充满游戏的乐趣,幼儿就会乐于参与活动。

例如:在一次语言活动中,教师让中班的幼儿进行故事表演《微笑》,给他们戴上事先准备好的头

饰。幼儿很兴奋，随着音乐，扮演起了各种小动物。一会儿，有些幼儿就忘记了自己的任务，其中一个扮演小蚂蚁的小朋友在一旁玩起了其他的东西。教师看到了，她大声地对其他小朋友说："小伙伴们，小蚂蚁迷路了，哪个小动物愿意做好事帮他找回自己的同伴们，把微笑留给他？"其他小朋友听了，都纷纷过去帮他找到自己的同伴，并使他重新进入了角色中。

2. 表现形式的趣味化

（1）情绪投入。教师应情绪饱满，作为活动的参与者和幼儿一起分享着喜悦，分享着乐趣，兴致勃勃地和幼儿去探索、去发现。

（2）神态逼真。教师的面部表情、肢体语动作应和说话的内容相吻合，有时是亲切，有时是询问，有时是怀疑，有时是悲哀。面部表情丰富，能以眼神吸引幼儿，并以手势辅助说话，就会使语言会像蜜一样"黏"住幼儿。

三、教学口语的作用

幼儿的学习活动是在教师组织下进行的有目的的活动，教师要设计教学活动，引导幼儿主动学习，促进幼儿素质的全面提高和个性的充分发展。教学口语是教师教育思想、知识水平、性格气质的综合体现，是教师教学原则、教学水平、教学思路的具体表现。

（一）教学口语是组织教学活动实现教学目标的工具

教师不仅通过语言向幼儿传递信息和知识，更重要的是它能有目的地影响幼儿认知学习和思维过程，影响幼儿思考问题、表达思想、判断和想象等能力的发展。

教师的语言能直接引起幼儿对观察对象的注意，使他们有选择地感知观察对象。在幼儿园教师经常这样说话："今天啊，我要给小朋友介绍一位新朋友，你们想知道她是谁吗？""听一听，这是什么动物在叫啊？""请小朋友看这幅画。"教师的这些语言都能将幼儿的注意力集中起来。教师的语言可以使幼儿关注观察对象的某些部分或某些特征。例如："请你仔细看一看，这两幅图哪些地方不一样？"使幼儿注意力集中在"不一样的地方"；听到"看看这个小房子是用哪些几何图形的积木拼起来的"要求之后，幼儿会去找房子中有什么"几何图形"。

教师的活动指导语可以激发幼儿积极思考的兴趣。例如：一位教师在组织活动时将幼儿熟悉的物品全部放到一个筐子里，用一块布蒙好。然后，教师将手伸入筐中，摸到一件物品后，故作神秘地说："哎呀，我摸到了一样东西，它圆溜溜的、小小的，很光滑，摸上去凉凉的。你们猜猜，这是什么？"用猜谜语创设了一个活跃的活动情境。又如：一位教师在讲完《蚂蚁飞上天》的故事之后，问幼儿："如果小蚂蚁想上天旅行，请你帮忙，你有什么好办法呢？"将幼儿置身于故事之中，激发了幼儿创编故事情节的兴趣和愿望。

教师的语言提示还可以启发幼儿，帮助幼儿回忆已有的经验，解决面临的问题，获得新的学习经验。例如：在学完诗歌《春风》，到室外观察春天之后，教师通过提问："请小朋友想一想：春天来了，哪些东西变绿了？哪些东西变红了？哪些小动物又出来活动了？……"帮助幼儿有目的地回忆刚刚观察的情景，并在随后的仿编诗歌中利用这些观察经验，编出"吹绿了小草/吹红了桃花/吹来了蜜蜂/吹醒了乌龟"之类的诗句。教师的语言启发实际上在传递这样一种信息：要想仿编好《春风》这首诗歌，需要经历"学习诗歌的语言结构""理解诗歌的内容""观察春天，获得对春天的形象性的新认识""将对春天的新的认识与诗歌的语言结合起来"几个阶段，使幼儿既学会了仿编诗歌的方法，又丰富了诗歌的语言经验和有关春天的形象的认知经验。

教师的反馈语言，可以支持幼儿的探究活动。例如：在一次数学活动中，教师发现幼儿正在按照"数群"进行 10 以内数的计数游戏："10 里有 5 个 2,5 个 5 个地数要数 2 次……"只有凡凡小朋友在皱着眉头发呆。教师走过去问："凡凡,你在想什么? 怎么没做游戏?"凡凡一本正经地说："老师,我在想能不能 3 个 3 个地数。""是啊,你真能动脑筋! 可以数数看呀!"在教师的鼓励下,凡凡和其他小朋友开始吃力地 3 个 3 个地数,结果发现在数到 3 个 3 时,只剩下 1 个数了。所以,10 不能用 3 来"整除"。活动结束时,教师还特别表扬了凡凡爱动脑筋。老师对凡凡主动思考的发现和鼓励,也将对其他幼儿产生启发作用。

教师的语言能够诱发儿童思考并让他们有所领悟。教师运用具有启发性的语言,是调动幼儿学习思考的主动性和积极性、发展幼儿智力的有效手段。例如:几个男孩正在用积木搭建高速公路。教师开着玩具汽车过来,停下车来问:"我的车在哪里交费?""对不起,还没建好呢,请过一会儿再来!"……教师注意到他们只搭了两条同向通行的车道,于是又问:"回来时我从哪里走?"孩子们一看不对劲儿。"哎呀! 对面来的车要是也从这儿过,不是要撞上了吗! 赶快在旁边搭条反向的车道吧!"可是,建筑区已经没有地方了。孩子们你看我,我看你,不知如何是好。教师在旁边出了一个主意:"有没有什么资料可以查一查啊!"一句话提醒了他们。一位小朋友从一幅公路图片上受到启发:"我们可以像搭立交桥似的,搭一个立体双层公路收费站!"教师发现了幼儿游戏中存在的疏漏,就通过"我的车在哪里交费""回来时我从哪里走"的质疑,提出了具有挑战性、能引发幼儿新旧经验之间冲突的问题,引导幼儿找到问题关键之所在;再通过提醒和点拨提供了解决问题的线索,有效地启发幼儿自己想出解决问题的办法:搭一个立体双层公路收费站。

（二）教学口语是完成幼儿语言教育活动的重要途径

在语言教育活动中,教师不仅以指导者和帮助者的角色与幼儿互动,还要通过教学口语的一些重要途径对幼儿的学习活动发生直接的作用。

1. 讲述

讲述是教师通过语言向幼儿说明活动内容、游戏规则,或者将文学作品内容介绍给幼儿时常用的方法,是教师组织语言活动时最基本的表达方式,是教师语言在语言教育中的主要体现。讲述的特点是,充分发挥教师的主导作用,使幼儿在较短的时间内,理解教师的要求、活动的规则等。因此,讲述语言运用得恰当与否直接关系到语言教育活动的效果。

2. 朗诵

朗诵是将视觉性的书面语言转化为听觉性的有声语言的过程,这是文学活动中教师常用的一种重要形式。朗诵可以帮助幼儿加深理解、强化记忆、培养语感等,是一种不可忽视、无法代替的教师语言。幼儿教师在朗诵文学作品时,应注意以下两点。

第一,教师应当注意根据作品类型选用适当的方式朗读作品。童话一般具有浪漫的色彩,朗诵的语音语调可适当夸张;故事是陈述性的,朗诵时应适当转换语言风格,使之通顺流畅;儿歌、儿童诗有韵律,朗诵时要音节整齐响亮,突出表现语言的音乐美;散文朗读时要注意抒情语言与叙事语言的结合与转换。

第二,教师在朗读文学作品时,除注意作品体裁、内容等特点要求外,还应考虑作品的情感基调。每一部作品都有各自内在的情感基调,这种情感基调由作品内容、作家风格所决定。欢快的情感基调应当用愉快喜悦的语音语调;深沉的情感基调应当用平静舒缓的语音语调。把握了这些情感基调之后,才能准确地传达文学作品的思想感情,并以此来影响幼儿对文学作品的理解。

3. 提问

提问是教师根据活动内容提出问题,促使幼儿想象和思考,以加深理解所学内容的一种主要教学方法。提问具有激发思维、集中注意和反馈教学效果的功能。在语言教育活动中,教师提问的水平对幼儿理解活动要求和内容、有效参与活动过程具有重要的作用。如何提出问题以及提什么问题,是幼

儿园语言教育教学改革的一个重点。当代教育提倡教师学习借鉴中外教育理论和方法,使提问更科学、更有效。具体有究因性提问、假设性提问、归类性提问、逻辑性提问。

无论以何种形式进行提问都须注意,提出的问题要明确,要适合幼儿的水平,难度、深度都不宜过大,一次提出问题的数量也不宜过多,同时要有启发性。

4. 建议

这种方法常为教师在组织指导语言教育活动中所用,主要用来点拨幼儿的思路,开拓幼儿的想象,帮助其选择适当的行为,以及提高幼儿的使用语言的能力。在语言教育活动中,教师的建议可以不同的方式提出。

直接建议,即由教师直接向幼儿提出建议,请幼儿按教师的要求去做。比如,建议幼儿选择某一角色去表演故事,或选择某一结局方式将故事编完等。教师要用商量的口吻与幼儿讲话,如:"你看这样好不好""你们看行吗?"

间接建议,即由教师间接地向幼儿提出建议,让幼儿朝教师的指向努力。语言教育活动中的间接建议有两种。一种是教师用旁敲侧击的方式提建议。比如,用自言自语的话提醒幼儿:"这里还有两只手指玩偶,可以编出一个有趣的故事,谁会选择它们呢?"这实际上就是建议身边的幼儿选用它们。另一种间接建议通过模拟假设作品中人物角色,或者是中介角色的心理活动来提出。例如:在《蛤蟆吃西瓜》的一组活动中,当教师建议幼儿用西瓜皮给蛤蟆做小房子时,可以借童话中小动物之口来提出"小动物们觉得用西瓜皮给蛤蟆做幢房子不错,你们说呢",以此来引导幼儿的思路。

5. 示范

示范比较多地运用于各种内容的活动之中。例如:指导幼儿仿编一首诗,教师在帮助幼儿理解诗歌内容的基础上,要求幼儿按照这首诗的结构仿编一首新诗歌,教师首先自己按照这首诗的结构形式创作出新诗歌,给幼儿提供模仿的思路和语言范例,再引导幼儿运用和掌握仿编的方法,以培养幼儿对文学感知理解能力和语言应用能力。

6. 评价

评价指教师在活动过程中对幼儿的语言行为表现作出一定的评判。在语言教育活动的具体过程中,教师的评价往往出现于活动进行和活动结束时。前者往往是简短的即兴式的,以一两句话对幼儿的行为作出反应,如"很好""真能干"或"想一想,还有没有更好的说法""还可以比这说得更清楚些"等。后者是在活动结束时的综合评价,往往是针对整个活动过程的比较全面的总结。

总之,教学口语在幼儿学习活动中不可忽视。事实证明,新的教育观念,好的教学设计,只有依靠教师教学口语才能在幼儿教育过程中得以落实。每一位幼儿教师都应在教育活动中,提高个人教学口语的水平。

思考与练习

1. 分辨下列三段教学口语是针对哪个年龄的幼儿说的?(提示:教学目标是比较大小、多少、颜色、并分类)

(1) 桌子上有一堆扣子,教师说:"我不知道这里有没有白扣子? 啊! 这里有一颗! 这里还有一颗;这一颗比我刚才找到的第一颗小一点。"

(2) 在儿童把所有的扣子按绿色和金黄色两种不同的颜色分类之后,教师问:"绿色扣子都相同吗? 它们都是一样的吗?""绿色的扣子和金黄色的扣子有没有相同的地方?"

（3）教师问："你能不能告诉我为什么把这些扣子放在一起？""还有什么分扣子的方法？"

2. 你认为下面教师的回答是否合适，为什么？该怎么回答呢？

一个幼儿园小班孩子问："老师，为什么孙悟空会腾云驾雾呀？"

教师答道："这是假的。人不是鸟，怎么能飞呢？"或答道："孙悟空只是个神话人物，腾云驾雾只不过是古人想飞向天空的愿望而已。"

3. 下面哪句话的效果好一些，为什么？还可以怎么说？

（1）小朋友认真听着，等我吹哨子以后，"狐狸"要一个接一个往"森林"里跑，"猎人"必须站在投掷线后，现在各就各位！

（2）小朋友要听仔细，我慢慢说，你们可要认真听啊，别说话，别玩东西，等我吹完哨子以后，"嘟！"（吹哨子）哨子就是这声音，记住啊，我吹完哨子以后，当"狐狸"的那个队，要一个接一个在那儿跑，那儿是森林。当"猎人"的那个队要在这儿站，这儿是投掷线。听清楚了吗？要不要我再说一遍？好，现在开始吧！

4. 某幼儿园小班的几个孩子正围在一起观察母鸡，只见母鸡扑棱着翅膀跳起来。一男孩问其他几个孩子："你们说，这只鸡为什么飞不上天？"其他孩子都说不知道，男孩得意地说："我知道！你们看它多胖呀，怎么能飞上天呢？"这时，老师在一旁纠正说："真正的原因是因为鸡的翅膀退化了才飞不上天的。"接着老师对几个孩子反反复复说了几遍，孩子们都说听懂了。但是，当老师再次提问那个男孩子时，他竟回答说："因为鸡的翅膀化掉了才……"你认为该教师说的话合适吗？为什么？

5. 根据右侧的提示朗读这首幼儿诗

小弟和小猫
（柯 岩）

示范音频

我家有个|小弟弟||	语调先扬后抑，表情先喜后生气
聪明|又淘气，||	语气嗔怪
每天爬高|又爬低，||	语调低
满头满脸|都是泥。||	转头，眨眼，皱眉，语气生气
妈妈叫他|来洗澡，||	
装没听见|他就跑，||	
爸爸拿镜子|把他照，||	
他闭上眼睛|咯咯地笑。||	
姐姐抱来个|小花猫，||	
拍拍|爪子|舔舔毛，||	速度慢
两眼一眯"喵，喵，喵，||	声音尖细
谁跟我玩，|谁把我抱？"||	声音尖细，眼睛眯起来
弟弟伸出|小黑手，||	
小猫连忙|往后跳，||	

胡子一撅｜头一摇，‖

"不妙不妙！‖　　　　　　　　　　　　声音尖细，速度快，语气肯定坚决

太脏太脏｜我不要！"‖

姐姐听见｜哈哈笑，‖　　　　　　　　　　轻

爸爸妈妈｜皱眉毛，‖

小弟听了｜真害臊：‖　　　　　　　　　　轻而慢

"妈！｜妈！‖

快快给我｜洗个澡！"‖　　　　　　　　　速度快，语气急，脸稍向上

6. 情境训练

（1）幼儿园活动时，有一个4岁男孩不会扔球，你（老师）走过去，给他讲方法，做示范。请将你要说的话和要做的动作展示给同学们。

（2）两人一组模拟小班幼儿和教师，以《春天》为主题，讲讲春天的景色，春天里的花。

（3）请试着为大班的幼儿解释一种自然现象，比如风、雷、雨、雾等。

第二节　教学口语的分类训练

一、谈话用语的类型和技巧训练

谈话是在一定范围内运用语言与他人进行交流的活动。谈话是一种普通而又复杂的语言现象。人们怎样开始一场谈话？如何设法延续与别人的谈话？谈话参与者怎样更好地交流思想感情而使双方都感到满意？从语言应用的角度分析谈话现象，无论是有计划有准备的谈话，还是随意性偶发的谈话，都有其潜在的、特定的语言生成规律。这种规律是由一系列语言应用的方法要素构成的。

（一）谈话的传递

谈话的传递要素，是生成谈话的最重要的语言应用基础。当人们要进行交谈时，必须通过语言来向谈话的对方或其他参与者传递信息。在谈话的开始、谈话的过程中、谈话结束时，都有一系列的策略来影响决定谈话的传递。

谈话参与者要在相互之间引起注意，这是谈话得以开始、进展和延续的基本条件。即便是很小的婴儿，也在与最初的交往者——父母的"说话"中学习打开交谈的渠道。比如，婴儿在还不能说完整语句之前，便会用叫"妈妈"的方法来引起母亲的注意，而母亲往往回答"哎！宝宝，怎么啦"这样便导致谈话得以进行。

假定一幼儿说"我喜欢吃一种音乐糖"，另一幼儿说"什么糖？音乐糖啊"，当第一位幼儿继续说"会发出音乐声音的糖"时，谈话就在双方理解的状态下得以继续了。由此可见，谈话者之间信息的正确传递十分重要。

（二）谈话的应答和轮流

为保证谈话的正常进行，参与谈话者必须对别人所说给予应答，同时采用轮流的方式去发展谈话。在谈话时，应答是属于听的一方所要运用的策略方法。人们常常用语言和非语言的方式作出应

答,比如听者可以边听边说"哦,是的",或"噢? 是这样吗"或"后来呢""你怎样认为呢"等;也可以仅用点头、摇头方式给说话的一方以信息反馈。从说话者的情感态度出发,应答也往往有积极应答和消极应答之分,当谈话内容或说话者本人对听者有强烈吸引力时,听者的应答可能是热烈的,反馈信息也是积极的,可以激励说话者继续下去;反之,则可能是消极的。

（三）谈话的导向

谈话意味着在一定范围内传递信息和与交往者的相互交流,因而就需要建立一种导向,来确定交谈者交流信息的方向,保证谈话传递信息的效率。谈话的导向,可以帮助说话者引起对心中原有储存的概念的敏感性,将谈话的信息串联起来形成对固定的事件或其他事件的认识。同时,谈话的导向可以帮助谈话者之间建立联系,分享他们共有的经验,从而使谈话顺利延续下去。

※ 范 例 分 析

我爱爸爸,我爱妈妈(谈话片段)

师:你们都有一个好妈妈、一个好爸爸。现在我问你们,你们喜欢谁? 为什么喜欢? 可以先讨论一下。(小朋友交头接耳后发言)

甲:我喜欢我爸爸,因为他老给我买汽车,我们家都成汽车工厂了。(大家笑)

乙:我最喜欢我妈妈,因为我妈妈骑车带我上幼儿园,还教我弹琴。

丙:我最喜欢我爸爸,因为他送我上幼儿园,每天晚上都接我回家,星期天带我去公园玩。爸爸可愿意给我照相了。我今天给小朋友带来两本相册,让小朋友看看。

师:爸爸为什么愿意给你照相呀?

丙:为了让我长大以后看看小时候长得什么样。

师:如果爸爸妈妈满足不了你们的愿望,你们还喜欢他们吗?

丁:不喜欢了。因为小孩子老在屋里画画,老看电视就没意思了。

戊:喜欢。因为爸爸妈妈没工夫老带我们出去玩。

……

师:如果爸爸妈妈狠狠批评你们,你们还喜欢他们吗?

已:喜欢。因为说孩子是为孩子好。

师:怎样才算爱爸爸妈妈呢?

庚:吃饭时把好菜让给爸爸妈妈吃。吃饭时要自己吃,不要让爸爸妈妈饿着肚子喂。吃饭时别弄脏衣服,要是弄脏了,就给爸爸妈妈添麻烦了。

点评:这段谈话是教师和幼儿共同参与完成的。教师的主导作用非常明显。开头第一句话就确定了这次谈话的中心,接着提出问题,要求幼儿从两方面即"喜欢谁""为什么喜欢"来进行谈话。在谈话进行中,教师始终全神贯注,没有打断他们的话。中间伴随着老师和幼儿之间的应答和轮流。只有当教师认为某个话题已谈充分,到了可以谈下一个话题的"火候"时才转换话题,引导谈话按既定目标向前推进。这位教师的言语真正起着"推波助澜"的作用,能把握时机、启发思维,而且简洁明快。所以,师幼之间谈话才能得以顺利进行,才能出现融洽欢愉的气氛。

根据谈话的类型划分为交谈语和谈话活动用语。

1. 交谈语

交谈语是教师与幼儿之间互通信息、交流感情，以达到相互沟通、促进了解的一种口语形式，包括集体交谈和个别交谈两种方式。集体交谈是教师与全班或小组围绕某个话题展开的语言交流。个别交流是教师与幼儿进行的一种有针对性或随机性的语言交谈。还有一种交谈形式是幼儿与幼儿同伴之间围绕感兴趣的话题进行的一种言语沟通与交流。使用交谈语教师应做到以下五点。

第一是拥有一颗"童心"，把自己也变成孩子，走进他们的世界，和他们融成一片。老师要作为幼儿的同伴出现，蹲下身子和幼儿说话。要充满爱心，摆脱成人的说话语气，抛开"大人""教师"的身份，让幼儿感到是在随意、自然地与老师聊天。教师与幼儿交谈，要体会幼儿的想法，走进幼儿的内心，多与幼儿进行良好的沟通，让自己成为幼儿喜欢的谈话对象。

第二是注意幼儿的反应和态度，体会幼儿的感受。教师以幼儿的兴趣为交流的出发点，在跟幼儿说话时，教师常常会急着表达自己的指令和意见，希望孩子们乖乖地照自己的话做，最好不要有其他意见。所以，往往会打断幼儿的话，没有细心地把幼儿的话听完，忽略了幼儿的反应。教师在言语中应该表达出对幼儿发自内心的关注和兴趣，主动向幼儿发起话题，如"你能告诉我假期怎样过的吗""哦，听起来很有趣，后来怎样了呢"。

第三是了解幼儿的发展程度，充实幼儿的知识经验。明白每个幼儿的发展程度相当重要，如果教师总是说一些幼儿无法理解的话，幼儿就会失去继续交谈下去的意愿，师幼之间的对话也就无法继续。要畅通与幼儿之间的沟通渠道，就要不断丰富幼儿的知识经验，让幼儿能说、会说、有话可说。

第四是认真回答幼儿的问话。创设良好的言语环境，教师热心、接纳、尊重、理解幼儿是前提。这样，幼儿的自我意识得到发展，自我价值得以体现。幼儿提出问题时，即使再幼稚可笑也不能讥笑幼儿的无知，应先了解其问题的真正含意，针对幼儿的需要做出认真的回答。例如，幼儿问："老师，您想不想听一首咱没学过的歌曲？"这个问题的真正含义就是："老师，我想给您唱一首我刚学会的歌曲。"假如老师知道幼儿的真正目的，就可以回答："想啊，你能给我唱一首吗？"幼儿听了一定会很高兴。此外，对于幼儿提出的知识性问题，教师要慎重回答，或带着幼儿一起寻找答案。这样，幼儿以后不管遇到什么问题，都会主动与老师讨论，这就大大增加了老师随机教育的机会。

第五是要经常变换新鲜的话题，引起幼儿的兴趣。例如："猜猜看今天老师会带你们到什么地方去玩？""如果有一天外星人来到了我们的幼儿园……""青蛙小时候长的什么样子"等这些话题，相信一定会比说"今天过得好不好""高兴不高兴"更能吸引幼儿的交谈欲望。同幼儿交谈是一门学问与艺术，需要独特的方法与技巧。只要老师们恰当地掌握这些窍门，便拥有了一把开启与孩子沟通之门的钥匙，能顺利地走进孩子心灵的殿堂，达到理想教育目的；相反，若是不懂这些技巧，就可能会遭遇挫折，徒劳无功。

教师要充分利用日常生活中的机会与幼儿交谈，进餐、如厕、穿衣、候车、排队都是教师与幼儿交流的良好契机。比如，教师每天的晨间接待，是与幼儿谈话交流让幼儿学习语言，提高语言运用能力的最佳时机。从最简单的互相问好及与家长道别的礼貌用语开始，到师生之间互相的谈话交流。又如："今天是谁送你来幼儿园的呢？""是妈妈送我来的。""你喜欢上幼儿园吗？""喜欢。""为什么呢？""今天天气冷，你多穿了衣服吗？""昨天回家后，妈妈给你讲故事没有？"……这样的师生之间的谈话交流，话题内容丰富多样，师幼关系都比较放松，有交流的气氛。况且在晨接时间，幼儿陆续来园，教师此时有充足的时间与幼儿交谈，也更能针对幼儿不同的语言发展水平进行因材施教，让幼儿在看似不经意实则很用心的师生谈话互动交流中,既感到老师像妈妈一样的亲切、关爱,又培养了幼儿敢说话、会说话,爱说话的能力。交谈有以下两个特点。

（1）话题灵活、丰富。

交谈语是教师与幼儿在平等、自由、无拘无束的氛围中进行的,话题非常灵活、丰富,而且随着双方交谈的思路可以不断地变换话题。日常交谈是一种多方位的语言交流,教师和众多幼儿的参与,不仅带来了个体间丰富多彩的生活经验与感受,使每个幼儿获取的信息量增大,内容更加丰富,幼儿表述形式也多种多样。同时,幼儿与教师、幼儿与幼儿之间的交谈,使语言的交流方式也丰富多样。

例如,在一次春游活动中,老师首先向他们提出如下的问题:"小草怎么样了?""桃树有什么变化?""杨柳枝条怎么样了?""油菜花前有什么飞来飞去呢?"教师有意识地引导孩子们认真观察春天的景物。孩子们带着教师提出的问题,对春天的景色进行认真观察,幼儿话匣子打开了,七嘴八舌地议论起来,平时发言不太积极的孩子,在教师的指导下说:"我看到小草绿了,柳枝发出了新芽。"另一个小朋友兴奋地说:"我看到油菜花前有蜜蜂、蝴蝶飞来飞去,看到它们很忙的样子。"平时不爱说话的小朋友竟然也举着小手抢着发言:"我看到桃树上开着好多好多的花啊,真是美丽极了!"

（2）气氛和谐、宽松。

新《课标》明确要求创设一个自由、宽松的语言交往环境,支持、鼓励、吸引幼儿与教师、同伴或其他人进行交谈,体验语言交流的乐趣。交谈和谐宽松主要体现在两个方面:一是交谈中不要要求幼儿统一答案和有一致的思路,幼儿可以根据自己的感受自由地发表见解,围绕话题说自己想说的话;二是不特别要求幼儿使用规范化的语言,不一定要求幼儿使用准确无误的句式和完整连贯的语段。实际上,日常交谈重在给幼儿提供说的机会,让幼儿在一种自然、轻松的语言交流氛围中操练语言,提高对语言的敏感程度,从而使幼儿的思维更活跃,表述内容更丰富,语言表达更流畅。

图书角是幼儿探索奥妙发展语言的一个场所,教师投放了色彩鲜艳的图书,小巧灵活的指偶。在这里教师和幼儿同看一本书,并且有目的地进行指导:"这是一只小熊,它在做什么呀?""原来它要过马路,这么多车怎么走呀? 小熊站在那不敢走了,怎么办呀?"孩子们你一言我一语地说开了,由于是两三个人交谈,教师与幼儿置身于自然和谐愉悦的氛围中,不需要机械的记忆,没有了集体活动的约束,积极性很高。另一边两个孩子在玩着指偶,一个拿着小鸡,一个拿着小鸭在随意地摆弄着,教师走过去拿了一只小狗:"我是小狗,你们是谁呀?""我是小鸡。""我是小鸭。""我们一起做游戏好吗?""好。"在老师大手指和幼儿小手指的比划下传来了游戏的语言及欢快的笑声。

🌸 **范例分析**

画面一:星期一晨间接待的个别谈话

老师:"王哲,星期天在家乖不乖?"

王哲:"乖。"

老师:"星期天在家做什么了?"

王哲:（挠挠头）"我……忘了。"

老师:"……"

画面二：星期一晨间接待的个别谈话

老师：(蹲下来，专注地看了王哲一会儿)"哲哲(王哲的乳名)，让老师好好看看！嗯，星期天你一定玩得很高兴。"

王哲："对呀，我和院里的刘浩小朋友一起搭积木，我们搭了一座大大的动物园(孩子边说边用手比划)。然后，把许多玩具送进去当动物，很好玩哦……"

老师："噢，听起来真的很好玩，可惜我们班的很多小朋友都没有玩到。"

王哲：(兴奋地)"老师，我有个好主意！"

老师："你说说看。"

王哲："趁现在还没到早餐时间，我把星期天在家玩的游戏讲给咱们班的小朋友听，好吗？"

老师：(赞许和鼓励地)"太棒了，那就开始吧。"

点评：以上两个小实例都是周一早晨接待时的个别谈话，老师的目的同样是想要了解幼儿星期天过得怎么样，都做了什么事，引导幼儿进行相互交流，其结果却相去甚远。之所以造成这样的差异，当然不全是因为问话技巧的不同，其中也包括长久积累下来的沟通模式、师幼之间的亲密程度、幼儿说话的意愿等多种因素。但是，从中可以看出，问话的技巧在谈话中起着举足轻重的作用。

画面一中的老师，问话的方式单刀直入，语气中透着机械生硬，失去了宽松、和谐的氛围，幼儿的木然回应是必然的。画面二中的老师，除了用亲切的语言(呼唤幼儿的乳名)外，同时也用行动(蹲下来并认真地注视着幼儿)表示她对幼儿的尊重和关怀，并懂得察言观色，老师很快地进入幼儿的世界，一语说中孩子的感受，孩子当然愿意同大家一起分享他的快乐。

交谈是教师与幼儿之间的"双向沟通"，任何一方缺少沟通的意愿，交谈都无法进行。

训练材料

① "六·一"儿童节过后幼儿来到幼儿园，教师如何与幼儿交谈？

② 今天刚好是某小朋友的生日，教师怎样与他交谈。

③ 对以下两段教师与幼儿的交谈作出评价。

A. 和往常一样，吃完午点后孩子们在走廊上自由活动，我站在走廊中间看着他们在我的周围有的三三两两结伴做剪刀石头布的游戏，有的安静地掰起了腕子，有的点着窗台上的字认字，也有的趴在阳台上观察着马路上来来往往的行人、汽车……无意间发现自己的鞋带松了，看见不远的门口有一只小椅子，于是，我很快走到小椅子前坐下来，低下头把鞋带系好，当我抬起头时心里一惊：四五个小朋友蹲在我身边，眼睛注视着我的脚，分明是在观察我系鞋带或是出于好奇心想看看老师在干什么。当我们的目光碰到一起时，他们的脸上都露出了笑容。"老师，你在干什么呀？"天真的峥峥先开口向我出了提问。"老师在系鞋带嘛。"章林帮我回答了问题。"系鞋带，我可不会。"峥峥的声音说得没有刚才响了。"那你会做什么事呢？"我把问题抛给峥峥。只见他的眼睛一亮，仰起头，笑眯眯地大声说："我会写字的！""林老师，我也会写字的，我妈妈每天要让我练。"天天也说开了："我会弹钢琴的，我喜欢弹琴，林老师。"王于静听到我们在讨论后从窗边上走过来告诉我。不一会儿，一个个小脑袋都凑到了一起，远处的小朋友也被我们的谈话吸引过来了,孩子们一个个争先恐后要说。此时,平时的拘束没有了,他们个个大胆地说出了自己的想法,连一看到老师就要脸红的飞飞也告诉我昨天妈妈给他买了一样玩具,他很高兴。

B. 一天,吃过早饭,天就阴下来,不一会儿,淅淅沥沥地下起了小雨。孩子们连心爱的玩具都不想玩了,挤在门口看下雨。一个站在门边的孩子说:"老师,小雨跳到我的手上,真好玩!"这句话让老师的眼睛一亮,何不让孩子们说说他们对下雨的感受呢? 于是,老师说:"刚才有个小朋友说'小雨跳到我的手上',说得真好听! 我们都来说一说,雨从天上落下来像什么?""像针。""像好多线。"孩子们纷纷回答,有的急着用手比划。"那雨落在地上又变成什么样子呢?"孩子们抢着回答:"就变成了水。""有好多好多的圆圈圈。"老师进一步引导说:"我们把小朋友说的这些话,编成一首下雨的新儿歌,好不好?""好!"孩子们和老师念了起来……

2. 谈话活动用语

谈话活动是向幼儿进行语言教育的特殊方式,它根据一定的语言教育理论、一定的语言教育目标和内容,将部分语言集体活动的任务付诸实践,对幼儿的语言发展产生重要影响,因此谈话活动具有其他的语言活动所不能代替的作用。

(1) 谈话活动有一个具体、有趣的中心话题。

新《课标》语言领域目标指出:使幼儿"乐意与人交谈,讲话有礼貌",谈话活动重在幼儿的交流,但交流什么? 幼儿会用什么态度交流,如何交流? 这是完成这一目标的关键。

在谈话活动中,引导幼儿集中关注并用语言进行交流时,一个谈话者全体参与共有的中心话题限定了幼儿交流的范围,从客观上主导了幼儿话语交流的方向,使幼儿的交流带有了一定的讨论性质。例如,谈话活动"快乐的五一长假"(大班),幼儿在教师为其创设的语言情境中,每个人围绕"五一长假"这个谈话范围进行一层层深入的交流,不会游离在"五一长假"的话题之外。

在谈话活动中,有趣的中心话题包括以下两个方面。

① 谈话内容有一定的新鲜感。

在谈话活动中,使幼儿感兴趣的常常是具有一定新鲜感,新颖的内容,以往曾经反复提起的话题幼儿就不会感兴趣。这里,如何选择话题就是幼儿教师谈话技巧的内容。如《未来汽车》的谈话活动①。

✿ 范例分析

未 来 汽 车

执教:厦门市杏林中心幼儿园　　　林艳
评析:厦门市杏林中心幼儿园　　　何碧英

【设计意图】

在开展《有趣的汽车》主题活动中,孩子们通过分享同伴们带来的汽车模型、汽车图片,查阅汽车资料,观察汽车等活动,对汽车有了比较深刻的了解。大家对汽车的利害、对未来汽车的性能展开了热烈的讨论。我们便顺应幼儿的意愿设计了"未来汽车"这个活动,意在让孩子们展开想象的翅膀,自由发挥,并通过绘画、制作等方式,对"未来汽车"进行大胆设计,从而发展幼儿的

---

① 《厦门实验区新课程教学案例》编委会编:《幼儿园主题活动案例》,福建教育出版社,2004。

创造力和独立解决问题的能力。

【活动目标】

1. 发展想象力和动手能力。

2. 大胆选择各种废旧材料进行创作，体验创作的乐趣。

3. 培养团结协作和主动探索的精神。

【活动准备】

各种盒子、即时贴、图画纸、记号笔、油画棒、布、铁线、毛线、牙签、橡皮泥、胶水、矿泉水瓶、易拉罐等。

【活动过程】

1. 播放汽车设计师介绍的"最新汽车设计"录像，引入课题引发兴趣。

2. 引导幼儿分组讨论自己最想设计一辆什么样的汽车。

A组：

幼：我要设计一个两头都能开的汽车，这样就不怕塞车了。

幼：我设计一辆能飞的车，一塞车就可以飞过去。

师：怎样才能让汽车飞起来呢？

幼：在汽车里面装上100个发动机，然后汽车两边装上两只翅膀，就可以飞起来了。（幼儿兴奋得边说边做小鸟飞的动作，好像他设计的汽车已经飞起来了似的。）

B组：

幼：我要发明一辆变身汽车，要到公园就变成汽车，看到坏蛋就变成机器人，像奥特曼一样，很快就把坏蛋抓住。

幼：哇！好棒呀！

幼：我的汽车和你的不一样，我要发明喷香水的公共汽车，这样我和奶奶到幼儿园，每天都会香香的！（听到这儿，同伴们都开心地笑了。）

师：为什么要发明会喷香水的汽车呢？

幼：因为有的汽车开动的时候会喷出黑黑的烟雾，很臭的，还会破坏环境。

师：这个想法真好！你能想到美化汽车，还想到环境保护。

C组：

幼：我想把未来的汽车设计成一辆"烤面包的汽车"。

幼：怎么烤面包呀？

幼：就是把面包放在车上，一烤它就熟了嘛！还可以马上卖给乘客，放学的小朋友和迟下班的大人就不会饿肚子了。

师：那得用什么材料来做你的汽车呢？

幼：可以把我家房顶上的"锅"放在汽车上，那个"锅"很热，一下子就可以烤熟面包。

师：你家房顶的"锅"叫做太阳能，它可以吸收太阳的热量。你的想法真好，这种车如果能设计出来，一定会有很多人来买的。

3. 鼓励幼儿根据自己的兴趣选择各种材料设计未来的汽车。

师：老师给小朋友准备了许多材料，大家可以根据自己的需要进行选择，可以自己设计，也可以和同伴合作一起设计未来的汽车。

教师的话音刚落，小朋友们开始"动"起来了，有的埋头独自制作，有的结伴互相合作，孩子们十分忙碌地摆弄着各种材料，刚才还显安静的教室霎时热闹了起来。老师参与了孩子们的活动，积极地为大家提供各种支持和帮助。

4. 引导幼儿大胆与同伴交流分享自己设计的汽车。

教师：小朋友们，把你们设计好的未来汽车跟同伴说一说。

禹航：你们瞧，我设计的汽车可以变身呢！

怡佳：怎么变身呀？

禹航：我把汽车的四个轮子往里一推，两边的窗户往上一拉，就变成有翅膀的机器人了。

禹航边说边摆弄着他设计的汽车，一下子，汽车就变成了机器人。真好玩，很多孩子忍不住鼓起掌来。

泽睿：你们看，我的汽车会唱歌呢。

可可：真的吗？你让它唱一首歌给我们听听吧！

泽睿：好！看我的。

泽睿一按汽车的前盖，自制的汽车就传出了孩子们熟悉的"蓝猫三千问"主题曲。听着这熟悉的旋律，很多孩子跟着哼唱起来，泽睿好生得意。大家除了佩服外，更觉得奇怪，自制的汽车怎么会唱歌呢？原来，泽睿在月饼盒的中间挖了个洞，把随身听放在里面，一按按钮，汽车当然就唱起歌了……

佳义：你们看，泽睿的车没有轮子。

泽睿：你们知道吗？我设计的未来音乐车是不用轮子的，一放音乐，车子就会跑起来。

泽睿边说边哼着调，摆动着车辆，仿佛车子真的听见音乐便开动起来了。

5. 鼓励幼儿用自己设计的汽车进行游戏活动。

教师：小朋友们真能干，设计出了各种未来的汽车，我们把这些车拿到外面去玩吧。

转眼间，小朋友们拿着自己设计的未来汽车，快活地走出教室，走廊过道和操场上，立刻充满了孩子们游戏的身影。

点评：在"未来汽车"的活动中，教师捕捉幼儿的兴趣，话题新颖、有趣，教师有意识地为幼儿提供交流、探索、操作的机会，并让幼儿通过制作活动，将"未来的汽车"展现出来，使幼儿的想象力、创造力、语言能力得到充分的发挥。同时，教师能够借助观察这一窗口真实地了解每个幼儿在活动中的表现，并对幼儿的创造性给予及时肯定和鼓励，整个活动师生互动、生生互动。

② 幼儿对中心话题有一定的经验基础。

完全陌生的话题不可能使幼儿产生谈话的兴趣，如果幼儿对话题具有一定的经验基础，就会引发他们浓厚的兴趣，积极参与其中，有许多话要讲。

众所周知，鞋是人们生活中的一个必需品，但它的使用却是小班小朋友们最大的难题。幼儿对鞋有自己的经验基础，但也存在着一些问题。针对幼儿园开学，幼儿穿新鞋入园这一情况，教师从感受鞋的美入手，引发幼儿发现和寻找解决问题的方式，运用一定的方法回到生活中去验证、去解决，从而让幼儿学会正确穿鞋，爱惜鞋。教师善于提出开放性的问题，如"看哪一个小朋友穿的鞋最漂亮""谁最会穿鞋""怎样保护我们的小脚丫"等，既能展示幼儿已有的经验，又让幼儿产生浓厚的兴趣，乐不可支地参与活动，老师关注幼儿在活动中的情况，捕捉教育契机，以集体、小组的形式，运用谈话、情景表

演等手段形成幼儿之间、教师与幼儿之间宽松、和谐的自由商讨氛围,使幼儿在合作中大胆思考、积极参与谈话、大胆创造,发展了幼儿语言表达的能力。

③ 有趣的话题与幼儿的共同关心点有关。

一定的时间内幼儿可能会对某一问题特别关注,如新近播放的卡通片,发生在幼儿身边的特殊事件,或某一节日等,都能够使幼儿产生交流和分享的愿望,可以成为有趣的中心话题。教师要善于捕捉和分析这些话题。如下面就"树叶的洞洞"展开的话题。

秋天到了,落叶满地,教师借机带领幼儿到公园,公园里四处可见孩子们的身影,不一会儿许多幼儿捡来了各种各样的树叶。

幼:为什么树叶上会有洞洞?

师:大家猜猜看。

幼:是毛毛虫咬的,我知道毛毛虫的爸爸、妈妈是蝴蝶或飞蛾。

幼:是蚕宝宝吃的,我看过蚕宝宝吃桑叶,一个洞一个洞的,像漏斗一样。

幼:是蜗牛、蚂蚁和白蚁咬的。

师:你们发现这些洞洞有什么不一样?

幼:有的大、有的小。

幼:大的可能是长颈鹿吃出来的,因为它的嘴比较大。

从以上的谈话中可以看出,孩子们对树叶上的洞洞产生了浓厚的兴趣,你一言,我一语,展开了交流,教师在谈话中给予一定的引导,启发幼儿想象,积极思维,参与谈话。

(2)谈话活动具有宽松的氛围、自由交流的语境。

谈话活动宽松、自由的氛围,主要是靠教师有意识的创设,教师可以不要求幼儿统一认识,不特别强调规范化的语言。教师积极营造一种宽松的氛围,让幼儿感到轻松、自然,不由自主地参与交谈,大胆发表自己的看法,积极说话。

自由交流的语境,引导者也在教师。不过,此时教师的指导作用以间接的方式出现,教师常常改变自己的角色,以幼儿同伴的身份出现,参与谈话,给幼儿以平等、自由的感觉。教师的引导作用往往用提问的方式引出话题或转移话题,引导幼儿谈话的思路;也可以用平行谈话的方式对幼儿作隐性示范。教师应积极鼓励每位幼儿积极参与谈话,真正形成双向或多向交流,充分调动幼儿的兴趣,增强幼儿谈话的积极性。

范例分析

自由活动时,一个幼儿在气球上贴了许多发光的纸片,教师走过去,与他交谈起来。

师:你在做什么?

幼:我在玩气球。

师:这些发光的纸片真好看,五颜六色,多美呀!

幼:这是条鱼。

师:喔,还是条花金鱼呢。你在气球上贴了条鱼,多好的主意呀! 你说说这些发光的是什么。

幼:这是眼睛,这是嘴巴,这是鱼鳞。

师:你用圆纸片做眼睛,用发光的纸片做鱼鳞,真是好极了,你还想再做点什么?

点评：教师选择幼儿正欣赏自己"作品"的时机，由他心爱的"作品"入题，展开谈话，既自然亲切，又鼓励幼儿的动手能力，然后热情地赞扬了他在气球上贴鱼的"发明创造"（好主意），接着问鱼的各部构成，用重复的方式强化"圆形""眼睛""鱼鳞"等概念。谈话的中心是明确的，双方的交流是自由和谐一致的。

二、活动环节用语的表达形式和技巧训练

活动环节指导用语主要有导入语、讲解语、提问语、过渡语、应变语、结束语。下面分别进行介绍。

（一）导入语

导入语是活动开始时教师为吸引幼儿注意力，引出活动的内容而使用的语言。导入语的使用，是为了引出活动的内容，引起幼儿学习的浓厚兴趣，激发幼儿积极的思维活动，活跃学习气氛。

"良好的开端是成功的一半。"导入语设计贵在新颖、有趣，能激发幼儿学习的积极性，唤起学习的冲动和愿望，为接下来的内容的展开作好铺垫。

导语的类型很多，可以是教具导入，提问导入，诗歌导入，谜语导入，故事导入，表演导入等。以下范例分析中是不同的导入语的举例。

范例分析

1. 讲述——快乐"五一"

今天，老师请大家看看我们的教室展出了小朋友带来的很多'五一'节的纪念品和照片。大家自由地看看，可以边看边向你身边的朋友介绍一下：这个五一节你去了哪里，你和谁去的，有什么好玩的，在那里发生了什么开心的、难忘的事情。相互说一说。

点评：教师利用教具导入，让幼儿一下子进入中心话题，语言简洁，指导性强。

2. 认识鱼（小班）

老师今天钓了许多鱼，小朋友高兴不高兴？现在老师把鱼盆搬到你们面前，让你们仔细看看。你们看鱼在干什么？鱼看见小朋友非常高兴，它们在水里游来游去，还要跟小朋友说话哩！你们听！（打开录音机）

鱼："小朋友，你们好！你们知道我是谁？我的名字叫鱼。你们看，我身上有些什么？"（关录音）小朋友，鱼请你们看它身上有些什么，大家仔细看，看清楚了就说给鱼听。

点评：教师采用提问导入的办法，使用拟人的话语让幼儿跟鱼更亲近，更富于人情味。导入语亲切、自然、生动，有启发性。

3. 美工——听诗绘画"未来的太空"

（课前，组织幼儿观察画有太空飞行物的图片）

画画儿前，我们先来听一首好听的诗。（打开录音机，放《小小的船》配乐诗录音带）

弯弯的月儿，小小的船，

小小的船儿两头尖，

我在小小的船上坐，

只看见闪闪的星星、蓝蓝的天。（可反复一次）

谁能告诉老师,刚才诗中的小朋友坐在小船上看见了什么?(幼儿回答)

如果你坐在上面,能看见什么呢?(幼儿讨论后,请他们把说的、想的画在纸上。)

点评: 教师用诗歌导入,将幼儿引入美妙的想象的世界,让幼儿联想到天空的奇妙景象,思维活跃,为后面的绘画活动准备了丰富的素材。

4.《认识青蛙》的教学导入语

今天,老师要请你们猜一样东西:"大眼睛,宽嘴巴,白肚皮。绿衣裳,地上跳,水里划,唱起歌来呱呱叫,专吃害虫保庄稼。"请小朋友动脑筋想一想,这是什么动物? 对了,今天我们就要一起来认识青蛙!

点评: 教师用谜语导入教学,具有很强的悬疑性,能强烈地吸引幼儿的注意力,使幼儿产生兴趣。

5.《塑料袋对环境的污染究竟有多大》的教学导入语

小兔贝贝的家门口有一棵小树,长得非常茂盛,小兔把捡来的塑料袋埋在了树下,它以为这样做,能使环境变干净,而且还能给小树增加营养。一年多过去了,小树的叶子却变得越来越黄。小兔去请教鸭哥哥,鸭哥哥叫小兔把地挖开,一看才知道埋下去很久的塑料袋一点都没有腐烂。

点评: 教师用故事导入教学,能很好地吸引幼儿的注意力,轻松活泼,营造了良好的课堂氛围。

训练材料

1. 请对以下导入语作出评析,并以同样内容自己试着说一段导入语。

(1)《电》导入语(大班)

老师打一个谜语请你们猜,你们要专心听,动脑筋想。听老师念谜语:"我的本领大,我的本领强,走进灯泡就发光,照得满屋亮堂堂。走进收音机,又能讲话又能唱。"

(2)《跟着前面××跑》导入语(小班)

老师教你们做一个游戏,叫《小马跑》。小朋友扮小马,老师扮马妈妈,我先教你们念儿歌:"跑跑跑,跑跑跑,不超人,不掉队。一个跟着一个跑。跑到草地吃青草,吃青草。"你们学会儿歌后,我带着你们一边说一边跑。等说完儿歌,你们就蹲下,模仿吃草动作。好,现在开始说儿歌。(根据《幼儿园教育目标体系与活动设计》改编)

(3)《印象画——我的妈妈》导入语(中、大班)

小朋友,你们最喜欢家里的什么人? 是爸爸,还是妈妈? 噢,许多人都喜欢妈妈,妈妈爱你们,给你们洗衣服,做饭,教你们知识和道理,还带你们出去玩,妈妈多好呀。现在你们给自己的妈妈画张像,送给她,让她高兴高兴,好不好?

想一想你的妈妈长得什么样? 梳什么头发? 大眼睛还是小眼睛,长脸还是圆脸? 戴不戴眼镜? 是胖还是瘦? 穿什么样的衣服? 想好了,现在我教你们画。(根据《幼儿园教育目标体系与活动设计》改编)

（4）幻想活动《说梦》导入语（大班）

　　有一天，我做了一个梦，梦见我飞到天上走进月宫，月宫是用金子和水晶做的宫殿，又大又亮。一个小男孩穿着皇帝的衣服，戴着皇冠坐在殿里的宝座上，远远地见了我，向我招手，还叫我老师。我走过去，他叫我坐上飞船，绕着地球、月球、木星飞快地转圈……好奇妙呀！小朋友，你们做过梦吗？做过什么梦？是有趣的，还是可怕的？请你们说说自己的梦。

（5）《构图讲述》导入语（大班）

　　今天，老师带来了一些美丽的小图样。有动物小图样，有人物小图样，还有太阳、房子的小图样。你们每人盘子里也有和老师一样的小图样。看谁会动脑筋，从这许多小图样中选出几种图样，在纸上构成一幅美丽的图，还要把这幅图的意思讲给大家听。

　　2. 根据提供的内容，设计导入语。

（1）为了培养小班、中班幼儿对颜色的兴趣，发挥他们的创造性、想象力，准备好颜色、水、白纸，教他们作吹画，请你设计一个导入语激发幼儿学习愿望，导入画画的主题。

（2）假如你是大班幼儿老师，想在春天来临的时候带小朋友种树，培养他们爱劳动的情感，让他们学习劳动技能，认识果实和种子，你该怎样说，以导入活动的主题呢？

（二）讲解语

　　讲解是教学活动的主要环节，讲解语是教师讲述、阐释教学活动内容的用语。在幼儿教育活动中，教师讲解的内容很多，但主要应讲清"是什么""为什么""怎样做"等问题。讲解语要求语言规范、表达准确，层次清晰、重点突出，深入浅出、简明易懂，饱含情感、形象生动、富有感染力，还要带有趣味性、启发性。

　　讲解常与示范结合起来运用。语言的示范要清楚、响亮，富于表现力；动作或用具的示范要面向全体幼儿，使大家都能看到并听清楚。运用讲解语要深浅适度。尽量用生动、鲜明具体形象的语言，讲解语重在点拨，启发思维，要对教学的氛围起主导作用。

　　讲解语有时可以是开放式的陈述，这样使知识更容易与幼儿已有的经验结合而创造出一些新的知识，使幼儿敢于对知识的未来发展作大胆的推测和联想，使幼儿在接受知识的过程中不断产生创造的冲动和行为。例如，教幼儿画鱼时，经过前期的科学活动之后，幼儿有了关于鱼的知识也学会了画鱼，于是教师以"鱼的过去""鱼的未来"为题，从进化演变的角度，让幼儿推测过去的鱼并想象未来的鱼。极有效地激起了幼儿的创造激情，他们根据自己的分析推理，创造出与现在的鱼既相似又有区别并且完全超越现实的"想象鱼"。

范例分析

"教孩子洗手"

　　小朋友们，吃饭以前，我们要把手洗干净。大家先看看老师是怎么洗的。我先把手放在水里浸一浸，然后涂上肥皂。现在看我搓手：手心搓搓，手背搓搓，要用劲搓。现在可以用水冲了，要把肥皂沫冲得干干净净。洗好了，要五个指头朝下，让水滴在水池里，再拿毛巾把手上的水擦干净，擦过以后，毛巾挂在原来的地方。好，现在请小朋友们像老师这样洗手。先怎么样？……好，肥皂不要涂得太多，脏的地方要用劲搓几下……洗好了，五个指头要怎么样？对，要朝下，不要乱甩手，把水甩到别人的身上就不好了……好，我们都学会洗手了——都记住，吃饭以前要洗手！

　　点评：洗手是最常见的生活小知识，这位教师的讲解语很通俗、很平实，孩子们一听就明

白。她娓娓道来，从容不迫，按照习惯的操作流程，一边演示，一边解说，句序自然连贯，择词用语贴切。这样就使孩子很快地掌握了洗手这个生活技能。

训练材料

1. 对以下讲解语作分析。

中班数学活动：

　　"你们看图上有什么？（三角形）它们什么地方是一样的？（颜色、形状一样）是什么颜色？什么形状？你们看我这里还准备了好多小标记，我要把这些小标记送给图形宝宝。请你们再说一说都是什么颜色？什么形状？"教师按照先记颜色，再记形状的顺序来记。"我们一起来读一读？（红色的三角形）。"

2. 根据以下内容设计讲解语。
(1) 讲述活动《旅游》
(2) 数数 1—10
(3) "爬"的动作
(4) 夏天的天气
(5) 击鼓传花的游戏

（三）提问语

　　提问是幼儿集体活动指导中最常用的方法。提问语要能激发幼儿的学习兴趣，引发幼儿思考，在回答问题的过程中培养幼儿的口语表达能力，发展智力。提问前，教师要设计好提问语。问题要明确易懂，多设计开放式的提问，便于幼儿主动思维，积极寻求答案。不要提那些幼儿回答不了的问题，或简单到只用"是""不能"就能回答的问题。善于运用提问语，最能体现教师的教学艺术，"引导之法贵在问"。

　　提问的语句形式，语气特点有如下三种：
(1) 设问——教师自己设问，自己作答；
(2) 商问——教师采用与幼儿商量、探讨的语气发问；
(3) 反问——这是一种寓答于问的说法。

　　运用提问语应注意以下问题：
(1) 提问语要适时，即在幼儿有思、有疑正要发问而又苦于不知怎样发问之时提问；
(2) 提问语要适度，即提问语的难度与深度要适度。不能让幼儿答不上来或答得太轻松；
(3) 提问语要适量，提问的总量不宜过多，不要使幼儿产生厌问、拒问、厌答的消极心态。

范例分析

《多彩的扇子》提问语（中班）

　　夏天，你感觉很热的时候，最想要什么，想做什么？（回答：吹吹风，扇扇子，喝冷饮，开电扇，开空调……)

现在,请带扇子来的小朋友给大家看看,介绍你带的是什么扇子,什么样的?

现在,请大家参观扇子展览,可以拿起来扇扇,你有什么感受?

你们说说用了这扇子有什么感觉?

你最喜欢哪一把扇子?(回答略)为什么?(回答:漂亮、风大、轻)

扇子用处很大,能给我们带来凉风。我最喜欢电风扇,因为它又方便,风又大,又省力,只要一通电,不用手就扇起来了。这里有很多种电扇:吊扇、台扇、落地扇,你喜欢哪种电扇?

点评:教师在介绍电扇这一科学知识时,采用了提问的方式,教师的提问具有两个特点。

(1)改变了过去封闭式的、集中性的问题,运用开放性的问题,使幼儿从多方位思考。

例如第一个问题,假如以前就可能会问:"今天老师带来一样东西,你们看看是什么?"幼儿答出是扇子后引入正题,而这个活动的问题具有多元的特征,激发幼儿多方面思考,回答是多种多样的。有的说"吹电扇",有的说"到外面凉快凉快",有的说"喝冷饮"或"开空调"。教师这一问题让幼儿结合生活经验来说,多种答案都是正确的。从这许多答案中,他们也了解了扇子的功能,学会了在综合比较中认识事物,所以这样的问题是开放性的。

又如第二个问题:"把自己带来的扇子拿出来看看,是什么样的?"目的是让幼儿拿出各种各样的扇子亲自观察,充分感知,获得直接的感性经验,而不是只看教师拿的一把扇子。

(2)提问的顺序有利于促进幼儿的思维发展。可以使幼儿先获得感性经验,零碎片面的知识,然后再进行分析、综合,掌握较全面的知识。例如第三个问题:"大家看一看,玩一玩自己的扇子,有什么感觉?"这个问题引起幼儿热烈讨论,大家分析了各种扇子,最后综合成这么几条:扇子的颜色不一样("有大红的,桃红的"),形状不一样("有圆形、方形、长方形、半圆形、桃形"),材料不一样("有的是鹅毛扇,有的是绢扇,有的是竹做的,有的是挂历纸做的"),感觉不一样("有的硬,有的软,有的光滑,有的长刺")。这些综合知识的得来,主要得益于教师启发性的提问。

训练材料

1. 看《梦》的提问语,如果你是教师,会使用怎样的提问语。

教师:小朋友,你们都做过梦吗?你们做的梦都是什么样的呢?(幼儿讨论并讲述)

(1)通过诗歌引出形容词(出示图片朗诵诗歌):下面请小朋友听一首诗歌,听听诗歌里都有些谁?他们都爱做梦,小朋友听听他们做的梦是什么样的? a.教师朗诵;b.提问:诗歌里都说了些谁?(小草、小花、露珠、小朋友)他们都做了些什么梦?(幼儿发言)

(2)由图片引出形容词草——绿绿的——绿;花——红红的——红;露珠——圆圆的——圆;小朋友——甜甜的——甜。像绿绿的、红红的、圆圆的、甜甜的,这些词有一个共同的大名字叫形容词。(如:黄黄的、长长的、蓝蓝的等)

让幼儿练习用形容词来修饰事物。(可出示教师的范例)小朋友想想还有什么是绿绿的呢?什么是红红的呢?什么是圆圆的呢?什么是甜甜的呢?幼儿发挥想象,自由地说。

2. 对以下活动的提问语作分析

小狐狸的变身法(大班)(作者:薛蓓/孙蔚茹/王洁 选自《幼儿教育网》)

【活动目的】

① 引导幼儿进一步理解故事内容，并能清楚、连贯地讲述故事。

② 鼓励幼儿创编故事情节。

【活动准备】

幼儿人手一本小图书，教师用的图书一本。

【活动过程】

① 我们最喜欢看《小狐狸的变身法》这本图书了。今天，我们再一起来看这个故事。

② 请幼儿说说哪些地方看不懂。

③ 教师根据幼儿提问找出相应的图片指导幼儿，并请幼儿完整讲述图片内容，要求幼儿把图中的背景和人物的动作、表情讲述清楚。当幼儿提出"小狐狸为什么要学变身法"的问题时，教师可以这样引导：

a. 它用变身法捉弄了谁？它是怎样捉弄小兔的？这个问题可以从哪幅图片上找到答案？（第二幅。）

b. 第二幅图片讲了什么？谁愿意讲给大家听？

c. 教师小结图片内容。

④ 请你们再看一遍这个故事，也可以边看边轻轻地给旁边的小朋友讲这个故事。

⑤ 故事里讲了一件什么事？谁能用简单的几句话讲给大家听？

⑥ 看了这个故事，你是怎么想的？

活动小结：有了本领，只有去帮助别人，才会有快乐，才会有真正的朋友。

⑦ 假如不下雨，小狐狸会想什么办法和小兔、小狗重新做好朋友呢？

⑧ 下次我们把刚才讲的故事编成《小狐狸的变身法》第二集，好吗？

附故事：

小狐狸的变身法

示范音频

一天，小狐狸得意地对爸爸说："我学会了变身法，会变蘑菇，会变石头，还会变其他许多东西呢！"爸爸翘起大拇指说："你可真了不起。"

正说着，小兔走过来了。小狐狸一瞧：嘻嘻，这肯定是只笨小兔，让我"吱溜"变成个蘑菇来捉弄它吧。等它采的时候，我跳东跳西，让它累得气喘吁吁，晕头转向。哈哈，就这么办！

小兔一瞧有蘑菇就去采，谁知蘑菇跳来跳去，怎么也采不到。小兔正纳闷，小狐狸恢复了原样，得意地说："瞧你这只笨小兔，上我的当了吧。这蘑菇是我变的呀，哈哈！"小兔听了生气地走了。

正在这时，小狗走过来了。小狐狸一瞧：嘻嘻，这肯定也是只笨小狗，让我"吱溜"变成块石头来捉弄它吧。

小狗走着走着，忽然脚底下冒出块石头，把小狗绊倒了，小狗呜呜地哭了起来。小狐狸恢复了原样，得意地说："瞧你这只笨小狗，上我的当了吧。这石头是我变的呀，哈哈！"小狗听了很生气。

小兔、小狗都不理小狐狸了，小狐狸趴在地上想：为什么它们都不理我呀？一个人真没劲，我得想个办法，和它们重新做好朋友。

突然下起了倾盆大雨，小狗、小兔都没带伞，正着急呢，小狐狸"吱溜"一下变成一把大伞，为小兔、小狗挡住了雨，它们又成了好朋友。

（四）过渡语

过渡语是教学环节中起连接过渡作用的话。过渡语又称衔接语、转换语等。巧妙的过渡语可以起到自然勾连、上下贯通、逻辑性强的作用。过渡语也是引路语，提示和引导幼儿从一个方面的学习，顺利地通向下一个方面的学习。这对吸引幼儿注意力，发展幼儿积极思维起促进作用。幼儿教育中的过渡语简短、巧妙机敏、藏而不露。过渡语也是粘连语，常常一个词、一句问话或一个感叹，一个要求。它可以把一节课的内容衔接成一个整体，给幼儿以层次感、系统感。

范例分析

渐渐变（节选）

（北京大方家幼儿园　李培美）

（讲桌上放一台录音机，录音机里播放出悠扬的"蓝色多瑙河"乐曲，声音由小变大……）

师：小朋友，听听这乐曲是怎么变的？

幼：开始声音小，以后录音机开大了，声音就大了。

师：声音是怎么大起来的？是一下子大起来的吗？

幼：是慢慢变大的。

师：现在我让乐曲声音由大变小，你们听听。

齐：声音从大变小了。

师：怎么变的？

幼：录音机拨那个，就从大到小了。（应为：扭动录音按钮，声音就从大到小了。）

幼：是慢慢变小的。

师：再听由小变大是怎么变的。

幼：有那么一点儿声音，慢慢就大了。

师：慢慢变大，就是渐渐变大。再听，怎么变？

幼：渐渐变大。

师：听，怎么变？

幼：渐渐变小了。

师：对，声音可以渐渐变大，也可以渐渐变小。现在我们看看吹气小狗。（慢慢吹气，塑料小狗渐渐鼓起来。）

> **点评**：上述活动实录中，教师运用了过渡语，连接了"由大变小"又"由小变大"和"渐渐变小"的声音变化，让幼儿感受"渐渐变"的含义。最后一句过渡语，使幼儿由对声音的认识转向对其他事物（如吹气小狗）的认识，把认识向外扩展开来。这些过渡语紧粘在讲解语中，自然地联结着一个个环节。从用语上说，它们有的用了疑问句，有的用了陈述句，有的用了祈使句，都简洁明确。

训练材料

找出下面活动中的过渡语，并作点评：

看图讲述：懒惰的小蜗牛(中班)(东方幼儿园 施耀晖)

【活动过程】

1. 教师设置疑问,引导幼儿进入课题。

(出示乌龟和蜗牛的图片和字卡)这是谁？它们两个在一起发生了一件有趣的事情,到底是什么事呢,让我们一起来看一看。

2. 教师逐幅出示图片,引导幼儿讲述图意。

图一：

① 这是个什么样的季节？你是怎么看出来的？

② 天气怎么样？学习词：阳光明媚。

③ 在这样一个阳光明媚、春意盎然的早晨,乌龟和蜗牛会去干什么？

图二：

① 太阳越升越高,天气也越来越热,你想想乌龟走着走着会怎么样？

② 这时候小蜗牛看到乌龟趴在地上,它又会怎么做？

讨论：小蜗牛为什么要这样做呢？它的心里是怎么想的？

图三：

① 乌龟醒来后,它东张西望地在干嘛？乌龟以为小蜗牛怎么了？

② 这时它的心里会怎么想,你是从哪里看出来的？

③ 小蜗牛在哪里？

图四：讨论：它们两个怎么会在河里呢？它们在河里的样子是怎样的？

图五：

① 是谁把小蜗牛救上岸的？小蜗牛心里会怎么想？

② 它会怎么说、怎么做？

3. 幼儿结伴讲述图意。

① 你喜欢故事中蜗牛还是乌龟？你在平时做事时有没有偷过懒呢？

② 为故事取题目。

4. 鼓励幼儿回家以后将图片内容讲给父母听。

（五）疏导语

疏导语指的是幼儿教师用委婉、巧妙的语言进行耐心细致的疏导,解决好幼儿之间的隔阂和矛盾,因势利导,使幼儿愉快自觉地接受规劝,使事物向好的方面转化。

范例分析

1. (一个孩子爬到攀登架的最高处,骑在横杠上面不下来。大家都很惊慌,很怕处理不当,会在瞬间酿成事故。一位有经验的幼儿教师走过来。)

师：(微笑着)哎哟,这是哪位小朋友呀,这么勇敢,爬得这么高呀。上面好玩儿吗？

幼：好玩儿。

师：今天这位小朋友真勇敢。不过,我们仰着脖子看,脖子已经很酸了,我们想看看这位小朋友怎么下来。上去不容易,下来也不容易呀。我相信这位勇敢的小朋友,不但能爬上去,还会稳稳当当地爬下来。你们看,他爬下来了,他的手抓得很紧,慢慢地,一步一步地下来,很好……

点评：这位教师的疏导语显示出丰富的教育经验。她先是有分寸地肯定孩子的勇敢（不是表扬），满足了他想获得赞许的愿望。然后用"不过"一转，转入劝其下来的建议，并且用"预付"的赞许诱导其"稳稳当当地"下来。这位教师的疏导语防止了一场可能发生的事故。

上述情况，如果教师不疏导，而仅仅是批评、恐吓："谁让你上去的，你可真胆大！看下来我不罚你站……""赶快下来，再不下来你今天别想回家……"这样说，只会产生更坏的后果。可见，学会艺术地使用疏导语是何等重要。

2. 当一个孩子路过花园折了一枝花拿到幼儿园时，教师没有简单地批评他，而是把全班小朋友带到花园赏花，教师边欣赏边对小朋友说：

"你们看这榆叶梅多好看啊，红红的花苞像小姑娘的小嘴一样可爱，引来了许多蜜蜂采蜜。花园里还有月季花、美人蕉、一串红，都争着比美。你们说，这些花是长在花园里好呢，还是折下来让它枯死好呢？"

点评：教师通过赏花，诱导幼儿爱花、护花，赏花的活动和赏花时对花的描绘以及说话的情调都饱含对花的爱，也具有激发情感的作用。特别是最后一句问话，正点到折花的孩子的病处，使他为之心动。

果然，回到班上，再看那被折下来的花，花苞已经干枯了。这强烈的对比刺激了所有孩子的心，他们深感折花是不对的。那个折花的孩子后悔地说："以后我再也不折花了。"这就是情感性口语教育的魅力。

训练材料

1. 当两个幼儿争抢同一玩具时，你怎样进行疏导？
2. 当几个幼儿都在争着说自家的汽车好的时候，你如何疏导？
3. 一个幼儿在娃娃区把两个锅碰得砰砰直响，你怎样疏导？
4. 看《大拇指的效应》片断，评析教师的疏导语。

大拇指的效应

（张家港梁丰幼儿园　王颖）

昨天，我们带小朋友到大街上参观公路，小朋友们可高兴了。今天，我们接着进行的是语言活动《大马路》。当我问小朋友，公路上有什么东西时，小朋友都抢着回答"汽车""斑马线""红绿灯"等，教室里顿时像热锅里的爆米花，小朋友的声音"噼里啪啦"在我耳边响了起来。真没想到，小朋友们对昨天的户外活动还是那么感兴趣，直到现在一谈论起公路还是那么的带劲。调皮的成成甚至还爬到了地上，学起了小汽车在地上爬了起来。有了成成的带头，其他孩子有的也爬到了地上，有的在那大笑。我面对这样的情况傻眼了，这下，我的活动内容还怎么继续下去呀。当我正看着他们困惑的时候，忽然想到前两天在一本教育书刊上看到的关于表扬鼓励性教育的文章，我为何不试试呢。我看着一旁安静地坐着的任倩倩，边竖起我的大拇指在她的额头轻轻点了一下边说："我的大拇指最喜欢任倩倩，

因为她坐得最神气,而且还很安静地听老师说话,所以老师的大拇指要亲亲她了!"此时,吵闹的教室忽然安静了下来,很多孩子都坐回了自己的位子。于是,我用我的拇指都轻轻地点在坐到椅子上的小朋友额头:"大拇指点的小朋友是最棒的,让我亲亲你吧!"最先趴在地上的成成也坐到了椅子上很神气地对我说:"拇指,拇指,我坐神气了,你来亲亲我吧!"我用拇指点了点他的额头。活动室里很快又恢复了原来的安静。

（六）应变语

在教育活动中,常常会出现一些意想不到的情况,要求教师能根据突发情况作出灵活反应,并按照幼儿接受能力及时灵活地调整自己的语言,使事物朝良好的方向发展,这就是应变语。掌握好应变语的技能,培养自己敏捷的思路和语言的机智,对保证活动的顺利进行至关重要。

应变语的技巧,可以通过语气、语调、语速、重音的变化,也可通过调整句式,增加重音和委婉句来适应教学中的变化。遇到意外情况,教师要灵活机敏,有宽容精神,要因势利导,言语要和蔼,切不可因为觉得自己下不了台而一味地责备幼儿,使孩子陷入压抑的情绪中。

范例分析

1. 在科学活动中,教师不小心把贴绒降落伞碰掉了。孩子们立刻发出"咦……"的声音,有的还大声喊:"降落伞飞下来!"教师一点儿也不慌,灵机一动,对孩子们说:"你们数一数,有几个降落伞落下来了? 还有几个在黑板上贴着? 一共有几个降落伞?"

2. 一天教师正教儿歌,一只大蜻蜓飞进了教室,孩子们顿时兴奋地拍手喊起来:"大头青! 大头青! 抓住! 抓住!"教师认为这是向孩子们进行保护益虫教育的好机会,就悄悄地走到蜻蜓落脚的地方。几十双小眼睛盯着她,她一把抓住了蜻蜓,边走边说:"大蜻蜓,绿眼睛,飞来飞去捉蚊蝇……"孩子们坐到自己位置上安静了。教师问:"小朋友,大蜻蜓是害虫还是益虫呢?""是益虫。""为什么?""因为它能捉苍蝇蚊子。""咱们是把大蜻蜓用线拴上,在教室里玩,还是把它放掉呢?"孩子们异口同声地说:"放掉它! 放掉它!""好吧,老师请一位小朋友来放蜻蜓。"孩子们争着举起小手,教师就把第一个发现蜻蜓又大声叫喊的刚刚请了出来。这个"蜻蜓迷"很正经地走到老师面前,用小手轻轻地捏住蜻蜓的翅膀,站到窗口说:"大蜻蜓,你飞吧! 飞吧! 飞吧!"孩子们一起喊起来。蜻蜓飞走了,教室安静了……教师继续教儿歌。

点评：以上的例子都成功地运用了应变语,教师临阵不慌,正视偶发现象的存在,并以此借题发挥求得转机。教室飞进蜻蜓就借机介绍蜻蜓,降落伞掉下来就趁势数数,这种因势利导的方法,既满足了幼儿的好奇心,又把注意力牵引到主题上来,可谓一举两得。

训练材料

1. 如果你在提问时,有个幼儿答非所问,你如何应变?
2. 如果你在讲解某种知识时,有幼儿说老师讲得不对,应该是这样。你如何应变?
3. 从以下片段中,可以看出怎样采用应变语,如果你是这位老师,如何应变?

每天户外活动前的排队成为我最头痛的环节。我发出"请排队站好"这句口令就像是混乱的导火线，有的孩子连椅子都顾不上摆好，就跑到我的身边来，你推我、我挤你的，经常会听到："老师，他挤我。""老师，我是站在他前边的。"面对这种混乱场面，我只能用更大的声音盖过他们排好队。我觉得总是这么乱，也不是个事儿，于是就开始调查乱的原因。

在他们游戏的时候，我就和排队时最爱制造混乱的淘气鬼们聊天："你们为什么排队的时候总爱挤啊？""因为我想站第一。"孩子们的回答很一致。这"第一"怎么会有这么大的魅力呢？我又问："站在第一与站在最后不都是一样的吗？"没想到我刚一问完，孩子们就争先恐后地说："站在第一可以挨到老师啊！""老师总是领着第一个小朋友的手。""站在第一就可以先玩到车了。"

真没有想到，在这个平凡的"第一"中竟然有那么多的内容！看来孩子们的小脑袋瓜里还藏着很多的秘密等着我们自以为什么都懂、什么都比孩子强的大人来发现呢！

现在，我终于站在了孩子的角度，用孩子的眼光来看这个"第一"了。这个"第一"有太多的"利益"，而这些"利益"对于我们中二班的孩子来说的确具有很大的诱惑力。那么，怎样才能让他们主动放弃这个"利益"而互相谦让着排好队呢？

孩子们有的说："可以看谁表现好，就让谁站第一。"有的说："轮流着站，今天你站第一，明天我站第一。"还有的说："老师领着第一个小朋友的手，让后面的小朋友先玩车。"

孩子们说的一席话使我茅塞顿开。看来，解铃还需系铃人，解决孩子们的问题，一定要听取孩子的意见。这样才能满足他们的要求。

（七）结束语

结束语是活动结束时要说的话，主要是归纳总结活动内容，便于幼儿加强记忆，巩固知识、技能。有些活动内容没有完全结束，也可以留下问题，引发思考。如："今天咱们玩了'小马运粮'的游戏，学会了怎么助跑，跨跳。下次咱们再玩'追尾巴'游戏，练习在指定地点散开跑。小朋友喜欢玩儿吗？"

结束语要简洁、明了、清晰、精当，切忌虎头蛇尾，简单重复。语速可放慢，语气有肯定和强调的意味。在结束语中也可加入评价，对表现好的幼儿给以鼓励。例如："小红能坚持到底，真是好孩子！""笑笑今天专心画画儿，画得特别好，老师奖他一朵小红花！"

★ 范例分析

《认识彩虹》结束语（中班）

教师朗诵《美丽的长桥》，放映幻灯片《彩虹》，提问彩虹出现的时间、地方，彩虹的形状、颜色，并在做三棱镜实验、吹肥皂泡游戏后，进行小结。

结束语：雨过天晴，天上还有许多小水点，这些小水点把太阳光分成红、橙、黄、绿、青、蓝、紫七色，天空中就出现了彩虹。后来，太阳把水点晒干了，天上的彩虹就不见了。

点评：经过多种形式的感知后，幼儿最终要知道彩虹是什么，怎样形成的。所以，教师要在幼儿感性认识的基础上，经过概括总结使之升华为理性认识，从而增加知识，加深认识。这个结束语在提高幼儿抽象思维能力方面显然起了重要作用。而且，语气肯定，语句概括精当。

训练材料

为下面的活动设计结束语：

语言活动：《酸、甜、苦、辣、咸》

【活动目标】

1. 体验味觉，增加味觉经验。

2. 品尝酸、甜、苦、辣、咸的不同味道。

3. 认识相关汉字。

【活动准备】

1. 故事《酸、甜、苦、辣、咸》以及表示酸、甜、苦、辣的表情图。

2. 将柠檬水、糖水、苦瓜汁、姜茶以及盐水的水杯布置在五个区域，每种口味的水旁边各放一盘切成小块的馒头，插上牙签。

3. 酸、甜、苦、辣、咸汉字卡若干。

【活动过程】

1. 教师讲述《酸、甜、苦、辣、咸》的故事，认识相关汉字。

2. 邀请幼儿当大厨，试着找一找酸、甜、苦、辣、咸5个朋友在哪里。

(1) 幼儿各自选择一个水杯用牙签取一小块淡馒头，蘸一蘸水杯中的水，尝尝是什么味道。

(2) 说说你刚才尝到了什么味道，并指出相应的汉字。

3. 出示表情图，请幼儿自愿根据自己品尝味道时的感受把汉字与相对应的表情连线。

【延伸活动】

制作特殊味道的面：在五个碗内各放入烫好的面条，然后分别在碗内各放一勺盐、糖、芥末粉和柠檬汁，另一碗保持原味，拌好后让幼儿品尝。

附故事：

酸甜苦辣咸

示范音频

酸酸、甜甜、苦苦、辣辣、咸咸是5个好朋友。他们感情好极了，白天一起玩耍，晚上一起睡觉，形影不离。他们最喜欢玩捉迷藏的游戏，有时候躲在大树上，有时候躲在石头后面，玩得不亦乐乎。

有一天，酸酸突发奇想："嗯，太无聊了，辣辣老是躲在大树上，咸咸老是喜欢躲在石头后面，一下子就找到了，太没意思啦！我们改个玩法吧！"苦苦最怕动脑筋了，他苦着一张脸说："这种事情别找我。"甜甜开心地笑着说："我有个好主意，我们找叽哩呱啦来，然后施展我们的隐身术，让他找不着我们。"大家一听都说："嗯，好主意。"

叽哩呱啦来了，他趴在墙上数着："一、二、三，躲好了吗？""好了！"声音模糊地传来。叽哩呱啦找找大树上，找找石头后，一个也没有，最后他发现地上有5盆水，"哦，隐身术！这招骗得了别人，可骗不了我！"于是，他尝尝每盆水的味道，说："这是酸酸，这是甜甜，这是苦苦，这是辣辣，这是咸咸，太好了，我一下子就抓到你们了！"

思考与练习

1. 任选下面的活动,设计导语和结束语。

   (1) 有趣的鞋(小班)

   (2) 认识蜗牛(中班)

   (3) 学习折小鸟(中班)

   (4) 夏天的味道(大班)

   (5) 奇妙的绳子(大班)

2. 为以下的活动设计讲解语。

   (1) 认识纸(小班)

   (2) 中秋节(中班)

   (3) 取皮球(中班)

   (4) 学习诗歌《梳子》(中班)

   (5) 有趣的书(大班)

3. 仔细阅读下面的案例,分析教师的导入语、提问语,并自己设计结束语。

科学活动:寻找小蚂蚁(选自《幼儿园主题活动案例·活动案例》福建教育出版社)

【活动目标】

① 能较认真、细致地观察小蚂蚁,并能大胆地交流自己的想法。

② 乐意动脑、想办法解决问题。

③ 引发幼儿的探索欲望。

【活动准备】

准备昆虫饲养箱、捕虫网、放大镜、糖果、镊子等。

【活动过程】

① 谈话引入。

师:今天,我们一起去寻找小蚂蚁。("耶"几乎是异口同声,孩子们的兴奋心情都写在一张张稚嫩的小脸上。)

师:怎样才能发现小蚂蚁?(幼儿分别说出不同方法)

② 与幼儿分头行动,寻找可以吸引小蚂蚁的东西。

在家长的帮助下,有的孩子带来了糖果、饼干、水果,有的孩子将自己最喜欢的玩具也找来了。教师也准备了昆虫饲养箱、捕虫网、放大镜等物品。

③ 教师与幼儿一起来到户外寻找小蚂蚁,并提出问题。

师:我们一起来看看小蚂蚁长什么样?

师:谁有好办法让我们看清楚小蚂蚁?

④ 有趣的观察活动

教师与幼儿一起将捉到的小蚂蚁小心翼翼地放进饲养箱,把小蚂蚁带到了班级的自然角。孩子们更加热衷于小蚂蚁的观察,并找来了放大镜、小瓶、小盒等不同的工具材料。

师:小朋友可以用自己的好办法去看一看小蚂蚁长得什么样?

第三节 教学过程中的应变和调控

现代心理学认为，教学过程是师生共同参与的一个十分复杂的动态过程，受教师、学生、教学环境等诸方面的因素影响，总处于不断变化之中。因此，课堂教学充满着各种可变性的因素。传统教学重视教师本身的素质和智慧，注重课堂教学的环节流程，强调按教师设计的方案进行。教师应根据儿童发展的进程，对不同特点的儿童进行因材施教，不搞"一刀切"式的教育，与现代教育倡导自主合作探究性的学习不谋而合，这种开发性的课堂瞬息万变，对教师的教学尤其是现场应变与调控提出了更高更难的要求。因此，要根据幼儿的生理心理发展规律因势利导，才能完成教学任务。

一、学前儿童注意的特点和规律

注意是对某些事物的指向和集中。没有对事物的注意，就不可能有对事物的认识。注意一般可以分为无意注意和有意注意。学前儿童注意的特点：无意注意已有很好的发展，有意注意还在逐步形成中。

（一）无意注意

1. 无意注意的概念

无意注意也叫不随意注意。它既无预定目的，也不需要意志努力。

2. 无意注意的发展

小班幼儿的无意注意明显占优势，新异、强烈以及活动多变的事物很容易引起他们的注意。对于自己喜欢的游戏和感兴趣的活动可以聚精会神，但周围一有风吹草动就会受到干扰而分散注意，因而教师也很容易引导、转移他们的注意。

中班幼儿认识的兴趣更广了，什么都想看看摸摸，什么问题都想问，也就是说，注意的范围更加扩大。他们对于自己感兴趣的活动（如游戏等）能够长时间保持注意，而且集中的程度很高，被一件事情吸引时甚至对别的都置若罔闻。

大班幼儿的无意注意进一步发展。对于感兴趣的活动能集中注意更长的时间。中途无端中止或干扰他们活动会引起不满和反抗。大班儿童关注的已不仅仅是事物的表面特征，他们的注意开始指向事物的内在联系和因果关系。注意的这种变化与其认识的深化有关。

总之，幼儿阶段无意注意占优势，教育教学中要充分考虑这一特点。

（二）有意注意

1. 有意注意的概念

有意注意是指有预定目的，需要一定意志努力的注意，是注意的一种积极、主动的形式。

有意注意依赖于很多因素，如活动目的与任务的明确性、对活动结果的兴趣、活动组织的合理性、与已有知识经验的关系、良好的意志品质等。

2. 有意注意的发展

幼儿期，儿童的有意注意逐渐形成和发展起来；尤其是幼儿园有规律的生活和教育环境、成人的教育要求直接促进了有意注意的形成和发展。

小班幼儿有意注意的水平仍然很低,即使在良好的教育条件下,一般也只能集中注意 3—5 分钟。

在良好的教育条件下,中班幼儿的有意注意有了一定的发展。在无干扰情况下,集中注意的时间可达 10 分钟左右。

大班幼儿的有意注意有了一定的稳定性和自觉性。他们不仅能根据成人提出的比较概括的要求组织自己的注意,有时也能自己确定任务,自觉调节(用自言自语或内部言语)自己的心理活动和行动,使之服从任务。注意集中的时间可延长到 15 分钟左右。

总的说来,幼儿有意注意尚处于初步形成阶段,其发展水平大大低于无意注意。因而,在幼儿园教育教学中,一方面应充分利用幼儿的无意注意,另一方面要努力培养其有意注意。

(三)怎样防止幼儿注意分散

1. 排除无关刺激的干扰

活动室周围的环境尽量保持安静;活动室布置应整洁优美,新布置过的活动室最好及时组织幼儿参观;教具应能密切配合教学,不必过于新奇;出示教具应适时,不用时切不可摆在显要的位置上;教师的衣着应朴素大方;个别儿童注意力不集中时,不要中断教学点名批评,最好稍作暗示,以免干扰全班儿童的活动。

2. 根据幼儿的兴趣和需要组织教育活动

幼儿园的教育活动应符合幼儿的兴趣和发展需要。活动内容应贴近儿童的生活,是他们关注和感兴趣的事物;活动方式应尽量"游戏化",使其在活动过程中有愉快的体验;组织形式应有利于师生之间、儿童伙伴之间的交往;活动过程中要使幼儿有一种"当家做主"的自主感;要使幼儿主动活动、动手动脑、积极参与。

3. 灵活地交互运用无意注意和有意注意

鉴于两种注意本身的特点和幼儿注意的特点,教师既要充分利用幼儿的无意注意,也要培养和激发他们的有意注意。在教育教学过程中可以运用新颖、多变、强烈的刺激吸引他们,同时也应该向他们解释进行某种活动的意义和重要性,并提出具体明确的要求,使他们能主动地集中注意。这两种方式应灵活地交互使用,不断变换幼儿的两种注意,使其大脑活动有张有弛,既能完成活动任务,又不至于过度疲劳。

二、时间的应变和调控

幼儿园的教学活动处于多边交往的动态语境中,教师要随时随地作适应性的变化和调整,这就叫应变。也就是说,教师在教学中遇到猝不及防的情况时,要镇定自信,语态平和,通过准确的观察听辨,快速抓住症结所在,及时恰当地运用应变的语言,变被动为主动,以保证正常教学活动进行。应变是教学机智和言语机智的结合。

调控,就是调节、控制。一次活动就是一个有序的系统,根据课堂内部与外部的各种变化,不断进行调节,使课堂始终处于某种预定的状态,这个过程就是控制。教学活动始终处于动态语境之中,只有通过成功的调控,才会呈现有张有弛、意趣盎然的生动局面。教师不能照本宣科,不能只是津津乐道于自己预先的准备,而要"一心二用""目中有人",既要想到既定的教学目标,又要从教学活动的实际出发,审时度势随机应变,完成教学任务。

(一)根据幼儿兴趣的变化调控时间

兴趣、成就感以及他人的关注等因素可以构成学习的动机。对幼儿来讲,这些因素更会直接影响

活动时的注意状况：活动内容过难，可能会因缺乏理解的基础和获得成功的可能而丧失兴趣和积极性；活动内容过易，也可能会因缺乏新奇性、挑战性而减少对他们的吸引力。教师应当适当安排，随时随地以幼儿的兴趣变化来调节课堂或活动的时间。

范例分析

带孩子去散步

今天带孩子到外面去散步，由于前天下雨，地上还留有一个小水洼。有的孩子勇敢地跳跃过去了，有几个胆小的女孩则从旁边绕了过去，我看罢表扬了孩子们，同时我又问道，我们除了跳过去、绕过去，还有什么更好的办法也可以过去啊？听了我的问题后，豪豪小朋友第一个说用砖放在中间，我们就可以过去了；有的孩子说用长板放上面当小桥；还有的说用泥土盖在上面，听着孩子们不同的回答，我心里乐滋滋的，因为孩子们都开动了小脑筋，而且都有自己独创的想法，这不是很好吗？我们想要的不就是这个吗？说干就干，我们按照孩子们的想法一一试着过去，孩子们兴奋极了。最后，我们一起捧来土填平了水洼。

> **点评**：在日常活动中老师和父母应该是孩子的启发引导者，不是给孩子设计好学习内容，教孩子要学习的知识，而是"退居一旁"，是协助、引导，是一个观察者、示范者和协助者。这个教师很好地实现了这一点。在带孩子散步的时候发现教育题材，抓住了怎样逾越水坑这个幼儿感兴趣的话题，适当增加了探讨过水坑问题的时间，不但让幼儿动脑，还在调动了幼儿兴趣的基础上让幼儿动手，通过一件小事培养了孩子们的创造能力。

（二）根据"生成性"教育资源的出现调控时间

每个幼儿都是一个独立的个体，他们生活在自己而不是成人的世界，因而他们的想法、观察事物的角度往往有出人预料之处。对这些"生成性"的宝贵的教育资源，教师应该特别留意，并加以鼓励肯定，适时地延长教学时间。

（三）根据活动的目标和完成情况调控时间

幼儿园各种活动的目标是事先设置的，但通过活动实现目标的过程却是灵活多变的，在具体的活动指导过程中，可能出现种种的变化和意外，作为教师，应灵活地应对这些变化，尽量采取各种各样的方式，达到最好的教学效果。

范例分析

绕口令：

柿子红，柿子黄，

柿子、柿子甜似糖。

红柿子，树上长，

摘下柿子大家尝。

点评：这则儿歌的练习目标是声母 sh 的正确发音,在汉语中平卷舌声母发音是学习普通话的难点,因其发音部位接近而容易混淆,在教学中不进行强化训练就可能形成幼儿不正确的声母发音,所以应适当增加教学时间。在教师的示范中,注意声母的发音要准确、清晰,注意区别近似音和易混淆的音。之后让幼儿朗读。为增加兴趣,可以在熟练后加快速度,看谁念得又快又准又清晰,给幼儿争先恐后表现的机会。教师还可通过给幼儿录音或比赛的方法,鼓励幼儿练习,将幼儿的录音再放给小朋友听,并要找出其中的不足等,经过反复强化训练达到教学目的。

（四）根据幼儿的想象力来调控时间

在教学活动中,幼儿应该始终是活动的主体,幼儿在活动中表现出来的想象、发挥,正是教师所大力鼓励、肯定的,所以不能因为时间的限制而受到影响。

范例分析

今天我们和孩子一起去公园看樱花,樱花非常漂亮。有白色和粉色的,在赏花的过程中,我曾引导过幼儿观察樱花的颜色和花瓣。

回到幼儿园后,我带着全班小朋友一起画了今天所看到的樱花。孩子们画的各有不同,什么颜色形状的都有,等他们画完后,我发现有3或4个孩子在树周围点了好多点儿,于是我就拿着画去问他们,为什么要在旁边点许多点儿。他们说,那是樱花的花瓣落下时的样子。我听后,再看画时觉得简直太像了。

从这一点我发现了无意观察对孩子的积极影响。在活动中,教师引导幼儿观察的,他们观察到了;教师没有引导他们观察的一些细节,他们也记住了,并反映在自己的作品中。幼儿只有看见了记住了,才能在大脑中形成表象,然后进行想象等,而且,孩子也可以从观察中学习。例如:观察老师或妈妈叠被子或衣服;观察春天的小树;观察一幅画等。他们可以通过仔细观察实现学习的目的。

之后,我带着全班幼儿分析这幅画的时候,其他幼儿也能记起当时花瓣飘落的情景。但是,画画的时候就忘了画上去。简单地说是忘了画,其实我觉得的是他们的想象力发展得还不够好,从而没有表现出当时看到的情景。只会千篇一律按老师的范例来画。如果下次再有这种活动,教师不但要鼓励幼儿仔细观察,而且在延伸课程过程中,启发幼儿回想当时的情景以达到观察的目的,帮助幼儿加深头脑中的表象。

点评：这篇教学随笔是一位幼儿园教师培养幼儿观察力的教学心得。从他自己的遗憾看来,如果能在幼儿回来作画之前花上几分钟时间,用生动形象的语言回顾当时看樱花的情景,使幼儿的头脑中再现画面之后,再画画就会加深幼儿头脑中的表象,并保持幼儿的观察能力,从而创造出更有新意的作品来。

三、内容的应变和调控

教师的活动设计是一种事先编制的、对活动的预设与安排,它体现出教育的预见性、目的性、科

学性,但是,无论怎样完整的教案都是固定的,它不可能预测所有可能发生的事件。教师在实际实施教案的过程中,灵活地调控教学内容,心中既有现成的方案,又能根据实际情况临时增减内容,让设计方案成为活的,教学成为活的,让幼儿的每一次活动都有收获,达到最佳的效果。

在教学活动过程中常常遇到意外的情况,意外情况一般来自三个方面:一是来自教师自己,如疏忽遗漏等教学失误;二是来自幼儿,如幼儿突然提出一些偏离教学中心的问题;三是来自外界的意外情况。如果遇到这些意外,教师可以妙语补充摆脱困境、巧借台阶化解尴尬、借题发挥反客为主、顺水推舟机智引渡、故说闲话变转话题、暗设悬念随机点拨,这些都是有经验的教师处理紧急情况调控课堂的有效方法。

（一）如何补救教师的失误

教学是一种极其复杂的创造性劳动,尽管教师在活动前已经预见了可能出现的情况,但在组织教学活动的过程中,仍然避免不了出现一些意想不到的自身失误。比如,读错字（口误）、写错字（笔误）、遗漏一些内容或卡壳,面对幼儿提出超出预设内容的问题等,这就需要教师具备处理自身失误的机智,及时应变,补救自身的失误。

范例分析

我不用看就知道风来了

（刘　莉）

一天,我教了小朋友们一首儿歌:"红旗飘,树枝摇,草低头,花弯腰……我知道,风来了。"小朋友们熟悉这首儿歌后,我就说:"你们看这位小女孩多聪明,她看到这些现象,就知道风来了。请问小朋友们,当你看到什么情况就知道风来了?"按我的思路,小朋友们只要能回答出儿歌中的某一句话就行了。没想到,洋洋小朋友突然冒出了一句:"我不用看就知道风来了。"对她的这个回答,我没加考虑就直接否定了,然后继续按我的思路引导小朋友认识风。

几天后,刮起了大风,一阵风吹过来,我的眼睛都睁不开了。我恍然大悟,其实"我不用看就知道风来了"这句话并没有错。下午活动时,我又提出了这个问题,小朋友们的回答五花八门,但我期待的那句话却没人再提起。洋洋不吱声,只是忽闪着两只有神的大眼睛看着我。于是,我说:"上次洋洋小朋友'我不用看就知道风来了',当时老师说这句话不对,现在我们一起出去感受一下风,体验一下洋洋小朋友的这句话到底对不对。"

来到操场上,我让小朋友们闭上眼睛,体验眼睛不看时是否能知道风来了。小朋友们闭上眼睛,全身心地去感受风,一会儿,有的说我的头发被风吹到了脸前面,有的说我听见树在呼呼作响,还有的说我觉得风在推着我走……我接着说:"现在我们迎着大风跑一跑,体验一下有什么感觉。"一个小朋友喊起来:"老师,风顶着我,跑也跑不动!"

小朋友们通过这次对风的进一步认识和探讨,都知道了洋洋说的"我不用看就知道风来了"这句话没有错,从此以后我调整了自己的教育思路。

点评:在这篇教学随笔中,教师纠正自己错误显得独特而不露痕迹。为了纠正自己在活动时轻易否定小朋友的失误,说:"上次洋洋小朋友说'我不用看就知道风来了',当时老师说这句话不对,现在我们一起出去感受一下风,体验一下洋洋小朋友的这句话到底对不对。"教师用了"当时""现在",暗示了自己几天前的失误,同时提出了活动的具体要求,语言准确,语义清晰,使后来的活动得以顺利进行,在小朋友亲身的体验中得出正确的答案,同时也巧妙地化解了自己的失误。若能在活动的最后对洋洋小朋友提出褒扬,鼓励一下,效果更好。

（二）如何应变来自教学对象方面的偶发事件

有许多时候,这种尴尬的场面老师都会遇到。例如,午饭前,老师问孩子:"老师给大家讲个故事好不好?"本以为孩子们会异口同声地说"好",谁知能能突然来一句"不好",还引来其他几个孩子的随声附和。诸如此类的事情还有很多,对于施教者来说,当自己的"权威"受到挑战时,教师要有一颗宽容的心,而不能采取一些比较简单的方法或是对那些反对意见置之不理。因为每位幼儿都有自己的兴趣、爱好和需求,所以老师首先要去真正了解孩子,尊重和倾听他们的选择。问问他们为什么不喜欢？想干什么？可以适当改变自己的设计方案,看看是否符合幼儿的需求和兴趣。也可以让大家举手表决。当孩子们的意见不一致时,老师可让有不同意见的孩子提出自己的见解,如有几种不同的意见,可尊重多数人的意见。

🌸 范例分析

在科学活动中,教师拿着鸡的图片刚说"这是公鸡"时,突然,胖胖怪腔怪调地问:"有没有母鸡?"顿时孩子们哄堂大笑,正常的秩序被打乱了。面对这种情况,教师不动声色,仍然用平和的声调说:"有,而且还有小鸡呢。"接着她在黑板上用粉笔画出了母鸡和小鸡,带领幼儿辨认。很快把大家的注意力引导到教学内容上来。调皮的胖胖感到自己的言行并未引起大家的注意,很不好意思。然后,教师把话锋一转:"胖胖不错,不但认识'公鸡',还想到了'母鸡',现在全班同学都认识了'公鸡、母鸡和小鸡',多好呀！不过,以后提问题应该注意你的语调。"

点评:由于孩子天性调皮,总会在教学活动中出现一些恶作剧的情况,而这位老师的处理就非常恰当,并没有当面呵斥,而是处惊不乱,不动声色,用平和的语调和顺水推舟的方式,使这个"意外"变成了多学习两个单词的契机,既保护了孩子的自尊,又暗示了他的错误,收到了很好的效果。

其实,在教学实践中,有些所谓的意外情况恰好是幼儿探究真理发展创造性思维的闪光点。

（三）如何应对来自外界的意外变故

在幼儿园教学活动中,有时也会突发意想不到的情况。儿童生性好奇,一切新鲜、好奇、多变的事物都能吸引幼儿,引起他们的关注,这就给教学活动带来突变,就要求教师适时恰当地处理突发情况。只要注意随机引导,巧用意外,有时还能收到意想不到的效果。

🌸 范例分析

走出课堂　走进自然

（刘玉玲）

今天我值早班,打开门孩子们便陆陆续续走进了活动室。我和孩子们玩起了"相反游戏",孩子们热情高涨，气氛非常活跃。突然窗外传来了一阵马达的轰鸣声，顿时孩子们沸腾了，许多孩子兴奋地叫起来"飞机，飞机来了"。还有一些孩子说："不对不对，是飞天伞。"争论声响成一片……

游戏进行不下去了，我想如果此时制止他们，势必影响孩子们的积极情绪，何不带他们出去看看呢？我的提议刚一出口，孩子们便迅速排好了队，"出发！"随着我一声口令，孩子们迫不及待地来到院子里，一个个仰起小脸，盯着天上飞来飞去的"无名物"，不一会儿，"无名物"飞走了。"这到底是个什么东西呢？"孩子们七嘴八舌地议论起来，你一言我一语，谁也不服谁，有几个孩子跑来问我"老师，这到底是什么东西呀"。我一时语塞，因为我也不知道。情急之下我将孩子们召集在一起，与他们一起描绘这个"无名物"的形状，讨论它的飞行原理和用途，并请孩子们为它起名字。看着孩子们说得那么起劲，我特别高兴，我说："孩子们，你们为它起了这么多名字，老师也不知该叫它什么了，请你们回家以后问问爸爸妈妈，它叫什么名字，好吗？""好！"

回活动室的路上，孩子们意犹未尽，还在继续谈论着今天的所见所闻，看来他们的收获还不少呢！

点评： 在幼儿园的教学活动中，户外活动是必不可少的。一切新奇、多变的事物都能吸引幼儿，引起他们的关注，这就蕴藏了许多教育教学的因素，这位教师临阵不慌，用因势利导的办法在变化的环境中重新设置新的活动内容，既满足了幼儿的好奇心，又用新的内容吸引了幼儿的注意力，同样达到了教学效果。走出课堂，走进自然，使孩子学到了课堂上学不到的知识，开阔了眼界，提高了观察能力和想象力。

对幼儿教师而言，教学活动中无论是时间的应变调控还是内容的应变调控都是教学机智的体现，是教师教学能力的综合体现。要做到这些，首先要让自己成为一个充满爱心的教师，对幼儿的爱与尊重是成功调控教学活动的一个重要条件。

曾经看过这么一个故事：日本的一个幼儿园老师在介绍本班孩子的美术作品时，举起一幅图画，那上面除了些规则的横竖道道之外，什么都没有。但是，这位小朋友的画中一共用了 24 种颜色，是全班使用颜色最多的人。教师抓住这一特点表扬了这个幼儿，并表示为他在这方面的进步而感到高兴。的确这幅画看似一无是处，然而教师却尊重孩子的想法并从中发现了孩子的长处。尊重，是一种教育智慧，也是一种教育艺术。

其次，要加强教师自身的修养。幼儿教师在课堂上直接表现出来的是有声语言的讲述，但内在的却是自身的学识与修养，包括道德情操、思想品德、学术水平、知识积累等。丰富的知识（包括教育学、心理学及专业知识），敏锐的思路，独特的视角，无一不浸透其中，正所谓"台上三分钟，台下十年功"，只有日积月累的知识积淀，长期的教学探索，才能厚积薄发在教学活动中得心应手。对在教学中随时可能发生的意外，才能进行有效的调控，因势利导，化消极因素为积极因素，使所有的幼儿在教学活动中获益多多、快乐多多。

再次，要熟练掌握幼儿教师职业口语的主要类型及表达技巧，在幼儿的教学活动中见机行事，灵活使用诸如导入语、表扬语、批评语、疏导语、提问语等，并正确调整语气、语调、语速、重音、停顿的变化，培养自己敏捷的思路和机智的语言，以保证教学活动的顺利进行。

思考与练习

1. 什么是有意注意？什么是无意注意？
2. 学前儿童的注意有什么特点？
3. 开学初教师领大班的孩子们学习歌曲，刚刚打开录音机听范唱，一个孩子听到音乐后就脱口而出："开始唱戏了!"随后使劲地在"咚咚咚咚呛"的"呛"的字音上用铅笔在文具盒上敲一下，其他孩子也跟着喊叫敲打。作为教师你应该运用哪些应变语把幼儿引导到歌曲学习上来？

第四节　幼儿教师资格面试和求职面试的口语训练

一、幼儿教师资格面试的口语训练

（一）幼儿教师资格面试的要求

2011年10月，教育部师范教育司颁布了《中小学和幼儿园教师资格考试标准（试行）》，其中明确提出："为加强中小学和幼儿园教师队伍建设，提高教师队伍整体素质，完善教师资格制度，严把教师入口关，促进教师专业化，根据《中华人民共和国教师法》《教师资格条例》和《〈教师资格条例〉实施办法》，制定中小学和幼儿园教师资格考试标准。中小学和幼儿园教师资格考试标准是教师职业准入的国家标准，是从事中小学和幼儿园教师职业的最基本要求，是进行中小学和幼儿园教师资格考试的基本依据。"

教师资格面试是教师资格认定的内容之一，是幼儿园教师资格考试的有机组成部分，笔试合格者，方可参加面试。

2012年5月，教育部师范教育司颁布了《中小学和幼儿园教师资格考试大纲（试行）》（面试部分），明确提出了幼儿园教师资格面试的目标、内容、要求和测试的方法。具体如下。

1. 幼儿教师资格面试的目标

面试主要考查申请幼儿园教师资格人员应具备的基本素养、职业发展潜质和保教实践能力，主要包括：（1）良好的职业道德、心理素质和思维品质；（2）仪表仪态得体，有一定的表达、交流和沟通能力；（3）有一定的技能技巧，能够恰当地达成保教目标。

2. 幼儿教师资格面试内容与要求

面试采取结构化面试、情境模拟等方式，通过备课（或活动设计）、试讲（或演示）、答辩（或陈述）等环节进行。考生面试时，考官结合以下标准进行综合性评分（见表3-1）。

表3-1　幼儿园教师资格考试评分标准

序号	测试项目	权重	分值	评　分　标　准
一	职业认知	10	5	爱护幼儿、尊重幼儿
			5	有热情、有责任心
二	心理素质	10	5	能较好地调控情绪与情感
			5	开朗、乐观、善良

续 表

序号	测试项目	权重	分值	评 分 标 准
三	仪表仪态	10	6	五官端正，行为举止自然大方，有礼貌
			4	服饰得体，符合幼儿教师职业特点
四	交流沟通	15	8	有较好的言语表达能力。普通话标准，口齿清楚，表达流畅，语速适当，有感染力
			7	善于倾听、交流，有亲和力
五	思维品质	15	8	能条理清晰地分析思考问题
			7	有一定的应变能力，在活动设计与实施、环境创设上表现出一定新意
六	了解幼儿	10	5	有了解幼儿兴趣、需要、已有经验和个体差异的意识
			5	能通过观察来了解幼儿
七	技能技巧	20	10	熟悉一些幼儿喜欢的游戏和故事
			10	具有弹、唱、画、跳、讲故事、手工制作等基本技能
八	评价与反思	10	5	能对教育活动和教育行为进行较客观的评价
			5	能根据评价结果提出改进意见

（二）教师资格面试的口语训练

中国教育考试（NTCE）官网显示，目前北京、天津、河北等24个省（自治区、直辖市）都规定了具体的面试一般程序：考生候考；抽题；考生根据所抽题目，撰写教案（或活动演示方案），准备时间20分钟；考生回答考官规定问题；考生按准备的教案（或活动方案）进行试讲（或演示），时间10分钟；考官围绕考生试讲（或演示）内容进行提问，考生答辩，时间5分钟左右；评委评分。

以下就试讲、结构化面试和答辩分别进行教师口语训练。

1. 试讲

（1）认真审阅题目，初构课程导图。

目前教师资格认证的试讲准备时间为20分钟，对于考生而言，时间非常紧迫，尤其是在精神高度紧张的情况下，要设计一节合理、科学、新颖的教学活动，首先要保证教学设计思路的清晰。

很多考生看着题目就开始设计目标，导致后期出现跑题、上课思路不连贯等问题。为了避免此类问题的出现，考生应做到认真审题、分析材料、找准目标。

例如，"以有趣的水"为主题来设计幼儿园的活动，考生首先要审阅题目。这里"有趣"是关键词，因此无论从哪个领域设计活动，都要凸显趣味。如果简单地讲解水的相关知识或者组织活动，对于"趣"的把握则会薄弱甚至模糊化。"水"是主体，课程内容都要围绕水展开。

试讲首先要构建课程导图，"有趣的水"可以联想到哪些？要根据自己擅长的领域设计活动。围绕"有趣的水"，五大领域内容都可以设计不同的活动，考生要抓住关键词，确定领域，由此设计活动。

（2）根据年龄阶段决定试讲领域。

定好主题领域后要确定活动目标。活动目标是教育活动的导向，根据《幼儿园教育指导纲要（试行）》幼儿园教育活动目标需要确定三个维度，具有可操作性、可观察性和可探究性等特点。

以中班体育活动"有趣的水"为例，从以下三个方面设计活动目标。

认知目标：幼儿仔细观察有洞洞的运水瓶，讨论通过哪些方法可以堵住洞洞。（难点）

情感目标：喜欢参加运水游戏，学会与同伴合作。

能力目标：能够按照和同伴预想方法，做到装水时不漏水，运水时不洒水。（重点）

点评：本次活动目标以儿童为主体，教师可以为儿童提供多种材料，充分调动儿童的积极性，让儿童思考可以通过哪些方法，让瓶子不漏水，从探究的角度，拓展和活跃儿童的思维。在情感目标方面，则引导幼儿学会与人合作，喜欢参加体育游戏活动。在能力目标中要有可操作性，有利于幼儿直接理解目标，根据中班幼儿年龄阶段特点，提醒他们可能会出现的问题，要求"不漏水、不洒水"。

在试讲的时候，介绍目标的语言要简明扼要，向评委介绍本次活动的目标，语速要适中，说到活动重点目标时，语速要放缓，语气要加重。

（3）制定教学过程的框架，使用科学与艺术结合的语言。

① 教学语言的逻辑性。

教学设计是教学实施的重要组成部分，也是许多应试者比较薄弱的环节。教学语言的逻辑性，取决于教学设计的条理性和层次性。在导入环节向教学活动环节过渡时，要通过语言导入"今天我们一起学习/了解/走进/听听/看看/感受……"。在教学讲授的环节，要注意过渡和衔接，如"正如刚才小朋友看到的……，现在我们来……""……的故事听完了，老师有个问题……""除了……这种方法，你还有哪些不一样的方法"等。在活动的结束环节，则需用总结性的语言或者展望性的话语，如"今天，我们学习了……，希望小朋友们可以……"，也可以使用精练短小的语言结束活动，让幼儿回味无穷。还可以用名人名言、内容贴切的谚语作结束语。

② 教学语言的艺术性。

教师教学过程的语言：少一点如雷贯耳、面目可憎，多一点优美动听、和颜悦色；少一点平淡无奇、平铺直叙，多一点荡气回肠、激情洋溢；少一点语言慌张，啰唆烦琐，多一点娓娓道来、语言精练；少一点南腔北调的方言，多一点标准的普通话。

案例分析

大班音乐欣赏：《亚克西，巴郎》

设计意图

《亚克西，巴郎》是一首新疆儿童歌曲，生动地刻画了小朋友爱劳动、爱整洁的形象。这首歌曲节奏欢快活泼，富有浓郁的民歌风格。歌曲由两个变化重复的乐句组成，旋律连贯流畅，既符合大班幼儿的审美水平，又有助于培养幼儿爱劳动讲卫生的良好习惯，能充分发挥艺术教育的美育功能和情感教育功能。

活动目标

1. 初步了解新疆优美的风景，知道"亚克西"的含义；

2. 能通过朗诵、图片、节奏、律动和简单的新疆舞蹈感受和体验新疆儿歌的优美；（重点）

3. 培养幼儿爱劳动、爱整洁的良好习惯。（难点）

活动准备：多媒体课件、手鼓、视频等。

活动过程

（一）教师示范新疆舞蹈导入活动，朗诵散文激发幼儿欣赏歌曲的愿望

师：小朋友们，老师今天给大家带来一段舞蹈，你们知道是哪个民族的舞蹈吗？

对了，是新疆的。你们去过新疆吗？了解新疆吗？现在就让老师用图片和大家一起领略新疆优美的风景。（看PPT，教师声情并茂地朗诵）

我国西北地区有个地方，叫新疆。你看，这一望无际的大草原，就像一条绿色的地毯，成群的牛、羊、马就像宝石洒落在上面。那里有美丽的天山，雪山上盛开着洁白的雪莲。你看，这是葡萄沟，一串串葡萄挂满了棚架，绿的、紫的、红的，绿中泛紫、紫中泛绿，让人垂涎欲滴！小朋友，散文朗诵完了，你们说，新疆美不美？

都说美呀！猜猜老师是怎么夸新疆的吗？"亚克西"。"亚克西"是维吾尔族语言，就是"真棒，真好"。让我们一起伸出大拇指，说"亚克西"！维吾尔族的语言不但对真好真棒有说法，对男孩也有特别的称呼，帅气的男孩叫"巴郎"。用维吾尔族语言夸男孩就是："巴郎，亚克西。"

新疆不但风景优美，语言有趣，还有动听的歌曲呢！我们一起来听一听。

（二）教师通过出示图片、歌词朗诵、动作创编、节奏练习学唱歌曲

1. 边出示图谱边唱儿歌，帮助幼儿记歌词

师：瞧，清晨，小巴郎睁开眼睛，他要干什么？

2. 教师一边有节奏地朗诵歌词，一边做动作，帮助幼儿进一步记歌词

（叠被子、洗脸、洗手、刷牙、洗手绢、洗袜子）

3. 教师边打节奏边唱歌曲，师幼共同演唱歌曲

（1）师：小朋友们声音好听，动作更美！老师还听出了节奏。你们认真听，有什么特点。（教师边打节奏边唱第一段）

（2）请小朋友来试试，它们是怎么发出声音的。"啪啪啪""点点""哪个声音强，哪个弱，拍就是强，点就是弱，我们把节奏带到儿歌里就是强弱"。（师幼共同打节奏唱第二段）

（三）学习简单的新疆舞蹈动作，师幼共同演唱歌曲

1. 观察新疆舞蹈视频

师：我们刚才用了图片、朗诵和节奏练习的方式学会了歌曲，新疆各族人民不但能歌还很善舞呢！现在欣赏一下他们优美的舞姿。

2. 师幼共同创编简单的新疆舞蹈动作

（1）师：你们说说，男士怎么做动作？女士呢？

（2）请小朋友示范，师幼共跳邀请舞。

（四）音乐游戏"巴郎，亚克西"

1. 教师介绍游戏规则

师：我们通过歌曲，知道小巴郎是个勤劳的孩子，他可以自己做很多事情。比如，洗手绢。老师这里有一块小手绢，大家做一个游戏，我们一边唱歌，一边传递手绢，唱到"亚克西"时候，手绢传递到哪个小朋友手里，哪个小朋友就要自己做出洗手绢动作。

2. 教师小结

游戏结束了，小朋友非常能干，希望大家也要像小巴郎一样做一个爱劳动、讲卫生的好孩子，大家一起竖起拇指为自己点个赞吧"亚克西"！

此外,在这个案例中,教师运用了直观教学和语言朗诵相结合的教学方法,通过精美的课件、形象的语言描述,将幼儿带入风景如画的新疆。句中的比喻句,让幼儿直观形象地感知像地毯一样的绿色草原,像宝石一样洒落的马牛羊。通过颜色的描述,让熟悉颜色的大班幼儿想到"白色雪莲图""绿的、紫的、红的,绿中泛紫、紫中泛绿的葡萄图",这就是教师语言的魅力,用文字的力量,将生动的画面,呈现于儿童的脑海之中。

在教学过程中,通过语言讲述逐步展开教学环节:了解新疆的优美风景,初步感受歌词,动作体验内容,节奏表现歌曲,大胆创编动作,游戏升华内容,通过看、听、做、玩等丰富多样的教学形式,完成生动有趣的音乐欣赏课程。

2. 结构化面试

(1) 结构化面试的含义。

结构化面试是根据设定的评价标准,运用特定的问题、评价方法,并严格遵循特定的程序,通过考官与应聘者面对面的语言交流,数量化地分析应试者在应聘时的综合表现,并根据评价标准对应聘者进行客观的评价。对于不同的考生,在进行结构化面试的时候使用的是相同的评价标准,实现了评价过程的标准化。

(2) 结构化面试的特点。

① 测试的直观性。

结构化面试是主考与考生处于面对面交流的状态,评委可以直观地观察到应试者的仪表仪容、精神状态、言谈举止和个性特征等信息,从而做出客观的评价。

② 交流的互动性。

在结构化面试中,主考与考生的交流过程是双向的、互动的。主考按照标准的操作流程,用规范的标准化语言提出面试的结构性问题,考生根据自己的认识和理解,回答问题,阐述观点、提出解决问题的措施和办法。通过双向的互动和交流,考官可以获得关于考生学前教育的专业知识和能力、言语表达能力、自我情绪控制能力、综合分析能力等较为全面的信息。

③ 评价的标准化。

结构化面试规定了明确的评价标准、评价要素的权重分值,让评委明确评价重点,准确把握每个测评要素的评分标准,评分标准可根据测评要素的观察要点确定,因此,评价受主观情绪的影响较少,评价结果相对客观有效。

(3) 结构化面试的口语训练。

① 关于求职动机。

案 *例* *分* *析*

问:俗语说"家有半斗粮不当孩子王,你为什么选择教师职业?"

答:我认为教师这个职业是神圣的,著名教育家洛克曾经说过:"人类之所以千差万别,全在于教育之故。"我选择教师职业有如下原因:

新时期教师的作用已经得到了全社会的认可,教师的地位也得到前所未有的提高。更重要的是,我热爱教师职业,可以把知识传授给祖国未来的接班人,这是一种快乐和满足。教师的工作富有创造性,时代不断前进,知识没有边界,教学艺术没有止境。如果有幸被录用为教师,我将牢记教师职业道德,忠诚教育事业,热爱学生,为人师表以身作则,做一名优秀的人民教师。

点评:关于求职动机的设问有很多,比如"教师要耐得住寂寞清贫、教师要守住这片净土,需要失去很多,你为什么选择教师这个行业?""教师每天除了8小时工作时间,还要备课、评阅作业、与家长沟通等,又苦又累,你为什么选择教师的职业?"其实,不论哪种题目,哪个提问视角,都是了解考生的从业动机和对职业的理解。因此,可以通过选择名人名言、职业特点等概括性语言,阐述选择教师职业的原因,可以从这四个方面论述:第一,职业的认知;第二,自我的认知;第三,职业的机遇与挑战;第四,职业的愿景。在以上案例中,考生首先肯定了新时期教师的地位,接着表明了自己的认知、态度和对教师职业的热爱,考生有对教师职业的积极肯定,也能客观地预见从事该职业会遇到的问题。最后,规划出自己的职业前景,让评委了解其从事教师职业的决心、信心。

② 关于师德师风。

案例分析

问:有的幼儿教师在课上刷微信。对此,你怎么看?

答:这个行为是错误的,对幼儿极不负责任,严重违反了教师职业道德规范。

幼儿活泼好动,同时自我保护意识和安全意识不足,幼儿教师在课上刷微信的行为,既可能引发课堂安全事故,又会给善于模仿的幼儿做了不良的示范,危害影响大。

为此,幼儿园应该制定相应的规章制度,避免此类教学事故的出现,规范教师的课堂教学行为。

点评:遇到此类有关师德师风案例分析的题目,考生首先要表明态度,提出自己的观点,然后根据题目做出分析,如果是正面的案例,如"每一个儿童都有被爱的权利,都应该得到充分的发展,作为一个教师如何践行教师职业道德规范",考生就要从职业道德的要求和表现等方面阐述,并强调树立正确的师德师风的意义和价值;如果是反面的案例,就从案例中行为的危害、解决的措施等方面论述。

③ 关于教育理念。

案例分析

问:现在常常提的"以幼儿为本",你怎样理解?

答:"以幼儿为本"是学前教育的重要理念之一,就是要热爱幼儿,尊重幼儿的主体地位和个性差异,尊重幼儿的身心发展规律,促进幼儿发展,使其健康成长。

"以幼儿为本",要尊重幼儿的学习特点,把游戏作为学前教育的基本组织形式;在教学与生活中以幼儿为主体,教师是活动的支持者、合作者、引导者,促进其知识与技能、方法与价值观的全面发展。同时,关注尊重每个幼儿的个体差异,尊重和满足他们的个性化的发展需求。

"以幼儿为本"就是关注幼儿学习与发展的整体性,尊重幼儿发展的个体差异、理解幼儿的学习方式和特点、重视幼儿的学习品质,为幼儿的终生发展奠定基础。

点评: 遇到关于教育理念的题目,首先要有丰富的教育理论知识,了解前沿的教育理念,比如《幼儿园教育活动指导纲要(试行)》中的"终身教育的理念""科学的幼儿教育的理念""儿童发展为本的理念"。要说出理念的核心内容是什么,围绕这个教育理念应该怎么做,这样做的价值和意义何在。简言之,是什么、怎么做、为什么。

④ 关于教育对象。

案例分析

问:在语言活动时,王老师要求中班每个小朋友看图片说出故事来,完成这个任务后才能去玩。但是,不会讲或者讲得不好的小朋友有的不高兴,有的不肯讲,对此,你如何评价?

答:该案例中教师的做法欠妥,用一把"尺子"要求全部幼儿,不符合儿童学习的特点和规律。

看图说话对于中班的幼儿来说具有一定的难度,受家庭、自身和周围环境的影响,每个儿童学习语言的方式、速度和水平都不一样。学前教育的目标就是依据儿童的发展水平和学习特点,促进每个幼儿的最大化发展,切忌强化训练和统一标准。

在该案例中有的幼儿不高兴、有的幼儿不肯讲,说明教师的要求超过或者与部分幼儿目前的语言发展水平不一致。教师要正视每个幼儿在沿着相似进程发展的过程中,其发展速度和到达某一水平的时间不完全相同,要充分理解和尊重幼儿发展进程中的个别差异,这不仅表现在理念和认识上,更要落实在行动上。教师要创设轻松和愉悦的环境,支持和引导幼儿在原有水平上有所发展。

点评: 关于教育对象的结构化题型,主要是有关教育原理、教育理念和儿童发展心理学的有机结合,要求教师既要懂得儿童为什么出现这种情况,又要说出指导、支持儿童发展的方法。

因此,面对这类题型,首先要说出儿童发展处于哪个阶段,有什么样的表现。其次,指出符合哪些教育理论,最后指出使用哪些教育方法。这样的阐述,既能让听者了解教育对象的特点,又能明白教育理论与教育实践的结合点在哪里。

⑤ 关于教学过程。

案例分析

问:教师在画示范画的时候,有幼儿说画得不对。此时,你会怎么办?

答:首先,教师要及时关注儿童提出的问题,每个问题都有可能是一次教育契机,带来不同的学习效果。

其次，教师要学会交流和引导，幼儿提出质疑，教师要肯定其大胆发言、表达自己想法的表现，从而了解幼儿提出该问题的原因。

幼儿质疑教师的示范画，可能是教师的示范画与幼儿以往的认知产生了冲突，也有可能是被其他非教学因素干扰所致。

最后，教师在认真倾听的过程中，要积极思考应对的策略。如果是认知冲突，可以让幼儿当面演示，通过观察、对比、谈话等多种方式，支持和引导幼儿学习。如果偏离了学习主题，要采取冷处理方法并在适当的时机鼓励幼儿思考，提出有价值的问题，提高教学和学习的效率。

总之，在教学过程中，教师要尊重幼儿的想法，在不背离教学目标的前提下，因势利导，有效化解各种问题。

点评：教学是一个动态发展的过程，是施教者、受教育者、教学环境、教学内容等多种要素交互作用的过程，在这个过程中，幼儿会提出许多奇思妙想，"冬天，蝴蝶去哪里了""为什么我的鸡蛋孵不出小鸡""为什么太阳是红色的"，层出不穷，应接不暇，有智慧的教师要学会分析幼儿的问题，学会和幼儿对话。幼儿提出的这个问题，是因为情感的需要——你的肯定和鼓励，还是认知的需要——科学探究的兴趣和欲望，想象的需要——对世界的独特发现等，学会策略地解决儿童的困惑，与儿童一起探究世界。因为，每个问题都没有标准的、唯一的答案，教师能做的就是呵护这种热情、激情，引导幼儿趋向真善美。

⑥ 关于教育管理。

案例分析

问：丁丁和朵朵因争抢玩具而发生了争执，作为幼儿教师，你该怎么办？

答：争抢玩具的现象在幼儿园中是常见的，因为幼儿年龄小，多以自我为中心，很少站在别人的立场考虑问题，故此争执不可避免。

作为教师，要正确地理解儿童的争执行为，避免用成人的标准妄断是非，激化矛盾。

儿童的事情应该交给儿童自己解决，教师要在旁边观察事态的发展。如果幼儿可以自行解决，就不去干预；如果双方争执不下，发生言语冲突和肢体冲突，就要及时制止，但不要直接评判是非，而是引导幼儿协商解决矛盾。

点评：站在儿童的视角看待问题、分析问题，是幼儿教师必备的基本功，也是通往教育目标的正确途径。

首先，遇到教育管理和组织中的矛盾、争执、纠纷甚至打闹，教师切忌以成人的标准评判是非，教师是观察者、倾听者，而不是权威，成人不能替代儿童成长和解决问题。其次，学会放手，孩子的事情让孩子解决。再次，如果即将发生危险，教师要及时阻止，保证儿童的安全。最后，引导幼儿学会解决问题。

要注意的是，教育是十分漫长的过程，不是简单的道歉和握手言和就可以解决所有的问题，儿童通过一次次冲突，一次次和解，构建人际交往的合理模式。

⑦ 关于教育评价和反思。

3. 答辩

答辩是主考围绕考生试讲或演示内容进行提问,考生解答,时间 5 分钟左右。在面试环节中,答辩的目的是为了帮助考官深入全面地了解考生教育教学综合能力。在有限的时间内,考生要给评委树立一个“合格幼儿教师”的形象,就要做到如下三个方面。

首先,要具备一定的理论高度,才能回答得有理有据,这就需要考生在备考前积累大量的关于国家的教育方针政策、相关法律法规,教育教学中的新课程理念,教育专家的名言警句等,要有深厚的教育底蕴和扎实的理论功底。

其次,能活学活用。听到问题,要三思而后答,结合自己的知识和经验,做出判断和分析,一定要辩证地分析问题,从正面和反面、积极和消极等不同方面,提出自己的理解和预测,进行分析与评价。

第三,最后考生可以适当归纳总结,为自己的答辩画一个完美的句号。

二、幼儿教师求职面试的口语训练

说课和试讲是幼儿教师求职面试中最常用的测评方式,以下分别介绍。

(一)说课的口语训练

说课是考生根据教育学、心理学及学科教学法的理论知识以及课程标准的要求,以讲述的方式,在规定的时间内(一般为 6—10 分钟),围绕所抽到的题目,向考官阐述自己的设计意图、活动目标、活动过程。

1. 说设计意图

说设计意图可以从三个方面论述。

(1)《幼儿园教育活动指导纲要(试行)》和《3—6 岁儿童学习与发展指南》(以下简称《纲要》和《指南》)中关于教学设计的要求。

例如,在《纲要》中指出了健康、语言、社会、科学、艺术五个领域的目标、内容、要求和指导要点,考生一定要熟记全部内容,深入分析和理解这样提法的原因、与教材内容的关系。例如,大班科学活动“各种各样的桥”就是《纲要》中提出的“科学教育应密切联系幼儿的实际生活进行,利用身边的事物与

现象作为科学探索的对象"；在《纲要》的社会领域中提出"在共同的生活和活动中，以多种方式引导幼儿认识、体验并理解基本的社会行为规则"，如大班社会活动"常用的标志"就符合这个要求。

《指南》是对《纲要》的具体化，可操作性更强，规定了五个领域幼儿的学习与发展的重要内容，并划分为2—3个方面（子领域）。每个方面（子领域）由学习与发展目标和教育建议两部分组成。每条目标下有若干"各年龄段典型表现"，每一条学习目标配有相应的教育建议。对3—4、4—5、5—6岁三个年龄段末期幼儿应该知道什么、能做什么、大致可以达到什么发展水平提出了合理期望，指明了幼儿学习与发展的具体方向。例如，健康子领域目标"情绪愉快和安定"，其中4—5岁就提到"经常保持愉快的情绪，不高兴时能较快缓解"，中班情绪绘本《苏菲生气了》，讲述了小姑娘苏菲因为玩具被抢走，她大喊、踢翻凳子、跑出家门等愤怒的表现，当她奔跑时筋疲力尽，当她大哭时情绪缓解，当她在大自然的怀抱中心绪平静，当她回到家时温馨如初。通过对苏菲生气的表现，情绪缓解的方法的阅读，可以让中班的幼儿认识到"生气是正常的现象，我们要学会用正确的方法让自己平静下来"，这就与《指南》提出的目标不谋而合。

（2）教材本身的特点。

每一个教学内容都有各自的特点，这就需要教学设计者反复审阅教材，挖掘教学内容的特色。

例如，绘本《活了100万次的猫》，如果这样描述教材："《活了100万次的猫》情节有趣，形象鲜明突出，容易吸引幼儿的兴趣，又可以拓展幼儿想象力。"就只是一般化的说明，虽然绘本的情节有趣，但是趣在哪里，不太清楚；绘本形象鲜明，但不知有何与众不同；有助于拓展想象力，怎么拓展，还一头雾水。但是如果这样描述，就解决了这些问题："绘本《活了100万次的猫》讲述的是一只虎斑猫活了一百万次的神奇故事。它当过国王的猫，当过魔术师的猫，当很多很多不同角色的人的猫，它被箭射死过、被淹死过，也寿终正寝过，但它却没有掉过一滴眼泪。直到它遇上自己的爱人——白猫，有了自己的家庭，它终于明白爱的真谛，爱让它的希望得到'永远'，也使它终于在得到第100万零一次生命的时候，才知晓了生命的意义。"通过这样的分析，绘本的形象跃然纸上，一只活了100万次的猫，让我们充满无尽想象，100万次重生的经历像一幕幕电影不断回放，而当这个猫遇到生命中的"真命天女"，它有了不一样的生命感悟："越爱就越怕失去，但是因为失去才体现出爱与拥有的重要"，这就是生命的真谛！

（3）学情的分析。

儿童是教学活动的主体，儿童的学习特点和发展水平，决定了教学的内容、教学的方法。因此，对儿童学情的分析，就成为重中之重，但面试中许多考生对此的分析却非常浅显，经常可以听到这样的陈述："《好饿的毛毛虫》选用了小朋友生活中比较熟悉并喜欢的毛毛虫为角色，讲述了毛毛虫吃了许多水果和食物，最后变成蝴蝶的故事，特别是毛毛虫吃东西的情节既让人觉得有趣又很符合小班小朋友的年龄特点。"在这段分析中我们只能模糊地知道符合小班幼儿的年龄特点，但是符合什么特点，不够具体。如果这样修改，则更加准确："小班的幼儿常常把动物当人，世界上一切没有生命的物体在他们的世界中会说、会动、会变化，这种'泛灵'的思维方式决定了教学也要拟人化。《好饿的毛毛虫》，就是讲述了一只可爱的毛毛虫，吃了一个苹果、两个鸭梨……许多许多不一样的食物，在数字和吃的行为的不断重复中，让幼儿感受到一只贪吃的毛毛虫形象，而最后毛毛虫变成了美丽的蝴蝶，让幼儿对生命形态变化的神奇有了更深的体悟！"可见，学情的具体分析，有助于教学设计者准确地把握教育对象的学习特点，使教学活动更有针对性。

2. 说活动目标

活动目标是教学活动的起点和归宿，所有的教学过程都是围绕活动目标展开，因此活动目标的确定是教学活动设计的重要步骤。首先要说清楚自己设定的三维目标是什么，其次在陈述目标的过程中要说明为什么这样设计。比如,中班幼儿科学活动"找空气",在设定好目标后,可以这样说"4—5岁的幼儿常常喜欢自己动手探索,因此我设定了让幼儿利用多种材料如皮球、透明玻璃杯、粉笔、透明盛水容器、蜡烛、打火机、碎纸屑、卡纸等,探索和寻找空气在哪里的能力目标"。

3. 说活动准备

活动准备既包括物质准备,也包括经验准备。在说课的过程中可以结合物质准备的作用来说,比如在讲述《猴子捞月亮》的故事时,教师准备了手电筒和水盆,就可以强调"耳听为虚,眼见为实,为了帮助幼儿直观地感受猴子捞月一场空的结局,教师特意准备了水盆和手电筒,模拟月亮倒映在水中,再现猴子捞月亮的场景"。学习《我是小小交通警》时,经验准备则是"可以让父母带儿童有意识观察交警,了解他们的工作和辛苦,有助于实现认知目标和情感目标,知道几种交警手势的意义和交警工作的辛苦"。

4. 说教学和学法

教法和学法的阐述不能简单地概括为有哪些,比如"我使用的教学和学法有直观教学法、讲述法和游戏法"。这样的陈述不利于评委了解你为什么使用这种方法,而应该这样说:"我使用了讲解法和讨论法。讲解法就是教师在刷牙活动中结合牙齿模型,示范讲解刷牙的方法,激发幼儿尝试的欲望,让幼儿在模拟刷牙的基础上,按刷牙程序实际操作,教师随时纠正幼儿不正确的方法,真正做到了教师为主导,幼儿为主体。讨论法是在《小熊不刷牙》故事的讲解过程中,随时向幼儿提出问题,提高幼儿对事物的分析能力,发展语言表达能力。"

5. 说活动过程

说课中的教学过程不同于试讲中的教学过程,试讲呈现的是教学过程的框架和结构,说课则是在此基础上说明为什么这样设计,以大班寓言故事《狼来了》的教学过程为例。

案例分析

大班寓言故事《狼来了》

说活动过程

为了更好地完成本次活动,我将活动流程设置为:直观导入激发兴趣—感受理解情节变化—尝试进行故事续编—感悟内化诚实的真谛。

1. 活动开始由教师出示狼的手偶,展开谈话讨论:小朋友们这是什么啊?狼都有什么特点呢?引出故事,展示课件绘本封面,让幼儿进行观察,根据教师提问猜测故事情节:封面上的主人公是谁?他在做什么?在哪里放羊?放羊的过程中又会发生什么事呢?

这一环节是激发儿童兴趣,引出故事线索,运用了观察法和讨论法,让幼儿在猜测中发展思维能力,也为后面的教学做出铺垫,使儿童更愿意仔细聆听。

2. 教师播放课件,初步了解情节的跌宕起伏,并分段由浅入深进行提问:小男孩开了什么玩笑?山下的人是什么反应?村民们为什么生气?最后村民们为什么没有理他?

让孩子用完整的话大胆地说出自己的理解,鼓励儿童踊跃发言,此环节运用了提问法和直观教学法,当画面与情节呈现在孩子们面前时,他们乐于表达,在这样的氛围中和教师的鼓励下突出了本次活动的重点,使孩子们想说,敢说。

3. 教师拿出所有手偶,进行故事再现,引导儿童跟随教师进行故事复述,欣赏整篇故事,引出本次活动难点:小男孩回到家里十分后悔,现在他向我们班的小朋友求救,请问他该怎么做才能获得村民的原谅呢?

教师鼓励幼儿勇于尝试,带领儿童进行故事续编,使幼儿的想象力得以发挥。

4. 升华故事、感悟真谛。教师和幼儿讨论撒谎的危害,总结故事,引出主题:放羊娃因为自己一而再,再而三地撒谎,失去了大家的信任,也失去了羊群,付出了惨重的代价。在生活中如果我们也总是撒谎来欺骗别人,慢慢地也会失去周围人对自己的信任。

引导幼儿体会诚实的可贵,使幼儿在生活中要诚实待人做事,养成良好的品质。对本次活动进行小结,让幼儿在轻松愉快的氛围中结束活动。

点评:在上述案例中,首先概括教学过程,让评委有整体的印象,知道教学过程有几个步骤;其次,在说课过程中,教师既要说清楚教学步骤的具体内容和教师提出的问题,又要分析这样做的目的,有理有据。

6. 说活动延伸

说活动延伸包括纵向延伸和横向延伸。纵向延伸就本次活动拓展和延伸,比如小班歌唱活动"小企鹅",本次活动重点是会唱,延伸活动是拓展为节奏乐、律动等艺术活动形式。另一种就是横向延伸,即与其他领域相结合,比如:同样是歌唱活动"小雨点旅行记",在活动延伸时就可以延伸为科学领域的探究活动"水的变化"。说活动延伸主要反映出教师对本班幼儿发展水平的掌握程度、对促进幼儿在不同水平上发展的理解认识与做法,以及因材施教、个别教育原理的运用等。

❀ 案 例 分 析

大班绘本活动《朱家故事》
内蒙古赤峰市松山区第二幼儿园　齐艳萍

一、说设计意图

"男主外、女主内"式的家庭分工是许多儿童对家庭生活的印象,孩子们理所当然地认为做家务是妈妈的事,妈妈的勤劳在得到孩子们赞颂的同时,也培养了孩子"衣来伸手,饭来张口"的习惯。然而,安东尼·布朗的绘本《朱家故事》,以幽默诙谐的方式讲述了朱妈妈在家中任劳任怨,照顾着丈夫和儿子,但朱爸爸和儿子却意识不到朱妈妈操持家务、照顾家人的价值,妈妈一气之下留下字条罢工的一系列严重后果。故事风趣幽默,情节起伏波折,轻松地引导孩子们懂得家务劳动要有分工与分担的道理,让孩子明白家庭的和睦快乐源于合理的分工,共同的分担,更重要的是要相互的尊重。《纲要》中指出:发展幼儿语言的重要途径是通过互相渗透的各领域的教育,在丰富多彩的活动中扩展幼儿的经验,提供促进语言发展的条件。《朱家故事》正是这样寓德育于语言教育之中,将社会教育和语言教育有机结合在一起的范例。

二、说活动目标

《3—6岁儿童学习与发展指南》指出5—6岁儿童在初步阅读的时候应该具备"说出阅读作品的主要内容和根据部分情节或图书画面线索猜想故事情节发展的能力"。因此,设定了认知和能力目标就是细致观察朱妈妈离家前后厨房、卧室等处画面,对故事的发展展开大胆的想象和说说自己的看法(重点),在情感目标上,感受故事内容的有趣,懂得做家务是每个家庭成员应该共同承担的责任(难点)。

三、说教法学法

《纲要》中指出,"教师应成为幼儿活动的支持者、合作者、引导者",适宜的教法是合理有效组织活动的重要保障,因此采用了以下方法。

直观教学法:利用绘本和PPT将故事画面直观地呈现给幼儿,尤其是重点观察的画面适度放大,等幼儿回答正确后,用红色圆圈圈画起来,激发幼儿观察和表达的积极性。

讲述法:教师生动地讲述绘本故事,利用声调、语气等元素吸引幼儿,创设想说、敢说的语言表达环境。

在《纲要》中"整个学习活动要始终以幼儿为主体"的新理念的指导下,为了更好地调动幼儿的积极性和主动性我采用了:

观察法:幼儿主动观察绘本画面,能结合绘本大胆说出自己的想法。

小组讨论法:教师提出"这是怎样的一家人""朱妈妈为什么离家出走""你们猜猜朱妈妈离开家后会发生什么""你觉得朱家发生了什么变化,这样的变化好吗"等有效的、值得思考的问题,激发幼儿参与讨论的积极性。

四、说活动准备

1.《朱家故事》PPT;绘本若干

2. 背景音乐

说明:准备绘本PPT目的是让全部幼儿看懂绘本,使绘本的重要线索显露出来,激发幼儿观察、阅读、参与绘本的积极性,播放一些生活中幼儿和父母做家务的照片,同时播放背景音乐调动幼儿的情绪,实现绘本与幼儿生活经验的融合。同时,准备与幼儿人数符合的绘本,鼓励幼儿自主阅读。

五、说活动过程

(一)封面导读,引出线索、激发兴趣

开门见山,引导幼儿观察封面。师:瞧,这是一家人,他们都姓朱,这是爸爸、妈妈和他们的两个孩子,一个叫西蒙,一个叫帕克。并设下疑问:这会是怎样的一家人呢?

幼儿说出自己的看法导入活动,引发幼儿思考,引起幼儿探秘的兴趣。

(二)分段欣赏、分析情节,体验感悟故事内容

1. 教师有感情地讲述故事前段,通过重点观察画面,教师语气、语调的变化给幼儿创造暗示的环境,让幼儿有意识地感受故事中朱先生、儿子与朱太太在家庭中的强烈对比,体验朱太太的辛苦。

(1) 简述朱先生、儿子们早餐时、晚餐后的状态,并让幼儿分别学说他们的话。

例如:早餐时、晚饭后,朱先生是怎样说的,口气怎么样?学一学动作。西蒙、帕克又是怎样说、怎么做的?

在学说、学做的过程中,让幼儿感受朱先生、儿子们的自私和懒惰,在语言的重复中,体验朱先生、儿子们已经对这样的使唤习以为常。同时,在倾听的过程中让幼儿说说、做做,使活动有趣又生动。

（2）详述朱太太早餐后、晚餐后的状态,围绕画面,引导幼儿将观察到的内容用连贯的词语讲述出来,既锻炼幼儿有序、完整表达的语言能力,又让幼儿感受到了朱太太的辛苦、劳累。

（3）互动小结

师:时间很晚了,妈妈还要做这么多的事情。听到这儿,你有什么想法?

通过教师启发式的提问和幼儿对图片的观察对比,突出朱先生、儿子们的懒惰、自私和朱太太的辛苦、劳累,让幼儿对故事有了更深一步的理解。

2.教师讲述故事中段,理解朱太太留信出走的经过及走后家里混乱的场景

首先,师幼共同讲述朱太太的信。这封信是谁写的?信上的"猪"指的是谁?

为幼儿创造一个宽松的环境,使其有自主观察、思考、发现、表达的机会。让他们想说、敢说、喜欢说、有机会说并能得到积极的应答。

其次,观察图片,鼓励幼儿大胆细致讲述朱太太离家后家里混乱的场景,同时体会朱爸爸、儿子糟糕的心情。

师:朱太太走后,家里发生了什么变化?请你看一看,说一说。

师幼共同讨论:朱先生和他的孩子此时此刻的心情会怎样?通过讨论,体验朱先生和孩子们的糟糕心情。使幼儿感受到:沉重的家务、离家出走的妈妈、过得一塌糊涂的日子……

最后,师幼互动,共同想办法,请妈妈回来。

在这个过程中,幼儿积极表达自己想法的同时进一步理解故事情节。

3.幼儿讲述故事后段

师:朱太太终于回来了,朱先生和孩子发生了什么变化?他们是怎么做的?

幼儿讲述并深切地感受到朱家的变化。

（三）播放生活中幼儿和父母做家务的照片,实现情感迁移

教师总结绘本的主旨,强调共同分担的重要性,并鼓励幼儿提出希望。

师:爸爸妈妈每天上班很辛苦,我们也要帮他们做些事情,一家人一起动手做家务才是一件快乐的事情。你可以帮妈妈做哪些家务事?

六、说活动延伸

课程结束,和幼儿一起制作计划表"我们可以帮妈妈做哪些家务事",将活动落实到每一个幼儿,让绘本走进儿童的生活。

点评:这篇说课设计,将教学设计、教育理论以及教学方法等有机结合在一起。在说设计意图时,设计者将学情、教材的特色和《纲要》《指南》的要求有机整合在一起,既突出了大班幼儿学习绘本的特点,又说明了选择这样教学内容的价值。在目标的陈述中,不是简单地罗列目标,而是结合《指南》和教材,分析通过这个活动,幼儿会有哪些发展,可操作性强。在准备工作中,每个素材都精心设计,突出了教学目的;在教学方法方面,用什么方法、为什么这样使用一目了然,听者可以清晰地感受到设计者的说课思路以及教师和幼儿的分工,哪些活动由教师创设,哪些内容由幼儿主动思考,哪些由教师讲述,哪些由幼儿讨论;在情节的发展中,既有朱妈妈离家出走的紧张与不安,又有朱妈妈归家后的欢快与喜悦,故事跌宕起伏引

人入胜,将教育的理论和教学方法贯穿到每个教学环节中,真正实现理论与实践的有机结合,这时候再播放幼儿和父母做家务的照片,水到渠成,让幼儿感受到作为一名家庭成员,分担家务的价值所在;最后通过一张家务劳动计划表来延伸活动,将绘本的文学故事和幼儿的现实生活紧密结合在一起,体现了艺术源于生活、高于生活、服务生活的理念。

训练材料

将下面的教案改写为说课设计。

小班美术活动:彩色鸟

内蒙古赤峰市松山区第十二幼儿园　崔铭

设计意图

颜色在生活中随处可见,它使世界美丽的同时,也丰富着孩子的心灵。为了引导孩子们发现颜色的奥秘,针对小班的年龄特点,结合本月活动主题,使幼儿对颜色进行初步探索,我设计了本次活动。

活动目标

1. 结合绘本情节,感受白鸟通过吃果子变成彩色鸟的神奇过程。

2. 能够按顺序选择颜色,并进行独立涂鸦,涂鸦时不混色。

3. 体验涂鸦活动带来的乐趣和色彩带来的画面感。

活动重难点

重点:感受白鸟通过吃果子变成彩色鸟的神奇过程。

难点:按顺序选择颜色进行独立涂鸦,涂鸦时不混色。

活动准备

自制绘本1份、"大白鸟"一只、"小白鸟"若干、三原色颜料每桌一份、装颜料的盘子每桌一份、棉签若干。

活动过程

一、谈话导入,激发幼儿的兴趣

今天我们班来了个新朋友,(出示大白鸟)你们知道她是谁吗? 她是白鸟妈妈,白鸟妈妈说我们班小朋友的衣服五颜六色真漂亮! 她也想有彩色的衣服,我们快来看看她是怎样穿上彩色衣服的吧!

二、基本部分

(一) 讲述绘本,将幼儿带入活动

1. 师:灰色的天空飘着白云,灰色的大地上有树林,一只白鸟妈妈向前飞,飞呀! 飞呀! 她飞到了一棵红果树上,"啊呜啊呜"吃了几颗红果子,好香好甜哪! 接着白鸟长出了一些红羽毛。(教师用毛笔在"白鸟妈妈"身上画上一些红色)

2. 师:白鸟妈妈吃了一颗红果子,发生了什么事情? 幼:她长出了红色的羽毛。

3. 师:哦,白鸟妈妈吃了一颗红色的果子,长出了一些红羽毛,真有趣! 你们想不想也做一只小白鸟跟着白鸟妈妈一起去吃果子呢?

4. (发给幼儿每人一张小白鸟图片)师:瞧,小白鸟现在已经悄悄地飞到了你们的身边,鸟宝宝

们，我们一起出发去吃果子吧。

（二）玩吃果子游戏，体验色彩涂鸦的乐趣

1. 师：飞呀飞呀，我们飞到了一棵红果子树下面，吃了两颗红果子。好香好脆，"啊呜啊呜"！（请幼儿举起手中的小白鸟"吃果子"）

2. 师：赶快让小白鸟的身上长出一些红色的羽毛来。（教师引导幼儿认识红颜料，并且利用棉签将红色的颜料涂在小白鸟的身上）

3. 师：白鸟宝宝们，我们要继续往前飞，赶快跟上鸟妈妈哦，可别走丢啦！

4. 师：我们又来到了什么颜色的果树下呀？幼：黄果树。师：我们一起再来吃两颗黄果子吧！"啊呜啊呜"！（幼儿一起吃黄色的果子）师：吃完黄果子后鸟儿们长出了什么颜色的羽毛呢？（涂鸦时提醒幼儿不要混色）嗯，我们的羽毛变得更漂亮了！鸟宝宝们，我们继续往前飞吧！

5. 教师引导幼儿继续吃果子并说出飞到了蓝果树上，吃了蓝色果子，长出蓝色羽毛。

三、结束部分

欣赏幼儿的作品，教师总结：白鸟们吃了这么多的彩色果子，已经变成了漂亮的彩色鸟了，你们可真了不起，来给自己鼓鼓掌吧！请小朋友说一说白鸟身上都有什么颜色？你最喜欢什么颜色？你们想不想知道白鸟妈妈后来又发生了什么故事呢？那我们回班里看一看吧！

活动延伸

1. 回家和爸爸妈妈一起分享自己的鸟宝宝作品。（亲子活动）

2. 和教师一起阅读绘本《变色鸟》。（语言活动）

（二）试讲的口语训练

在本节开头的"幼儿教师资格面试的口语试讲"中已经涉及部分试讲的内容，重点讲解了试讲题目的审阅、活动目标的选定和教学过程的设计。在此，要强调的是教师口语的训练方法。

试讲是在没有授课对象的情况下考生模拟课堂教学情景的单向说话，在这个特定的语境中，考生既以教师的身份引领掌控整个教学过程，又要从幼儿的视角出发，展示这个年龄阶段幼儿应有的表现，并通过语言描述把教学过程中的两种角色变换表现出来。就教学中的教师口语训练，在本教材的"教师口语的基础"（第一章）、"教学口语训练"（第三章）和"幼儿教师口语常见问题分析"（第六章第一节、第三节）中已具体阐述，在此推荐几种面对应试的试讲、说课的口语训练方法。

1. 模仿名师教学

名师教学视频都是精选的优秀幼儿园教学活动案例，精心的教学设计，优美的教学语言，都是求职考生模拟的范本。反复欣赏播放视频，考生可以感受幼儿园各个领域教学的特点和教育教学策略，通过模仿优秀教师的教学语言、体态语、活动的组织形式等，初步了解在幼儿园上课应该怎么说。

2. 包含角色变换的单向说话演练

求职考生要深入幼儿园，分别与大、中、小班的儿童对话，将静态的模拟练习变为真实的教学操作；反复研究曾经见到学过的课程案例，掌握角色转换的语言技巧，提升教学过程中的应变能力。

3. 自录试讲视频，反复观看、研磨、分析、反思，归纳出存在的不足

重温教材中与教师口语训练相关的教学内容，从正、反两方面对照检查以下问题：普通话语音是否标准，有无方言痕迹？教学语言是否准确规范？肢体语言使用得是否得当？

？思考与练习

1. 为下列题目设计幼儿园教学活动方案,做试讲练习,建议录制成视频,同学间互相点评,取长补短不断完善。

　　(1) 小班绘本活动"好饿好饿的小蛇"

　　(2) 中班科学活动"小水滴旅行记"

　　(3) 大班社会活动"我是购物小能手"

　　(4) 中班健康活动"套圈达人"

　　(5) 大班艺术活动"茉莉花"

　　(6) 小班综合活动"蜗牛"

　　(7) 中班综合活动"三只小猪"

　　(8) 大班综合活动"祖国祖国,我们爱你"

2. 在结构化面试中,如果遇到下列内容你怎么回答? 同学间先互相讨论,然后分别登台演示。

　　(1) 仔仔在班里一贯性格开朗,可最近却沉默寡言,你怎样和他沟通交流?

　　(2) 航航小朋友在离园前等待家长时,一会儿摸摸玩具,一会儿拉拉其他人的头发,你该怎么制止?

　　(3) 小班幼儿不习惯幼儿园的生活,总是哭闹,你怎么劝慰?

　　(4) 怎样适当处理家长过春节前送给你的超市购物卡?

　　(5) 你为什么要选择幼儿园教师的职业?

　　(6) 怎么理解孔子的"学而不思则罔,思而不学则殆"?

3. 把第一题的教学活动设计题目改为说课设计,做说课练习。

第四章

教育口语训练

学习提示

　　了解幼儿教师教育口语应遵循的原则和要求,根据幼儿教育口语的特点,在幼儿园的各项活动中,运用各类教师教育口语,熟练掌握教育语言技巧,潜移默化地灌输人类真、善、美的品质,培养幼儿正确的价值观、道德观和人生观,引导幼儿健康成长。

　　著名哲学家康德有句名言:人只有靠教育才能成为人。幼儿园教育本身就承担着"为幼儿一生的发展打好基础"的重要作用。在幼儿时期进行情感、品德、行为习惯等非智力因素的培养,是幼儿素质教育的重要内容,而良好的品德行为也是做人的基本要求。新《课标》中的有关"幼儿园教师课程目标与课程设置"中指出:"教师是幼儿学习的引导者和支持者,教师工作的意义在于帮助幼儿健康成长。"《幼儿园教育指导纲要》中指出:"幼儿园德育教育应以情感教育和培养良好行为习惯为主,注重潜移默化的影响,并贯穿于幼儿生活及各项活动之中。"幼儿园教育过程是教育者把道德规范、社会规则及良好的行为习惯内化为幼儿德行的过程,这个过程的完成必须借助于幼儿教师的教育口语。

第一节　教育口语的特点

　　幼儿教师教育口语是教师有目的地针对幼儿进行思想品德和行为规范教育的口语表达形式,是幼儿教师日常教育活动的工作用语。幼儿教师教育口语有以下四个特点。

一、明理启智

　　幼儿的道德行为和道德判断是在掌握语言以后才逐步产生的,所以对幼儿来说,重要的不只是灌输道德知识和道德观念,而是促进其道德情感的萌发。语言活动的初期,随着在日常生活中自己良好的行为获得成人"好""乖"的评价,幼儿开始理解哪些是"好的"行为、哪些是"不好的"行为。随着语言和认知的进一步发展,3岁后幼儿的道德感开始形成,他们通过交往和模仿学习,逐渐掌握了一些行为规范和各种道德标准,还开始关心自己或别人的行为是否符合道德规范并由此产生相应的满意或不满意的情感,各种道德习惯也逐渐形成。在现阶段的德育教育中,普遍存在重知识、轻实践,重逻辑方法、轻情感体验的现象。表面看幼儿获得了大量的教育信息,实际上,为教师们所津津乐道的所谓德育要求在很大程度上并没有内化为幼儿的品德。言行不一、表里相悖现象在孩子们中间时有发生。

　　教育题材俯拾即是,在各种活动和一日生活中教师应注重挖掘德育因素。例如,音乐活动中学唱歌曲《分果果》,教师可联系独生子女对长辈的关怀只接受不知道回报的现实,让幼儿从"李小多分果果"中受到教育,联想到要关爱家中的长辈。让幼儿在日常生活中养成谦让的好习惯,逐渐形成"心中有他人"、尊重长辈的良好品德。

寓教于乐　因势利导

小班教师带领幼儿玩体育游戏,教师担任兔妈妈,全班幼儿扮小白兔。游戏开始了,教师对大家说:"小白兔,跳到草地上,去找最嫩的青草吃吧。"正当大家在"吃青草"时,一位小朋友忽然跳到教师身边,非常认真地说:"我找到了一个萝卜。"教师立刻抓住幼儿想象的情境,引导幼儿继续想下去,问他:"草地上的萝卜是谁种的呢?"幼儿思索了一会答道:"是山羊公公种的。"这时,其他小朋友都围拢过来,教师面向大家问道:"山羊公公种的萝卜能不能拿呀?"大家回答:"不能。"教师又问:"那我们该怎么办呢?"幼儿说:"还给山羊公公。"教师用赞扬的口吻说:"对了,把萝卜送还给山羊公公,我们请兔哥哥带你们去送萝卜好吗?"说完教师随即请了一个幼儿扮兔哥哥,并提醒大家说:"山羊公公可能正在睡觉,大家要轻轻地敲门,讲话时要有礼貌。"教师说完,立即用小椅子搭了一个山羊公公的家,自己由扮演兔妈妈改变成了山羊公公,蹲在"家"里。小朋友跳过来做敲门状,嘴里发出笃笃笃的声音,教师用低沉的声音问:"谁呀?"小朋友答:"小白兔。"教师又问:"你们有什么事吗?"小朋友说:"这个萝卜是您种的吗?"教师说:"啊,是的。"小朋友说:"我不知道,拔起来了,还给您。"教师表扬了大家,又轻轻提示兔哥哥说:"山羊公公,时间不早了,妈妈要我们早点回家,再见。"大家高兴地跳回去了。

点评: 在这一段借题发挥的活动中,教师始终注意调动幼儿想象和语言的积极性,将动作练习、语言练习以及行为品德教育巧妙地结合起来了。

教育中要做到明理启智,就应重视引导、启发,而不是教导。幼儿道德行为的养成不能依靠成人的要求和说教,缺乏情感体验的道德认知是苍白无力的。研究表明,过于强调道德认知,而忽视道德情感,会导致道德认知和道德情感的分离,无法形成道德信念和道德行为。比如,幼儿教师常说:"要互相谦让,懂得谦让的才是好孩子。""你打人不对,快说'对不起'。你(指被打的幼儿)快说'没关系'。"结果幼儿根本不理解实际的意义,常常出现下列情景:两名幼儿争抢玩具,其中一名幼儿竟理直气壮地喊:"老师你看,他不让给我。"再如,一名幼儿把别人打哭了,可他只毫无歉意地说了一声"对不起"就离开了,走了几步似乎想起了什么,又回来对还在流泪的同伴大声指责:"你还没说'没关系'呢?"这些事例说明了说教式的教育难以促进幼儿良好道德品质的形成。

在教育活动中教师不能只片面地强调幼儿对于义务、责任的认同,要求幼儿做出分享、谦让和友爱等行为。应当在幼儿一日活动中随时抓住有价值的教育契机,注重加深幼儿对各种行为后果的感受、体验,同时在教师的参与下使他们在感受与体验中分辨出正确的行为,感受积极行为所带来的愉快。

真诚的道歉

户外活动时天天把凡凡撞倒了,天天不以为然地说了声"对不起"就要离开,看到这一情景,老师感到天天并没有意识到自己的行为给别人带来的后果,于是老师赶忙叫住他,并伸

手将凡凡轻轻地扶起来，一边安慰凡凡，一边问："你为什么哭呀？"凡凡说："疼。""天天不是说对不起了吗？你还疼呀？"老师故作奇怪地问。"还疼！"凡凡回答。老师又转过来问天天："你摔过跟头吗？"天天点点头。"那你什么感觉？""疼！""那你疼的时候很希望别人怎么办？"天天想了想，于是蹲下去伸出小手给凡凡拍打身上的土，嘴里小声地说："真对不起，还疼不疼？我给你吹吹。"结果凡凡不哭了，还笑笑说："没关系，我不疼了。"看着天天的转变，老师摸着他的头说："以后不小心碰了小朋友，除了说对不起，还要帮他减轻疼痛，这样小朋友才会原谅你。"

点评：虽然这只是一件小事，可通过这件事老师让孩子在感受和体验中知道了自己不正确的行为给别人带来了伤害，学会了真心地表达歉意。在幼儿园的各类活动中，这些蕴含着很多教育契机的宝贵资源往往被人们忽略或由于成人的包办代替而白白浪费了。

二、简约规范

幼儿期正是学习语言的黄金时期，幼儿语言主要通过自然观察和模仿而习得，在学前阶段教师无疑是幼儿们的模仿对象、学习的榜样，教师的一言一行、一腔一调，甚至连口头禅，幼儿都非常敏感，都乐于模仿。幼儿教师在教育过程中，语言必须简洁，恩格斯曾说过："言简意赅的句子，一经了解，就能牢牢记住，变成口语；而这是冗长的论述绝对做不到的。"

★ 范 例 分 析

定 时 器

中二班的陈枭是一个兴趣广泛、乐于尝试新事物的孩子，但他没有耐心，注意力容易分散。因此，在区域活动中他常常是这儿摆弄一会儿，那儿溜达一圈，到最后可能什么都没干成。这天下午，他走进了益智区玩拼图，没一会儿他就准备走开。老师看到这种情况马上对他说："昨天晨晨用9分钟拼好了这块拼图，不知道你行不行。"（因为陈枭非常喜欢与人竞争）他看了看老师说："当然行喽。"于是，老师拿来一个定时器放在了他的身边，把定时器定到了9分钟。老师说："看着哦，时间到了它就会响的，你可要加油。"只见陈枭一边点头一边马上行动起来了。陈枭专心地拼图，第一次用了13分钟，于是他不服输再来了两遍，第三遍的时候他才在规定时间内完成拼图。

点评：教师并没有教育陈枭"做事要专心"，只是巧妙地用了定时器，让陈枭这样的孩子学习了控制自己的行为，学会了一心一意地完成一样"工作"，可谓事半功倍。

三、直白具体

幼儿年龄小，对教师的语言只能按表面的意思去理解，所以教育口语的使用就必须具体、直白，这样才便于幼儿领会教育的目的。幼儿教师在教育幼儿时一定要注意以正面教育为主，切不可说一些幼儿听不懂的"反语"，或讽刺挖苦幼儿。

例如，有一个刚入园的小班幼儿，在回答老师的"人有几只眼睛"的问题时说："有三只眼睛。"老师非常生气，于是故意说："人的眼睛有四只。"幼儿马上点头跟着说："是四只。"这样的语言不仅能造成幼儿的思维混乱，还是对孩子不尊重的表现。

新《课标》明确提出"尊重和维护幼儿的人格和权利，保护幼儿的好奇心和自信心"。苏联教育家加里宁说过："一个教师也必须好好检点自己，他应该感觉到，他的一举一动都处在最严格的监督之下，世界上任何人也没有什么东西，能比孩子的眼睛更加精细、更加敏捷……"作为一个教师，应该处处严格要求自己，言传身教为幼儿作出表率。"要给幼儿一杯水，教师自身必须是一条涓涓流淌的小溪。"所以，幼儿教师应提高自身的思想和语言素养，才能使幼儿健康成长。

比如，当幼儿不愿意吃胡萝卜时，如果说："胡萝卜里含有大量的胡萝卜素，可以转化成维生素A，给身体提供所需营养，能预防各种疾病，提高身体免疫力，所以小朋友都要吃胡萝卜。"这样告诉幼儿，他们不能理解，效果就不尽如人意。但是，如果简单地说"胡萝卜有营养，小朋友吃了身体壮"，孩子更容易理解。因此，教师的语言应力求简单直白，容易被幼儿理解接受。

四、语言儿童化

前苏联教育家马卡连柯说："同样的教学内容，同样的教学方法，因为语言的不同就可能相差二十倍。"可见教师语言的重要性。幼儿教师的教育对象决定了教师教育语言应儿童化。教师语言儿童化，要求教师用词通俗浅显，句式结构简单，语气亲切温和，语调富于变化，语速快慢适宜，语脉条理清晰。

首先，幼儿教师要从理论上了解各阶段幼儿的心理特征和言语习惯，为教育语言儿童化提供依据和基础。

其次，教师应多听多看儿歌、幼儿故事、幼儿节目等影像材料，经常观摩优秀幼儿教师的教育教学活动，大量阅读幼儿文学作品，以熟悉儿童化语言的语音语调，了解幼儿言语的词汇、句式等，并力求在语气、语调、语速等方面符合儿童化语言的要求。

教育口语儿童化，并不意味着教师模仿幼儿语法混乱、用词不当的娃娃腔，而是指教师的语言贴近幼儿生活，符合幼儿心理特征，表现幼儿的情感，富有幼儿情趣。用孩子所能理解、接受的语言来说话。

范例分析

做真正的"奥特曼"
（内蒙古巴盟幼儿园　霍玫瑰）

奥特曼是源源特别喜欢的动画人物，因此他经常模仿奥特曼双手交叉放在胸前，趁同学不备，扑上去就动起拳脚。为了壮"士气"，源源还与兔兔结成了"统一战线"，一起打班里比较弱小的同学。一些孩子不愿意和源源坐在一起，他的行为严重影响了班里正常的秩序，针对他的行为，我决定帮助他认识自己的不足。

一天早晨，源源来晚了，谁也不肯把旁边的座位让给他，尤其是鹏鹏哭着对老师说："老师，我怕他，我不和他坐。"看到机会成熟了，我一边安慰鹏鹏，一边让愿意和源源坐在一起的孩子举手，教室里顿时像炸了锅似的"声讨"起源源来。"他老打人，我才不和他坐呢!"源源不服气地说："我是奥特曼。"孩子反驳道："奥特曼是英雄，他消灭怪兽，可是你老欺负我们。"兔兔也抱怨地说："你也打我呢。"我把目光转向源源问道："你觉得你是真正的'奥特曼'吗?"源源摇摇头，然后说："我以后再也不欺负同学了，我要做真正的奥特曼!"

这件事对源源的触动很大，他真正感受到了平时打人带来的后果。那以后，我不断提供各种机会让源源体验保护同学的快乐，还与他一起分享战斗英雄的故事。

点评： 在这则教师日记记载的事例中，教师适当抓住有利时机，让源源体验同伴不接纳的失落，促使他从他人的评价中认清自己的错误，改变自己的行为，知道英雄是帮助别人、不妨碍别人、对人友好的人。同时又正确引导了幼儿的兴趣，培养了幼儿的分析判断能力。

思考与练习

1. 结合幼儿德育教育的事例，简述教育口语的特点。

2. 仔细阅读以下案例，结合教育口语原则和要求作简要点评。如果你是老师，将如何对这几个孩子进行引导，可以进行哪些方面的引导？

(1) 班里的"小霸王"

一天早上，潇扬带了一个变形金刚来到幼儿园，把它放在玩具角，子豪见了，立刻从椅子上站起来，走到玩具角，拿起变形金刚就玩。潇扬一看急了，奔过来不让子豪玩，两人于是争抢起来。一个大叫："这是我的玩具!"一个大嚷："让我玩一玩，让我玩一玩!"场面顿时混乱起来，我连忙走过去制止，并教育子豪以后不能抢夺别人的玩具。他立刻点点头，表示以后改正。类似这样的事情已发生了好多次，每次子豪只要看到谁的玩具好玩，就随手拿来玩，以致经常与其他孩子发生争执，甚至打架。虽然，我已经告诉他一些同伴交往的规则，也带着他与其他小朋友一起游戏，可当我找他谈话时，他都能准确地说出玩别人的玩具要先商量不能抢夺等方式，但他的表现往往是行动在前，思考在后，因此造成与其他孩子的纠纷很多。

(2) 孩子，五角星属于你（花园新村幼儿园 肖樱）

早晨入园时，笨笨噘着小嘴，独自在教室的后面抹眼泪，我连忙走过去，关切地问："笨笨，哪儿不舒服?""没有。""爸爸、妈妈批评你了?""没有。"笨笨依旧用手揉着眼睛。看到这情景，我把他拉到怀里。一边抚摸着他的头，一边柔声地问："那你能告诉老师为什么这么伤心吗?""肖老师……"他欲言又止。"尽管说，别害怕。肖老师相信笨笨是个好孩子。"我握着他的手鼓励他。笨笨不解地问我："我动脑筋画的画，肖老师为什么不给我五角星?"

原来，昨天我要求他们画《春天的公园》。孩子们迫不及待地拿出纸和水彩笔，趴在桌上认真地画了起来。笨笨第一个画完，揣着得意的杰作，高高兴兴地交给了我，可是在评画的时候，我发现超出了主题，所以五角星也没有给他。我就对他说："把你的画拿来，我们一起看看。哟，你画的公园真美。可为什么这两朵花少了两片花瓣呢?""是蝴蝶不小心碰掉了。""那花儿会怎样的啊?""花儿会伤心地哭的,我给红花画上红眼泪,给黄花画上黄眼泪吧,嗯……还画上正在道歉的蝴蝶吧。""真棒!""老师,我还画了彩色的雨点。""你为什么要画雨天的公园呢?""我觉得下雨天的公园特别美,空气特别新鲜,我要让春天的公园变得五彩缤纷。""那花儿喜欢吗?""喜欢,你看它们都乐呵呵的,因为它们个个都穿上了五彩的衣裳。"瞧! 多好的一幅画,多聪明的孩子! 我对他说:"对不起,是老师不好,我没有仔细看,这一个五角星属于你!"

3. 阅读下列幼儿文学作品,同桌间互相交流,怎样挖掘作品里的教育因素进行教育? 简要说出教学要求和教学步骤。

(1) 诗歌

我的小鼓响咚咚

我的小鼓响咚咚,
我说话儿它都懂,
我说小鼓响三声,
小鼓它就:"咚、咚、咚!"
哎哟哟,这不行,
妹妹睡在小床中,
我说小鼓别响了,
小鼓说声:"懂、懂、懂!"

示范音频

(2) 故事

椅 子 笑 了
(袁亚红)

示范音频

丁丁、兰兰和可可都是乐乐幼儿园苗苗班的小朋友。一天早上,小朋友也像往常一样蹦蹦跳跳地来上幼儿园了。"呜呜呜,"门口倒在一边的小椅子在轻声地哭着,"是谁把我绊倒,为什么不把我扶起? 呜……"

丁丁来了,听到椅子的哭声,瞄了瞄,想:"又不是我把你绊倒的,关我什么事? 哭吧哭吧!"于是,头一昂,跨过椅子,喊了一声"老师早",就坐到位子上玩去了。

兰兰来了,经过门口,听到椅子的哭声,瞄了瞄,想:"你哭什么呀,又不是我把你弄倒的,关我什么事?"于是,脚一抬,绕过椅子,喊了声"老师早",也坐到位子上玩去了。

陆陆续续来了许多小朋友,但是谁都没有扶起小椅子,他们都在想:"这又不关我事。"玩自己的去了。

可可来了,看到小椅子歪倒在门边哭着,就走过去把他扶起来,又到盥洗室拿来了抹布,把小椅子擦得干干净净,轻轻地对小椅子说:"快别哭了,我帮你揉揉,好吗?"小椅子笑了,和可可做了好朋友。

4. 为下面的内容设计教师教育口语。

幼儿园小班有位小朋友,性格内向。早上入园不跟老师问候打招呼,就不声不响地坐在自己的小椅子上。活动区的游戏也不参加,提醒他时,也只是摇摇头,不吭声。平时从不举手发言,做事也慢腾腾的。

第二节　教育口语的原则及要求

《幼儿园工作规程》总则第三条中提出："幼儿园的任务是：实行保育与教育相结合的原则，对幼儿实施体、智、德、美诸方面发展的教育，促进其身心和谐发展。"第五条明确了幼儿园教育的主要目标："培养诚实、自信、好学、友爱、勇敢、爱护公物、克服困难、讲礼貌、守纪律等良好的品德行为和习惯，以及活泼、开朗的性格。培养幼儿初步的感受美和表现美的情趣和能力。"同时，强调了幼儿园教育工作的原则："体、智、德、美诸方面教育应互相渗透，有机结合。遵循幼儿身心发展的规律，符合幼儿的年龄特点，注重个体差异，因人施教，引导幼儿个性健康发展。"

上述要求决定了教师教育口语应从促进幼儿身心发展，让幼儿体会或感受情感、情绪出发，将教育内容贯穿于幼儿日常生活和各种教学活动之中。这就要求教师要有高超、纯熟的语言技巧，善于捕捉幼儿细微的情感、情绪变化，随机进行教育。在对幼儿进行教育的过程中，不能只靠单纯的说教，要将德育因素融入日常生活和各种教学活动，渗透在幼儿游戏、学习、劳动、娱乐的各个过程之中，渗透在幼儿与同伴以及与成年人的各种交往关系之中。这种渗透应遵循以下四项原则。

一、民主性原则

《幼儿园教育指导纲要（试行）》明确要求："创造一个自由、宽松的语言交往环境，支持、鼓励、吸引幼儿与教师、同伴或其他人进行交谈，体验语言交流的乐趣。"《纲要》同时指出："建立良好的师生、同伴关系，让幼儿在集体生活中感到温暖，心情愉快，形成安全感、信赖感。"因此，在教育的过程中营造民主的谈话氛围，鼓励幼儿大胆表达，促进幼儿语言的学习和发展，同时将道德观、价值观、人生观等教育内容蕴含其中，就可以让幼儿在轻松、没有压力的环境中受到潜移默化、润物细无声般的启迪。

贯彻民主性原则，要求教师首先要热爱和尊重幼儿，通过语言或非言语的方式关爱、尊重、理解、接纳和支持幼儿，教师应常以商量的口吻和讨论的方式指导幼儿的活动，支持幼儿的求异和探索，理解幼儿的稚拙、失误，并帮助幼儿积极主动地战胜困难，从而培养幼儿的独立性和自信心。所以，教师应经常说"你好""请""没关系""能不能""让我们一起来好吗""你说应该怎样呢""你来试试看，如果需要什么帮助就和老师说""你想玩什么""那你就去吧"等，不能习惯于用"要这样做""那不行""不许""不能"等。

其次，教师应学会倾听幼儿的心声。倾听是理解、尊重、接纳、期待和分享，并不只是给幼儿一个表达的机会。幼儿教师应关注幼儿，学会倾听，赢得幼儿的好感和信任，也为幼儿学会尊重他人提供了示范和榜样。

例如，有两个大班的幼儿，午饭后悄悄地交谈着，讲者绘声绘色，听者不时发出笑声，打破了午睡前的宁静，粗心的教师一定会以破坏纪律而批评他们，一位民主型教师却是这样处理的：她走过去轻轻地把他们带出室外询问，幼儿回答"我们在讲一个故事，是从电视里看到的。有一个小朋友把肥皂粉当作芝麻糊吃下去了，（嘴）一张一个肥皂泡，一张一个肥皂泡，还有一个小朋友把肥皂块当发糕在嘴里咬，也是一张一个肥皂泡，一张一个肥皂泡"。这位老师鼓励了他们的表达热情，同时又向他们建议，以后最好在别的时间讲，以免影响午睡，他俩愉快地接受了。这位教师遵循了教育规律,既鼓励了幼儿互相交谈见闻,讨论对问题的看法,又让幼儿愉快地接受建议,学会遵守纪律。

此外,幼儿教师要密切联系幼儿的生活经验,以幼儿感兴趣的事物为切入点,激发、支持和引导幼儿语言表达的意愿,让幼儿有话想说,有话能说,激发幼儿的主观能动性。

范例分析

回 归 自 然
(实验幼儿园 张 萍)

一次,我带小朋友到户外练习整队,有几个小朋友走着走着却停了下来,围在一起,蹲在地上不知在看什么。任凭我召唤,她们好像被魔力吸引住了,就是听不见。我气急了,心想:刚开学,连一个接着一个走都不会,还要练队形、做操,一大堆事情要做,这些小朋友可倒好,还给我添乱。我急匆匆地跑过去,刚想叫他们,只听见孩子们在议论:这是一条小蛇吗? 巍巍说:"这是一条大虫。"陆一鸣马上纠正说:"不,这是一条蚯蚓。"正当他们议论时,看到我走过来,一鸣马上拉着我说:"萍萍老师,这是一条蚯蚓,蚯蚓是好的动物,你告诉小朋友好吗?"被他这么一说,我突然想发作的脾气却缓了下来,看看在地上艰难挪动的蚯蚓,看着小朋友带着疑问的小脸,于是我把其他的小朋友也一同叫了过来。大家把蚯蚓围了个水泄不通。

由于蚯蚓在水泥地上缺水,爬行的速度很慢,好像正寻找着湿润的土地,我就借机告诉小朋友:"这是一条蚯蚓。"孩子们都自言自语地回答了一声"噢",就再也没有了刚才的议论。我继续说:"蚯蚓最喜欢住在潮湿的泥土里,可现在这里都是水泥地,它怎么钻进去呢?"我的话提醒了孩子们,孩子们说:"老师,你把它送回家吧!"

当我把这条蚯蚓放入潮湿的泥土时,它像是浑身有了力气,朝着软软的土里一点一点地钻进去了。周可卫说:"老师,蚯蚓这么钻多慢呀,我们帮它挖个洞吧。"我趁机说:"这个办法倒是简单,可蚯蚓有自己的本领,只有靠自己努力得到的东西才是最好的呀。"孩子们点点头,似懂非懂,在观察中孩子们的问题也不断提出来:"蚯蚓吃土吗? 它不吃饭吗?""它怎么跟蛇一样是长的?""蚯蚓是好的还是坏的?""要是不小心被人踩断了,怎么办?"在与孩子们的一问一答中,孩子们流露出对老师的敬佩之情,好奇心获得了满足。

点评:在这个事件中,教师认识到:孩子们的知识有限,对一切事情都感兴趣,老师在他们的心中是最聪明的人,通过观察大自然,学习到很多知识,比坐在活动室干巴巴地讲解好得多,当看到蚯蚓最后钻到泥土里时,孩子们高兴极了。小朋友对于动物的这种关爱,会使他们从热爱小动物,去学会关心、爱护他人。

幼儿教师在与幼儿交流的过程中,只有怀着主动真诚的态度,才能平静坦然地接受孩子们的缺点甚至错误。孩子们也能在教师创设的宽松民主的氛围中大胆地表达自己的心声,用心和教师交流。教师站在孩子的角度上审视自身的言行,便是对幼儿真正的接纳和尊重。

二、肯定性原则

美国教育家把成功教育幼儿的奥秘概括为"信任幼儿"四个字。我国当代教育家陶行知先生也

说，"相信儿童，解放儿童""人人都说小孩小，谁知人小心不小，您若小看小孩子，便比小孩还要小"。这都说明了幼儿教育的真谛，即尊重孩子，相信孩子，肯定孩子。教师对幼儿的肯定，不仅让幼儿体验到教师的理解、尊重与接纳，而且感受到教师对自身发展潜力的肯定，非常有助于儿童形成积极的自我意识，能更主动地内化教育要求，不断进行自我完善。

肯定性原则体现了教师对幼儿的尊重，对生命的尊重。所以，幼儿教师要树立正确的儿童观和教育观。善于发现幼儿身上的闪光点，巩固和发扬幼儿的优点，纠正幼儿的缺点，提高教育的效果。

同时，对幼儿的肯定要把握好时机，不同的幼儿有不同的优缺点，对他们的要求不能整齐划一，这样才能让幼儿的兴趣得到充分的发展，要注意多对幼儿的主观努力给予肯定；肯定还应有理有据，切忌笼统地表扬幼儿，一味地肯定容易让幼儿产生盲目自大的心理，所以应注意把肯定教育与其他的教育方式相结合，以促进幼儿的全面发展。

在教育的过程中，教师充分肯定幼儿的优点，对培养幼儿的自信心有极大的帮助。自信心是人对自身价值和能力的充分认识和评价，是激励个体自强不息地实现理想的内在动力。幼儿是非观念模糊，不会正确认识自己，只能通过成人的评价了解自己，在教育教学活动中教师有意识地加强对幼儿自信心的培养至关重要。教师的肯定能使孩子变得更加乐观自信；使孩子不怕挫折勇往直前；能够激发孩子的潜能，增强自信，更积极地参与各项活动。

范例分析

因为娃娃闹起了别扭

小倩的娃娃是豪华的"休闲仙蒂"；佳佳的娃娃是会眨眼睛的有一头金发的"小公主"；而小玉的却只是一个普普通通的布娃娃。

佳佳说："小玉，你这个娃娃太不好看了，瞧我的娃娃，眼睛会动，你的会动吗？"小倩也说："小玉，你妈妈真舍不得花钱，看我妈妈多好，这个仙蒂要好几百元呢。"

小玉听后，低着头一语不发，佳佳和小倩抱着娃娃，骄傲地昂起头，在其他女孩的簇拥下，到别处玩去了，只剩下小玉孤零零地站在那儿。老师轻轻地走到小玉身边，问她："小玉，怎么不高兴了？"

小玉含着眼泪说："老师，她们说我的娃娃不好看，都不跟我玩了。""把你的娃娃给我抱抱，好吗？"教师微笑着对小玉说。小玉点点头，老师抱着小玉的娃娃，轻轻地在娃娃的脸上亲了一下，说："多可爱的娃娃呀，我好喜欢。"

这时，小倩和佳佳跑过来，把她们的娃娃递过来，说："老师，您抱我的娃娃吧。"老师抱着这三个不同档次的娃娃，对孩子们说："这三个娃娃都很漂亮，都很可爱，我都喜欢！"

小倩说："老师，应该我的仙蒂最漂亮，她要好几百块呢。"

佳佳也说："我的娃娃也特贵。"教师将目光转向小玉，问她："小玉，你说呢？"小玉鼓足了勇气，说："我妈妈说，小孩不能花太多钱，因为爸爸妈妈挣钱不容易，也不能跟别人比，那样不好。"

老师赞同地点点头:"小玉说得对,小朋友不能让爸爸妈妈花很多的钱。爸爸妈妈挣钱不容易,我们要学会珍惜。小朋友之间要互相关心,不是比谁的娃娃贵,你们说呢?"孩子们听了,都点点头,小倩说:"小玉,我抱抱你的娃娃,好吗?"

点评: 从以上案例中,我们看到教师的言行对幼儿的价值取向的影响,当幼儿发现教师抱着普通的娃娃,并表明"三个娃娃都喜欢"后,原有的认识发生了变化,教师借机进行引导,让幼儿自己说出:父母挣钱不容易,不能跟别人比。并且,由此改变了其他两个幼儿的价值标准。这样的引导比直接批评要好得多。

三、浅显性原则

幼儿思维的具体形象性特点决定了他们更容易理解和接受直观、生动、具体、浅显的教育影响,特别是对观念的感知和理解,更需要借助于形象。因此,幼儿教师必须善于运用语言创造直观形象,来帮助幼儿理解和感知各种抽象的事物、词语、概念。

有这样一个故事。公园里一个孩子攀折幼树的枝条,孙敬修老先生靠近树干贴耳细听,小孩问他干什么,他说:"小树说,痛死我啦!"这个孩子不好意思地哭了。这就是艺术性教育方式的魅力。自然浅显没有说教,孩子心灵却受到巨大的震撼。

四、针对性原则

"一个孩子一个样,每个孩子不一样",幼儿教师所运用的教育语言应当因人而异,因学习内容而异,因学习环境而异,因时间变化而异等,这是针对性原则的要求。

首先,应针对不同年龄阶段的幼儿使用不同的教育口语。小班的幼儿在教育时就应该多使用短小的语句,语气夸张,富有感情色彩,语速较慢;中班的幼儿可以变化句式,让表达的内容更丰富,减少重复的次数;大班的幼儿则可以增加些幼儿能理解的抽象概念,可以使用复句,语言表达更简洁。

其次,应针对不同性格特征的幼儿使用不同的教育口语。对性格内向的幼儿要多鼓励少批评,语气亲切,语调柔和。多用肯定性的评价帮助他们树立自信,不在公开场合讥讽或打击他们。对性格外向活泼多动的幼儿,可以降低声调,具体明确地进行教育,抓住问题的核心对症下药。

范 例 分 析

以下是一个幼儿教师的日记:

今天我值班,当我正亲切地和孩子们打着招呼并互相交谈时,突然听到有孩子叫我:"老师,田秀坤打我!"我回头一看,只见大班的田秀坤正举着拳头学着电视剧里武打片的人物那样,朝田雨诺小朋友挥去,听见田雨诺这么一喊,他连忙停止了拳头。我顿时眉头一皱,心想:这个田秀坤,凭着自己力气大,总是欺负小朋友。也常听大班的老师讲田秀坤怎么调皮,不管老师怎么批评他,都没有作用。我本想走过去狠狠地教训他几句,可转念一想,其他老师没少批评过他,可见批评不是解决问题的办法。

于是,我对孩子们说:"今天,我们来举行一次摔跤比赛,看哪个小朋友力气大,能得第一名。"田秀坤自告奋勇地上来了,结果他很轻松地一连把几个小朋友都摔倒了。这时的他显得洋洋自得,一副目空一切的神情。这时我说:"现在,让老师和田秀坤比赛怎么样?"孩子们都拍起了小手,连声叫"好",于是我和田秀坤摔起跤来。我一下就把他给摔倒了,孩子们齐声欢呼起来。田秀坤爬起来又和我摔跤,我一下又把他给摔倒了。他爬起来我就把他摔倒,一连摔了6次,他完全没有了刚才的神气,对我说:"老师,咱不摔了,我输了。"我对孩子们说:"田秀坤和小朋友摔跤比赛得了第一名,他真了不起,可跟老师比,他却输了。但是,老师如果和别人比,也会输的,比老师力气大的人很多,老师也不是大力士。如果有了大力气能帮助小朋友做好事,不欺负小朋友,那他肯定是个文明的、有爱心的大力士,这样的人谁见了都喜欢。以后,如果谁再想欺负小朋友,先和老师来摔跤。"田秀坤听了点点头,一脸惭愧。经过这次比赛,田秀坤改变了许多,他不但能为班级做一些力所能及的事情,而且再也不欺负小朋友了。

回头想想,要是当时我以粗暴的态度来教训他,而不是以理服人,那么真不敢想象后果会是什么?作为一名幼儿教师,我们应该遵循幼儿的年龄特点和心理特点,尊重孩子,了解孩子,有针对性地进行教育,这对孩子的身心健康成长都有好处。

点评: 这位教师能抓住幼儿力气大、不服输等身心特点,巧妙设计了教育方法,并及时进行引导,让孩子改正了自己的缺点。

以上四个原则在教育过程中运用时不是孤立的,而是互相渗透、相互关联的,所以在幼儿园各种教学活动中应注意各原则之间的联系。

思考与练习

1. 幼儿教师教育口语应遵循哪些原则?
2. 阅读下列事例,你认为孩子的回答正确吗?

根据美国《保育教育》一书介绍:"彼得在一家糖果店里闲逛,当他发现周围无人注意他的时候,就偷偷地抓了一粒糖,放进了自己的口袋里。彼得没有付钱就离开了糖果店。不久,琼也进了糖果店。很巧,一包糖果从堆得满满的架子上滚了下来,正好滚到她提着的篮子里。琼没注意,离开商店时也没付钱,后来也没把糖果还回糖果店。"据介绍,幼儿教育研究者问一个刚开始知道"道德"这个概念的孩子:"你觉得彼得和琼谁更坏呢?"孩子答:"琼更坏,因为她拿走了好多糖,而彼得只拿走了一粒糖。"

3. 阅读教师工作笔记《和孩子之间的悄悄话》,回答下列问题:
   (1) 这位教师让孩子说悄悄话,遵循了哪些教育原则,为什么?
   (2) 结合新课标说说这种教育方法的利弊。

和孩子之间的悄悄话

孩子们一段自由活动休息过后,我眼光追随到放点名册的地方,无意之中发现,不知何时班内的点名册被水浸湿了,于是我想到了肯定是孩子在喝水的过程中,不小心浸湿的。我随即在班内展开了"调查",面带笑容的我对着孩子们询问:"刚才是哪个小朋友把老师的点名册弄湿的?"小班的孩子们面对我的问话,没有了以往的叽叽喳喳,都怯怯地看着我。为了尽快知道事情的真相,我再一次问"是谁快告诉老师,老师不会批评你们的"。一阵沉默之后,换来的是孩子们的不停摇头⋯⋯

这时的我压下心头的火,记起了以往发生孩子"拿别人东西不承认"时的情景,心里想,换一种方法先试试再说吧。

我提高嗓门,用以往最兴奋的表情与语气,对孩子们说着:"哦,老师明白了,一定是小朋友们刚才口渴的时候,看到点名册在桌子上孤零零地放着,也口渴了,于是有一个小朋友就把自己的水给了它,是不是啊?那老师先替点名册谢谢他,现在点名册终于不口渴了。以后啊,帮助别人的时候可以告诉老师,老师帮你一起做,可以吗?好了,现在,有想跟老师说悄悄话的吗?我可以帮你们做到的,点名册可是要谢谢这个朋友的。"接下来的时间里,刚入园的小朋友秀雯跟我说:"老师,我杯子里的水没有喝完,我就给了它了。""嗯,老师知道了,以后杯子里剩下喝不完的水,一定跟老师说,老师帮你想办法。"

找到真相以后,我没有责怪孩子们,而是跟孩子们一起探讨水的用处,让孩子们从中了解怎样对待我们身边的事物,以及在我们的日常生活中,哪里需要水,我们应该怎样来做等等。当然,最重要的一点,就是让孩子们及时了解到,我们平时用的本子、图书、课本等这些学习用品,是不需要喝水的。

看到孩子们又叽叽喳喳、说说笑笑个不停,我笑了,这就是我们的孩子们,喜怒哀乐挂在脸上的孩子们,可爱至极的孩子们。

第三节 教育口语分类训练

教师的教育口语应该注意因材施教,不能千篇一律。因为,即使是处于同一年龄阶段的幼儿,由于其个性、气质、家庭生活背景的不同,表现在智力因素、非智力因素诸方面的差异也是非常明显的。教师教育口语的选择和运用,应该遵循儿童身心发展规律,考虑幼儿现有语言接受能力,注意幼儿之间存在的个体差异,因材施教,以促进幼儿语言能力和思维能力的发展。

范例分析

以下是某幼儿园中班,两个实习生关于孩子情况的谈话。

学生A:你觉得你们班上的孩子怎么样?

学生B:这个班,孩子喜欢绘画,动作发展不错,有几个孩子特别擅长讲故事,但数概念发展不怎么样。

学生A:你们班孩子容易沟通吗?

学生B:不太容易。我们根据孩子们的性格、兴趣、爱好、语言发展水平,进行个别有针对性的沟通,但效果一般,我们比指导老师差远了。

学生A：我也有同感。就拿我们班的孩子来说，有的孩子比较容易接近，比如丹妮，她比较外向，对新老师很热情，第一天就主动和我们打招呼，她经常找我说话，还给我介绍其他小朋友的名字，我夸她故事讲得好，她特高兴，特招人爱；有的孩子反应快，但做事好冲动，活动中管不住自己，比如咚咚，很聪明但总和小朋友发生矛盾，活动中好急躁，还违反规则；有的孩子比较沉稳安静，比如张力，刚开始不搭理我们，但看我们几个对他们都很友好，接触多了，他就慢慢比较乐意和我们说话了；也有几个孩子难接近，比如刘丹，我就没看到他高兴过，我主动帮他系鞋带，夸他画画得好，他也没反应，到现在也不怎么搭理我们，他对李老师（班上指导老师）都不怎么热情；还有康晨，我觉得他特别小气、敏感，喜欢独自玩，只有李老师对他有耐心，不厌其烦地关心他，他才和李老师说几句话……

点评：以上实习生关于不同孩子表现的描述说明：我们所面对的儿童都是一个个鲜活的独立的个体，每个孩子的个性和特点不尽相同，沟通和教育方法的选择，要遵循"因材施教"的教育原则，要结合幼儿的气质特点有针对性地用语言来展开有效的沟通和教育，教师不能随心所欲。

所谓气质，即通常说的性情或脾气，这种个性化的气质特点是与生俱来的。气质与其他个性特征相比，具有更大的稳定性。关于婴幼儿的气质类型，有多种划分标准。传统的气质类型是由古希腊医生希波克利特提出的，他认为气质可分为四种类型：抑郁质、胆汁质、黏液质、多血质。（见表4-1）

表4-1　四种气质类型

神经类型	气质类型	心理表现
弱	抑郁质	敏感、畏缩、孤僻
强、不平衡	胆汁质	反应快、易冲动、难约束
强、平衡、惰性	黏液质	安静、迟缓、有耐性
强、平衡、灵活	多血质	活泼、灵活、好交际

气质无所谓好坏。上述各种类型的气质都各有利弊，但是它影响到幼儿的心理活动和行为，正确的教育能够发展良好的个性特征；错误的引导，将会有形成不良个性的可能。因此，在对幼儿进行引导和教育时，必须充分考虑到每个幼儿的气质特点。同样的情境和状况，需要教师根据幼儿不同的气质特点有区别地施教。这就要求幼儿教师在教育活动中，除了具备正确的儿童观、教育观，并考虑不同孩子的兴趣、爱好、心智发展水平外，还必须考虑不同气质类型幼儿的语言接受能力，特别是要学会用恰当的语言表达方法与他们交流，以促成幼儿更好的发展和成长。

一、沟通语训练

（一）沟通语及其作用

沟通语是指在体察对方特定处境的前提下，迅速选择恰当的表达内容和方式以争取对方认同或配合的言语策略和技巧。通俗点讲，就是通过对话、交谈、眉目传情、肢体接触等方式达到彼此心领神会,互相更加信任、理解,相处更加默契。

沟通是双方互动的过程。在幼儿园里,运用沟通技巧的目的是用爱的情感开启幼儿的心扉,是教师与孩子之间的心与心的对话。在教师与幼儿沟通的过程中,教师的观点、评价对幼儿有一定的权威性,所以能够与孩子进行有效沟通是每个幼儿教师必备的一种技能。

首先,教师与幼儿的良好沟通,能让教师更好地了解孩子的兴趣、需要、性格特点及心智发展水平,从而进行更有针对性的教育;同时,有益于教师反思以往教育方法的失误与不足之处,及时调整教育方法和教育策略,使教育达到事半功倍的效果。

其次,沟通能起到适时监控的作用。通过沟通能够充分了解孩子的内心世界,及时发现孩子的心理变化或心理异常,并及时调整教育方法或给以相应的补救措施。

再次,孩子也可以通过与教师的良好沟通,感受到老师的期望与关爱,拉近与老师的心理距离,获得安全感,从而使孩子在教师面前更真实地表现自己,乐于表达自己的所思所想,有问题敢于向老师求教或发问,更好地发挥自身的独立性和创造性。

最后,教师与孩子的良好沟通,也能促进孩子语言表达能力和社会交往能力的锻炼和提高,对孩子未来的生存能力和社会交往起着积极的作用。

(二)沟通语技巧

1. 沟通的两种基本形式

教师与幼儿沟通主要有非言语沟通和言语沟通两种方式。

(1)非言语沟通。

非言语沟通在幼儿教育中非常重要。一方面,幼儿阶段以直觉行动和直观形象思维为主,对动作比对语言更容易理解,教师的表情(微笑、慈爱的目光……)、动作(竖大拇指、V型指、点头、拍肩、搂抱、蹲下……)、体态(专注倾听的态度、说悄悄话的状态……)等远比语言更能表达教师对孩子的尊重、关心、关爱、呵护、欣赏、肯定;另一方面,幼儿也需要与教师的身体接触,心理学实验证明,身体肌肤的接触有利于安定孩子的情绪,让孩子感到温暖、亲切、安全,消除紧张恐惧等。例如:对一个知道做错了事,正惶恐不安中的孩子来说,教师亲切地搂抱他一下,摸摸他的头,远比说一句"没关系,我原谅你"更让孩子安心,更能让孩子理解到"老师原谅我了"。

运用非言语沟通应掌握以下四种技巧。

第一,由衷地看着孩子微笑。通过微笑,表达对孩子的欢迎、接纳、支持、关心等情感,让老师的爱变成具体动作。在关注孩子活动的过程中,以微笑与孩子的目光进行对视与交流,会为孩子营造一种温馨、友好、宽松的心理氛围,让孩子感到愉快和安全,无形中会增强孩子对老师的好感,是进一步交流与沟通的基础。例如,晨间接待时,老师老远看到孩子来园,就报以微笑,就像老师张开双臂在欢迎、拥抱孩子,对自卑、胆怯的孩子,老师的微笑更会让他们感到被接纳的愉悦。

第二,用眼睛表达对孩子的关注。眼睛是心灵的窗户,孩子能够领会教师用眼睛所传达的信息,在日常生活和集体教育活动中,教师更多的时候是要面向全体幼儿讲要求,讲游戏规则,在组织活动中,面对孩子的不同反应,往往需要老师"用眼睛来说话"以达到与孩子的沟通和促使活动的正常进行。

非语言交流在具体运用时要因势利导,对态度认真的孩子,用比较夸张的点头微笑,竖起拇指鼓励;对注意力不太持久的孩子,投以慈爱、询问、理解的眼神;对在游戏活动中有独特创意的孩子投以赞许的目光;对新入园的孩子,要关爱有加,以尽快消除幼儿初来乍到的陌生感。

例如,3岁的玲玲刚来幼儿园时,是一个安静的不爱说话的孩子,但两只大眼睛总在关注老师

的表情,老师马上意识到,这是因为孩子对新老师没有信任感和对新环境没有安全感的表现。于是在晨间接待时,除了面带微笑向玲玲问候,还特意长时间地把慈爱的目光投向她,让她感受到特别亲切、安全;在活动中,老师时常蹲下身子和孩子眼睛平视进行说话和交流,在孩子用眼睛寻求老师的反应时,老师总给予她鼓励、赞赏的目光。功夫不负有心人,玲玲很快和小伙伴们一起玩耍,变得活泼起来。

第三,蹲下来与孩子说话。近年来"蹲下来和孩子说话"逐渐被人们接受和认同,以下的故事足以说明其原因:

一个节日的晚上,母亲带着5岁的女儿参加聚会。热闹的场面,丰富的美食,盛开的鲜花……母亲兴高采烈地和朋友们打着招呼,她以为女儿也会和她一样开心,而让她没想到的是女儿竟突然坐到地上大哭起来,鞋都甩掉了。

尴尬的母亲气愤地把女儿从地上拉起来,一阵训斥之后,她蹲下来给孩子穿鞋。在蹲下来的那一刹那,母亲惊呆了:她的眼前晃动着的全是大人的屁股和大腿,而不是自己刚才看到的笑脸、美食和鲜花。她明白了女儿为什么不高兴,因为她蹲下来的高度正是女儿的身高。

瑞士教育家裴斯泰洛齐说:"父母蹲下来和孩子说话,不但拉近了与孩子的物理距离,更拉近了与孩子的心理距离。"同样,对于幼儿教师而言,这虽是一个简单得不能再简单的姿势,却代表了一种全新的教育理念,一种民主公正的态度。只有与孩子进行平等交流,在充分尊重彼此的基础上形成一种朋友的关系,孩子才能从教师的眼睛里看到尊重与信任。

第四,侧着或与孩子并排进行沟通。教师与孩子说话,不要站着让孩子仰视,与孩子之间的距离和位置要适当。一般教师与孩子说话的距离不超过一米,与孩子单独说话不超过一尺,双方朝着一个方向,这样使孩子感到轻松自然,没有压力。

(2) 言语沟通。

非言语沟通是交流的辅助手段,正常的人际交往离不开言语沟通,尤其是随着孩子年龄的增长,对言语的理解能力增强,需要用言语来表达自己的需要和丰富的内心世界,教师要想了解孩子,达到心灵交汇,就必须掌握言语沟通的技巧。

作为幼儿教师,虽然天天都在和孩子交谈,但事实上所有的交流并不一定都是有效的沟通,因此成人常说,不知道孩子是怎么想的,了解孩子很难;同时,孩子们也渴望成人了解他们的世界。

❋ 范例分析

以下是某幼儿园实习教师与孩子的两则谈话。

1.

实习生:玲玲,该起床了!

孩子:老师,我累,我还想睡。

实习生:不可以,你刚睡醒啊!

孩子:我真的累,真的还想睡!

实习生:上午,你活动量不大,你不会累的,穿衣服,小朋友都起来了!

孩子:(小声地)我累,我还想睡。

实习生:李老师(指导老师),玲玲不起床,怎么办?

2.

孩子：老师，我热了。

实习生：天冷，别脱毛衣啊！

孩子：我热，我都出汗了。

实习生：我说了，"别脱毛衣"！

孩子：我热，我要脱！

实习生：李老师（指导老师），张雨要脱衣服，怎么办？

点评： 从对话中不难看出，实习生没有考虑孩子的感受，从自己的主观经验出发，命令式地将要求强加给孩子，缺乏语言沟通的技巧，导致沟通失败。如果换一种方式，设身处地地站在孩子的角度考虑，就会感到孩子在向你传递"累了"和"热了"的信息，其实是想让她心中充满威信的老师了解自己的感受，求得老师的理解和帮助。同样的问题，指导老师是这样与孩子沟通的：

1.

教师：玲玲怎么了，还没起床？

孩子：老师，我累，我还想睡。

教师：你刚睡醒，但你还觉得有点累，是吗？

孩子：是的。

教师：有时老师也这样。

孩子：老师也这样，为什么？

教师：可能午睡睡得不好，也可能昨天睡得太晚，你呢？

孩子：我昨晚睡晚了。

教师：我告诉你妈，今晚让你早点睡，好吗？

孩子：那我起来了。（边说边开始穿衣服了）

教师：玲玲真懂事。

2.

孩子：老师，我热了。

教师：我摸摸，是有点热了，先把外衣解开，好吗？

孩子：我想把外衣脱了。

教师：脱得太猛，我怕你伤风感冒，生病了就要吃药打针，你说呢？

孩子：好，等一会儿再脱。

点评： 这里是两个独立的人之间的平等对话，在交谈中，老师注意倾听，并能准确地捕捉孩子言语背后要传达的信息，尊重孩子的感受，给予的回应充满了对孩子的理解和关爱，从而实现了较好的沟通。要提高与幼儿言语沟通的质量，首先是转变教师的观念，把孩子当成具有独立人格的人看待，而不是把教师的观点强加于人；其次，必须保持一颗童心，从孩子的心理出发，接纳并体会孩子的感受和想法。同时，还要承认个体差异的存在，能根据孩子不同的特点进行沟通。

2. 言语沟通技巧分类训练

(1) 引发交谈的技巧。

引发交谈是指教师要找到与孩子交谈的切入点,激发孩子与之交谈的兴趣。要求教师善于捕捉孩子表面言行折射出的信息并给予迅速积极的反馈,要善于发现孩子感兴趣的话题,抓住时机,创造谈话的良好氛围,将孩子自然引入交谈之中。

范例分析

请看下面两则幼儿园实例。(晨间接待时)

孩子:(手上拿了很多树叶,兴高采烈)新老师,你看,昨天晚上我和爸爸又捡了好多的叶子。

实习生:昨天捡树叶活动你没捡几片,今天没让你捡你却捡这么多! 快,放到"自然角"去。

(孩子一下子没了情绪,指导老师看见了,马上主动与这个孩子打招呼,交谈起来)

老师:呀! 姗姗你又捡了这么多树叶啊! 哪儿捡的?

老师:这些叶子都一样吗?

老师:都有些什么叶子?

老师:你真行,能说出这么多树叶的名字!

老师:(有孩子围上来)想不想和昨天我们捡来的叶子比较比较有什么不同?

老师:愿意的小朋友可以和姗姗一起到"自然角"去比比看,一会把你们的发现告诉大家好吗?

点评:显然,实习生与指导老师和孩子交谈的态度、方式不同,其结果也截然不同。实习生在与孩子的交谈中,批评、否定多于表扬、肯定,指使、命令多于情感、经验的交流分享,究其原因,是缺乏与孩子沟通的意识及抓住契机引发与孩子交谈的技巧。所以,在沟通的契机到来时,没有把握机会,反而因不顾及孩子的感受,挫伤了孩子的自尊心和对大自然关注的积极性,把孩子向教师逐渐敞开的心灵之门关闭了。

(2) 倾听的技巧。

一般性的倾听在第二章中有所介绍,应当注意的是,倾听对幼儿教师至关重要,在沟通中老师乐意、善于倾听,并能对孩子说的话给予适时、适地的反应,使孩子更乐意倾诉,并相信老师是自己随时可以交谈的对象。

倾听是老师与孩子沟通的必要前提。在实际工作中,真正掌握倾听艺术的教师并不多。有的因工作忙碌,在与孩子的沟通中不能认真、耐心地倾听;有的不愿用孩子的视角倾听,因此常会觉得孩子说得滑稽、可笑、幼稚、不可思议而不屑倾听,从而难以做到与孩子互相倾诉,彼此聆听,很难了解孩子们的心声,自然很难与孩子进行有效的沟通。

孩子和成人一样,说话目的有三个:其一,让别人分享自己的快乐,以证明自己的存在;其二,通过说话,让别人了解自己的需求和想法,获得别人的理解、支持和帮助;其三,通过说话,了解别人的想法和需求,以调节自己的言行,更好地予以应对。这些满足生命基本需求的愿望十分简单。因此,无论孩子所说的话是多么奇怪、可笑、幼稚、断断续续或重复,教师一定要用心倾听。

一次,教师带孩子去公园,找"春天的秘密",欣欣在一片树丛下看蚂蚁群出出进进地忙碌着觉得好玩,就停下来看,队伍在前方集合后,老师返回来找到掉队的欣欣,虽然又气又急,但这样与孩子交谈。

师:可找到你了,欣欣!

幼:这里的树长叶子了,还有很多很多的小蚂蚁,老师。

师:是吗?可你没和老师请假就自己离开,害我花好多时间找你,吓得我都出了一头的汗,我好担心你出事,我好生气啊!

幼:老师我错了!

师:以后出来,自己要离开老师和朋友,一定要先告诉老师,知道吗?

幼:知道了。

师:老师相信你,我们来拉钩。

点评: 在以上的对话中,"可你没和老师请假就自己离开"是事实的陈述;"害我花好多时间找你,吓得我都出了一头的汗"是孩子行为对老师造成的不利影响;"我好担心你出事,我好生气啊!"表达了教师心中的感受。教师并未指责和发火,但孩子从教师的话中,更容易关注到教师焦灼和担心,对自己行为产生的不良后果就有了更深的认识。最后,教师还用孩子乐意接受的游戏方式"拉钩"来强化了"不能擅自离开集体"的要求。

(3)扩展谈话的技巧。

扩展谈话指教师用孩子可以理解的方式,向孩子提供适宜的信息、词汇或问题,引导孩子把谈话延续深入下去。

扩展谈话是教师进一步与孩子交谈的方式方法,不仅能使教师多方面获得孩子的信息,还使孩子的语言表达能力得到锻炼和提高,使孩子对教师产生信任和依赖。

谈话活动:"我的妈妈"

【活动目标】

1. 引导幼儿围绕主题谈话,学会用简短语言介绍自己的妈妈。

2. 鼓励幼儿养成安静地听同伴谈话、轮流交谈的习惯。

3. 使幼儿通过介绍妈妈,培养关心和热爱妈妈的情感。

【活动准备】

1. 事先请幼儿观察自己妈妈的日常生活,了解妈妈在家做些什么事。

2. 每人带一张自己妈妈的照片。

【活动过程】

1. 通过提问引出谈话话题。

教师谈话,激发幼儿对谈论"妈妈"的兴趣。

"我们每个人都有一个妈妈，各人的妈妈都不一样。今天请小朋友来说说你的妈妈是什么样子的？她在家里做些什么事情？"

2. 引导幼儿围绕"我的妈妈"自由交谈。

将幼儿分成几个小组或两两结伴，要求幼儿拿着自己带来的照片向同伴作介绍。教师轮流参与幼儿的小组谈话，了解他们的谈话内容，间接引导幼儿围绕主题谈话。

3. 引导幼儿集体谈"妈妈"。

幼儿自由交谈后，教师请个别幼儿在集体面前谈自己的妈妈。要求围绕以上两个问题，大胆地讲出自己对妈妈的认识。教师对幼儿的谈话给予赞许和鼓励，对认真、专心听同伴讲话的幼儿，也给予鼓励。

4. 通过提问，扩展谈话范围，达到使幼儿知道感恩妈妈、用爱来回报妈妈的教育目的。

（1）教师提出如下问题：你喜欢你妈妈吗？为什么喜欢妈妈？你愿意为你妈妈做些什么事情？鼓励幼儿发表意见。

（2）在幼儿谈话过程中，教师主动参与其中，为幼儿提供新的谈话经验。比如：我的妈妈是医生，她工作很辛苦，每天晚上都要忙很多事情，她会说很多有趣的故事。我常帮妈妈做家务，我尽量不让妈妈着急生气……

（3）教师小结。引导幼儿想一想：每个人的妈妈都很爱孩子，每个孩子也应该爱妈妈，我们爱妈妈要做些什么事？从而启发、引导幼儿逐步拓宽谈话范围，使幼儿在谈话过程中不知不觉地学到新的谈话经验，知道感恩妈妈。

5. 欣赏歌曲《世上只有妈妈好》，结束活动。

点评："我的妈妈"是幼儿比较熟悉的话题，容易引发幼儿积极而有趣地交谈，符合幼儿的年龄特点和已有的生活经验。在提问引出谈话话题、引导幼儿围绕话题自由交谈、引导幼儿集体谈"妈妈"的基础上，第四个环节设计了三个问题引导谈话的扩展深入，不仅使谈话活动得以继续，还进一步训练了幼儿的口语表达能力，达到了教育孩子从小就"知道爱、懂得爱、回报爱"的目标；最后，又通过歌曲《世上只有妈妈好》来强化扩展谈话的效果，在孩子心中留下更深刻的记忆。

（4）结束谈话的技巧。

老师适时地结束谈话，让孩子表现出满足感，即使由于客观原因必须结束谈话，也要让孩子感到，老师很想听他讲话，只是条件不允许，还会有向老师倾诉的机会。实践证明，沟通的效果如何，并不完全取决于交谈时间的长短，尤其在幼儿园，每个环节的安排是相对紧凑的，老师应既有根据实际情况引出话题又有结束话题的能力，与孩子的沟通不能漫无目的，想到哪说到哪，有头无尾，草草收场或不了了之。

比如，晨间接待时，小朋友玲玲正和老师聊着她昨天和妈妈出去玩的趣闻，如果老师急忙去接待刚来的小朋友，玲玲在一边就会受冷落，影响沟通的热情。因此，教师要停住话题用"我们一会接着说好吗"来结束谈话。

3. 沟通语使用的基本要领

应注意两种方法灵活机动的运用：一是语脉接引，即顺着孩子的意思说；二是互补交流，即孩子没说到的就给他"垫"上一两句，共同说一个意思，表达一种感情。

当沟通受阻时注意及时调节：一要先静听述说，然后运用委婉的沟通语逐步变通折中渐入正题；

二要设身处地地为孩子着想,不要过分苛求孩子。

在与孩子进行沟通时,还要避免以下两种情况出现。

一是沟通错位。故意岔开幼儿的语意指向,从贬抑或否定的角度,答非所问地同孩子说话。例如,幼儿说:"老师,你就问我吧,我知道……"教师说:"就你能,就数你爱多嘴!"

二是情感反差。在与幼儿沟通时,情感的"热度"要尽量一致,不出现反差。当孩子主动同教师说话时,冷漠、草率或敷衍都是不适宜的。例如,幼儿兴奋地说:"老师,你看,我妈给我买的新衣服漂亮吗?"教师头也不抬就说:"嗯,知道了。"

4. 不同气质幼儿的沟通语

(1) 胆汁质、多血质气质的幼儿。

① 给予适度的关注,避免他们自以为是和缺乏约束力。

② 给他们充分表达内心世界及创造性想法的机会。

③ 在交谈中,可直接指出其存在的不足或问题。

④ 可交付他们一些任务,在总结任务完成的过程中,体会老师的信任和增强自我控制的能力和责任感。

(2) 黏液质气质的幼儿。

① 给予耐心、持久的关心和关注,建立他们对老师的信赖感。

② 创造良好的沟通氛围,但不勉强。

③ 对他们的良好表现给予及时的反馈。

④ 对他们表现出的问题,老师应注意用委婉的口吻,在小范围内提示。

⑤ 平时主动地询问和倾听他们的心声,并适时、适地地进行交谈。

(3) 抑郁质气质的儿童。

① 用非言语方式表达对他们的关爱、理解,建立他们对老师的安全感和信赖感。

② 有意识与他们的家长进行交流,更多地了解幼儿。

③ 不管他们情绪怎样,老师要多以积极的情感感染他们,创造良好的沟通氛围,主动单独和他们交谈。

④ 少说他们的不足,强化他们的闪光点,多观察、发现他们的兴趣和强项,并给予表现和展示的机会,帮其不断获得快乐体验和成就感。

⑤ 对他们表现出的问题,老师应注意采取适宜的方法予以提醒。

总之,与孩子的沟通是科学,是语言艺术,需要每个教师在工作中不断反思和总结,需要不断学习、探究和创造。

训练材料

请根据下面的教育情景,设计相应的沟通语。

1. 有个孩子胆子很小,教师请他起来回答问题,虽然答得比较正确,但总是说得吞吞吐吐,引起大家的嘲笑。

教师:_____

2. 教师走到一个性格较孤僻的孩子面前,亲亲他的脸蛋。

教师:瞧你,早上脸又没洗干净吧?

幼儿:老师,他的脸没洗干净,你怎么还亲他呀?

教师：_____

3. 一个孩子生病了，在家休息几天后回到了幼儿园。

幼儿：老师，我病好了，我在家天天想你。

教师：_____

4. 幼儿穿了一件新衣服，满心欢喜跑到教师面前。

幼儿：老师，你看我的衣服漂亮吗？

教师：_____

二、劝慰语训练

（一）劝慰语及其作用

一日生活中，幼儿的诸多言语表现背后，隐含着对教师强烈的心理期待和情感需求。教师对于幼儿诸如友善、关爱、发现、探求等语言行为应予以积极回应，予以充分关注、适宜引导、适时鼓励、肯定、赞赏；同时，幼儿还会因为自身的不适应、无知、意愿未达成等造成不良情绪困扰，因此老师要善于分析导致孩子不愉悦的原因，给予适当的劝慰。教师的劝慰语要真诚地表示同情和理解；对孩子的诉说要耐心倾听；要针对不同孩子的气质类型，给予劝慰，使孩子尽快走出不良心境。

范例分析

　　教师正在进行"体育游戏——高人矮人"的教学活动，突然一个男孩指着班上一位女孩大声喊："她就是矮人。"女孩当时就哭了，其他幼儿纷纷指责那位调皮的男孩子，顿时班里一片骚动，活动无法进行了。这位教师沉着、冷静地安慰那位女孩："现在小朋友正是长身体的时候，只要多吃饭、多睡觉、多锻炼，你一定能长得又高又漂亮。"那位女孩点点头，破涕为笑。教师又及时肯定那位男孩观察仔细，随后又说："希望你也快快长高，经常帮助她锻炼身体，好吗？来，现在让我们都来活动活动，跳一跳，长得高。"活动又有条不紊地继续。

（二）劝慰语技巧

使用劝慰语要根据幼儿的不同性格特点对症下药，对胆汁质和多血质的儿童，老师要直接明了，设法淡化并转移其注意力；对黏液质儿童的劝慰要表现出同情理解、有耐心，要给予积极的暗示；对抑郁质儿童的劝慰要有耐心、不厌其烦，要设法引导其远离引发不良情绪的环境。

范例分析

　　同样是新生入园，针对不同类型的孩子教师的劝慰是有一定区别的：

　　儿童A由家长带来时，虽然不情愿，但她好奇地看看老师，看看幼儿园的小朋友，老师和儿童A的目光接触和热情问候时，她不排斥，老师断定这个孩子属于活泼、好交际型（多血质）的儿童。因此，老师说"欢迎儿童A上幼儿园"，并从家长手里接过孩子，鼓励孩子和老师一起向家长说再见；告诉儿童A："幼儿园有好多小朋友和玩具，我们的儿童A一定会玩得很快乐的，让妈妈早点来接儿童A好吗？"儿童A很顺从地进活动室玩了。

儿童 B 由家长带来时,一直盯着老师,对老师的热情接待和问候没什么反应,显得很安静,老师初步断定这个孩子属于粘液质的儿童。老师很热情地从家长手里接过 B,并向 B 说"欢迎 B",然后告诉家长"幼儿园有好多的玩具,孩子们都很喜欢,B 也一定会喜欢的",问 B 喜欢什么玩具,并拉着 B 的手向家长说再见,还吩咐 B 的家长早点来接 B,B 也就默认了。

儿童 C 由家长带来时总是哭,老师热情问候时,他躲避、拒绝,是一个不太容易接近的孩子(偏抑郁质)。因此,老师不仅热情地从家长手中接过孩子,还有意识地和孩子碰碰头,表示对他的喜爱,又把 C 带到孩子比较多的地方,通过介绍和积极的暗示,转移 C 的注意力,C 一会也就不哭了。

点评: 以上实例告诉我们,对于不同的孩子教师的劝慰应有所不同,需要教师在工作中善于观察和把握孩子的个性气质,施以不同的劝慰。值得强调的是,教师语言技能的运用与观察能力是密不可分的,正确的语言指导基于准确的观察。目前我国幼儿教育的现状是,由于幼儿园的班级容量较大,给教师的工作增加了难度。因此,也就要求幼儿教师要学会"眼观六路,耳听八方",时刻观察幼儿的各种活动,做到"心到、眼到、手到、嘴到",观察细致周到,语言的指导才会更加准确到位。

训练材料

1. 以下是邯郸市政府机关幼儿园的李梓海老师归纳总结出的,从幼儿一日生活言语中反映出的心理需求和老师的应对策略,请你将其中师幼互动的策略转换成教师劝慰性语言。

类型	言语表现形式及引发归因	满足幼儿心理需求的师幼互动策略
寻求安慰	"老师,我头疼。" (当自己身体出现不适时,希望教师予以关爱)	与幼儿分享体会,交流情感,使幼儿减少焦虑,放松心情
关心他人	"老师,他流鼻血了。" (幼儿发现同伴遇到困难却不知如何帮助,有想帮助别人的愿望)	教师与发出信息的幼儿共同帮助有困难的幼儿
提出请求	"老师,他发书,我也想帮你发书。" (有一定的从众心理,也有一定的帮助老师做事的愿望)	教师给幼儿明确任务、责任并给发出信息的幼儿提供做教师助手的机会,教育幼儿做事要有始有终,增强做事的坚持性、责任感
证实观点	"老师,他说鱼会飞。" (遇到认知类问题而引出争论,有在教师这里寻求答案的愿望)	生成新课题,师幼共同讨论、思考,寻求答案。寻找相关资料,丰富幼儿知识
引起注意	"老师,厕所堵水了。" (关注周围事物的变化,遇到不知如何应对的难题引起老师的注意)	鼓励幼儿细心观察周围事物的良好习惯,教育幼儿防患于未然
交往困惑	"老师,他摸我衣服了。" "小男孩给我们捣乱。"(户外活动) (幼儿间由于缺乏交往技巧,一方引起另一方心理抵触)	给男女幼儿提供充分的交往机会,帮助幼儿建立交往的自信与技巧

续 表

类型	言语表现形式及引发归因	满足幼儿心理需求的师幼互动策略
寻求夸赞	"老师,你看他还没坐好,我坐好了。""老师,我没挑食,他挑食了。"（想得到老师的注意和夸奖）	教师要时时观察幼儿、关注幼儿并面向全体,适时鼓励,肯定幼儿的良好行为
依赖他人	"老师,我不会做（手工、画画……）。"（有能力做的事情却懒于动手,有依赖思想）	请能力强的幼儿帮助能力弱的幼儿,教师在行为示范与训练中培养幼儿的独立性与自信心
寻求支持	"老师,他抢我玩具。"（弱势一方向教师寻求精神支持）	建立良好常规,探讨如何与伙伴友好相处,学习正确解决交往中出现的问题
发泄不满	自己不小心把水洒了,却说:"他把我水碰洒了。"（因与该幼儿刚发生冲突,借机发泄不满,怪罪他人）	把幼儿的行为编进故事,增强幼儿辨别是非的能力;建立良好的一日生活常规,科学合理安排幼儿一日生活
推卸责任	"谁往地下扔纸了?""他、他、他!"指责声一片,相互推诿,担心受批评	教师对幼儿的态度不要过于严厉,可以采取其他问话方式,增强幼儿承认错误的勇气

2. 假如你遇到以下情况,应该说些什么话进行劝慰?

(1) 幼儿玩玩具时,不留神被铁片划破手指,鼓励幼儿勇敢坚强。

教师:＿＿＿＿＿＿＿＿＿＿＿＿＿＿＿＿＿＿＿＿＿＿＿＿

(2) 新生入园,家长舍不得离开。

教师:＿＿＿＿＿＿＿＿＿＿＿＿＿＿＿＿＿＿＿＿＿＿＿＿

(3) 中班一幼儿,胆小、敏感、情感细腻,特别依赖妈妈,每天早上妈妈走后都要伤心地哭一场,但慢慢情绪又会好起来。一天,妈妈走后他又开始哭。

教师:＿＿＿＿＿＿＿＿＿＿＿＿＿＿＿＿＿＿＿＿＿＿＿＿

三、说服语训练

(一) 说服语及其作用

当孩子遇到争执、纠纷等问题时,老师恰当及时的说服是必要的。说服语就是使幼儿听从和接受某种意见、主张、措施或办法。它是教育幼儿的一种本领,也是一门艺术。

例如,一天下午户外体育活动,教师提供了多种活动材料,孩子们自己选材进行活动,不少男孩子玩呼啦圈,都把呼啦圈当成方向盘,自己当司机玩起了"开车"的游戏,不一会车速变快,像是在"赛车",老师的心一下子紧张了起来,怎么说服孩子们减慢车速,避免发生碰撞和意外呢? 老师是这样说的:"今天的司机真遵守交通规则。司机朋友,你们都工作半天了,该下班了吧?""司机"一听,就放慢了速度。老师马上又说:"能告诉老师,你们都开的是什么车吗?"孩子们七嘴八舌地报自己"车"的车名。接下来老师提出了问题:呼啦圈除了可以当方向盘开,还可以怎么玩? 并让孩子们尝试自己说的玩法……

在幼儿活动出现不安全因素时,这位老师并没有采取紧急制止的办法,而是巧妙地根据幼儿的认知水平做了委婉、积极的暗示,话未挑明,却表达了教育的意图,成功地说服了幼儿改变活动方式。

(二) 说服语技巧

首先,教师要有明确的说服目的,充分了解幼儿,并分析产生问题的原因,以有效地说服幼儿。考虑孩子的身心特点和接受能力,避免将自己的主观认识强加于孩子。其次,教师可以采用疏导、暗示的方法去说服和改变幼儿的某种习惯、行为或认识。说服语往往围绕一个中心,解决一个主要问题,循循善诱,以理服人。切忌主次不分,武断轻率,说大话、套话、空话,以及用老师的身份压服幼儿等。要重视"调查",有的放矢;要尊重幼儿,谈话时要注意分寸,留有余地;要多从正面诱导,热情诚恳,既要求严格又态度和蔼,使幼儿心服口服。

❀ 范 例 分 析

冬天到了,孩子们都穿上了厚厚的棉衣,戴上了帽子。因此,每到下午离园前,孩子们总爱拿着帽子扔着玩。于是,每天这个时候帽子乱飞,尖叫四起,兴奋而忘乎所以的孩子们经常也会因此而招致一顿批评,但一直不能让他们自觉地停止这样的小"游戏"。

偶有一天,事情有了转机……就在帽子乱飞的时候,一个帽子"嗖"的一下飞上了吊扇,而孩子们跳着、叫着,双手飞舞着,想要拿下"飞"上吊扇的帽子,但是帽子就是不下来。这时孩子们安静下来,愣愣地抬头望着吊扇,又扭头看看老师;几分钟后,帽子的主人怯怯地一点点向老师靠近,快到跟前时停了下来,不作声;而教师也做出丝毫不想帮他的意思,就这样相持了一会儿。

过了一会,教师走向吊扇,站在下面,显出一副很为难的样子说:"这么高呀,如果我站在椅子上够,不小心掉下来可怎么办?"这时孩子们的精神头来了,他们话匣子打开了,有的说要扶着老师,有的说不要拿帽子了,在孩子们的七嘴八舌中,老师故作艰难地爬上了椅子,小心地拿下了帽子,还给了他的主人。幼儿小心地接过帽子,掸了掸戴在头上,又恢复了兴高采烈的模样:"谢谢老师,以后我再也不这样扔帽子了。"

从此以后,孩子们变乖了,帽子飞翔的事情就再也没有发生过。

点评:教师抓住时机,因势利导,通过取帽子过程的艰难间接暗示出对扔帽子行为的否定,让幼儿认识到自身行为的错误,主动承认错误并且表示改正,达到预期的效果。

同时,教师还应根据幼儿的年龄和气质特点选择相应的说服语言,在说服的同时注重"言教"和"身教"相结合,做到言行一致。

训练材料

阅读下面材料,设计说服语。

1. 楠楠是个爱美的小女孩,她非常喜欢色彩艳丽的东西,花衣服、红帽子、黄发卡等爱不释手。幼儿园组织孩子们到植物园春游,楠楠在玫瑰花丛下站着不走,非要摘几朵花带回去玩。

教师:_____

2. 炎热的夏天,孩子们刚吃完一盒冰淇淋,一个胖胖的幼儿举手说:"老师,我还要!"班里的其他孩子也跟着举手要。

教师:_____

四、激励语训练

(一)激励语及其作用

陈鹤琴先生曾经说过:"积极的鼓励胜于消极的制裁。"可见,鼓励和激励比批评意义更重大,当教

师用语言、行为等来肯定幼儿的想法、行为时,幼儿就会受到鼓舞,精神感到振奋,将各种规则和要求转化为积极自觉的行动。例如:

早餐过后,孩子们都坐在自己的位置上和好朋友聊天、玩玩具,只见元元把自己的板凳当小车一样推来推去,还发出"轰隆轰隆"的声音。其他小朋友也纷纷模仿,把自己的凳子当小车推,老师走到他的旁边,眼睛看着他,他立刻拿好自己的凳子,坐到旁边去了。不一会儿,坐不住了,他在凳子上东倒西歪,跪在凳子上到处看,甚至站到凳子上往下跳,旁边的小朋友见状,也随他一起跳。这时,老师找到他的玩具走到他身边说:"你的好伙伴呢? 怎么在我这里呢?"元元拿过玩具,看了看玩具又看了看老师,老师知道他对手中的玩具没有兴趣,于是引导他让玩具小人做操、打拳击等。这时元元非常高兴地摆弄起自己的玩具,嘴里还说:"看,我在叫他练功夫!"老师惊叹道:"哇! 大家看,元元小朋友的玩具小人真厉害! 他还能让小人做出更多的动作呢! 等着瞧吧!"于是,元元便乐在其中地玩自己的玩具了。

不同的孩子对激励语言的接受和理解的能力也不同。因此,怎样激励孩子的兴趣和积极性是一门艺术,不分场合不讲分寸不看对象随意激励,都会导致激励失败。这就要求教师懂得使用激励语言的技巧,讲究使用激励语言的策略和方法。

（二）激励语技巧

1. 对多血质、胆汁质幼儿要在"抬高"中"煽动"

对于热情但容易冲动的多血质、胆汁质幼儿,教师要语气肯定,语言富于"煽动"性,目光直视,并适当增加态势语,使幼儿的情绪高涨;同时,还要善于趁热打铁,点出问题核心,委婉表明态度和要求,有意抬高幼儿的"境界",达到使其"热情澎湃"而自愿采取行动的效果。

例如,小朋友都喜欢带些小玩具来幼儿园与小伙伴一起玩。但是,明明只想玩别人的玩具,却不愿意把自己的玩具给别人玩,小朋友都不愿意和他玩。这时,老师一边把明明带来的玩具拿给小朋友看,一边说:"你们看,这是明明带来的玩具,可好玩啦,明明就是带来和小朋友一起玩的,我们对他说什么呀?"小朋友马上大声地说"谢谢明明"（发动集体的力量"煽动"情绪）,明明听了老师和小朋友的感谢,开始有点动摇了,老师紧接着又说:"明明,今天你真大方,愿意把自己的玩具给小朋友玩了。"（"趁热打铁"）本来还在犹豫的明明被老师的话"抬"得高兴了,就大大方方地把玩具给了小朋友。活动结束后,老师又在集体面前表扬了他,再一次肯定了他的行为。明明乐得合不拢嘴。

2. 对黏液质幼儿要在"抚慰"中"启发"

对于幼儿来说,挫折、失败是难以避免的,多数情况下幼儿的表现是哭鼻子、发脾气。这时候,老师恰当的激励语就显得更加重要:应使用悦耳、活泼的语言,面带微笑的表情,给予幼儿更多抚慰,平息情绪,鼓励和引导他们参加活动;同时,要注意启发幼儿能多角度、多侧面地思考和解决问题,帮助他们寻找原因,使他们思维活跃,性格开朗起来。

例如,小班的一个幼儿特别喜欢枪和汽车,看到小朋友带小汽车和玩具枪来了,就跟在别人后面,吵着要玩。每次总动手去抢,抢不到了就找老师哭鼻子告状。这时,老师先稳定他的情绪,然后指出他的错误,并鼓励他:"我知道你是个懂礼貌的孩子,会对小朋友说'请你给我玩一会儿好吗'这句话。小朋友都愿意和懂礼貌的孩子一起玩的,不信你试试!"慢慢地,这个孩子开始自己试着去用积极的方法解决问题了。

3. 对抑郁质幼儿要多理解帮助

当今时代,孩子们生活条件优越,抵抗挫折的能力相对不足,缺乏韧性,遇到困难就退缩,却都向往成功,幼儿也是如此。每一点微小的进步,在成人眼里可能微不足道,却能点燃幼儿心中的希望之火。因此,注意观察幼儿,捕捉幼儿点点滴滴的进步,并在关键时刻适当地进行帮助,可使幼儿坚定战胜困难的决心和信心,特别对于敏感、孤僻但又细心的抑郁质幼儿,教师更需要用亲切、柔和的语气和和蔼的目光与其对话,用肯定性的评价帮助他们树立起信心,积极参与到各项集体活动中来。

例如,有一个自理能力较差的女孩子,做事情动作缓慢,小朋友都不愿意和她玩,个别调皮的幼儿甚至欺侮她,取笑她,为了帮助她走出困境,教师就设法捕捉她的闪光点。教师发现她的接受能力差,但记忆力还不错,学儿歌时很专心,记新词不比别人慢,老师便鼓励她,让她背新学的儿歌给大家听,她在小朋友面前有了成就感,找到了自信,渐渐地小朋友也愿意和她一起玩了。

训练材料

请根据下面情景,针对不同气质特点的幼儿设计激励语。

1. 在户外体育活动中,幼儿在老师的带领下练单脚跳,个别幼儿动作很不协调、跟不上集体动作。

教师:＿＿＿＿＿＿＿＿＿＿＿＿＿＿＿＿＿＿＿＿＿＿＿＿＿＿＿＿＿＿＿＿

2. 在兴趣活动中,孩子们都跟老师读唐诗《咏鹅》,小小的声音特别大,还不时地站起来东张西望,跟旁边的小朋友说话。在小小的影响下,有几个幼儿也开始溜号。

教师:＿＿＿＿＿＿＿＿＿＿＿＿＿＿＿＿＿＿＿＿＿＿＿＿＿＿＿＿＿＿＿＿

五、表扬语训练

（一）表扬语及其作用

表扬是一种对孩子的思想和行为给予肯定的评价,使其优点不断得到巩固和发展的教育方法。恰当地运用表扬,让孩子认识好与坏、善与恶,对提高是非观念和判断能力起到直接促进作用,它能使孩子明白自己的优点与长处,并得到巩固和发展,还能使孩子得到精神上的满足和愉悦,从而更加努力上进。

（二）表扬语技巧

1. 基本要领

（1）要善于发现幼儿的"闪光点"。

虽然每个幼儿的个性特点存在差异,但他们身上都普遍存在着容易被忽视的可贵之处,即"闪光点"。对这些一"闪"而过的亮点,及时的表扬是对孩子积极向上的心理愿望的"助燃",否则它会因时间的推移而减弱。任何借口的拖延或遗忘(即使事后再想起)都会使孩子心灰意冷。因此,教师应善于挖掘幼儿的闪光点,并进行"热处理"和"助燃",给予及时的肯定和表扬,并且具体表明:为什么要表扬,什么地方值得表扬。有这样一则故事。一位中国妈妈在国外,见到一个外国小女孩,孩子礼貌地和她打招呼:"阿姨好!"中国妈妈对小女孩说:"你长得这么漂亮,真可爱。"没想到,小女孩的妈妈却说:"你夸她可爱是因为漂亮,我更希望你因为孩子的礼貌而去赞美她。"中国妈妈非常感慨,立刻说:"孩子很有礼貌,真可爱。"故事中小女孩的妈妈给我们提出了一个耐人寻味的问题:该怎样表扬孩子?

（2）说话要恰当适度。

表扬要适度。言过其实的夸张称赞,会使被表扬的幼儿不能正确地看待自己,助长骄傲自满的思想,极易产生负面效应。因此,表扬语既不能言过其实,又不能轻描淡写,要根据幼儿的具体行为和表现,作出适度的鼓励性评价。

同时,表扬还要适量。"量"的掌握,要从行为本身产生的效果与周围的关系全方位地考虑,如果

缺少任何一方面都会降低教师说话的力度。总之，多而滥的表扬，不但对孩子起不到教育作用，还会使孩子滋长不良的品格，每个幼儿教师都要注意，以便更好地运用。

范例分析

一天，小班幼儿熊熊在离园时对妈妈说："今天我想把幼儿园的玩具带回家。"熊熊妈妈摇头说："幼儿园的玩具是不能带回家的，不然老师该批评你了。"熊熊争辩道："那怎么小宇把玩具带回家，老师还表扬了他呢？"熊熊妈妈听了一惊，赶忙找教师问明缘由。原来，小宇把自己喜欢的玩具带回了家，在家玩的时候被他妈妈发现了。在妈妈的劝导下，小宇第二天把玩具还了回来，于是教师当着很多孩子的面表扬了小宇，说："小宇真乖，能主动把带回家的玩具还回来，应该受到表扬。"

点评： 教师一句不经意的表扬让熊熊对小宇羡慕不已，以至于熊熊也想效仿小宇把玩具带回家，然后再还回来，以获得教师的表扬。由此可见，教师的表扬对其他孩子造成了一定的负面影响。分析整件事，教师对小宇不能仅仅表扬，首先要让他认识到把幼儿园的玩具带回家是错的，认识到集体的东西是不能私自拿走的，他人的东西不经主人允许也不能随意取用。在小宇认识到错误的前提下再表扬他能主动归还玩具。当然，这样的谈话最好是与当事人单独进行；即使要当众表扬小宇，也要先讲清楚小宇把玩具带回家是不对的，这一点大家不能学习，然后表扬小宇能主动改正错误。

当前很推崇的一种教育思想是"赏识教育"，认为"好学生是夸出来的"，正面表扬孩子才会建立自信，才会产生兴趣，才会有成就感，才会更加努力。但是，观念行为都不能绝对化，要适时适度，否则会适得其反，事与愿违。一位妈妈反映，有一天孩子回到家就把手套往地上一扔，妈妈让他捡起来放到桌子上，语气稍重了一些，孩子就受不了了，大声对妈妈说："你不能批评我，今天老师表扬了我好几次。"可见，盲目的赞美并不利于儿童的健康成长。因此，要正确理解"赏识教育"的真正内涵：赏识不等于放弃原则，廉价的、无原则的赏识容易助长幼儿的不良习惯，一味赞美会成为幼儿前进路上的"绊脚石"；同时也不能一味地为表扬而表扬，将表扬形式化、庸俗化；当孩子做了错事，如打小朋友、抢小朋友的玩具、很难和其他孩子友好相处等，教师不仅不能表扬孩子，还要旗帜鲜明地指出孩子的错误，给孩子以正确的引导，帮助孩子树立正确的人生观和世界观；表扬孩子的优点，表扬孩子的具体行为，要做到及时、具体、准确。

（3）形式要生动活泼。

表扬语要避免过于单一，要针对不同的情况，使用不同的表扬语言，力求表扬形式多样化，使幼儿始终保持活跃的思维状态。除了教师予以正确评价外，还可调动其他幼儿参与表扬和激励的教育活动，使被表扬的幼儿的优点、进步得到广泛的认同。一个会心的微笑，一个赞许的眼神，一个亲昵的拍脸动作，一次和老师的拥抱都可作为表扬语的辅助形式。

（4）语态要真诚，语调要热情。

孩子年龄虽小，对成人说话的语气、表情、动作还是相当敏感的。表扬语要避免语气平淡、语调平板，否则会削减表扬的力度，甚至适得其反。

（5）适合幼儿的气质。

对多血质、胆汁质幼儿的表扬要多戴"高帽"，投其所好，直接明了，使其扬长避短；对粘液质、抑郁质幼儿的表扬要情真意切、活泼热情，辅助以体态语，使其树立自信心。

例如，一个性格内向的小男孩，每次画画都有畏难情绪，总是怯怯地说："老师，我不会！"为了让他树立自信,教师便带他先看看别的小朋友是怎么画的,告诉他怎么握笔怎么画第一笔,甚至握着他的手帮他画,他渐渐觉得画画并不太难,像"我不会"这样的话越来越少了,画面上的内容也渐渐多了起来。在一次"帮外婆烧菜"的美术活动中,他把"烧"好的茄子和青菜拿来给教师看,教师马上表扬了他:"哇,你这么快就炒好了两个菜,老师真想马上就吃,等你把菜全做好,我们和其他小朋友一起吃,好吗?"男孩非常高兴,继续认真"炒菜"。

训练材料

请根据下面教育情景,设计有针对性的表扬语。

　　天天爱玩枪战的几个小男孩做操不认真,活动课也打不起精神。有一次教师让孩子们练习草原骑马的动作,其中一个男孩节拍准,姿势也优美,教师当众表扬了他。后来教师又找他单独谈了一次话。

当众表扬时,教师:＿＿＿＿＿＿＿＿＿＿＿＿＿＿＿＿＿＿＿＿＿＿＿＿＿＿＿
单独谈话时,教师:＿＿＿＿＿＿＿＿＿＿＿＿＿＿＿＿＿＿＿＿＿＿＿＿＿＿＿

六、批评语训练

(一)批评语及其作用

对幼儿言语行为所表现出来的损害他人、推卸责任、发泄不满等表现,教师要在不伤及幼儿人格及自尊的前提下,合理引导,正面教育,阐明错误行为所带来的不良后果。批评是对幼儿某种不良言行作否定的评价,它是一种教育手段,为的是让幼儿引起警觉,自觉纠正缺点或错误,规范行为,有时还能从反面激发幼儿积极向上的动力。合格的幼儿教师既要敢于批评,又要善于批评,批评必须注意方式方法,批评要坚持实事求是,不带偏见歧视,从关心爱护的角度出发,平等对待每一位孩子。对于是非分辨能力较低的幼儿来讲,不时"犯"些小错误是难免的;幼儿教师要根据幼儿出现的问题的性质、幼儿对待问题的态度和幼儿不同的语言接受能力,有针对性地进行批评教育。

(二)批评语技巧

1. 基本要领

(1)控制情绪,用语客观。实施批评必须先调整好自己的教育心理,控制好自己的情绪,言辞才会恳切,才不会说过头话。

(2)一事一评,忌算总账。"算总账"式的批评是对幼儿作全盘否定,容易在幼儿心中形成自我否定的心理定势,教师要就事论事,千万不要给幼儿作定性结论。

(3)少做剖析,多说利弊。少做理性的剖析,重在简单明了地指出其危害性,指出错误可能会造成的后果。

(4)不厌重复,刚中显柔。幼儿自控能力较弱,教师的批评并不能一次奏效,因此要经常指点。为了达到目的,这些包含批评因素的指点,可以语气强硬一些。例如:"拉椅子,声音怎么这么响? 我听到小椅子喊疼。是哪个小朋友,把椅子的腿拉疼了呀?"在对幼儿进行批评时,必须让孩子体会到教师的关心和期待,必须坚持正面教育。用尖刻的言辞挖苦、训斥孩子,不仅是教育口语运用的大忌,更是教育的重大失误。

2. 根据幼儿的不同气质设计批评语

多血质幼儿易接受批评，但往往忘得也快。因此，批评应开门见山，但须注意保护其自尊心和积极性。胆汁质幼儿易冲动、要强，而且经常质疑公平。因此，对这类幼儿的批评应等到其情绪平静后，态度温和地进行诱导。黏液质幼儿往往需要更多的时间来消化反思批评，一旦明白了道理，认识到错误，一般很少重犯错误。因此，对这类幼儿教师一定要给他们思考回味的时间和机会，并要有耐心。抑郁质幼儿表露错误的机会不多，因而受批评的几率也相对较低。对这类幼儿，应多以鼓励为主，即使批评也应尽可能委婉含蓄。

范例分析

1. 幼儿园的玩具娃娃被弄坏了，老师对幼儿说："洋娃娃告诉我，她最大的愿望是每天都和小朋友玩游戏，可是有的人却把她的胳膊和大腿折断了，她很疼，再也不能和大家一块玩了，所以洋娃娃伤心地哭了。"

点评：被折断胳膊和腿不能和小朋友一起玩，都是幼儿的年龄阶段所能体会到的痛苦，教师通过换位思考的方法，批评了幼儿损坏玩具的行为，使幼儿认识到自己的错误。

2. 全园每周五都有"我的玩具大家玩"活动，幼儿都会从自己家中带来新奇有趣的玩具与小朋友分享。正当小朋友在谈笑间兴致勃勃地交换玩具时，幼儿A与B两个小朋友同时拉扯着一个玩具小鸭车的拉环互不相让，这时，A理直气壮地喊道："老师！C不给我换玩具！"教师才知道，原来小鸭车既不是A的也不是B的，而是C的。教师看着站在一旁默不作声的C，他在听到A的喊声后马上低下了头，回避着老师的目光。老师蹲下身，轻抚C的肩膀，他抬头看老师，目光却有些游离。教师马上说道："C，这是你带来的玩具，你来决定是和A交换还是和B交换。"一句话，让C的目光立刻变得坚定了，表情也变得喜悦起来："我想和B交换。"这时A听了，虽不情愿，手却慢慢地松开了拉环。B、C立刻进入了专注的游戏状态，而此时A却显得很失落，用求助的目光看着老师，老师对她说道："你去找一找，肯定会有小朋友愿意和你交换玩具的。"立刻，A眼神里没有了失落，只见她转身跑到小朋友中间，弯下腰用平和的语气询问小朋友是否愿意和她交换玩具，不一会儿，已经看到她兴高采烈地玩起了交换来的玩具。

点评：对幼儿A、B、C之间的争执，其中的是与非不难评判，三个孩子的性格特征也很鲜明。教师的处理方法有三种选择：默不作声，让幼儿自行处理；直接介入；适时引导间接批评。教师选择了第三种方法，结果是：让怯弱的C得到了老师的支持，有了自主选择的权利，增加了与人交往的自信心；使柔弱的B在教师处理问题的言行中学会处理类似问题的方法；强势霸道的A懂得了用强硬的态度会遭到老师的否定与伙伴的拒绝，但又从教师的提示中找到了行动的最佳办法，会在以后与小朋友的交往中改正自己的错误。

训练材料

1. 请根据下面具体情况，设计相应批评语。

（1）早操时几个幼儿在活动室嬉戏打闹，耽误了做操时间。

教师：_____

(2)一个男孩搞恶作剧,饭后用碗里的水浇别的孩子,在混乱中把碗打碎了。

教师:_____

(3)小班的一个幼儿非常喜欢自己的花手套,吃饭、睡觉、户外活动时都拿在手上。

教师:_____

2. 请对下面批评语发表自己的看法,如不妥,该怎么说?

(1)老是毛手毛脚的,真拿你没办法,叫爸爸、妈妈赔一个。

_____

(2)又做错事了,我看你是无可救药了。

_____

(3)走,到别的班去,我管不了你了,叫你爸爸来收拾你好了。

_____

(4)教师:不想听就算了,不想听的就给我出去!

幼儿:(纷纷站起)噢,我们出去玩喽。

_____

(5)做事情总是莽莽撞撞的,又做错了,以后不要你干了。

_____

七、评定语训练

(一)评定语及其作用

评定语即在活动中使用的即时的、情景性的口头评价。它能灵活地点拨、引导、激励幼儿的行为和表现。教师应从多个角度,以公正的、发展的眼光去选择、关注孩子的思维能力、学习方法,对每一个幼儿都抱以积极的态度,寻找和发现他们的闪光点,给予充分的肯定和欣赏,留住孩子最宝贵的兴趣和好奇心,让评价语成为滋润幼儿心灵的甘泉。

(二)评定语技巧

评定语是教师教学中的口语技巧、教育智慧的全面展示,更是教师文化底蕴、人格魅力、敬业情怀的真实体现,虽然多属即兴,却源自教师个人的良好素养。

1. 评定语基本方法

诱发法:一般用于启发诱导幼儿思考、提问。例如,"你看,大家的积极性多高,一个个都举手了,看谁说得最好。"

试探法:目的在于引导幼儿思考。例如,"你的看法真有意思,你为什么会这样认为呢?"

激将法:在遇到难题或气氛不活跃的情况下,可用"激将法"激发幼儿的学习积极性。例如,"这个问题是不是把大家难住了?""我看,这个问题未必有人会回答。"

赞赏法:主要用于肯定、赞扬幼儿的问答。例如,"这个主意真不错! 你一定还有很多别的好主意。"

协商法:可以用来帮助幼儿更正答案。例如,"咱们能不能把刚才的那个办法再改一下?"

鼓励法:一般用于鼓励幼儿发扬优点,克服不足。例如,"你唱得很不错,如果再大声一点就更好了。"

壮胆法:主要用于鼓励能力较弱或性格内向的幼儿。例如,"你前面讲得很好啊,真让老师高兴!

来,再接着说,没关系。"

煽动法:旨在鼓励幼儿发言。例如,"这个问题老师也不明白,看谁最厉害,帮我们讲一讲怎么回事,我们为他鼓掌。"

追问法:进一步激发幼儿思维,让其思考回答得更全面些。例如,"你说得对,还有别的想法吗?"

补充法:用于补充、强调幼儿的答案。例如,"'小白兔'这个名字取得不错,如果我们再给他加上个'骄傲的小白兔'是不是更好啊?"

2. 评定语基本要领

(1) 评定语应简明、准确、有针对性,让幼儿听得真切明白。

评定语应客观地指出幼儿的长处及存在的不足,语言要简洁明了,不冗长,不含糊,对于着意要强调的某个方面,更要讲得清清楚楚。所以,评定语务必恰当准确,有分寸感。另外,教师在评价幼儿时还要注意,既不能一味简单赞扬,也不能草率批评,要让幼儿知道好在哪里、错在何处。例如,"请你再说一遍,这一遍肯定会说得更好,别紧张,慢一点。"这样的评定语针对性强,能给幼儿以鼓励,又能帮助幼儿及时调整不足。

(2) 评定语应情真意切,让幼儿感到实在亲切。

教育是一种温暖的抚爱,"没有爱就没有教育"。教师的评价性语言必须是发自内心的,对幼儿的赞美一定要真诚而亲切,应注意情感效应,要关怀幼儿的成长,理解和体谅幼儿,真诚地帮助幼儿。例如,"说错是正常的,老师也会有说错的时候,没关系,再说一遍。""扬扬,你终于牢牢地记住了这件事情,我真高兴。"当幼儿提出了一个有价值的问题时,老师可走上前去,握住幼儿的小手,注视着他的眼睛,夸赞道:"你的眼睛可真厉害,能发现别人发现不了的问题,多了不起呀!"这样的评定语会使幼儿心花怒放,信心倍增。

(3) 评定语应饱含激励,让幼儿获得自信。

幼儿在学习和生活中都渴望得到一定的认可,获得成功感,不管是教师的评价,还是其他同伴的互评,哪怕只是回答对了一个提问,或是做了某件值得一提的小事,他们都会产生积极而愉快的心理体验。当幼儿愉快体验出现的时候,老师及时予以肯定和激励的评价,会更加重这种体验的感情色彩,从而使体验长时存留,促进积极行为的再度出现。

(4) 评定语应富于变化,让幼儿耳目一新、喜闻乐见。

激励的评定语要注意恰到好处。不要言过其实,给人带来虚假的感觉,同时也要注意避免单调枯燥,总是把一些套话进行机械重复,如"你真棒""好的""很好"等。相反,评价语言灵活多样、随机变化、注重创新,幼儿就想听、爱听,而且愿意为之积极争取。评价语言要不拘一格,除了经常变换词句外,还可以将预设语和随机语有机结合,将整句变为散句,散句变为整句,还可以根据需要及时调整语气、语调、重音、节奏。

(5) 评定语应幽默风趣,让幼儿在轻松愉快中接受教育、获得知识。

幽默风趣的语言是口语交际的润滑剂。同样,运用幽默、风趣的评价语言也是调节师生情绪和活动气氛所不可缺少的方法。富于幽默感的语言更容易使教师实现对教学的有效控制,更容易缓和师生间的紧张气氛,也更能使幼儿保持一种积极、乐观的态度,让幼儿在轻松愉快中接受教育、获得知识。

(6) 评定语的使用还要注意将结果评价和过程评价、即时评价和延时评价结合起来。

3. 根据不同气质幼儿设计评定语

评定语注意幼儿的个性气质差异区别对待,做到因人而异,"一把钥匙开一把锁",注重评价的层次性。对多血质幼儿应多一些赏识与鼓励;对黏液质幼儿应多一点幽默语言,增强其信心,引导其主动进步;对胆汁质幼儿应多一些宽容与耐心;对抑郁质幼儿应多一点亲近和肯定,拉近双方的距离。

另外,在幼儿园教育实践中,经常把表扬、激励和批评语结合在一起使用,并常常在与幼儿的交流中进行。因此,上述的激励语、表扬语及批评语,从某种程度上都可以认为是评定语的一种,在实践中要注意综合训练。

幼儿教师在具备了以上必要的语言技能的同时,还必须具备以下相应的语言策略。

积极的指示和建议。这与我们通常所要求的教育应以正面引导是一致的。这一策略要求教师在对幼儿提出教育要求时,应该多使用平等性的语言,如告诉他们能够做什么,怎样去做,而不是一味地指责他们不能做什么,不应该做什么。但是,如果当幼儿真的已经,或者即将做出他不应该做的事情时,这时教师的建议可以使幼儿改变做法。有关幼儿园教师与幼儿关系的调查显示,由于教师对幼儿消极的命令、指示、批评较多,教师与幼儿之间的关系不太和谐。毫无疑问,积极的建议比消极的命令更为有效,更能拉近教师与幼儿之间的关系,有利于教师对幼儿的教育。

愉快的表达和说明。这一策略要求教师不论何时何地,当有必要向幼儿说明事理时,都要心平气和。多数教师表达积极的、肯定的意见和愉快的情感时,较容易做到这一点;在表达消极、否定的意见和不愉快的情感时,往往很难做到这一点。愉快的表达往往会令人心情舒畅,愿意接受不同的意见和批评。对幼儿来说更是这样,教师和蔼可亲地向幼儿表达自己的好恶或指示,可以使幼儿更容易接纳并乐于服从,那种高声叫喊,或对幼儿动辄训斥的做法,容易引起幼儿的反感和对抗,削弱了教育的作用,影响教育的效果。

适时的鼓励和表扬。这一策略要求教师在幼儿完成任务时要给予及时的表扬;在幼儿遇到问题或困难时要及时地予以鼓励,诸如"嗯,真不错""好样的""好孩子,继续做下去一定行"等语言,加上教师亲切的表情、爱抚的动作,会使幼儿受到鼓舞,增强信心,对身心的发展极为有利。

思考与练习

1. 为什么要根据幼儿的气质特点来使用教育口语?不同气质的幼儿心理表现和语言接受能力有何不同?

2. 沟通语在实际工作中有何重要意义?教师应掌握哪些言语沟通的技巧?使用沟通语时需注意什么问题?

3. 结合实践,体会劝慰语与说服语在使用时有何区别。

4. 激励语、表扬语的使用对幼儿的发展有何重要价值?两者有何联系和区别?试举例说明,激励语的运用需掌握哪些具体技巧?

5. 在实践中,批评语有时可以改为表扬语,试举例说明。

6. 评定语的使用有哪些常用技巧和方法?针对不同气质幼儿的特点和评定要领,你认为分别采用哪些具体方法比较好?

7. 评定语与激励语、表扬语、批评语有何区别和联系?在针对不同气质幼儿特点运用时有何共同之处?试在实践中体验综合运用的效果和技巧,并结合个人体会举例说明。

8. 在掌握基本的教育口语技巧的基础上,教师还应在实践运用中注意什么?

9. 阅读龙应台的《触电的小牛》,思考和回答以下问题:

（1）你对文章中出现的几个成年人对待犯错误的孩子的态度及纠错方法如何评价？对我们有何启示？

（2）分析妈妈的口头语言中都运用了哪些类型的教育口语？

（3）妈妈使用了哪些肢体语言？

触电的小牛

一个秋天的下午，阳光懒懒地照进窗来，浓浓的花生油似的黄色阳光。所以，那么油黄是因为窗外木兰树的叶子金黄了，落了一地，好像有人用黄色的毯子将草地盖了起来。电话刚好响起来。

"您是华德太太吗？"

"是的。"

"您认识一个小男孩叫弗瑞弟吗？"

妈妈脑袋里"叮"一声：出事了。安安和弗瑞弟在半个小时前一起到超级市场后面那个儿童游乐场去了。

"我是哈乐超市的老板。弗瑞弟在我们店里偷了东西，他的家长都不在，您可以来接他吗？"

妈妈把飞飞交给邻居，跳上车。安安在哪里？

妈妈第一次当小偷，也是在八岁那一年。从母亲皮包里拉出一张十元钞票，然后偷偷藏在衣柜底下。可是，衣柜上有一面很大的穿衣镜，坐在客厅里的父亲眼睁睁看着女儿蹑手蹑脚的每一个动作。

安安在哪里？他也偷了吗？偷了什么？

穿过一排又一排的蔬菜，穿过肉摊、面包摊，穿过一格一格的鸡蛋，在后面一个小小的办公室里，妈妈见到了刚上一年级的弗瑞弟。

弗瑞弟马上哭了起来，拳头揉着眼泪，抽泣着：

"是安安叫我来偷的——我自己不要偷的——是安安叫我来的……"

几个大人围在一旁。超市主人小声对妈妈说："他真怕了，不要吓倒他。"

妈妈蹲下来，把弗瑞弟拥在怀里片刻，等他稍稍静下来，才说："你别害怕，弗瑞弟，他们不会叫警察的，我们照顾你。我先要知道——"

妈妈扳正小男孩的肩，直直注视着他，"我先要从你嘴里知道你做了什么。真真实实地告诉我"。

"我进来，拿这些巧克力——"妈妈这才看到桌上一大包糖，"塞在我衣服里面，就这样——"

现行犯当场表演他如何缩着脖子、弓着背、抱着肚子走出去。

妈妈想笑，但是忍住了，做出严肃的脸孔："这个伎俩，是安安教你的还是你自己想的？"

"完全是我自己想出来的！"声音里透着几分骄傲，"全是我自己用脑袋想的。"

"这个小孩，"老板插进来，"上星期我就从镜子里注意到，老是弯腰驼背地走出去，我就要我们小姐注意了。刚刚他又出现，第一次被他走掉，这一次我们是等着他来的。"

妈妈和老板握手，感谢他对孩子的温和与体谅，并且答应会和弗瑞弟的父母解释情况。

弗瑞弟紧紧抓着妈妈的手，走出超市的玻璃门。

在小径上，妈妈停下脚步，弯下身来面对着小男孩："弗瑞弟，我现在要问你一个问题，而你对这个问题必须给我百分之百的真实答案——你答应吗？否则我就从此以后不再是你的朋友。"

弗瑞弟点点头，他的脸颊上还有抹干的眼泪。

"我的问题是：是安安要你去偷的吗？"

"不是，"回答来得很快很急，"不是，全是我自己计划的，安安是我的朋友，我要讲真话。他没有叫我去偷。"

"好，"妈妈用手指抹去他的眼泪，"你答应从此以后再也不拿别人的东西吗？"

他点点头，说："再也不了。"

没走几步，就看见安安坐在一根树干上，两只瘦腿在空中晃呀晃的。他看起来很镇静，那种山雨欲来风满楼的镇静。

当妈妈和安安独处的时候，安安终于憋不住了："妈妈，我没有偷。我没做错事。"

妈妈在花生油颜色的客厅里坐下，安安在她面前立正。

"我不要听一句谎话，你懂吗？"

点头。

"他去之前，你知不知道他要去偷？"

点头。

"他偷了糖之后，是不是和你分吃了那糖？"

点头。

"他以前偷，你都知道吗？"

点头。

"每次都和你分？"

"我们是好朋友。"

"你有没有叫他去偷？"

"没有。"很大声。

妈妈抬眼深深地注视这个八岁的小孩。原野上有一群乳牛，成天悠闲自在地吃草，好像整片天空、整片草原都属于他们，一直到有一天，一只小牛想闯得更远，碰到了一条细得几乎看不见的线——那是界线，线上充了电，小牛触了电，吓了一跳，停下脚来——原来这世界上有去不得的地方，做不得的事情。

"你知道什么叫共犯吗？"妈妈问。

"不知道。"

"共犯，"妈妈说，"就是和人家一起做坏事的人。譬如拿刀让人去杀人，譬如让别人去偷，然后和他一起享受偷来的东西……你的错和弗瑞弟几乎一样重，你知道吗？"

安安在思考，说："他多重？我多重？"

"他六分重，你四分重。够重吗？"

点头。

"我也得处罚你。同意吗？"

点头，眼帘垂下去。

母子两人在书桌旁。"写好了交给我，我去接飞飞回来。"

那天晚上，爸爸和妈妈一起坐在灯下看一篇写得歪歪斜斜的日记：

今天很倒没。弗瑞弟去哈乐抄市被老板代到了。他妈妈不给他糖，所以他去偷。我心里很南受，

因为我也吃了偷来的糖。妈妈说那叫分赃。

我没有偷，但是没叫他不偷，因为他都跟我分。我现在知道，偷是绝对不可以的。我再也不会了。很倒没，妈妈处法我写报告，写错很多字，茶了很久，我心里很南过，很南过。

一九九三年九月二十八日

你知道弗瑞弟的遭遇吗？第二天早上，他捧了一束鲜花，和他爸爸走到哈乐超市，向老板鞠躬道歉。回来之后，被禁足一星期，意思就是说，放学回来只能在花园里自己玩，不许出门。和好朋友安安只能隔篱远远相望。从书房里，妈妈听到他们彼此的谈话。

"弗瑞弟，我妈叫我写文章，现在还叫我扫落叶。你在干什么？"

扫把声。脚踏落叶声。

"我妈也叫我扫花园。叶子满地都是。"

安静！

"可是，我觉得蛮好玩的——你不喜欢扫落叶吗，弗瑞弟？"

"喜欢呀，可是我妈还叫我三天不准看电视。"

"啊，我也是……"黯然。

又是一个阳光浓似花生油的下午。

附：

幼儿园教师用语与忌语

一日生活环节	教 师 用 语	教 师 忌 语
来园环节	"小朋友，早上好！" "请把包放在衣橱里！" "你真棒，请给妈妈拿卡。" "让老师来给你做晨检。" "请坐好！" "请小朋友洗手。" "很精神！" "请安静听。" "今天真漂亮！" "跟妈妈说再见。" "几天没来，老师都想你了。"	"快进来！" "别哭了！" "闭嘴！" "快点坐好了！" "怎么又哭了？" "别说话了！" "就你爱哭！" "哭什么呀？" "看见你我就烦！" "再来晚了就不给饭吃！"
进餐环节	"小胸脯贴着小桌子，小嘴巴接着小碗。" "一手扶碗，一手拿勺。" "一口菜、一口饭，细细嚼慢慢咽。" "今天的饭真香啊，小朋友们请吃吧！" "看谁吃饭吃得最干净啊！" "吃饭时请保持安静。" "这个对身体特别好，吃了会长得又高又壮。" "请爱惜粮食，不要掉饭粒。" "请送碗，擦桌子。" "请把小椅子送回家。" "请去漱口、洗洗小嘴巴。" "吃饭时请不要发出声音。"	"快点吃！" "不许转来转去！" "看你把饭粒掉得哪都是！" "再不好好吃，明天不给饭吃！" "你怎么吃得这么慢？" "快点吃，时间到了！" "不行，必须吃完！" "不想吃，就饿着！" "你怎么吃得那么脏啊？" "闭上嘴，赶紧吃饭！" "不吃不准回家！" "谁又忘送椅子啦？" "你怎么那么能吃啊？" "会坐好了吧？"

一日生活环节	教 师 用 语	教 师 忌 语
区域活动	"请小朋友安静!" "小手放下。" "请小朋友悄悄地跟老师走出来。" "让老师来帮助你,咱们一起玩好吗?" "请不要打扰其他小朋友。" "你真棒!" "不着急,慢慢来。" "你的手真巧!" "你真爱动脑筋!" "对不起,是老师做错了。" "做手工的时候不要用小嘴巴。" "等他做完,你再去取好吗?" "你想让谁跟你一起搭房子?" "活动结束,请把玩具送回家。"	"闭上嘴,别说话!" "去,自己送去!" "你能不能轻点?" "别乱动别人的东西!" "赶紧拿!" "看你都弄乱了,真笨!" "你看别人做得就比你强!" "你怎么这么笨呀!" "就知道哭,没出息!" "谁让你这么做的?" "别说话,太吵了!" "会做吧? 不会就送回去!" "怎么又给弄坏了? 以后别做了!" "往哪看呢? 看我!" "眼睛干什么用的? 乱放玩具!"
盥洗环节	"请小朋友去厕所小便,不要尿裤子哦!" "请小朋友挽起小袖子!" "请小朋友放面条水!" "搓手心,搓手背,搓手指。" "请小朋友站在小脚丫上排队接水!" "多喝水长得美!" "慢慢走,别摔倒!" "请大家排好队别拥挤!" "请把小嘴巴洗干净!" "披裤子,不着急。" "你真有礼貌!" "请把小杯子送回家!" "一定要多喝水,不然会上火流鼻血。" "多喝水,身体棒!" "大家排好队,轮流接水不拥挤。" "尿裤子啦,没关系,老师帮你换下来。"	"去,上厕所!" "不知道挽袖子啊?" "把水关小点!" "闭嘴,上厕所,别说话!" "会不会排队?" "再玩水给我出去!" "别弄的哪里都是!" "快点喝,别磨蹭!" "昨天白教你了!" "你怎么这么不听话啊?" "怎么不知道站在脚丫上喝水? 没记性!" "真傻,又尿裤子了!"
户外活动	"走廊里面请安静。" "请小朋友跟着老师做。" "天天锻炼身体好!" "你真棒!" "加油!" "一个跟着一个走。" "小朋友不乱跑。" "请你们不要掉队,掉队就把队伍变慢了。" "排排队,排成一条大长龙。""下楼梯请靠右边走。" "小眼睛看着老师。" "请你安静地等待一会,请认真听口令。" "请小朋友自己穿好衣服,你们做操做得真好看啊!" "这多危险啊,不能这么做。" "小手扶着小扶手。" "玩滑梯时不要拥挤。" "看哪个小朋友做得最漂亮?"	"走廊里面别嚷!" "会站队吗? 站好了!" "你走吧,我不要你了!" "把手伸出来,你怎么那么懒!" "不会站队就别出去啦!" "别乱跑,给我回来!" "赶紧站队,别磨蹭!" "站好了,站不好别站了。" "别东张西望的,看我!" "学了这么多天都学不会?" "你就在这站着吧!" "赶紧,快点跟上!" "你做不做操,不做就回去!"

一日生活环节	教 师 用 语	教 师 忌 语
散步环节	"走廊里面小朋友要像小花猫一样静悄悄。" "请小朋友小手背后，安安静静看墙上的画。" "吃完饭了，我们去散散步吧。" "请小朋友跟我一起说儿歌。" "刚吃饱，别乱跳！" "宝宝们，我们要像小花猫一样，去看小鱼，小鱼都睡觉了，请你小手背后，安静看小鱼。" "请小朋友们一小步一小步地走。" "孩子们声音小点！" "请你跟紧队伍。" "我们的胃像气球，吃饱了跑步小气球会破。" "散步时不要跑，慢慢走。"	"闭嘴，别说话！" "别乱跑。回来！" "谁还动墙上的画呢？" "你怎么这么懒呢？" "不许动！" "再碰墙就把你留在这儿！" "闭上嘴巴！" "别回去了，你就在这吧！" "上别的班吧！" "谁还说话呢，太吵了！" "跟着老师走，不跟老师走的话就送到别的班！" "别回去了，外面待着！" "快点，跟上！" "不好好走，就自己在外面待着吧！"
午睡环节	"小宝贝，要睡觉啦！" "请把小袜子脱掉放在小鞋里。" "美美地睡一觉，做一个甜甜的梦。睡醒后讲给老师和小朋友听。" "把脱下来的裤子叠好放在小枕头边上。" "请小朋友们不要说话。" "请小朋友盖好自己的小花被。" "老师给你讲故事。" "衣服裤子叠叠好，放在椅子正中央。" "小小鞋子站好队，椅子下面睡午觉。" "小朋友上床去，小花被，盖盖好，闭上眼睛睡午觉。" "盖好被子不蒙脸，上床睡觉静悄悄。" "小宝宝睡觉，睡好午觉有精神。" "请把你的小眼睛合起来。" "我陪着你呢，闭上眼睛睡一会吧。" "看看宝贝们谁最先睡着。" "不要说话了，安安静静地睡觉。"	"闭嘴，快点上床！" "赶紧脱鞋脱袜子！" "再不睡，一会儿不让你起床！" "不睡觉的小朋友，你就起来站着吧！" "快睡，别说话！" "自己脱！" "我看谁还睁着眼睛呢？" "再不睡觉，晚上不让你妈妈来接你！" "不睡觉下午别起来了。" "睡不睡？不睡把你摞床上吧！" "再不睡就出去吧。" "干什么呢？还不睡！" "别闹了，快躺好！"
午点环节	"今天我们吃的是×××。" "请小朋友们吃午点。" "小胸脯贴着小桌子，今天的午点是什么颜色的？" "你们想知道吗？那么宝贝们快尝一尝吧！" "请把小椅子摆正。" "请把吃完的果皮扔进撮子里。" "吃完水果到卫生间洗手、洗嘴、喝水。" "慢慢吃手里的水果，越吃越健康。" "请把××吃得瘦瘦的。" "请你安安静静地吃，请值日生擦桌子。" "请小朋友吃水果时别发出声音。" "请小朋友有秩序地轻轻搬椅子。" "多吃水果身体棒！" "水果水果有营养，多吃水果皮肤好。" "水果水果营养多，宝宝见了心里乐，吃什么，吃××吃了××好长个儿。" "宝贝们，洗完小手了吗？我们要吃午点了！"	"吃午点了，快点坐好！" "快点吃，别磨蹭！" "别把果皮乱扔！" "别乱吐，快点吃！" "皮都不会扒，笨死啦！" "快吃水果，别说话！" "你怎么吃得这么慢？" "抢什么呀？" "吃不完就扔掉！" "吃什么都那么慢！" "不许剩，快点吃！" "不安静就别吃了！" "这是谁的果皮，快点扔了！" "这是谁的？这么脏？" "快点吃，别人都吃完了！" "别弄得满地都是！"

一日生活环节	教　师　用　语	教　师　忌　语
教学活动	"请把小椅子搬到小绿线上,小手放在膝盖上,小嘴巴锁住。" "请小朋友认真听老师说话。" "请把小眼睛看向老师。" "你回答问题的声音真大,真棒!" "看××学得多认真啊!" "请小朋友们一个一个地说。" "请小朋友举手告诉老师。" "用你的小脑瓜仔细想一想,请给×××鼓鼓掌!" "×××小朋友说得很完整,太棒了!" "你唱歌的声音真好听。" "你有不一样的想法吗?" "×××小朋友涂色没有涂到线外面,真能干!我们都来向他学习。" "请你再大声地说一遍好吗?" "真是个聪明的好孩子。" "看看谁的眼睛圆又大?" "你爱动脑筋,老师真为你高兴。" "没关系,你再认真地想一想。" "让我们一起来试试吧。" "这是怎么回事呢? 我们来看看吧。" "咦? 什么东西这么好玩? 讲给我听听。" "×××举起小手,我来请她回答。" "请把话说得长长的。" "×××回答得很具体!" "声音再大一点就更好了。" "请仔细地听小朋友的回答。" "勇敢一点,你是最棒的!" "请你再听老师提的问题。" "你画得很好,颜色用得很漂亮!" "请你向我这里看。" "你真细心。" "你回答得真好,平时一定很爱观察。" "请小朋友们保持安静。" "嘘……嘴巴要关上,竖起小耳朵仔细地听。" "下课了,小朋友们再见!"	"搬椅子过来!" "把手放在膝盖上,闭上嘴!" "眼睛往哪看呢? 看我!" "听我说话了吗?" "会举手吧? 不举手别说话!" "别嚷啦,一个个说!" "你说的不对! 错了!" "笨死了,什么也不会!" "快坐好,你会不会坐着?" "别这看看,那看看,瞎看啥呢?" "吵死了,真难听!" "你真笨!" "快坐好! 不会坐着,一边站着去!" "谁教你,谁倒霉!" "你怎么这么调皮?" "快点坐好了,不坐好收拾你!" "会搬椅子吧? 说几遍了?" "小手放哪? 记不住?" "会举手吧? 不会我就不叫你!" "看着我!" "给我闭嘴!" "你怎么有那么多的为什么?" "别大惊小怪的!" "没有一次答对的时候!" "行了,你可别说了,坐下!" "你就不爱动脑筋,别人说什么,你就说什么!" "有什么好看的?" "不用你说!" "怎么了,快说啊,不知道,你举什么手啊?" "说的什么呀? 净瞎说!" "说什么呢! 大点声!" "不会就别乱举手!" "谁让你说的?" "准是没认真听。" "不对! 再想想!" "你们别乱动了,听我的!" "上课了,都把嘴巴关上!" "都干什么呢? 还说?" "不好好听讲,就给我出去!"!
离园环节	"请小朋友坐在小椅子上。" "请叫到名字的小朋友到老师这来穿外衣。" "请把你的小脚伸出来,看看小鞋有没有头对头。" "请叫到名字的小朋友站队回家了!" "×××小朋友再见!" "明天见!" "请安静地坐在小椅子上等爸爸妈妈。" "明天高高兴兴的来幼儿园,老师在这等你。" "请你跟我这样做。" "请你耐心坐在椅子上等待。" "我用很小的声音叫名字,请小朋友们安静。" "别着急,我们一起做个游戏。" "你想看着书等爸爸来接吗?" "请小朋友带好自己的东西,安静地等待。" "×××小朋友再见!"	"都坐小椅子上!" "快点过来穿外衣。" "怎么又把鞋穿错了?" "再说话不让你妈来接你了!" "你们孩子打人啦,回家管管!" "你怎么总是这么晚接孩子? 事儿真多!" "叫你听不见吗?" "你耳朵不好使?" "你别走了,不让你回家了!" "闭上嘴!" "坐那等着,要不别回家了!" "别哭了,有什么可哭的? 自己坐那等会儿!" "别说话,不然就留这吧!" "在那待着别动,我还没叫你呢!"

第五章

交际口语训练

学习提示

认识教师交际口语运用的基本原则和要求，了解并初步掌握幼儿教师在教育、教学以外的工作语境中，口语运用的基本技能。

第一节　教师交际口语概述

一、教师交际口语的内涵

口语交际是特定的人，在特定的语境里，为了特定的目的，运用语言手段传递信息、交流思想和表达感情的一种言语活动。教师交际口语研究的对象不是一般的社交现象，而是对语言的使用，是指教师在直接性的教育、教学活动之外，以教师身份参与其他工作使用的口语，如教师同家长、上级、同事以及社会各界人士间进行交际所用的口语。

二、教师学习交际口语的意义

交际口语不是一般意义上的"口才"，而是一个人知识、经验、心理、思维以及审美等方面的综合反映，是一个人人文素质的综合体现。

幼儿教师学习交际口语不仅是为了适应现代社会生活的需要，更是幼儿教师的职业要求。幼儿教师在教育、教学工作之外，一定会和领导、同事、家长以及社会各方面的人进行交流。积极沟通、善于交往的教师更容易树立良好的职业形象，赢得各方面的理解、信任和支持，有利于事业上取得成功。

三、教师运用交际口语的原则

（一）双向互动原则

教师交际口语具有双向互动性。双向互动性是指乙方接收到甲方的信息后引起的反应。这种反应反馈给甲方，便构成双向的交流，即双方均参与传递信息的活动，相互影响。在这里，说者和听者的地位在不断变化中求得平衡；乙方是信息传递者，甲方即为信息接收者。当甲方变为说者时，乙方就成了听者。甲乙双方在交流中呈现出双向循环的运动过程。双向互动作为一种双向传输语言信息的交际活动,受到时间、场合、传递方式的种种制约,具有发生的随机性(除有计划、有预约的会谈和访谈外)、话题的游移性、时间的不确定性(随时可能中断)、表达的口语性(由于交谈的随机性,往往来不及对语言加工润色,多用平实、自然的口语,以达意为主),以及主客体的互变性(听、说互换,问、答交替)等特点。掌握交谈的特点和技巧,讲究交谈的艺术,对于交谈的融洽、高效、成功具有重要作用。

事实上,人们在口语交际活动中,除了双方偶然邂逅的即兴交谈或无明显交际目的随意闲聊外,一般都有明确的交际目的,并且由交际主动的一方控制话语权、决定着交际内容的指向,因此交际中主动的一方要注意以下三点。

1. 善于提出话题

提出话题的方法有如下三种。

(1) 开门见山法。交谈一开始,就直截了当地从正面提出交谈的话题,表明交谈的目的,或提出要询问的问题,明确探讨的重点,很快"进入角色"。常用于咨询、访问、联系工作等场合。使用这种方法的前提是事先选好对象,了解有关情况,并分析双方的关系,便于把握交谈的深浅。

(2) 迂回入题法。有时,直入正题还缺乏心理、情感基础,或者估计交谈对方会有唐突之感,可以先谈些别的话题,边谈边分析对方的反应,先消除对方戒心,缩短心理距离,待"时机"成熟,再巧妙切入,谈话成功的希望会大得多。在表达求助、劝谏的内容,而对方身份为长辈、上级或初次交往时,常用这种方法。比如,著名的触龙说服赵太后的故事就是典型的迂回切入话题的例子。

(3) 即境入题法。在进行思想沟通的交谈中,有时遇到"敏感"的话题不便直接提出,可以用创设情境做好铺垫"诱人入彀",或即境入题的方法。用于疏导、说服、劝慰的交谈中,容易促人感悟。

2. 善于控制话题

在一般"即席性"交谈中,参与交谈者可以随时提出自己感兴趣的话题,因而常常会出现话题随着交谈进行而自由转换的情况。即使事先作限制,如果中途不加以控制,交谈就会没有中心,如果是会谈、议事,就容易出现"跑题",开成拖沓冗长的"马拉松"会议,甚至"议而无决"。控制话题的方法主要有提醒法、重申法、引导法。

3. 善于转换话题

恰当地提出话题,主动地控制话题,这是交际成功的重要条件。在某些情况下,也需要巧妙地转移话题。掌握时机,讲究技巧,以避免给对方造成唐突或不礼貌的感觉。

(二) 角色的定位与转换原则

幼儿教师在工作交往和社会活动中只要是以幼儿教师这一角色出现,交际的对方必然会把角色定位在幼儿教师这一职业角色上,就会按照幼儿教师的标准来衡量对方,因此幼儿教师要遵守职业道德,树立良好的职业形象。

在教育、教学活动中,幼儿教师口语交际的主要对象是幼儿,教师处于主导的权威地位。在教师其他工作语境中,交际对象变换,不再是教育对象,而是幼儿以外的社会上的各种人,口语交际双方就处于平等的地位。因此,教师还要具备"角色转换"意识,既要在口语交际中体现教师的学识修养,又不能给对方以好为人师的感觉。

不成功的口语交际有时是由于忽视了自己在不同场合中的不同角色转换,交际场合变了而角色没变,同样会影响双方的交流。

例如,李老师作为幼儿园代表参加一个会议,大会结束后,旁边有一位女士和李老师交谈:"你好,请问你在哪里工作?"李老师说:"市直幼儿园。"那位女士眼睛一亮:"太好了,你贵姓啊?我的

孩子马上就要上你们幼儿园了，我想咨询一下，是不是上了蒙氏班孩子就更聪明？"李老师说："免贵姓李，蒙台梭利是国外有名的幼儿教育家，如果对此感兴趣，你可以到网上深入了解一下。"这时候女士从包里掏出了一个小盒子，递到李老师面前："李老师，咱们真是有缘分啊，这种口红特别好用，你试试吧！"李老师说："谢谢了，但是我不能收你的礼物。"女士接着说："孩子要去你那儿上幼儿园，将来还希望你多照顾照顾呢！你就收下吧！"李老师微笑着说："欢迎你把孩子送到我们幼儿园，我和所有的老师都会很好地照顾孩子的。幼儿园还有事，我就先走了，等你送孩子的时候我来接待你，再见！"

李老师的话恰当、准确、简洁又不失热情，符合人们心目中对幼儿教师的定位，也体现了幼儿教师的职业道德。

（三）适应语境原则

1. 语境的内涵

语境是言语环境的简称。语境很重要，它是众多学科关注的问题，更是修辞学、语用学关注的对象。语境是言语交际所处的现实环境，包括社会环境或自然环境、交际的时间或交际的场合、交际对象以及交际双方的各种相关因素（如身份、经历、性格、修养、心情、处境、知识水平及关系亲疏等）。

语境有狭义和广义之分。

狭义语境，通常指言语内部之间的关联，即指"前言后语"和"上下文"。冯广艺先生在《语境适应论》一书中认为："作品内的上下文，从语篇的构成上看，它包括篇、段、句、词语等。"在具体语用中，孤立地看一个词一个句子，难以理解。例如，某报有一篇谈洗澡的文章，说到"美国人为别人洗澡"，而"中国人为自己洗澡"，不看文章上下文，这两句话就令人费解。人们发出疑问：难道美国人有这样的风俗，洗澡时自己舒舒服服躺在浴缸里，由他人为他清洗？直到看了上下文，才明白作者所要表达的意思：原来美国人习惯早晨上班前洗澡，是为了让同事、老板感到自己精神饱满，留下一个朝气蓬勃的好印象；中国人为了自己的清洁和舒服，所以一般在晚上洗澡。可见，任何一个词、一个句子、一个言语片断都不能脱离上下文语境。

广义语境，是指狭义语境之外的语境，如社会环境、地域环境、时代背景、社会思潮、文化积淀、交际对象、民族民俗风情等。这些语境又有显性和隐性语境之分。所谓显性语境，是指对语言交际起着直接制约作用的构成因素，如言语交际的时间、地点，交际对象的性别、年龄，交谈的话题，表现的言语行为甚至言外之意等都是显性语境的构成要素。所谓隐性语境，是指那些制约言语交际的潜在因素，如社会环境、社会思潮、民族民俗风情、言语交际双方的心境乃至性格、为人等，这些潜在的因素不易让人感知，而要通过认知才能领悟到。

2. 如何适应语境

适应语境的基本原则是因地制宜、因时制宜、因人制宜。教师在口语交际中，要根据不同的处所、时间、表达对象，选择恰当的表达内容和方式。要注意在庄重的场合不轻佻戏言，喜庆的集会上不说不吉利的话，对老人讲话要恭敬和蔼；对家长说话要通俗平易；对性格急躁的人，要简洁明确；对于屡受挫折的人要亲切热情，要先创造和谐的气氛再作劝勉。

适用语境是一个复杂的语用活动，它包括以下两个心理活动过程：

一是语用主体认知语境的过程。语用主体在未建构话语之前，必须认知语境，即必须认知言语行为是面向何人、何时、何地、何事，从而准确感悟、认知语境，包括显性语境和隐性语境。

二是语用主体必须根据已认知了的语境，驾驭语言，使言语形式承载的言语内容不仅要尽可能地顺从、适应语境，还要充分利用语境来建构艺术得体的话语，才能收到好的效果。

一个大班幼儿的姥姥在幼儿园门口遇到带班教师,不满地问道:"人家有的幼儿园都在教拼音,你们怎么不教?"教师赶紧解释:"我们严格遵循教育规律安排幼儿的教育教学活动,重在培养幼儿良好的行为习惯和学习习惯,汉语拼音知识属于小学教学内容,考虑到大班幼儿的幼小衔接问题,可能在下学期会涉及一些汉语拼音的内容。"姥姥继续问道:"别人先学了,到小学还跟得上吗? 再说一学期学得完吗?"完全一副不信任的样子。这位教师突然想到上次家访时,遇到个另一所幼儿园的孩子在念汉语拼音,发音很不准确。于是,她赶紧转移话题,谈起了家访的情况,并强调汉语拼音的发音很重要,如果基础不牢发音不准以后很难纠正。这一话题引起了家长的共鸣,姥姥说她年轻时学过俄语,有些人一开始没学对,后来怎么纠正都说不好,而她的俄语发音很准,经常得到老师表扬。就这样疏通了双方交流的渠道,后来这位家长和教师还成了好朋友,经常向教师反映自己和其他家长对幼儿园的建议,对改进幼儿园各方面的工作都起了不小的作用。

点评:这名教师根据不同的交际对象,选择了恰当的表达内容和方式,她理解老人爱外孙心切的心情,没有对一位老人的疑问置之不理,而是耐心地进行了解释,还巧妙地转移话题,找到了共同关注的话题内容,收到较好的交际效果并得到家长的尊重和理解。

思考与练习

1. 教师交际口语的特点是什么?
2. 本节范例对你有什么启示?

第二节 幼儿教师交际口语分类训练

一、与幼儿家长交际及训练

(一)家访谈话

幼儿园教育与家庭教育紧密相连,互通情况,争取家长配合,这是幼儿园教育不可缺少的一部分。因此,教师必须定期或不定期地做家访。幼儿的家长分布在社会各界,而且层次不同,性格各异,能否进行有效的家访,在很大程度上取决于教师的谈话技巧。因此,教师必须具备与幼儿家长沟通的语言技能。

家访的种类有一般性家访、慰问性家访、表扬性家访、沟通性家访、防微杜渐性家访、纠正不良家庭教育的家访等。

家访的目的是与幼儿家长互通情况,交流各方面的信息。它不仅能沟通师幼之间的感情,解决一些在幼儿园难以处理的问题,还能使幼儿家长了解并支持幼儿园的工作,在对幼儿教育方面与幼儿园保持一致,形成教育的合力。

教师与家长谈话的基本程序和基本方式大体分为三个阶段展开。

第一阶段：教师向家长介绍幼儿园教育情况及幼儿在幼儿园表现。这个阶段基本上是以教师独白的形式进行。

第二阶段：教师向家长了解幼儿在家里的情况，包括幼儿家长的基本情况、家庭对幼儿的教育情况、幼儿在幼儿园外的情况等。这个阶段基本上是以教师发问的形式进行。

第三阶段：教师与家长共同研讨教育幼儿的措施与策略。这个阶段基本上是以双方交谈的方式进行。

在家访前要做好以下两方面的准备。

第一，了解幼儿，把握家庭情况。家访前，教师必须对幼儿在幼儿园的表现有一个全面具体的了解：优点有哪些、主要缺点是什么、应该加强哪些教育，有根有据，公正客观；对幼儿家庭应该有所把握，譬如家长的职业、家长的个性特征、家庭的基本状况、家庭教育情况等，以此确定说话的方式方法。

第二，目的明确，家访及时。每次家访的目的都应十分明确具体，或者因为幼儿存在某方面的缺点而了解家庭原因，或者因为幼儿有某方面的特长，希望得到家长的支持，或者因为家长忽略了某方面的教育而使幼儿存在某方面的不足，建议家长采取措施等。根据家访的目的，谈话重点有所不同，同时必须及时发现问题，及时与家长联系，及时解决问题。家访必须从关心和教育幼儿出发，而不是向家长告状，不是利用家长来惩治幼儿。

家访谈话要讲策略和技巧。交谈时，要营造和谐的氛围。谈及幼儿在幼儿园表现要从正面肯定入手，创造良好的谈话环境。当与家长意见不一致时，要避免与家长争吵，更不能对家长下达命令，对家长的建议和批评要巧妙地提出来。家访语言要做到"五要五不要"：要态度谦和，不要盛气凌人；要开诚布公，不要藏头露尾；要实事求是，不要转嫁责任；要胸有成竹，不要随意发挥；要一分为二，不要轻诺寡信。此外，还要把握好谈话时间，不要冗长拖沓。

范例分析

1. 一位幼儿教师初访某孩子家庭时，见客厅里有两位年纪相仿的成年男子，她凭与孩子容貌相似程度，向其中一位说道："我是某某的老师。如果没有猜错的话，您就是某某的父亲。"对方点头称是。另一位则指着孩子的父亲插言道："他还是我们总经理。"老师微微一笑，答道："这一点我早从'幼儿登记表'中知道了。不过，我这次来可是找孩子的父亲的。"巧妙的回答，把自己置于与孩子家长平等的地位上，接下来，她侃侃而谈，毫不拘谨，博得了家长的敬意。

点评：这位教师以不卑不亢的态度创造了良好的谈话环境。不仅把双方放在了平等的地位上，而且明确了家长的责任，有益于和家长进一步的交谈。

2. 教师：呦！您家养了这么多好看的花！我就跟走进百花园似的。

家长（爷爷）：老师您过奖了。

教师：养这些花不容易吧？

家长：是啊，要浇水、施肥、剪枝、松土……什么时候，什么花施什么肥都有讲究，侍弄不好就不开花。

教师：对。养花跟育人一样，您对养花这么有研究，对您的孙子是不是……

点评：由养花说到育人，这是巧妙连接；由对养花有研究说到对育人没研究，这是强烈对比。老师虽然没直接点出那位家长对育人的忽视，却从对比的语调中，从委婉的删节中可以看出端倪。这种抓住契机一语道破的谈话是值得学习的，也是家长容易接受的。

训练材料

1. 家访情境训练

根据下列情况，设计与家长谈话的目标与步骤。

(1) 近一时期，大班的某小朋友经常迟到，集体活动时要么打瞌睡，要么注意力不集中，神情恍惚，听说是因为父母正在闹离婚。

(2) 幼儿×××，经常打骂其他幼儿。

(3) 向新入园幼儿的家长了解幼儿的生活习惯和在家表现。

2. 家访模拟训练

(1) 训练方法

按以下材料作一次模拟家访谈话，并分角色演练，经推选，可在全班观摩，供大家评议。也可随幼儿园教师家访，实地观摩及作记录。

(2) 训练内容

① 向家长介绍幼儿在一日生活中的道德、行为、习惯、交友、语言发展等方面的表现；

② 向家长宣传、讲解科学育儿知识，传递信息；

③ 了解幼儿生活、劳动及身心发展的情况；

④ 征求家长对教师工作及幼儿园工作的意见、要求；

⑤ 与家长共同研究科学教育幼儿的办法与措施。

3. 用恰当的交谈，处理以下家访中碰到的问题。

(1) 一位幼儿教师来到一个幼儿家里，敲开门，孩子的父母正在与两位朋友围着桌子搓麻将，兴致正浓，以致孩子领着老师进来了，孩子的父母也没起身，只是抬起头瞟了一眼，说声："请随便坐。"仍然埋下头玩麻将。过了一会，觉得有些过意不去，又抬起头来说："会搓麻将吗？来，一块搓几圈。"丝毫没有接待老师的意思。

面对这种局面，你认为用什么方式能开始你跟这位家长的谈话？并模拟幼儿教师说出来。

(2) 一位幼儿教师打电话预约家访时间，幼儿的家长是一家大公司的总经理。一接到电话，立即回答说："哎呀，真对不起，今天下午要开会，晚上也做了安排。这样吧，孩子的事，您最好跟她妈妈谈，如果一定要找我，以后再打电话来吧。"

面对这种局面，你认为谈话将怎样继续下去，并模拟教师的口吻说出来。

(二) 家长会谈话

家长会是由教师组织幼儿家长共同参加的集体会谈。召开家长会前，教师要精心准备，思考好如何介绍幼儿园、班级概况、幼儿的学习情况及表现、需要家长配合解决的问题等。对于家长会提出哪些问题，都要有一定的思想准备，以便在家长会上能够自如地应付，而不能打无准备之仗。

家长会上的讲话特点是"一对多"。教师讲话要从正面赞扬入手，不要点名批评幼儿，以使家长难

堪，更不要把家长会变成"告状会"。创造同喜同忧和谐融洽的谈话氛围，争取到家长的配合，顺利完成既定的教育任务。

范例分析

1. 一次家长会上，教师从不同角度表扬了全班每一名幼儿的优点，每位家长都很光彩，纷纷用满意、感激的目光看着教师，接着教师又把班上存在的问题不点名地归纳了一下，并提出了今后的要求。散会后，不少家长主动找教师说明自己孩子的缺点，探讨共同教育的良方。

点评：欲抑先扬，点到即止，是家长会上讲话的语言策略，能维护家长的自尊心，争取家长的主动合作。相反，当着其他家长的面批评孩子，甚至用讽刺、挖苦的言辞教训家长，是家长会讲话的大忌。

2. 一位青年教师在家长会后，要求一位家长留步，当着其他人的面对这位家长说："你不要走，一会儿，研究一下你孩子的事。"等其他家长走了，老师热情地请他坐下来谈，可是家长已经是怒气满面了。他第一句便说："我孩子怎么了？你当这么多人的面太叫我难堪了！"这位教师费了好多唇舌才挽回局面。

点评：和家长谈幼儿的问题，要顾及家长的面子，不能使家长难堪，否则很难和家长进一步沟通。

训练材料

根据下面的情境材料，准备一段家长会讲话，在班上试讲。

1. 小班幼儿入园后，第一次家长会上你作为教师讲一段话。

2. 大班幼儿就要离园进入小学阶段的学习了，在学期结束的最后一次家长会上你以老师的身份讲一段话。

3. 针对家长娇惯孩子的现象，设计一段家长会讲话。

4. "六一"节前，在家长会上讲关于幼儿园团体操比赛的服装颜色、样式等要求。

5. 在家长会上讲关于"幼儿营养过剩不利健康"的知识。

（三）接待家长来访谈话

接待家长来访包括当面来访与电话来访。当代社会的家长已经认识到教育的重要性，越来越多的家长到学校主动找老师了解情况。当幼儿家长主动来访时，教师要热情接待，态度要谦和、诚恳，认真听取家长的意见并作出解答。如果态度冷淡，寥寥数语就想把家长打发走，无疑会失去家长的信任感，既有损于自己的教师形象，也影响幼儿园的声誉。在接待家长来访时，教师要迅速了解家长来访的动机与心情，认真倾听谈话内容，以便有针对性地调整话题或适应谈话的语境。

范例分析

一名家长来幼儿园，向教师询问自己孩子在幼儿园的情况。这名教师正在编写教案，于是对家长说："你稍等一会儿，我写完了就跟你谈孩子的事。"等这名教师写完教案后对家长说："你的孩子在幼儿园表现还可以，整体情况还不错。就是有个别的地方需要改进。"

训练材料

接待家长来访情境训练

1. 小明父亲来到幼儿园说,近日小明口吃愈来愈厉害,家人都十分着急,他希望能得到老师的帮助。根据小明父亲的请求,设计一段话,使家长消除顾虑,并介绍口吃早期矫正方面的知识。

2. 阅读实例"对话",谈谈你对李老师与家长谈话的看法。

3. 根据提供的实例,重新设计教师与家长的谈话。

  李老师:"为等您,我晚下了一个小时的班!"

  张明母:"我的孩子又……"

  李老师:"您的孩子迟到了,正好让我们主任看见,给我扣分了!"

  张明母:"我当什么事呢,不就是迟到吗?"

  李老师:"这事对你是小事,对我可是大事……"

  张明母:"不瞒您说,我天天上夜班,早上就是起不来。"

  李老师:"那好,您的孩子要是天天迟到,别怨我不让他进班。"

(四)亲子活动语言设计

1. 亲子活动的意义

"亲子活动"是"亲子教育"的重要组成部分,是一种以亲缘关系为基础,为了建立良好的亲子互动关系,实施亲情影响的有目的、有计划的教育活动。具体来讲,幼儿园的亲子活动是根据幼儿的身心发展规律,在教师的指导下,以游戏活动作为主要教育手段,由孩子的父母或其他看护者共同参与的活动形式。

随着社会的发展,人民生活水平的提高,家长们越来越重视对子女的教育。但是,在家庭教育中亲子活动普遍存在着一些问题:一是家长忽视孩子的游戏活动以及与他人、同伴的交往;二是部分家长忙于工作和应酬,很少有时间与孩子进行交流,缺乏参与幼儿教育的意识,亲情的淡漠极大地影响了孩子身心的健康发展。因此,幼儿园举办形式多样的亲子活动,不但密切亲子关系,而且能促进孩子的健康发展。具体来讲,亲子活动具有以下三方面的价值。

一是通过亲子活动促进亲子关系的健康发展。家庭中的亲子关系将对孩子终身发展产生重大影响。亲子关系直接影响孩子的心理发展、态度行为、价值观念及未来成就,但在现代社会中,由于家长的工作压力较大,被自身的一些问题所缠绕,就会产生情绪不稳定,对孩子的态度较急躁,导致亲子关系比较紧张,缺乏应有的和谐、愉悦。有些家庭几个大人围着一个小孩,对孩子过分的溺爱,这种亲子关系也是不正常的。可见,在孩子的成长过程中,健康的亲子关系很重要,开展丰富多彩的亲子活动不仅有益于亲子之间的情感交流,促使亲子关系健康发展,同时对幼儿本身的发展也具有重要的促进和影响作用。

二是通过亲子活动提高家长的科学育儿水平。幼儿园是按照儿童身心发展的特点为儿童设计和组织各种亲子活动。在亲子活动中,教师可以引导家长对儿童进行观察,帮助家长更深刻地认识儿童,了解儿童,反思自己的家庭教育内容和方法,使其在活动中获得正确的育儿观念和育儿方法,并将这些观念和方法融入与孩子相处的每一刻,逐步了解培养、教育孩子的重要性,从而最终实现孩子的

健康和谐发展。

三是通过亲子活动实现家园共育。亲子活动是家园共育的重要途径和组织方式。开展亲子活动既能满足幼儿依恋父母的情感需要和家长希望了解孩子在集体生活中一些情况的愿望，又可以进一步密切教师与家长的关系，为幼儿与家长、教师与家长、家长与家长之间搭起一座沟通的桥梁。

2. 教师对亲子活动的指导

在亲子活动中，教师的活动组织通常按以下环节进行：（1）教师根据幼儿发展目标设计活动；（2）对家长介绍活动内容；（3）教师进行示范活动；（4）家长和幼儿共同活动；（5）教师进行活动点评。在介绍活动内容、示范讲解以及活动点评中，教师的交际语言尤为重要。

介绍活动内容时，教师要清楚地说明活动的目的、意义、流程，这样才能达到普及科学育儿知识的目的，便于家长参与进来；示范活动时，教师语言要简练，活动规则要介绍清楚，提示家长注意事项，以便活动顺利开展；进行活动点评时，教师主要评价活动的成效，感谢家长的积极参与，有针对性帮助家长指导幼儿，旨在使每个幼儿获得自身的最大发展，使家长充分了解活动效果，对教师的工作能够充分肯定和信任，为下一次活动的开展奠定基础。

❀ 范 例 分 析

我给爸爸(妈妈)穿鞋

【活动目的】让幼儿认识爸爸(或妈妈)的鞋，初步感知父母的艰辛，学会关爱父母。

【活动准备】口哨

【活动过程】每个家庭由一名家长和一名小朋友参加，首先让小朋友认识家长的鞋，然后让家长将鞋脱下后放入圆圈内，工作人员将鞋的顺序打乱，工作人员吹响口哨，游戏开始，小朋友从圆圈内找出自己爸爸(妈妈)的鞋，并帮家长穿好，最先穿好的为胜利者。

教师语言设计如下。

① 对家长介绍活动内容

欢迎××班家长和小朋友们参加我们今天的活动——我给爸爸(或妈妈)穿鞋。每天都是爸爸妈妈给孩子穿鞋，今天也让孩子们体验给爸爸妈妈穿鞋的过程，通过这样的活动让孩子知道爸爸妈妈的不易，学会关心父母，照顾爸爸妈妈。

② 教师讲解

在活动开始之前，我先来宣布活动规则：首先，每个家庭选出一名家长和幼儿参加活动；接下来，让孩子认识清楚选出的家长的鞋，之后将鞋脱下后放入圆圈内；最后，等工作人员吹响口哨之后，小朋友要准确地找出鞋，并给家长穿上，最先完成的小朋友为优胜者。在这个过程中，请其他家长保持安静，不能帮助或提示孩子找鞋和穿鞋。

③ 教师点评归纳

首先，感谢家长朋友们在百忙之中抽出时间参加我们幼儿园的亲子活动。在这次活动中，家长们和小朋友们都很积极。通过这次活动既锻炼了孩子的动手能力，学会给爸爸妈妈穿鞋，又让父母体验孩子给自己穿鞋的乐趣，教会孩子关心父母爱护父母。最后，谢谢家长们对我们工作的支持和配合，和我们一起度过了这美好的亲子时光。

训练材料

为大班幼儿设计"三人两足"活动的亲子活动方案。

二、与单位同事交际及训练

与单位同事的交际口语包括对上级领导的说话、与同事的谈话、在教研活动中与同事的交流等。

（一）与单位同事交际应遵循的原则

1. 语境协调的原则

语境是口语表达时所处的现实环境或具体情景。此时，教师口语交际的语境已有了变化，不再是对幼儿、对家长，不再是在活动室及组织幼儿户外活动等空间，说话的时间、地点、场合、对象都不同，这就要求教师与单位同事进行口语交际时，做到语言运用与所处的特定言语交际环境相切合、相适应。

2. 得体原则

在与单位同事交际时，要做到得体，说话要符合表达者个人的身份、地位、文化修养等；符合交际任务、交际目的的要求；符合特定听众对象和交际环境及气氛的具体要求。

教师同上级的谈话，态度要认真，用语要注意谦恭、坦诚、简明。同时，选择恰当的谈话时机，尽量讲指向性的话题，便于实现谈话目的。

教师与同级的谈话用语要注意平等相待，真诚感人，语气要平和。谈话双方意见不合时，不要恶语伤人，冒犯对方；不要讥讽挖苦、穷追不舍。要从言语策略入手，说服对方。总之，多点谦和，少点傲慢。在集体活动中，教师作主持、串场、致辞等形式的讲话，用语要注意求新、求巧、求真。同时，时间一般不宜太长，应点到为止。

教师在教研活动中的用语，要注意口语风格和书面语风格的有机结合。做到立论鲜明、准确、简明、条理明晰、重点突出、主次分明、态度平和。同时，要认真倾听，紧扣议题，不要信口开河，垄断会场，也不要沉默不语，只当听众。

3. 尊重谅解原则

尊重就是重视并恭敬地对待听众对象。在与同事交往中的尊重，主要体现在三个方面：一是尊重对方的人格；二是尊重对方的秘密；三是回避对方的忌讳。

尊重除了在言语内容上表现出来以外，还有一个十分重要的言语标志，就是运用敬辞尊称和必要的礼貌用语。它是情感交流的一种必要的方式，也是说话人社会身份、文化素养、道德水平的一种表现。

谅解是一种宽容大度的表现。言语交往过程中的谅解，就是在体察对方心理，领悟对方用意的基础上，不去挑剔或指责对方的言语疏忽或错误。尊重是相对于对方的平等地位或自己的优势而言的，谅解则是相对于对方的言谈过失而言的。言语交往过程中需要谅解的情形比较多。例如，所表达的意思对方一时半会儿领悟不了或者误解了原意；对方说起话来，因水平所限或情绪激动等词不达意；在特定语境中，对方说话因一时情急而言词激烈，甚至说了过头话而造成言语冲撞……发生这类情形，只要对方

不是故意所为,就应该予以体谅,心平气和地用言语加以疏导,促使交谈的深入进行。

（二）与上级领导的谈话

教师与上级的谈话,包括请示、汇报等内容。谈话的目的是争取上级领导的认可、理解信任和支持。教师和上级谈话时要注意以下两点。

1. 把握谈话时机

与上级领导谈话的时机是否适宜,是影响谈话成败的不可忽略的因素。时机选择得恰当,便于实现谈话目的;时机不适宜,会给谈话带来困难。

2. 注意谈话方法

教师同上级谈话,用语要注意谦敬、坦诚、简明。谦敬能使彼此保持良好心态,创造和谐的谈话气氛;坦诚是对工作负责的表现,应该如实反映情况;简明就是要把想说的主要问题开门见山地说出来,不绕弯子,不拖泥带水,做到言简意明。

范例分析

1. 一位小班教师请示园长同意其班提前召开家长会。

教师:园长,我们班打算在这周五召开一次家长会。

园长:这学期的家长会全园各班都计划在期中召开。你们班不是也在计划里写着在期中开吗? 怎么提前了?

教师:本来是打算在期中开,可是根据我们班级的现状,有不少问题需要幼儿家长密切配合解决,想早一点召开家长会,提起家长注意。

园长:解决幼儿教育中出现的问题,宜早不宜迟。

教师:那,园长您同意了?

园长:嗯,不过发通知的事你们班自己解决。

教师:好吧。

点评: 这位教师在和园长谈话时,创造了和谐的谈话气氛。当园长问到为什么要提前召开家长会时,她能耐心地说明原因,而不是一听园长没同意就不耐烦、不高兴或马上放弃。

2. 以下是幼儿教师和园长之间的短信交流内容。

陆老师:园长,今天我想忘记咱们是领导和下属的关系,推心置腹和你谈谈我对换班的感受。可能你认为这样做是顾全大局,但是你考虑过我和我们班的孩子,还有大部分家长的想法吗? 从小班那么辛苦地把孩子带到现在,这里面有我太多的泪水和汗水,我了解每一个孩子需要什么,害怕什么。虽然我对他们很严厉,但是我是打心底里爱他们的,孩子明天就要来了,我心里真的很酸。我不知道作为领导,你考虑过我的感受吗? 你问我愿不愿意时,我可以回答"不"吗? 组织的安排我能不服从吗? 新年里第一天上班我又怎能拉下脸拒绝你? 也许我的某种方式让少数家长不能理解,但我可以自信地说我们班大部分家长是信任我的。

（园长拨通了陆老师的电话,但被挂断了。）

陆老师:如果选择面对面,我不可能这样跟你说话,因为我虽然嘴快但不敢跟你凶,在我心中你跟我的长辈一样,甚至比他们更有威望,所以我不想跟你通话。我没有别的意思,定下来的事情,我也不想改变,我就是想把自己的委屈说出来,心里爽快了,也就算了。

园长：你不想改变？

陆老师：不想是假，但我之所以说出来不是为了改变，而是想让自己心里好受些，让自己以好的心情投入到新的工作中，我不喜欢带着情绪工作。不要为这件事找我谈话，因为我很难做到平静地和你对话。现在已经情绪大乱，我可不想在办公室掉眼泪，你只要能理解我，就是对我最大的帮助了。

园长：我理解你的心情，也看到你付出的艰辛。没有人能吹灭自己心中的那盏希望的灯，除非自己固执地掐灭。你是个心地善良的姑娘，但你与家长沟通的能力和方法要不断加强，性格一定要温柔起来，这是幼儿教师的职业要求。我希望你能克服不足，成长为一名出色的语言学科带头人。

陆老师：嘿嘿！我可不想做什么掌门人，我只想尽力做好每件事，因为我时常感到力不从心，你一天到晚让我们写作，我是那块料吗？我自己还不了解我自己吗？

园长：你的短信用词准确，思维如行云流水，标点符号一个没错，你不会写？是懒吧?！好了，洗个热水澡，然后听一首你平日喜欢的歌吧。培训累了好几天了，睡个好觉，做个好梦！

点评：在这段对话中，教师对园长的做法是不认可，她觉得委屈，甚至有些气愤，但她选择了一种比较好的方式和领导进行了沟通——发短信。短信是口语的另一种传递方式，它可以避免面对面的尴尬，也可以避免因为情感上的冲动而导致言语上的不恰当。"园长，今天我想忘记咱们是领导和下属的关系，推心置腹和你谈谈我对换班的感受。"教师一开始就要求暂时忽略两人的身份，而后面的谈话，陆老师把园长当作一位长者，非常诚恳，她表达了对领导以及领导的决定的尊重，也充分表达了自己的想法，很好地和领导进行了沟通，释放了内心的委屈，也获得了领导的理解。

（三）对同级的谈话

教师对同级的谈话，从形式上看，有接待、访谈、协商等；从对象来看，包括教师与同事间的工作性谈话、学校之间或学校与社会之间的协作性谈话等。

1. 巧于应对

教师在应允、拒绝、答疑等接待性谈话中，不是主动角色，关键是要巧用应对技巧。比如，当你能满足对方要求时，可正面应允，开诚布公；当你难以满足对方要求时，可间接回答，婉言拒绝；当对方提出的问题令人尴尬时，笑而不答，缓和僵局等。

2. 善于提问

教师在拜访、探望、采访、调查等访谈性谈话中，是主动角色，关键是要善于提问，寻找话题，最大限度地沟通。有时直接询问，有时可以委婉发问。

3. 掌握话题

教师在洽谈、协商等谈话中，要注意掌握话题。提出话题，可开门见山，也可侧面迂回。交谈时注意控制话题，可正面引导，也可转换话题，导入话题，达到交际目的后结束话题。

（四）集会活动中的讲话

这是指在庆贺、娱乐、安慰、鼓动或其他工作性质的集会活动中，教师作主持、串场、致辞或演说等形式的讲话。这种讲话一般可以看作是以教师身份参与的特定社会活动中的即兴演讲。

1. 角度要新

教师在集会活动中的讲话，要选取新的表达角度，能从常见话题中推出新意。

2. 措辞要巧

在不同的集会活动中,可以根据听众的年龄、职业、知识水平、接受程度等选词用语,以形成或庄重,或活泼,或典雅,或通俗的言语风格。

3. 情感要真

集会活动中的讲话要有感召力,讲话者必须情动于衷,形之于声。真情实感溢于言表,才能打动听众。

范 例 分 析

一位年轻的女教师参加一次妇联组织的演讲比赛。她登上讲台刚讲了两句就因紧张而卡住了,台下立即骚动起来,还有人鼓倒掌。这位女教师并没有像有些演讲者忘词后那样惊慌失措,或头上冒汗,长时间冷场,或面红耳赤地跑下台去。只见她定了定神后,从容自若地说:"我刚讲了两句,就赢得了大家的掌声。既然大家这么欣赏我的开头语,那么就让我接着往下说吧。"于是,她又接着往下演讲,结果讲得很顺利,很成功。最后,博得了听众真正赞许的热烈掌声。

点评: 这位女教师演讲时忘了词,但她没有慌张,而是巧妙组织语言,化险为夷。

（五）教学研讨中的讲话

教师为提高学术水平,经常要参加教研活动,如座谈发言、专题讲座、学术报告等。这是一种较为庄重、严肃的学术性讲话,要做到以下三点。

1. 立论鲜明

教学研讨中的讲话,观点必须正确、鲜明,言之成理,言之有据;要有独到见解,不人云亦云。

2. 条理明晰

作为一种学术性讲话,还应条理清晰,重点突出,主次分明。

3. 态度谦和

教学研讨不同于争辩,应以平稳的语调、谦和的态度、冷静的举止来讲话发言。不插话,不打断对方,不使用过激言辞顶撞对方。

训练材料

1. 对上级的谈话

（1）幼儿园组织"教师普通话诗歌朗诵比赛",想请区教育局分管幼教的副局长出席并讲话,你怎样去邀请他参加。

（2）你要申请经费组织儿童节活动,明知困难很大,你打算做哪些准备,选择什么时机,用怎样的言语策略去向园长请示、汇报?如果他不同意,你又怎么说?

（3）幼儿园要你班购买各类辅助读物,家长有意见,请你向有关领导商洽,争取一个各方都满意的结果。

（4）领导让你为他办某件私事,而你感到很棘手,你怎样跟领导拒绝。

（5）设想你是班长,将你们班近期的学习情况或发生的大事,向校长作一次汇报谈话。

2. 对同级的谈话

（1）同事遇到喜事,如受奖、晋级、晋升职称、出版专著等,你去祝贺。

（2）同事遇到不幸的事,如事故、工伤、生病、亲友去世等,你去安慰、吊唁。

（3）教师节前，请你代表学校工会去看望离退休教师，你怎样寻找话题？

（4）班级的同学顶撞了心理学任课教师，这位老师很激动，说不解决问题就不进这个班，如果你是这个同学怎样去向老师道歉？

（5）假如你是一名刚刚毕业上岗的青年教师，设计出与不同身份、年龄的同事交谈内容（老年教师、学历比你低的中年教师、与你同龄的青年教师、同班的保育员），并给对方留下良好的第一印象。

3. 集会活动中的讲话

（1）主持教师节联欢会

（2）主持欢送大班毕业生大会

（3）欢迎新同事茶话会致辞

（4）幼儿教师职业技能比赛的串场性主持词

4. 研讨活动中的讲话

根据以下观点，在参加"关于幼儿园好教师的形象"的研讨会中有理有据地讲出自己的看法。

（1）幼儿园教师肩负着历史赋予的、不可推卸的光荣而神圣的职责，为真正履行这种职责，幼儿园教师应当注意塑造自己的形象。

（2）幼儿园好教师的形象应该包涵内在品质和外在形象两个方面。内在品质和外在形象两者不能独立存在，两者互相依存，互相作用。

（3）幼儿园教师的内在品质是塑造幼儿园好教师形象的关键。（内在品质，即指人的价值观、儿童观和教育观、专业理论储备、人格感召力等；外在形象，则包括教师的仪表、谈吐、举止等。）

三、与社区相关部门交际训练

教师有时因工作需要与社会各方面进行洽谈、协商，目的是寻求合作。特别是以社会上某种特征划分出来的社区，拥有丰富的学前教育资源。在进行口语交际时，要想使自己的说话能给人留下良好的印象，就要注意以下四点。

（一）注意遵守文明礼貌原则

人际交往，无论是个人与个人之间还是个人与集体之间，无论是单位与单位之间还是国家与国家之间，都必须讲究礼貌，都必须运用礼貌准则和礼貌的言语。（礼貌准则见第二章第一节）

礼貌言语主要体现在三个方面。

1. 文雅

文雅是指说话文明雅致，不粗不俗。说话文雅就不能使用粗野庸俗的语词，不能使用侮辱对方人格的谩骂语言。不文雅的言语，轻则引起听话对象的不愉快、反感，重则激化矛盾，引起冲突。因此，言语表达时一定要杜绝脏话、粗话，清除语言垃圾，做到语言干净、文雅而有礼貌。

2. 和气

和气是指说话态度温和，口气热情，措辞委婉贴切。在现实生活中，和气也是一种高尚的道德情操的外在表现，它可以对人际交流起到协调作用。在一般情况下，和气能使双方关系融洽、友好相处；而发生争执时，和气则表现为一种情感的克制。能够克制住冲动的情感，就可以避免莽撞粗野的行为，就可以运用正确恰当的方式，促使矛盾的缓解乃至消除争端。文雅主要是就言语内容而言，和气则主要是指说话态度而言。文雅的言语，温和的态度，构成文明礼貌的言语行为。

3. 谦和

谦和是指诚恳、虚心、谦逊，即在口语表达中能够接受他人的意见，正确对待他人的批评，不自以

为是，不把观点看法强加于人。谦虚的言语体现出真诚相待，从而让别人体验到说话者内心的感情和期望，增强彼此的信任和了解，促使真挚而友善的人际关系的建立。

教师在与社会相关部门交际时，还要注意运用得体恰当的尊称谦称，敬辞谦辞。会用必要的客套话，如迎候语、祝贺语、告别语、致谦语、礼仪语、祈请语和致谢语等，以表示对对方的尊重。

在交往中得体地使用礼貌语言和谦词，可以给对方留下良好的印象。例如，与好久不见面的人见面说"久违"；与不相识的人初次见面说"久仰"；有了过失求人原谅说"请包涵"；请人帮忙说"劳驾"；有事找别人商量说"打扰"；请人勿远送说"请留步"；指点行为说"有不对的地方请指教"；不能陪客人说"失陪"；送还物品叫"奉还"；陪同朋友叫"奉陪"；影响别人工作和休息说"打搅了"；当别人表示谢意时用"别客气"。

（二）在与对方交谈时，要先注意对方的名字

初次见面，双方都会作自我介绍。这时就应及时记住对方的名字。如果没有听清楚，不妨再问一次，坦率地承认记不清楚无伤大雅。如果一直把疑问埋在心里，会影响以后谈话的进行。之后最好再作一次自我介绍，因为对方也许会像你一样，听不清楚你的名字。如果你想熟知对方的名字，也可详细地询问姓名具体的写法，对方也许会对你的坦率及对他的重视产生友好的回应。

（三）要相信自己，建立自信

初次见面，素昧平生，有人感到周身不自在，"不好意思"交谈；有人感到无从说起，"没有办法"交谈。原因是缺乏和陌生人交谈的勇气。所以，在与人交谈时要相信自己，因为任何人与陌生人交谈的勇气都不是与生俱来的，都是通过训练逐步提高的。运用的方法有两种。

（1）自我暗示法。交谈前，可作自我暗示，适当默想："沉住气，一句话一句话地说，别慌！"

（2）自我信任法。相信自己能说会道。做到该说的时候说，该笑的时候笑，不卑不亢、落落大方。

（四）交谈是一种双向沟通

成功的交谈需要交谈者双方合理地组织自己交谈的内容和语言。美国著名语言心理学家罗西·萨尔诺夫指出："交谈是双行道。""没有回应的谈话是无效的谈话，说话艺术最重要的应用就是与人交谈。"

交谈是由两个或两个以上的人共同参与的一项活动。交谈的过程实质上是交际双方相互间的信息反馈过程，即双向沟通、信息共享、互相反馈。交谈的双方必须自始至终扮演说者与听者的角色。高明的交谈不单要把自己想说的表达清楚，而且还要根据从听者那里反馈来的信息调整自己表达的内容和方式，另一方也是如此。只讲不听或只听不讲，都不利于交谈的进行。

交谈大都有一定目的，即使第一次见面的陌生人之间的交谈也同样如此。尽管交谈的话题并不一定是事先定好的，很可能是即兴而发，但是一旦谈起来了，双方都要自觉地围绕某一共同点阐发自己的观点探讨下去。交谈双方的每一句话都是为传播一定的信息或表达一定的思想服务的，说话者必须根据交谈的情况，围绕交谈的目的组织自己的交谈内容，一旦发现说话偏离目的，就赶紧加以调整，达到各抒己见，又互相衔接，彼此顺承，以确保交谈的成功。

作为说话者，要做到：不要使对方感到乏味、疲劳；听人讲话也是一种劳动，所以讲话时要幽默、精简；条理清晰，明白通畅。要迅速理清说话的思路，做到话语明白易懂。

作为听者，要做到：要认真听；不要随意打断别人的话；与说话者保持一定的目光交流。

范 例 分 析

1. 教师到社区调查时的自我介绍：

你好，我叫李静，是实验幼儿园的老师。我今天到这儿来，是调查一下我园幼儿在社区活动中的表现，这是我的介绍信。这次活动可能会给您带来一定的麻烦，真的感到很抱歉。但是，我真的希望通过这次调查，能更深入了解我园幼儿，更进一步地帮助幼儿园制定出更好的措施，促

进社区孩子的健康成长。

　　点评：教师的自我介绍语言简洁，内容扼要，语气真诚。对活动给社区带来的麻烦表示歉意，并说明活动对社区孩子成长的好处，晓之以理，动之以情，效果较好。

　　2. 为了对幼儿进行消防安全教育，增强孩子的消防安全意识，提高孩子们逃避火灾的能力，幼儿园准备利用社区消防大队的有关人力、物力资源，制定了参观消防大队的方案。以下是教师接洽的过程：

　　您好，我是×××，是××幼儿园的老师。请问队长贵姓啊？

　　……

　　张队长，您好，我今天到这儿来，是代表××幼儿园谈谈关于参观贵单位的相关事项，请问你们什么时候有时间呢？

　　……

　　这是我的计划书，这次活动可能会给你们的工作带来一定的影响，真是抱歉。但是，我们真的希望通过此次活动，能培养孩子们从小就具有初步的消防安全知识，提高自我保护的意识及应对突发事故的能力。就算以后长大了真的遇到火灾，也知道该怎么做。

　　……

　　这次活动我们还希望举办一个关于消防知识的专题讲座，内容多以图片为主，介绍一些简单的消防器材以及使用方法，如果能让孩子们穿上消防服、坐坐消防车，当一回消防员那就更好了。

　　……

　　真的很谢谢你们，能够给我们提供这么大的帮助，我代表全体教师和孩子们再次感谢你们。

　　点评：这位教师在与社区消防大队队长沟通时，态度很诚恳，用语很礼貌，这样能够获得对方的好感，有利于沟通。教师事先的准备工作非常到位，语言简洁，非常明确地表达了自己的意图、要求，增强了交际的效率，促使了双方合作的成功。

四、电话交际语言训练

　　在当今信息时代，每个人在工作和生活中接打电话是最平常、最普通的事情。幼儿教师也不例外。接打电话看上去是很容易的小事，但无论是接电话还是打电话都应该讲究礼仪，注意方法。

　　倾听是理解对方的起点，善于倾听是判断正确的基础，尤其是在电话交谈中，双方靠声音传递内容，倘若不认真听，就无法准确地交流信息、沟通感情，有时甚至会产生误解，造成无可挽回的后果。当然，静静地倾听，不随便打断对方讲话，并不意味着完全默不作声，在听的时候应时而辅助简单的"嗯""是""好的"等短语作为呼应，让对方感觉你确实在认真听着，以示尊重。

　　电话交流是说话人形象和气质的体现，因为言为心声，所以要做好三点：首先，要口齿清楚，有节奏感，不可说得太快太慢，以免对方摸不着头脑，切忌不管对方是否听清，只顾自己一味讲下去；其次，语气语调要温和，音量适中，让对方觉得你的声音是带着微笑的，娓娓而谈才会让人感到交流氛围的舒畅和谐；再次，在通话的时候，不能一心二用，如果不得已，应当向对方说明"对不起，稍等一会儿，我要处理一件急事"；最后，切忌喋喋不休，絮絮叨叨，要简明扼要、主次分明，注意节省双方的时间和金钱。

　　在接电话时，应该确定对方是谁、有什么事、需要你做什么等基本事宜。

在双向交流的通话中,应该具有一定的忍耐和包容,如果对方语焉不详,对于自己想要说的话没做好充分准备,不妨耐心询问,使对方舒缓其情绪,得以畅所欲言,万万不可使用轻慢乃至嘲笑口气,对他人的不尊重就是对自己的不尊重。

范例分析

一次未成功的电话家访

教师(拨通电话):××经理吗?我是××老师。有件事跟您说一下,×××在幼儿园……

家长:(打断教师的话)××老师,这事很急吗?

教师:(犹豫地)……唔,不能说很急,但是……

家长:(再次打断教师的话)不急的话,就以后再说吧!我现在正忙着呢。对不起了!(匆匆挂断电话。"家访"失败。)

一次成功的电话家访

教师(拨通电话):您好!您是×××的爸爸吗?我是您儿子的幼儿园老师×××。请问您现在有时间吗?我能不能请教您几个问题?

家长:×老师,甭客气,您说吧!

教师:(简明扼要地说明预先想好的内容)……

家长:(如果没空)哎呀!×老师,真对不起,我正在开会。

教师:没关系,那我们再约个时间,您来定。

家长:那就今晚8点吧。

教师:好!晚上再给您打电话。再见!(晚上电话家访成功。)

点评:第一则电话家访中,教师没有利用好教师、家长、孩子三者的关系,错误地使用了职场上的称呼。其次,教师事先没有做好充分的准备,含糊其辞,对家长的态度也估计不足,导致交流失败。第二则电话家访的教师则处理得非常恰当,达到预期的目的。

思考与练习

1. 假设你是一个乡镇幼儿园的园长,把同学们当做你的乡亲,进行一次捐资助学、改善幼儿园条件的宣传讲话。

2. 你代表幼儿园到市木偶剧团联系到幼儿园演出木偶剧的相关事宜。

3. 你代表幼儿园与社区相关部门商谈幼儿园生活垃圾清理的相关事宜。

4. 家长打电话询问孩子在幼儿园的表现,或者家长向你请教教育孩子时遇到的困难,你如何处理。

5. 主持欢迎新生或毕业生典礼大会。

第六章

幼儿教师口语常见问题分析与纠正

学习提示

　　幼儿教师口语是教师口语的分支。有教师口语的共性,一般中小学教师常见的口语问题,幼儿教师都会有所表现;同时,还有因教育对象、工作环境、性别因素等出现幼儿教师所特有的口语问题。

　　幼儿教师是人生中的启蒙老师,幼儿园的各种教育、教学活动多以教师口传身授的形式完成,因此幼儿教师语言的规范、语音的准确不但直接影响着教育、教学的效果,还可能成为幼儿一生语音面貌的基础。幼儿园一日活动的过程绝大多数是师幼口语交流的过程,在大量的言语活动中每个人都难免言多语失。本章通过幼儿教师在单向交流、双向交流及肢体语言交流中常见问题的各种表现,进行分类纠正和训练。

第一节　单向交流中常见问题分析与纠正

　　语言包括书面语言和口头语言两种形式,在以文字为载体的书面语言运用中,尽管有文字作为介质存在,但违反语言规范的现象还时有发生,如表现在词汇、语法方面的用词不准,搭配不当,语法混乱等不规范现象。在口头语言的使用中,由于语言的即时性,不规范现象还出现在语音、语用等更多的层面上。口语表达过程是一个从生活到思维、再由思维到语言的转化过程,是对说话人多方面素质和潜能的综合调动。在这个过程中,离不开观察、记忆、思考、联想、想象等智力因素的参与,同时也受到说话人知识、经验、情感、态度、气质、性格等非智力因素的制约。由于口头语言以语音为载体,信息传递的媒介是声音,它是由语音表现的音节、词句以及语调构成的表意系统,借助语音的快慢强弱、千变万化来表情达意。因此,相对而言,口头语言交际中存在的问题远比书面语言更多更复杂。以下是幼儿教师在口语运用中经常出现的一些问题(方言造成的语言不规范现象见第一章)。

一、特殊语境中出现的语言不规范现象

　　在当今的中国社会,经济飞速发展,科学技术的进步日新月异,人们的物质生活水平迅速提高,相对腾飞的经济、丰裕的物质生活,包括语言在内的社会精神文明,由于其自身的文化特质,其发展显得相对滞后。因为社会大环境的影响,以及幼儿教师特定的性别、年龄、职业、身份等因素,使得年轻的幼儿教师出现口语运用不规范问题,主要表现在以下三个方面。

　　(一)肤浅的文化基础、浮躁功利的社会心理导致教育、教学活动中的知识性、常识性错误屡见不鲜

　　在整个语言文字表达的环节中,口头语言是表达的下游和末端。口语表达的过程是看似简单

实则复杂的心理和生理活动的过程,在这个过程中人们将自己的内部语言(无声语言、思维)借助于词语,按照一定的规则转化成以语音为载体的外部语言,其中,规范丰富的书面语言、缜密清晰的思维是口语表达的基础。要有深厚的文化基础、良好的阅读习惯、流畅规范的书面语表达能力作为前提条件。可是,当代社会的许多年轻人,其业余时间被手机、电脑、电视等所占据,网络上的点击、浏览取代了阅读;复制、粘贴取代了书写;QQ、微信等虚拟空间交往取代了现实生活的人际语言交流,加上工作压力大、社会竞争激烈,逐渐养成了不读书、不动笔、不动脑的习惯。由此导致幼儿教师识字量低、词汇贫乏、知识面狭窄,综合文化素质较差的现象。工作中出现的"硬伤"之一是将一些常用字读错,如将"莘莘学子"读作"辛辛学子"、"人物角色"读作"人物脚色"、"模样"读作"磨样"等。

国家语委编写的《普通话水平测试大纲》中收录的都是日常生活工作中最常用的词语,熟读并记住其中易错的音节,克服习惯性误读,能够有效地减少语音失误,提高普通话水平,从整体上提升自身的文化素质。

面对天真无邪、充满好奇心、满脑子"十万个为什么"的幼儿,合格的教师要知识丰富、表达准确;同时,还要有求真务实的科学态度,知之为知之,不知为不知,不可敷衍了事、不懂装懂。否则,就会出现知识性、常识性的错误。

比如,一个幼儿教师在科学活动中领着幼儿来到园内的大墙下,对着满墙的爬山虎(也叫常青藤)介绍其"爬"的过程:"爬山虎的脚触着墙的时候,六七根细丝的头上就变成小圆片,扒住墙,细丝原先是直的,现在弯曲了,把爬山虎的嫩茎拉一把,使它紧紧贴在墙上。爬山虎就是这样像小壁虎那样一脚一脚往上爬的。如果你仔细看那些细小的脚,你会想起图画上壁虎的爪子。"这时,一个幼儿问:"老师,小壁虎爬着爬着就跑没影了,细小的脚也不见了,可爬山虎还在墙上啊?"教师一时无言以对。后来经过查阅资料得知:爬山虎的脚不是像动物一样交替着往上爬,而是爬一脚就牢牢地扒住墙,等长出新的脚然后再爬一下,每只脚只爬一下,便扒在墙上不动了。用壁虎的"爬"来类比爬山虎的"爬",犯了知识性的错误。

教师讲春天的故事,为了渲染"春意",就说:"冬天过去了,冰雪融化了,热带鱼妈妈带着小鱼游过来了……"热带鱼要在20℃以上的水温中才能生存,早春季节,冰雪初融,热带鱼怎么会"游过来了"呢? 这个带有常识性错误的说法,是教育、教学活动中不能容忍的"教学事故"。

（二）推广普通话过程中出现的矫枉过正现象

为了规范教师的口头语言,国家语委、教育部依据2000年国家颁布的《中华人民共和国国家通用语言文字法》,率先在全国各级各类教师中开展普通话培训测试,经过二十余年的努力,教师的推普意识不断增强,普通话水平逐渐提高。在全社会的推普热潮中,难免出现矫枉过正的现象。

1. 女尖音和男尖音

尖音是指z、c、s声母拼i、ü或i、ü起头的韵母,它是与团音相对而言的,团音指j、q、x声母拼i、ü或i、ü起头的韵母。有的方言中分别"尖团",把"尖、千、先"读作"zian、cian、sian"。然而,在普通话中不分尖、团音。"尖、千、先"也分别读作"jian、qian、xian",音节中不存在z、c、s声母与i、ü或i、ü起头的韵母相拼的现象。但是,受方言和其他因素的影响,很多人在读j、q、x与i、ü或i、ü开头的韵母相拼而成的音节时,总会带出类似尖音的读音。而且,普遍存在于人们日常的发音中,这就是常说的"尖音问题"。

从声母的发音部位和发音方法进行分析,造成尖音的原因有以下两种。一是在发j、q、x声母时,如果舌面前部和舌尖后部同时与硬腭接触,就成了片状接触,发出的音不集中,就会带有"尖音"的色彩。二是牙齿对气流形成一定的阻碍而摩擦成声,声似舌尖成阻。由于女性居多,因此称这种具有明显性别倾向的发音为"女国音"。最早的"女国音"出现在北方话方言区内15到30多岁的知识女性中,随着语言规范化意识的增强,在普通话学习提高的过程中,部分人过分注意自己的语音面貌,没有掌握好舌尖前音 z、c、s 和舌面音 j、q、x 发音时的差别,出现尖音或带有尖音色彩的语音错误或缺欠。

"女国音"语音现象早就引起语言学家的注意,胡明扬先生早就对女国音出现的原因、年龄、群体构成等方面进行过调查研究,这里不便详细介绍,归纳起来原因有三点:一是从社会原因分析即受地方方言的影响,从小生活在有"尖音问题"的地区,受语境环境的影响,形成了不良发音习惯;二是心理原因,年轻人容易接受时尚流行语言因素,如对偶像明星发音习惯、发音方法的盲目模仿;三是幼儿教师的职业要求使之十分重视自身的普通话水平,在日常的工作生活中过分在意,从而出现了矫枉过正的效果。

幼儿园的特定语境也是形成尖音的土壤,幼儿的发音普遍靠前,天长日久对教师产生了负迁移,尤其是工作在"女儿国、小儿国里"的男性幼儿教师,也潜移默化地出现了"男国音"现象。

2. 部分男幼师的"娘娘腔"

阴盛阳衰、女多男少,是我国中小学教师队伍的性别构成现状,而在学前教育领域,由于历史原因,男教师相对更少,是幼儿园里的"党代表"。这也是全世界带有普遍性的问题,据统计,目前在国际上,日本幼儿园男性教师的比率约占7%,美国幼儿园男性教师的比例约占10%,相比之下,我国幼儿园男性教师则数量更少、比率更低,根据一个地级市的调查,全市共有幼儿园专任教师 4 381 人,其中在岗男教师仅为 15 人,仅占总数的千分之四,虽然由于相关部门的关注,近几年男教师的数量有所增加,但效果甚微。可是,特殊的职业、特殊的工作环境却使这为数不多的男教师的口头语言出现"娃娃腔"和"娘娘腔"。

娘娘腔指男人缺少阳刚之气,说话时声音和腔调细声细语,性格温和、胆小、体贴及遇事优柔寡断酷似女性,行为举止与古代中国的"娘娘"相似而得名。还有个别男孩着装女性化,有异性装扮癖好,被人们称为"伪娘"。伪娘现象已经引起有关方面的关注,上海的一所中学针对学生中"阴盛阳衰"的现状,特制定"男子汉"的 10 项标准:勇敢正直、宽容豁达、充满爱心、坚强执著、有责任感、有礼貌教养、有学识才华、有理想追求、幽默风趣、成熟稳重。而且,每项标准还列出了具体的细则。比如,宽容豁达,是要求男生心胸开阔、大度、坦荡、有气量;坚强执著,是要求男生应该有毅力、不软弱、不服输,能承受各种打击和挫折;有礼貌教养,是要求男生要虚心、谦让、尊重他人、不说脏话、举止文明等;另一所中学根据"男子汉"的标准,经班级、年级到全校层层推选出优胜者,成为全体男生学习的榜样。

虽然伪娘、娘娘腔都是社会改革开放、公民生活自由多元化的表现,但幼儿园的教师要针对不同性别的孩子因材施教,从小就培养男孩勇敢坚强、执著大胆的性格特征。男性教师要充分发挥自身性别优势,通过勇武高大、阳刚帅气的外在形象,敢于冒险、思维活跃、大胆创新的性别特征,以及果敢爽快、敢作敢当的性格特点等,满足男幼儿"男子汉""英雄"偶像崇拜的心理需求,要利用幼儿善于模仿的特点,充分发挥教师的示范作用,说话字正腔圆、走路昂首挺胸、做事雷厉风行,将自己塑造成幼儿心中真正的男子汉形象。

（三）现代化传媒带来的负面影响

如今,现代传媒技术的发展日新月异,不断改变刷新着人类生产生活方式,语言文字规范化的速度远远落后于科学技术的发展。传播技术手段的更新令人目不暇接;文化的多元性使得各种时尚流行元素长驱直入、鱼龙混杂甚至乱象丛生,这一切对教育、教师和以社会生活为表现对象的教师口语,势必产生负面影响。其主要表现在语音、词汇和语法三个方面。

1. 语音方面

（1）轻声重读。轻声在普通话里有其独特的作用。

其一，部分轻声词区分词义。例如：

地方 dì·fang（处所、部分）——地方 dìfāng（与"中央"相对）；

照应 zhào·ying（照料、照顾）——照应 zhàoyìng（配合；呼应）。

其二，部分词用轻声与非轻声来区分词性。例如：难处 nán·chu（困难，名词）——nánchǔ 难处（难相处，形容词）；对头 duì·tou（仇敌，名词）——对头 duìtóu（正确，形容词）。

粤语等南方方言区中轻声的读音不规范，在讲普通话时往往不读轻声甚至轻声重读。如"明白""麻烦""朋友""漂亮""妈妈""意思""答应""告诉""故事""骨头""精神""行李""太太""我们"等的第二个音节中应该读为轻声的词语，在其口语中一律读成了本调或词语重音。一些年轻的幼儿教师受影视节目中带有粤语方言的主持人影响，将轻声重读当做时尚语言盲目使用，进而引起幼儿的模仿，造成消极的示范效果，因此必须注意纠正。

（2）音节不归音或归音不到位。有的幼儿教师受自身语言习惯和方言的影响，说话不归音或归音不到位，造成了语流中的音节缺陷。汉语中每一个汉字就是一个音节，每个音节由声母和韵母构成，韵母分韵头、韵腹和韵尾。韵尾不归音是指说话时丢掉了韵尾的音素，在由前鼻音韵母"n"作韵尾构成的音节中，如"an、en、in、un、ün"，往往韵母不归音或归音不到位，如"男孩"——nánhái、"平安"——píng'ān、"完善"——"wán shàn"，中的"an"都丢失"n"，发成接近于"nahái""píng'a""wa sha"的音；归音不到位是指复韵母动程不够，即不能把复韵母的每个音素都发到位。较常见的有"ou"韵母和"ao"韵母，如"肉"发成"ro"；"bao""zhao"等音节韵尾弱化，读音接近"bae""zhae"。

（3）固定腔调。当代社会的年轻人，对新鲜或时尚的信息兴趣高、接受快，有些粤、闽、江、浙等经济发达地区及来自港台等地的广播、电视台的综艺、娱乐节目主持人，语音发音不够规范，口语表达中带有不同程度的地方方言色彩，但由于他们特殊的地位名气受到年轻人的盲目追捧，误将其错误缺陷当作风格特色，不但喜爱他们的节目，模仿他们的语言说话，从语音发音到口头禅使用、语气语调甚至体态语言等兼收并蓄。随着社会上不同阶段的流行内容层出不穷，产生了学生腔、港台腔、娘娘腔等固定腔调。比如，说话软、快、黏、嗲，声母发音不准，韵母归音不到位，语流中无重音、少停顿、急换气、每句话开头都加上发语词"那"的港台腔。还有的年轻幼儿教师（包括一些男性幼儿教师），嗲声嗲气的发音加上句末固定的语气助词"耶""呦""哎"等，破坏了汉语语音的音乐美，听觉上很不舒服。例如："我好好感动呦。""冰冰的画画得很不错的耶。""你好好漂亮哎。"前几年北方生活题材的小品在春节晚会热播，东北语言风格的方言、以小沈阳及某些南方的电视台综艺节目主持人为代表的娘娘腔风靡全国，成为继港台腔之后的又一流行腔调。这些人说话发音部位靠前，平卷舌音不分，尤其是不男不女、奶声奶气的语气语调令人哭笑不得，被戏称为"伪娘"现象（详见本章（二））。普通话是教师的职业语言，每个幼儿教师特别是男性教师都应该有正确的审美观，自觉抵制流行文化的消极影响，为幼儿做好语言示范。

2. 词汇方面

受社会语境的影响，幼儿教师口语在词汇方面存在的不规范现象主要表现在以下四方面。

（1）网络语言。"网络语言"是指在网络特殊的环境中传递和交流信息的交际语言，由于语境的不同，网络语言包括拼音、外文字母的缩写，含有某种特定意义的数字以及形象生动的动画表情和图片。主要是网民们为了提高网上交流的效率或某种特殊的需要而采用的交流方式。在网络语言的语句中除汉字外，还有错别字、数字、符号、拼音、外文字母的杂糅，近几年流行的还有外语词、字母词、火星文等。比如，全国高校的英语四六级考试结束后，网上的一条微博："各位想发泄、要吐槽、求安慰、寻解救的童鞋们,来这儿狂欢吧! 发微博,参与♯四六级吐槽♯话题,让过去了的都过去得再猛烈一些吧!"

网络语言是汉语在虚拟环境下的一种语言变体,在网络这一交流平台使用中因其方便、简单、随意、直观,幽默调侃、自嘲的语言风格而被使用者接受,是时代的产物,在特定语境中使用网络语言是可以理解的,但按语言规范化的要求,网络语言破坏了汉语的使用规则,干扰了语言文字的规范性,对教育机构的教学活动造成混乱。厦门大学教授、语言学家李如龙先生就称网络语言对汉语是一种污染;有的语言学家则认为网络语言是传统语言的"颠覆者",把网络语言定位为网络"黑话",或将其视为异端、洪水猛兽;专家提出,有关部门应该出台相关的管理规定,否则量变会引起质变,习惯会成为自然,一旦年轻人有了长期使用网语的习惯,其正规语言的运用能力就会下降,这对语言的健康发展是不利的。对青少年及儿童来说,在未掌握语言规范之前就过多地被不规范语言所熏染,对其成长也是有百害而无一利的。例如,近几年高考语文作文答题中出现了用数字、字母、标点符号表示的网络语言,这些网络语言夹杂在作文段落中,让阅卷老师不知所云。中国人民大学中文系的一位教授认为,现在孩子正处于打语言基础的时候,如果不对网络语言,尤其是一些品位低下、滥造的词语加以控制使用,很可能会对传统正规语言的学习产生负面影响,不利于语言的纯洁和健康。

当今社会,网络交流已成为人们工作生活的一部分,网络语言因其生动、诙谐、幽默并极富表现力而存在于人们的网上交流活动中,甚至还成为日常口头语言。例如,把网络上的金融活动叫作"网银",大街上美女称为"美眉"等,幼儿教师要注意根据语境适度把握,在生活或网络世界适当使用,而在幼儿园工作中则要使用被最新版《现代汉语词典》收录的网络语言,为幼儿做出表率。

以下是网络语言分类举例:

① 错别字类:用"偶"来代替"我";把东西称作"东东";把"同学们"称为"童鞋们";以及"你们有木有发现"(你们有没有发现);"偶灰常稀饭你们啊"(我非常喜欢你们啊)等。

② 数字类:一般是利用谐音造词。例如:9494 等于就是、就是;7456 等于气死我了;555～～～～等于呜呜呜(哭泣声);886 等于拜拜(再见)了。

③ 外文类:根据原文的发音,找合适的汉字代替。例如:"伊妹儿"=E-mail;"嘻哈"=Hip-Hop;"粉丝"=fans。

④ 字母类:用谐音方法造词,以单音节字母的发音代替原有的汉字。例如,MM=妹妹;E 文=英文;S=死。

⑤ 符号类:多以简单符号表示某种特定表情或文字,以表情居多。"--"表示一个"无语"的表情;"O.O"表示"惊讶"的表情;"T T"表示"流泪"的表情。符号表示文字的多与谐音有关,如"="表示"等";"O"表示"哦";"＊"表示不雅语言。

⑥ 引入类:从外文中直接引进词汇,其中以日文居多。如腹黑(腹黑い),萌(萌え)等。因为日文使用中文汉字表意的特殊性,这种引入相当方便。

此外,如 BT——变态;PMP——拍马屁;GF——女朋友;菜鸟——差劲的新手;被无数蚊子咬了叫——～～～新蚊连啵;年轻人不叫年轻人,叫——小 P 孩;蟑螂不叫蟑螂,叫——小强。这些都是让人啼笑皆非的网络词语及火星文等。

2016 年 9 月出版发行的第七版《现代汉语词典》中,在第六版的基础上,增收了近几年涌现出的新词语,其中包括部分英语外来词、日语外来词、粤港澳方言词、台湾方言词、东北方言词、字母词、网络词等(详见第一章第一节)。新版词典中的新词新义新用法充分反映了中国新时期特别是近几年来涌现的新事物、新概念、社会生活的新变化和人们的新观念。

　　网络语言的使用要有规可依、有章可循，汉语是有五千年的历史，世界上使用人口最多的语言，没有规矩不成方圆。作为未来的幼儿教师，要贯彻落实国家语言文字方面的政策法规，做语言文字规范化的宣传者、实施者，积极使用新版《现代汉语词典》中审定的新词语，自觉抵制未经通过审定的网络词语，讲普通话，写规范字。

　　（2）生造词。

　　① 生造简缩词。简缩词语是在一定范围、一定时期约定俗成的，带有明显的行业、阶层、地域特征，是为表达简便需要对某些词语的简化使用。比如：交通管理部门的安全检查——安检；普及九年义务教育——普九；医院的人工流产——人流等。但是，近年来受社会传播媒介的影响出现了很多不规范的简缩造词。比如，"人造皮革"有人简称为"人革"，"太平洋保险公司"简称为"太保"，"麻辣小龙虾"简称为"麻小"，"前场任意球"简称为"前任"等；还有些"自贡杀虫剂厂"简称为"自杀"，"上海吊车厂"简称为"上吊"等让人听了不知所以、啼笑皆非的简缩用法；较常见的生造简缩词还有利用汉语的谐音"改变搭配"，广告和歌词中改变成语的词语搭配最为常见，比如"随心所浴"（热水器）、"百衣百顺"（电熨斗）、"骑乐无穷"（自行车）、"默默无蚊"（灭蚊器）、"咳不容缓"（止咳药）等。其他改变搭配关系的例子，如广告语"掌握信息乾坤，同步世界潮流""××花园，永远精品"，书名"学问中国"等，基本是一些受时尚流行元素影响而出现的怪词病句，虽然也有表达上的新意和特色，但最终会因缺乏规范性被自然淘汰。

　　② 生造叹词。现代汉语的叹词用以表达说话时的惊讶、感叹、赞美等强烈的感情以及表示招呼、应答等。可是，受时尚流行语言的影响在部分年轻人的口中经常出现一些生造叹词。最常见的有"哇噻""哇靠""靠""耶""切""嘎嘎"等，这些语言中有的原意是粗俗的脏话、有的是未经权威部门审定的生造词，幼儿教师不明词义盲目使用，不但表现出自身文化的浅陋无知，还会误导幼儿。

　　（3）词语滥用。

　　① 副词滥用。现代汉语常用的副词有"最""很""非常""不"等，功能是修饰或限制动词和形容词，表示范围、程度等，一般不能修饰或限制名词。幼儿教师滥用副词的情况有以下两种。

　　一是滥用否定副词，造成表达上语义相反的效果。如：

　　　　小朋友要尽量少去公共场所，就可以防止感冒病毒不再侵害我们。
　　　　为了防止你的孩子不走失，园里要求每个家长必须亲自接送。

　　二是副词重叠，为了突出某种效果，却因词汇贫乏找不到恰当的语言，于是就出现副词重叠使用。如：

　　　　孩子们，你们是最最棒的。
　　　　今天妞妞穿了一件特别特别漂亮的衣服。

　　② 叠音词滥用。由两个相同的音节重叠而成的词叫叠音词，如猩猩、姥姥、悄悄、纷纷、潺潺、翩翩、匆匆等。叠音词有两种形式，一种是单纯词，另一种是单音词的重叠式。两者的区别主要是前者一般不能分开来用，如"猩猩""纷纷""翩翩"等，后者词素可以单独成词，如"刚刚""星星""哥哥""偏偏"等。

　　滥用叠音词是指用音节重叠的方式生造的词，就是把词（名词居多）随意重叠，创造了新的"叠音词"。这种方式在网络里很常见，如："东东"——东西，"漂漂"——漂亮，"美美"——美女，"片片"——照片，"屁屁"——屁股，"饭饭"——吃饭，"觉觉"——睡觉等。幼儿因生理条件限制，偶尔会用错叠音词或喜欢使用叠音词,但这些生造的叠音词不合乎现代汉语用词规则,不利于幼儿语言的健康发展。

(4)词语误用。口语交流中词语误用的现象较常见,很多时候属于口误。

词性误用:说一个人经历了千辛万苦"吃了很多辛苦",将形容词当名词用。

搭配不当:"教练对这个孩子投入了关怀和帮助";"大使的出访为两国之间缔结了宝贵的和平"。"投入了关怀和帮助"属于动宾搭配不当,"宝贵的和平"定语与中心词搭配不当。

还有不明词义或词的色彩出现的错用,例如"一位莘莘学子"是不懂"莘莘学子"是群体名词;"这个社区广播站帮助居民摆平了很多生活琐事"中的"摆平"是没注意词的感情色彩;还有可以说"热烈响应""强烈抗议",不能说"热烈抗议""强烈响应"等。

语法方面"爱国主义热情",这种说法就很随意,"爱国热情"、"爱国主义"和"爱国主义精神"的概念都可以,"爱国主义热情"的说法是不准确的。

3. 语法方面

(1)中英文混杂。有些幼儿教师为追求时尚,喜欢在句子中加进一些外语词汇,造成中外语混杂的语法现象。有的出现在词、词组或句子中,有的汉语词、英语词或数字混杂,甚至将一个英语词分解成英汉两部分,有时取其义,有时取其音。(详见前网络语言)

(2)连词。连词是用来连接词、词组或者句子以表示两项或几项之间的语法关系或逻辑关系的词,如"和、跟、同、与、及、以及、并、并且、而、而且、或、或者"等,还有一些成对配合使用的关联词语。连词使用常见的错误主要表现在关联词语的使用不当上。一个复句用不用关联词语,用哪个关联词语,是单个使用还是成对地配合使用,用在什么位置都有一定的规则。如果使用不当,就容易造成关联词语的滥用、错用、漏用、搭配不当、位置不当等问题,带来语法、逻辑上的混乱。连词的使用主要存在以下四类问题。

① 滥用关联词语。

a."有些幼儿不爱吃饭的原因,是因为他们太挑食,只喜欢吃合乎自己口味的食物。"

("原因"与"因为"重复,应去掉一个。)

b."这门课我一直非常喜欢,可是对它的领悟,却是不久前的事。"

("却"与"可是"重复,应删去其中一个。)

c."一方面谦虚使人进步,一方面骄傲使人落后。"

(两个"一方面"纯属多余。)

② 错用关联词语。

a."有些小朋友只喜欢玩某个玩具,为了抢球,就把一个与他争抢的小朋友的脸给挠破了。"

("为了"应改为"因为"。)

b."尽管遇到多大困难,我也要学好钢琴。"

("尽管"是转折连词,此分句是条件关系,应改为"不管"。)

③ 关联词语搭配不当。

关联词语之间的搭配,是有一定规律的,如果搭配不当,就造成表意的混乱。

a."在与幼儿的接触中,我们发现,即使每个孩子都有自己的个性,但同样家庭背景的孩子,总还会有某些共同的特点。"

("即使"只能与"也"搭配,表示假设关系。这句是转折关系,应将"即使"改为"虽然",才能与"但"搭配。)

b."关心幼儿的身心健康,不只是家长和教师的事情,还是全社会的事情。"

（"不只"应该与"而且"搭配，表示递进关系，用"还"搭配不当。）

④ 关联词语位置不当。使用关联词语的具体规则：各分句的主语相同时，关联词语放在主语的后面；各分句的主语不同时，关联词语放在主语的前面。如果位置不当，就影响意思的表达。

a. "尽管她身体很不舒服，却还仍然坚持工作。"

（两个分句主语相同，"尽管"应放在主语"她"的后面。）

b. "她虽然已经尽力了，但是家长还是不理解。"

（两个分句的主语不同，"虽然"应放在主语"她"的前面。）

⑤ 缺少关联词语。

a. "有的幼儿看起来活蹦乱跳的，谁能保证没有潜在疾病呢？"

（后一个分句之前应加上"但是"，或在前一个分句"看"之前加上"虽然"以表示转折关系。）

b. "网络游戏对成年人都有吸引力，对孩子的吸引力会更大。"

（应在"游戏"后加上"既然"，下一个分句前应加上"那么"表示并列关系。）

（3）句子成分残缺或多余（成分多余见后）。和世界上其他语言一样，汉语有自己的语法结构，如果随意省略某个句子成分，会使句子残缺不全，造成交流上的障碍。句子成分残缺就是因为句子里省略了某个必要的成分。常见的有以下四种情况。

① 缺主语。主语在句子里陈述"谁"或"什么"，是句子的重要成分，如果随意省略，就会造成句意的指代不明。

a. "几年来，在各级领导的关怀下，通过出去参加培训、学习，使我园教师教学水平有很大提高。"

（由于滥用介词"使"，造成主语残缺，应去掉"使"，让"教师"成为主语。）

b. "对于我们幼儿园，由于开展了蒙氏教法、多元智能课程的实验，出现了新气象。"

（滥用介词"对于"造成主语残缺。应去掉"对于"，让"幼儿园"成为主语。）

上述案例都是滥用介词而造成主语残缺，表达混乱。

② 缺谓语成分。谓语是用来陈述主语"是什么"或"怎样"的，是句子的主干，不可随意省略。

a. "做好这件事要花很多很多时间，很多很多劳动。"

（在第二个并列关系的单句中缺少动词性成分，应在"劳动"前加上"付出"，使其成为该句的谓语。）

b. "我们必须给幼儿表率"。

（应在"表率"前加上"做出"，使其成为该句的谓语。）

③ 缺宾语。宾语在动词谓语后边，是动词的连带成分，指出动作、行为所涉及的对象是谁或是什么。动词和宾语的关系，总的来说是支配与被支配的关系。在现代汉语中，随意省略宾语也会造成表达上的不完整。

a. "我们一定要提高素质，加强管理，防止恶性事故。"（应在"事故"后面加上"的发生"三个字，让"发生"作为"防止"的宾语，而"恶性事故"只作为"发生"的定语。）

b. "我们要全心全意，关注班里，全面发展幼儿。"

（应在"班里"后面加上"幼儿"。让其成为"关注"的宾语；"幼儿"后面也缺少相应的宾语。）

（4）动词"有"的方言用法。

动词是表示人或事物的动作、行为、心理活动和发展变化的词，在句子中常常充当谓语。"有"本是一个很平常的动词，在汉语中有很多义项，在不同的语言环境里，表达的意思不同。如：

① 表示领有(跟"无"相对):"我有《红楼梦》。"

② 表示存在:"街上有行人。"

③ 表示估量或比较:"这井有五米深。"

④ 表示发生或出现:"她有身孕。"

⑤ 表示多、大:"他有学问。"

⑥ 泛指,跟"某"的作用相近:"有一天,他出现了。"

⑦ 用在"人、时候、地方"的前面,表示一部分:"有人说着,有人唱着。""有时候人多。""有地方没人。"

上述例子中有一个共同点,即"有"与后面的名词构成动宾关系,"有"在句中充当谓语。

在汉语方言区的闽、粤、客家及赣、湘、吴等南方方言区中,动词"有"出现了更多的意义功能,在闽方言中,"有"的用法之一是放在动词的前面,表示完成时态。如:你有看电影无? 秋天来哒! 直架车有去泉州(这趟车会经过泉州的)。树叶到处都有捡。

句子中动词谓语前加"有"的用法,是受方言影响而产生的语言不规范现象,普通话测试试卷中的第三题,就是针对南方方言区包括"有"在内的语法不规范问题而设计,旨在纠正方言在口语交流中语法错误。近年来,在文化传媒活动中,经常听到一些带有南方方言色彩的主持人、演艺界明星或其他年轻人,说话时非常喜欢用"有",把"有"用在动词前,形成动词的并列、重复。如:"你有去过公园吗?""你有吃饭吗?""你有看过这部电影吗?""外婆有来过我们家。"尤其是央视播出的某知名影星的治疗咽喉病药品的广告词"我有吃",对"有"的方言词用法起到了传播作用,引起年轻人的效仿,有些人甚至认为"有"的方言词用法得到国家有关机构的认可,可以作为规范词使用了。

二、言语编码形成过程中的常见问题

语言的交际过程是一个由内到外的动态过程,也是一个复杂的信息输出与输入过程,包括编码—发送—传送—输入—解码几个阶段。作为输出的一方,要经过信息编码、发送和传送。在编码阶段,要求有丰富的词汇,以便选择和使用,这是编码的必备材料;还要懂得语法、语义(包括词义)和修辞规则,考虑怎样使编码正确和便于发送,并且有利于接收。在编码形成的过程中,不管是语言贫乏、思维不畅,还是心理紧张或情绪不佳,都会造成这样或那样的口语问题。

(一)知识贫乏,词汇单调

在现实生活中,每个人都有自己的知识积累,包括生活知识、专业知识等;每个人也都会有自己的语言积累,包括语音、词汇、语法、修辞方面的知识等。丰富的知识储备是口语表达永不枯竭的源泉。在知识广博的前提下,较为丰富的词汇,就会使口语表达左右逢源,既准确又流畅。

幼儿教师是幼儿学习语言的楷模,由于幼儿的年龄特点,幼儿教师与幼儿的交流方式主要是口头语言,因而教师的语言素养直接关系到与幼儿的交流沟通,也直接影响到教育教学效果。新《课标》中,在教育信念与责任里要求"教师是幼儿学习的引导者和支持者",教师的知识、语言丰富与否,关系到教师教育机智的发挥,新活动方案主题的生成,关系到教学的成败。正如苏霍姆林斯基说:"教师的语言修养,在很大程度上决定着学生在课堂上的脑力劳动的效率。"如果教师知识贫乏、词汇单调会带来以下三类问题。

1. 教学内容表达不清

有的幼儿教师因为专业知识贫乏,语言修养欠缺,导致词不达意,教学内容表达模糊。

❀ 范 例 分 析

如 此 点 拨

在"认识人的五官及其功能"的教学活动中,一个幼儿教师这样提问:"小朋友,你们看老师脸上有什么?"一个平时很机灵的幼儿马上站起来说:"老师脸上有黑点儿。"话音刚落,很多幼儿笑了,老师的脸也"腾"地一下红了,一时显得很尴尬。原来,这位老师脸上长有雀斑。她镇静了一会儿,接着问:"你们仔细看看,老师脸上到底有什么? 发现了吗?"幼儿怕说得不对,不敢站起来回答了。有的幼儿小声议论:"老师脸的右边还有颗痦子","老师今天嘴上还画了口红"。老师再次启发:"小朋友要仔细观察,老师脸上到底有什么?"见幼儿回答不出,最后只好指着自己的五官问:"这是什么? 这又是什么?"幼儿这才知道了老师要她们说的是"人的脸上有嘴、鼻子、眼睛、眉毛、耳朵"。然后,老师又分别问:"嘴巴能干什么呀?""鼻子能干什么呢?"……

点评: 这位教师不知道如何启发幼儿认识五官,也不知道如何引导幼儿认识五官各自的功能,只是一再重复"有什么""能干什么"这样的语言,不仅听起来单调乏味,而且教学内容表达模糊不清,幼儿不知道老师到底想问什么。老师很着急,幼儿胡乱猜,教学效率低下。

教学语言表达不清,含糊其辞的主要原因是教师对学科知识理解和掌握得不够扎实,知其然而不知其所以然。只会照本宣科,一旦幼儿出于好奇提出一些生活中的问题,就要么被问住,要么岔开话题。这样的教师很难承担当好"幼儿学习活动的支持者、引导者"的任务。

2. 知识性错误

幼儿园里的知识传授以教师的介绍讲解为主,教师对幼儿的指导主要有两条途径,即言传和身教。言传就是通过语言讲解、传授;身教则是示范、演示。当幼儿对活动的内容不理解,有畏难情绪时,教师再用示范或演示的方法加以说明。即便如此,示范和演示在多数情况下也是伴随着语言讲述进行的。其中,各个学科都有一套专业的概念、术语,知识点之间又有着内在的逻辑关系。这就要求做到:用语规范,表达严密。不能信口开河下定义,不能想当然解释词语,不能模棱两可、不懂装懂,更不能出现知识性的错误。有的幼儿教师试图用自己的语言阐释说明某些专业知识、解释一些术语、概念时,就往往出现语言不够严密、解释不够准确的现象。

例如,有一幼儿问老师:"听我妈妈说,我家的一个亲戚去年秋天到地窖里放东西时,下去不一会儿就没声了,死了。老师,你知道什么原因吗? 为什么在地下超市里不会死人,而在地窖里会死人呢?"面对幼儿的提问,这位老师显得很自信,说:"那是因为地窖里面潮湿呀,整天盖着盖子,盖了一夏天了,不透风,空气不新鲜,又见不到阳光。鲜花栽在里面都不能活,人怎么能不死呢?"

显然,这位老师的解释是不正确的。没有指出由于长时间不通风换气,导致地窖里面严重缺氧,人到了缺氧的环境里会窒息。这才是问题的要害。这位老师的阐释语虽然通俗,但不够严密准确,出现了知识性的错误。

3. 教学语言枯燥乏味

幼儿教师的语言应当形象生动,富有表现力。幼儿的年龄特点决定了他们喜欢生动的、有趣的、形象的、活泼的语言,加上教师丰富的表情和得体的动作,更容易被幼儿所接受和模仿,有利于幼儿语言的发展。如果幼儿教师语言素养不够，就会在教学活动中出现重复啰唆，抽象干瘪，缺少生动、丰富的词语，缺少语调的变化，不善于用近义词、同义词表达同一内容的现象。

例如，中班的活动内容是科学活动"筷子"。活动中老师请孩子们观察自己带来的筷子与其他小朋友的筷子有什么不同。轩轩说："我的筷子是白色的，其他小朋友的筷子是咖啡色的。"老师说："很好，轩轩发现了自己的筷子与其他小朋友的筷子是不一样的，他的筷子是白色的，其他小朋友的筷子是咖啡色的。"

简单重复孩子答案的现象在幼儿园中非常多见，不同程度地存在于各个年龄段的教师中，使幼儿园的教学活动变得冗长乏味，教学节奏缓慢，效率低下。不仅是教学口语贫乏，教育口语也同样存在着单调乏味的现象，如教师对幼儿的表扬语总是千篇一律。

例如，几个幼儿分别答对了问题，老师对他们的评语都是"你真聪明"；幼儿很快做完了老师布置的绘画作业，"你真棒"；幼儿唱歌时拍着小手打节奏，"你真聪明"；幼儿体育活动时动作做得到位，"你真棒"。

"新课标"中要求幼儿教师"尊重幼儿的个体差异，相信幼儿具有发展的潜力，乐于为幼儿创造发展的条件和机会"，"了解教育评价的理论与技术，学会通过评价改进活动与促进幼儿发展"。因此，教师应该针对被评定内容和被评价幼儿的特点进行个性化的评价，指出其"聪明"在哪，"棒"在哪些方面。

范例分析

试比较下面两个案例，分析教师评价所起的不同作用。

(1) 教师提问："为什么水中放了盐，鸡蛋会浮起来呢？"（教师本意让孩子猜测）

甲幼："因为盐加到水里水变多了。"

师："嗯。"

乙幼："水变白了，鸡蛋就浮起来了。"

师："嗯，请坐。"

丙幼："盐放到水里筷子搅拌了，鸡蛋就浮起来了。"

师："噢。"

声音一个比一个小，举手的孩子一次比一次少，气氛显得有些沉闷。

(2) 教师提问："为什么水中放了盐鸡蛋会浮起来呢？"（教师本意让孩子猜测）

甲幼："盐到鸡蛋里去了，所以鸡蛋浮起来了。"

师："有道理，你是这么认为的。"（老师投以赞许的眼光，孩子脸带喜色。）

乙幼："我看见盐放到水里，白白的东西往上跑，鸡蛋就冲到上面去了。"

师："不错，你的想法与别人不一样，还谁有不同的想法？"（教师眼睛扫视全体孩子，辅以期待的神色。）

丙幼："是因为鸡蛋在小的罐子里放了盐浮起来了，在大的罐子里就不浮起来。"

师："你的想法更特别（教师翘起了大拇指）。你们同意他的说法吗？"（顿时，小朋友中间有同意的，有不同意的，教师让孩子们举手发表意见。）

丁幼："我不同意他的说法，因为我的大罐子放了很多盐，鸡蛋也浮起来了，不是罐子的

问题。"

戊幼："我同意他的意见，我的小罐子让鸡蛋浮起来了。"

己幼："因为他的罐子卡住了鸡蛋。"

庚幼："我不同意，我的也是小罐子，没有卡住鸡蛋。"

师："很好，能大胆说出与别人不一样的想法。那到底是怎么回事？我们再试验一下。"

幼："好——"

点评：同一个教学内容的两个案例，因教师的态度不同、应答语言不同，致使幼儿的反应不同，课堂气氛不同，教学效果也自然不同。

有的幼儿教师在讲授某方面知识或布置游戏活动时，总是喜欢这样开头："小朋友，你们喜欢不喜欢滑冰呀？""你们喜欢不喜欢学儿歌呀？""你们喜欢不喜欢唱歌呀？""你们喜欢不喜欢认识字宝宝呀？"幼儿总是不假思索地回答"喜欢"。回答是机械的，表情是麻木的，不假思索脱口而出，因为已经说顺了嘴，而对即将开始的活动缺少期待感和应有的热情和兴趣，长此以往，既不利于幼儿的语言发展、思维的发展，还会让多数幼儿养成不动脑思考、不说心里话、心不在焉、注意力分散的不良习惯。

训练材料

（1）以介绍自然现象"雨"为内容，模拟幼儿园科学活动。要求：精心编写教案，不仅写出活动过程，更要设计好各个环节的教学语言。尤其注意提问语、点拨语、阐释语的准确、严密及幼儿可能会提出的问题，该怎么回答。

一人扮演老师，其他同学扮演幼儿，按照每人设计的活动方案轮流试讲。讲完后互相评议。看谁语言运用得好。

（2）组织一次见习活动，或组织观看幼儿园教学录像课、观摩幼儿园上课实况，归纳总结幼儿教师语言的特点。

（二）思维混乱，条理不清

思维是口语的内化，口语是思维的外在表现。一个幼儿教师如果没有良好的思维品质，就不会有好的语言表达能力。如果思维混乱，就会出现语言表达上的逻辑性错误。

1. 教学语言杂乱无章

教学口语是按照一定的教学目标展开的，怎么导入，怎么讲授，在什么地方提问，怎么点拨，都要精心设计，遵循其内部构成层层展开。否则，没有把握知识内在的联系，随意解说，就有可能造成教学口语的杂乱无章。教学口语混乱无序的表现：说话跑题或话题变来变去，让人不知所云；信口开河，把握不住中心；东拉西扯，最后偏离了主题甚至忘记了预设的话题。

范例分析

小朋友，今天老师和你们玩一个游戏。大家喜欢不喜欢？老师知道每个小朋友的兴趣爱好是不一样的，有的喜欢玩捉迷藏，有的喜欢玩蹦蹦床。女孩子喜欢玩"过家家"，男孩子喜欢玩枪战。一说到捉迷藏呀,老师就想起了自己小时候,那时候老师没你们现在这么多的玩具,你看你们的玩具多多呀,各种各样的布娃娃、绒毛动物、塑料玩具、像各种家用电器呀,还有电话什么的;还有电动飞机、坦克、火车、各种汽车、各种各样的枪,有的像真的一样;还有变形金刚、积木等等。总之,真是五花八门,多种多样。可老师小时候玩的游戏只有捉迷藏,又叫"藏猫猫"。有一次……

点评: 这是一段教学导入语,本来应布置游戏的内容,强调游戏规则。但是,老师在说到第二句时却突然变换了话题方向。信口开河,东拉西扯,最后连自己也忘记该说什么了。

2. 思维与语言不同步

语言和思维相互依存,密不可分。两者的活动要同步,否则就会发生下列问题。

(1) 思维超前。如果思维呈跳跃性运动,口语呈"步行"运动,一快一慢,两者不协调,语言跟不上思维,就会张口结舌,词不达意,形成表达的"迟滞"和"嗫嚅",话语语义有大幅度空白,使口语出现不连贯、表达有漏洞等问题。

(2) 思维滞后。思维迟缓,甚至呆滞,就会"前言不搭后语",思维的停滞会造成表意上的"空白",形成教学口语的停顿、断断续续、语义中断、语速迟缓、插入过多等混乱现象。

训练材料

(1) 命题说话:以小组为单位,抽签指定一个话题,作五分钟思考,然后流畅地说三分钟。要求中心突出,层次清楚。

(2) 读一篇科普文章,然后准确地概括出内容要点。

(3) 观看一段辩论赛录像,欣赏其口语知觉的敏锐性和口语生成的迅捷性。

(4) 学生轮流扮演班主任或校长上台回答学生的提问,其他同学就自己感兴趣的问题提问。

(5) 教师选择一些词语,让学生发挥联想和想象,编成一个小故事,在班上讲述。

(6) 用准确精练的语言介绍"水变冰"的实验过程。

(三) 特殊环境造成的思维中断或内容遗忘

在一般情况下,人的语言表达会伴随着思维连续不断,尤其是在有充分准备的情况下,话语的连续性会保持得更好。但是,人的思维和语言表达又同时受到外部环境的影响,不同心理素质的人受到的影响各有不同。有些人平时口语表达能力并不差,可是一遇到比较正式的场合,如参加较大规模的演讲比赛,或在幼儿园承担观摩活动,或有关部门领导、家长听课等,面对大庭广众便会出现表达不畅,手足无措,面部表情僵硬的情况,期间难免会丢三落四、语无伦次、中途卡壳,也就是由于心理过度紧张而导致的"暂时性遗忘"。在中小学课堂教学中,学生对课文已背得滚瓜烂熟,但当被老师叫到台前背诵时,往往会背不下来,而回到座位上就又想起来了。考试中的"晕场",演讲比赛中的"忘词"都属于这一类。可见,心理紧张等因素会影响记忆,造成暂时性遗忘。心理学家还发现,遗忘与所记材料的内容有关,一般说来,熟悉的内容、形象的材料不容易遗忘;相反,枯燥无味、内容抽象的材料不易保持。

幼儿教师容易遗忘的大多是枯燥抽象的教学内容。有些年轻的幼儿教师,尤其是那些性格内向、腼腆胆小的教师,平时缺乏锻炼,在有人听课时就会心理紧张,思维混乱,心跳加速,甚至出现大脑一

片空白，被"挂"在讲台上的情形。

（四）长期的身心亚健康状态导致语言失控

语言表达往往受情绪的影响，情绪又受心理或生理状态的影响。因此，要想保持良好的口语表达状态就必须保持良好的情绪状态，要想保持良好的情绪状态必须保持良好的生理和心理状态。

幼儿教师作为社会成员，生活中的喜怒哀乐必然反映在情感变化、工作状态上，情绪的变化会带来身体器官机能的变化，如呼吸、脉搏等；会引起面部五官的变化，如高兴时扬眉吐气、不愉快时双眉紧蹙、发怒时双目圆睁、气愤时咬牙切齿等。还表现在语言音调节奏的变化上：悲哀时语调低沉，言语缓慢，语言时有间断，而且声音高低差别很小；喜悦时语调高昂，说话语速快；愤怒时声音高尖而颤抖，有时声音沙哑。以上表现本来是任何一个生活在社会上的人的正常反应，但是职业的特殊性却要求教师尤其是幼儿教师调整、控制好自己的情绪，当生理或心理状态不佳时，不能忘记自己的身份和职责。否则，身心的亚健康状态会使你的情绪、语言失去控制，给幼儿敏感而脆弱的心理造成伤害，近几年因教师语言和行为不当而导致的事件屡见不鲜。

21世纪的中国，社会变化快、竞争压力大，高期望值的家长对教育、教师的过分关注，使本来就担负着多重社会角色的幼儿教师承受了巨大的心理压力。长期工作在身心的亚健康状态中，难免会有如下表现。

1. 职业倦怠

从业人员对自己所从事的职业产生厌倦情绪，导致身心疲惫的心理状态，就是职业倦怠。幼儿园教师的工作是一种精细的、长期的、紧张的并带有创造性的精神劳动，工作的压力，社会、家庭诸事的困扰，往往使人身心疲惫。在与教师的交谈中，我们经常听到这样的话："太累了，每天回到家只想躺在沙发上一个人静一静，一句话都不想说。""夜晚总梦见孩子跌倒了，缝了五针。好不容易睡着了，又梦见家长来追究责任。"这种状态正是职业倦怠的表现。

产生职业倦怠的幼儿教师，对自己所从事的工作不感兴趣，没有热情，做事无精打采，说话漫不经心，眼神呆滞，表情麻木。见到孩子就烦躁，言辞冷漠、尖刻。

范例分析

（1）"老师，我不想画了。"乐乐对老师说。"你可以涂色。""我没有水彩笔，他们不借给我。""那就是你的问题了。""他平时不跟我玩，我就不借给他。"一个小女孩说道。"他还把水彩笔弄坏了。"又一个男孩说道。"好了好了，画完画的可以看一会儿书。"教师制止道。

点评：教师对幼儿发出的求助信息以冷漠的态度进行了反馈，未给予幼儿适宜的指导、支持，教师与幼儿之间未能传递爱与接纳、认可与欣喜的情感。

（2）一个小男孩指着另一个幼儿向教师告状："老师，他撕我的书。""你别告别人，你是什么样子，我最清楚。"教师回应道。

点评：这位教师凭借主观印象以消极的态度制止了幼儿的话语，既未询问双方事情起因，也未给幼儿的同伴交往以恰当的引导。

（3）幼儿教师这样回应幼儿的设想。"我们给卖火柴的小女孩送礼物好吗？"教师提议。"好，送汽车。""汽车现实吗？我们要送小女孩最需要的。""送花！"一个小男孩喊道。"送花干什么，既不能吃，又不能穿，你就不动脑筋想想，一点都不现实，你们要送她最需要的。""送飞机。""你送飞机，你送得起吗？"教师训斥道……

> **点评：** 有倦怠情绪的幼儿教师，对幼儿的所有表现都无动于衷，漠不关心。长此以往，对教师个人的身心健康和幼儿的教育成长都极为不利。

2. 烦躁焦虑

幼儿教师工作繁杂琐碎，事无巨细；工作中的困惑、竞争、压力，同事间的矛盾竞争；来自社会的歧视偏见、不公正等，都可能造成幼儿教师的心情烦闷、焦躁、抑郁、甚至恼怒。如果幼儿教师的自我调节力不强，便会导致焦躁不安，情绪失控，有时可能给幼儿造成身体或心理上的伤害。

❀ 范 例 分 析

> 幼儿教师因为有些家长的不解和刁难，被气得面色苍白，嘴角哆嗦，于是就反唇相讥："说我不负责任，没有爱心？你还到园长那儿告我？你还要让电视台来曝光？你爱去哪告告去，上'焦点访谈'也不怕！""你难道还不了解自己的孩子吗？抢别人玩具的有他，抢别人东西吃的有他，推打别的小朋友的还有他，真是有其父必有其子！"
>
> **点评：** 幼儿教师与家长发生冲突，甚至恶言相向的情况并不多见。遇到不通情达理的个别家长，在多数情况下总是教师在忍让，委曲求全。这也无形中加剧了教师的职业倦怠感。

这种不良情绪很多时候自然会表现在与幼儿的交流上。"你的耳朵哪去了？我都说几遍了？""你怎么这么多事？回到你的座位上去！"有的幼儿教师经常对幼儿说："我今天心情不太好，你们可不要惹我。"上述各种表现，都会对幼儿的心理和性格产生消极的影响。

3. 语言暴力

来自幼儿教师的"语言暴力"可分为讽刺挖苦型、谩骂侮辱型、粗暴恐吓型三类。

（1）讽刺挖苦型。

"你画的这四不像的东西谁看得懂啊？挺有创造力的，你太有才了！"

"就你五音不全，还想当歌唱家，想得美！"

"全班就你明白，让你来当老师吧！"

（2）谩骂侮辱型。

"你怎么这么笨啊，整天跟白痴似的！"

"你顽皮的样子就像个猴子，是不是应该把你送到动物园去？"

"告诉你多少遍了，你就是记不住，没长脑子啊？脑子进水啦？"

"我说话你听见没有，没长耳朵啊？"

"别给脸不要脸！"

（3）粗暴恐吓型。

"别哭了，再哭，把你赶到走廊去罚站！"

"闭嘴，谁再插话我就把他的嘴用针缝上！"

"肃静，再不听话，把你送园长那儿去！"

范 例 分 析

① 有一天，涛涛不小心碰倒了一位小朋友，小朋友告诉了老师。涛涛平常比较顽皮，老师便不问青红皂白地呵斥涛涛："你真讨厌，老是打人！一会儿不准玩游戏！真不讨人喜欢！"或许涛涛已经习惯了老师的这种态度，他并没有为自己辩解，只是后来行为变得粗鲁，甚至动手打人了。问他为什么，他脑袋一歪说："我就要打！反正老师也不喜欢我。"

点评：教师主观武断地处理孩子间的纠纷，不公正的批评，简单粗暴的刺激性语言不但没有达到教育的目的，反而强化了涛涛的攻击性行为。

② 丽丽非常想做早操的领操，老师开始不同意。在丽丽的一再要求下，老师勉强同意了。在做操的过程中，丽丽做错了几个动作，老师便当着大家的面大声训斥丽丽："你这么笨还要上来领操，丢死人了，下去！"丽丽顿时羞红了脸，低着头走了下去。第二天，丽丽便不肯来幼儿园。她妈妈说，夜里丽丽好像一直在做梦，且不时在喊："我不做操，我不做操了！"

点评：俗话说：大人有大脸，小孩有小脸，儿童做事难免有不足和失误，作为教师要精心呵护孩子幼小稚嫩的心灵，以鼓励为主，保护他们的热情和积极性，否则随口而出的语言会给儿童造成心理阴影。

近年来，全国相继出现了令人震惊的"虐童事件"，尽管是特殊案例，却告诉我们，健康的心理状态是合格教师的必要条件，这一点也许比渊博的知识、全面的技能更为重要。当教师的心理出现亚健康状况时，要像对待身体上的疾患一样，积极矫正，对症下药，或根据专家的建议进行自我调整，这样做既是为自己负责，同时也是对幼教事业负责。

三、言语编码发送过程中常见的问题

口语交际过程首先是编码，即选取贮存于自己大脑词库中的恰当词语，按照一定的语义和语法规则把它们有机编排起来，然后再进入发送阶段。在言语编码发送过程中会出现以下语音、语速、语调、吃字、语病和网络流行语体六类问题。

（一）语音方面

在教育教学活动中，由于个人的生理或心理原因，幼儿教师在语音方面会存在不同程度的问题。这里主要谈谈音量。

1. 声音过小

有的幼儿教师说话时气息微弱，底气不足，不会使用共鸣，给人造成听觉上的困难。如果再伴有语音含混不清，句末的字音弱化、虚化，就可能造成语义含混，使听者感到疲惫吃力、昏昏欲睡，教学效果大大降低。许多中小学学生反映，如果上午第一节课的教师说话声音太小，整个上午都迷迷糊糊。中小学生尚且如此，自制力差、注意短暂的幼儿就可想而知。为了提高口语表达效果，幼儿教师必须掌握呼吸发声、共鸣控制、吐字归音的要领，使用科学的发声方法，让自己的声音响亮、清晰、持久。

2. 声音过大

有的幼儿教师身体健壮,嗓门儿高、声音大,说话像高音喇叭,分贝太高的声音会造成幼儿听觉上的疲劳,并形成噪声污染。时间久了,不仅影响幼儿的接收效果,还影响自己的形象。因为当一个人大声说话时,往往声嘶力竭,脸红脖子粗,有时还会青筋暴起、唾液飞溅,令人很不舒服。

3. 声音忽高忽低

有的幼儿教师受情绪影响,声音忽高忽低。发脾气或情绪高昂时,音高八度、声似雷鸣,令人胆战心惊;心情不好、情绪低落时,又有气无力,声音在嗓子里转。这种时高时低、一惊一乍的说话习惯会影响幼儿情绪的稳定,使其缺乏安全感,从内心惧怕教师。

在正常情况下,幼儿教师口语音量应做到:音量大小适度、音速徐疾相间,根据内容、听众的需要做适当调整,要让人跟得上,听得懂。要注意以下两点:

(1) 在室内教学活动中,宜以中音区发音为主,不管教室怎样嘈杂,教师也不能歇斯底里,声嘶力竭。还应注意克服声音弱化、虚化、吃字、先强后弱等语病;户外活动由于场地空旷,声音易散,在没有扩音设备的情况下,可以适当放大音量,提高嗓门儿,以达到组织活动、指导动作要领的目的。

(2) 音量要富有变化。这种变化不是声音的大起大落,而是利用汉语的抑扬顿挫,控制声音的强弱变化,使自己的声音悦耳动听。(训练方法详见第一章第三节)

(二) 语速方面

语速是指语流的速度,是指说话和朗读时每个音节的短长和音节之间连接的紧松。口语转瞬即逝,使得语言节奏是否合理成为信息交流的必要保证。语速快慢要考虑两个因素:一是口语的形式,即朗读与交谈的节奏各异;二是说话的对象,成人和幼儿接受程度不同。由于性格和习惯等原因,有的幼儿教师在口语表达中语速过快或过慢。

1. 语速过快

有的幼儿教师性子急,快人快语,思维敏捷,说话速度过快。每个音节停留时间过短,一闪而过,音节、句子之间的连接过于紧密,形成了紧张、高频的节奏。给人的感觉像连珠炮、机关枪,这种表现被称为"急语"。"急语"不仅会导致一些口误的发生,还会让幼儿无法领会教师的意图,跟不上老师的思维,迫使教师重复强调,使得师生双方都很紧张疲劳。

2. 语速过慢

与急性子相反,有的幼儿教师是慢性子。说话慢条斯理,把每个音节的发音时间延长,尤其是一句话的尾音拉长,即所谓的"拉长腔"。句子之间停顿时间过长,一句一顿地说话。拖音长、停顿多,信息容量太小,即所谓"缓语"。这样,会致使教学结构松散、幼儿注意力分散;与领导、同事、家长交谈时延长了交流时间,也会让听者不耐烦。

训练材料

1. 掌握幼儿教师口语表达的正常速度,保持气沉丹田,气息畅通,做到吐字清晰,节奏鲜明。

2. 针对语速过快者,训练慢速说读。共鸣区应以胸腔、头腔为主,以保持音色的明亮。

① 说一说自己经历的最难过的一件事

② 朗读雷抒雁的诗《小草在歌唱》

3. 针对语速过慢者,训练快速说读。评定标准是看一口气念读的字数及误读率,看谁念得又快又好。

4. 教师提供朗读材料,要求每人读一小自然段。要求一口气急速念出,可以不受语气、语调及标

点符号的限制,在吐字清晰的基础上尽可能快捷。

5. 反复练习念读三段《绕口令》:

桃子李子梨子栗子橘子柿子槟子榛子载满院子村子和寨子。

蚕丝生丝熟丝缫丝染丝晒丝纺丝织丝自制粗丝细丝人造丝。

名词动词数词量词代词副词助词连词组成语词诗词和唱词。

（三）语调方面

语调是指说话的腔调,就是一句话里语音高低轻重的配置。为适应思想感情表达的需要,说话或朗读时,句子总是有高低升降的变化,这种变化就形成了语调。语调是有声语言所特有的,是口语中表达各种语气的声音色彩。说话或朗读时,借助丰富多彩的语调,可以增强有声语言的感染力和说服力。同一句话,用不同的语调,可表达不同的思想感情。有的人说话和朗读时,不能根据思想内容的需要使用语调,总是按照自己固定的语调进行,声音前高后低,前强后弱,或者相反。语调没有明显变化,把复杂变化的语调形式固定成为一种格式,形成一种固定的调子。幼儿教师在语调方面存在的问题主要有以下三种。

1. 和尚念经腔

这种腔调主要是指说话或朗读时机械无感情。这表现为声音、语调单调乏味,像古代计时的更漏一样重复着固定不变的节奏,又像机器人说话没有抑扬顿挫,没有感情色彩;语调平直或任意高低,词和词组没有轻重格式的区分,声音小而速度快;又像是在背书,表情麻木,吐字机械。总之,听起来像和尚念经。如果幼儿教师用这种语调教学,不管教学活动方案设计得多精美,课前准备工作有多充分,也难以达到预期的效果。

2. 方言语调

方言语调指的是因受个人方言背景影响而形成的方言语调。这种情况比较复杂,因各地方言语调不同,朗读或说话时的腔调也不同,只是同一方言区的人的说话腔调基本一致。在电视、广播里,可以从各种各样的方言语调中,判断其方言背景。

例如,湖南人的固定腔调是句子前面比较平直,尾音上扬;广东人的固定腔调是喜欢拉长音,“毛毛雨啦——”“小意西(思)啦——”;四川人的固定腔调是音高偏低,尾音下滑,“你不晓得嘛”“你干啥子嘛”;东北人的固定腔调是语调前高后低,步步下降,“走了,伤自尊了”“啥叫精彩,那叫相当精彩”。总之,方言语调情况复杂,只可用口语模仿,不便用书面语言描述。

幼儿教师要纠正自己的方言语调,用普通话教学,避免把自己的方言语调传给幼儿。

3. 模仿明星语气语调

详见本章开头。

训练材料

1. 反复听《普通话培训测试大纲》(新大纲)中的朗读作品的录音,然后模仿朗读。收听中央电视台新闻联播节目,然后模仿朗读。

2. 班里组织讲幼儿故事或演讲比赛、辩论赛,要求使用普通话。

3. 结合普通话培训,练习说话。先在小组内进行,再找出语调上有系统缺陷的同学上台讲话,大家帮助其纠正。

（四）语流中的"吃字"现象

吃字现象是语言学上说的"脱落"或"减音"现象，由于说话语速过快，三音节词语中间的音节、双音节词语后一音节往往被"吃"。在通常情况下，"吃字"并不是这个音节完全被"吃"尽，而是和前一个字的发音融合成一个。如"派出所"前两个音节会融合为一个音节，读为 pair suo；"马克思"，前两个音节会融合成一个类似入声的音节 mak si；"自行车"读为 zing che；"大木板"读为 dam ban 等。

吃字现象表现程度不同，有的含糊一些，如："有的家长太霸道"，其中的"霸道"听感上好像是"ba da"；"这些问题可能是由于心理原因造成的"，是"心理"还是"xīlǐ"让人分辨不清；有的走音变成另一个音，或"吃"掉了某个音节，容易在上下文的交流中引起误解。例如："通过研讨分析制定出了具体方案"，其中的"方案"一词听起来近似"翻"。"小朋友，快跟阿姨说再见"，其中的"阿姨"听起来像"ai"；"这个方子是鹤年堂的大夫开出来的"，其中"鹤年堂"听起来像"含糖"，整整吃掉了一个音节。吃字表现很复杂，归纳起来主要有以下三种。

（1）声母问题。

其一，送气音与不送气音相混。由于有的声母发音时舌位接近，容易造成声母混淆。例如：

j—q	一届——一切	基础——凄楚	集合——齐合
zh—ch	旋转——宣传	质量——斥量	主存——储存
g—k	建功——见空	牙关——牙宽	敢怪——赶快
d—t	那天——那颠	天地——天替	代替——代地
n—l	远泥——远离	拿来——拉来	南方——蓝方

其二，声母脱落。在双音节词语中，受第一个音节韵尾的影响，第二个音节声母的发音含糊不清，好像没有声母。如："自己"听起来虽然也是两个音节，但可能说成"zìyǐ"后一个音节的声母"j"被吃掉了。"太阳"读成近似于"tài'áng"；还有"幸福"——"幸无"、"喝酒"——"喝有"、"清闲"——"清言"等。

其三，双音节声母同化。就是后一个音节声母受前一个音节影响而发成同一个声母。如："风化"——"风发"、"腐化"——"俯珐"、"附会"——"付费"、"发昏"——"发分"等。（f、h 不分现象见第一章第二节）

训练材料

绕口令练习：

《黄发和房化》（纠正声母 f—h 同化）

　　　　黄发上楼遇房化，房化下楼遇黄发。
　　　　黄发向左让房化，房化向右让黄发。
　　　　房化看着瘦黄发，黄发望着胖房化。
　　　　怀里粉花纷纷落，黄发房化笑哈哈。
　　　　到底是黄发让房化，还是房化让黄发。

（2）韵母问题。

其一，单韵母元音脱落：词语的后一个音节的单元音韵母在发音过程中被吃掉，发成了一个近似的音。例如：

"近日"——jìn r "盲目"——máng m "麻木"——má m

"游戏"——yóu x "油漆"——yóu q "姓徐"——xìng x

其二，齐齿呼与撮口呼互易。例如：

"活动区"——"活动期"，"继续"——"纪系"，

"根据"——"根记"，"区域"——"区易"等。

训练材料

绕口令练习：

吃荸荠（纠正齐齿呼与撮口呼互混）

荸荠有皮，皮上有泥。

洗掉荸荠皮上的泥，削去荸荠外面的皮，

小丽小季和小齐，欢欢喜喜吃荸荠。

大渠和小渠

大渠养大鱼不养小鱼，小渠养小鱼不养大鱼。

大渠水流进小渠，小渠水流进大渠。

大渠里有了小鱼不见大鱼，小渠里有了大鱼不见小鱼。

大渠里小鱼变大鱼，小渠里大鱼变小鱼。

其三，复韵母中的高元音 a 发音不到位，近于 o 或 e。例如：

很长——很成 打骂——打磨 白桦——百货

室外——侍卫 车站——车阵 麦子——妹子

花钱——花茄 实验——实业 勤俭——秦姐

其四，鼻韵母韵尾脱落，造成吃字走音。如：

玉兰花——玉拉花 安全——阿全

新儿歌——西儿歌 月亮——玉亮

（3）音节问题。

其一，因说话太快导致语流中个别音节的弱化或丢失。比如："他们日日夜夜守卫在边防前哨"，其中的"日日"听感上就像一个拉长的"日"音后，另一个"日"字被吃掉了；"今年六一节那天，我园将举行文艺演出"，其中的"艺"含糊不清；"周一正式上课"，近似于"周一正上课"；还有"天安门"中的"安"，"联欢晚会"中的"欢"之类的音节都会在速度较快的语流中被忽略、弱化。

其二，双音节连拼成为一个音节，造成吃字走音。这表现在第一个音节的声母与第二个音节的韵母相拼成为一个音节。比如："我知道咱们大一班的小朋友最聪明了"，其中的"知道"听感上近似于"照"；"中央电视台春节联欢晚会"，其中的"中央"近似"庄"；"张爽的爸爸是铁路公安局的"，其中的"公安"近似"关"；"这首词是李煜写的"，其中的"李煜"听感上近似于"律"等。

吃字现象的出现主要是生理原因,有时是由于语流中前后相关的词语争相出口造成发音位置偏误;有些是因为声母发音部位或发音方法接近引起的语音替代。归根到底,还是说话人口齿不够伶俐,对各发音器官"指挥不灵"。幼儿教师必须口齿清晰,吐字准确,如果平时口腔控制练习不够,说话时舌位动程不圆满,就易出现吐字归音不到位或某个音节的含糊不清,造成吃字现象。所以,必须按前面的发音技巧认真训练,才能克服这些现象。

前面所讲的几种吃字,属于口语语病中的语音口误。例如,受前一个音节影响声母同化、两个音节拼合成为一个新音节等,都是典型的口误,在口语交流中经常出现,故专题介绍以引起重视。

(五)常见语病

1. 口误

一是由于因发音器官紧张(心理或生理原因)出现的口误。

因为心理紧张而出现的口误很常见。比如:我国第一代气象专家走进中央电视台《综艺大观》节目,其中一位老人从主持人倪萍手中接过话筒说:"我首先感谢你让我来到你们中央气象台。"一句话把观众逗的哄堂大笑。倪萍只好说:"阿姨,这里是中央电视台。"老人说:"是啊,我感谢你们中央气象台。"一位主持文化节开幕仪式的市长,待省市领导就位,他精神抖擞地台前一站,清了清嗓子,朗声道:"我宣布,××市文化节现在闭幕!"

口误产生的原因很多:说话心不在焉,"有口无心";心理高度紧张造成了语言错位;思维不清,心情急躁造成了句式杂糅;语言修养较差或词汇贫乏造成了词性误用、语序不当和量词使用不当。

二是综合型口误。

口误的表现纷繁复杂,涉及语音、语汇、语法、修辞、逻辑等方方面面。语言学家沈家煊《口误类例》(《中国语文》1992年第4期)谈到,广义的口误包括词汇错误和语法错误,狭义的口误只指语音错误(吃字)。该文提出了广义的口误八大类,即先置、滞后、互换、颠倒、替代、混合、归并、增减,各大类又分小类。

综合性口误"往往起因于说话人虽然知道或是懂得某种规矩或原则,但是由于主观上注意不够,以致失误"。由于口语表达具有"临场性"的特点,与听话人进行面对面的信息交流。说话人通常是现想现说,边想边说,思维和语言处于同步运动状态,说话人往往来不及斟酌酝酿,加工润色,因而口语表达时难免出现一些不合乎语法、逻辑的语句,造成口误。

有些语病从形式上看是语法错误,但从产生的过程看,可能是一时口误。语言学家沈家煊先生这样解释综合型口误,"两个竞争待选的成分(语素、词、词组)各取其一部分合并为一个成分说出"。这种口误主要有以下四类情况。

(1)词语的漏、添。这类口误的产生,往往是语素、词、词组作为竞争待选的成分,在使用时出现了错误的增减、归并或混合。例如:

① 这些天气不错。(应该是"这些天天气不错"。)

② 我实现了多年终于成为一名幼儿教师的梦想。(应为"我实现多年的梦想,终于成为一名幼儿教师"。)

③ 你这样不用功,很难进步得很慢。(这句话应该是:"……,很难进步。"或"……,会进步得很慢。")

④ 你吃不进下了吗?(这句话应该是:"你吃不进去了吗?"或"你吃不下去了吗?")

(2)词性误用。例如:

① 多么感动的场面啊。("感动"应为"感人")

② 小朋友要把物品整理得干净、整齐、条理。（应为"干净、整齐、有条理"）

（3）词语置换。例如：

① 谁看见我擦纸的脸了？（应为"谁看见我擦脸的纸了"。）

② 他说都不会话了。（应为"他话都不会说了"。）

③ 下一个节目是新疆舞《掀起你的头盖来》。（应为"掀起你的盖头来"。）

④ 升国歌、奏国旗，全场行目注礼。旗场入手。（应为"升国旗、奏国歌，……旗手入场"。）

⑤ 外婆用没嘴的牙津津有味地嗍着。（应为"没牙的嘴"。）

（4）量词使用不当。这是幼儿教师口语中最常见的口误。汉语里有丰富的量词，不同的事物要用不同的量词修饰，约定俗成。有的幼儿教师语言贫乏，能使用的量词有限，造成量词用词不当。例如：

① 我们幼儿园里有一帮默默奉献的幼儿教师。（量词"一帮"的感情色彩不对。）

② 小白兔扛回来一条大萝卜。（萝卜不该用"一条"。）

③ 我们在墙上画一个狗，一个猫，一个马，还有一只小毛驴。（狗用"条"，猫用"只"，马用"匹"，驴用"头"。）

④ 我家村前有一个山，他家门前有一溜杨树。（应为"一座山""一排杨树"。）

⑤ 这个班感冒的孩子比较多，昨天入园的竟减少了近十五多个人。（"近"与"多"矛盾；再说，人没有半个。）

⑥ 这个孩子的饭量不断下降，有时甚至下降了一倍。（"一倍"应为"50%"或"一半"。）

2. 无意识重复

在语言表达中，有时为了强调，有意识地重复相同的词语或句子，这是正常的修辞技巧。可是在口语表达中，经常无意识地重复已经说过的某个词语或某句话，即无意识重复，被称为"重语"。究其原因，可能是缺乏严格的口语训练，形成了不良口语习惯；也可能是自以为重复一遍会起到强调作用，久而久之，习惯成自然，变成难以克服的"顽疾"，这种现象在不同年龄、不同教育机构的教师中均有表现。比如：有的小学教师说"今天我们讲第三节，讲第三节"；有的幼儿园教师讲故事"街上走来一个小矮人，啊——小矮人，小矮人背着一个大布袋，啊——大布袋"。

这种无意识重复，割裂了话语的内容，阻断了语流的连贯，传递的是无效信息。不仅容易造成信息传递的模糊不清，而且会造成话语的堆砌、烦冗和臃肿，引起听觉上的不适。特别是同词、同句的重复，更使口语表达冗长、拖沓。这是每个教师应该避免的语病。

3. 口头禅

口头禅是一种常见的口语表达的"赘疣"。口头禅本是佛教语，指不能领会禅理，只是袭用禅宗和尚的常用语作为谈话的点缀，后来指说话时周期性地在一句话开头、中间或者结尾夹杂一些毫无意义的附加词语。一般在分句首和句末，有时句子中间也会出现。

常在句首出现的多是无实际意义的转接语或发语词。诸如"啊、这、那、这个、那个、那么、然后、其实、结果、完了呢、大体上、基本上、说老实话、我跟你说、你知道吧"等。

出现在句末的多是语气助词或短语，如"对吧、是吧、好不好、是不是、对不对、明白不、听懂了吗"等。

句子中间多出现的是叹词、助词，如"呃、哎、呀、呢"等词和"这个样子、你知道吧"等短语。

这些口头禅在话语中已经失去原词的意义，只是作为习惯性的转接语词或停顿符号，它严重破坏了表达的连贯流畅，干扰了有效信息的传达，增加了听话人听辨的困难，也会破坏听话人的情绪。这是名副其实的"废话"。

"小朋友,(嗯)今天老师(呢)领着你们玩一个游戏,好不好?(嗯,那)这个游戏的名字叫'找好朋友'。(嗯)每个数字(呢)有两个好朋友,(嗯)就是说(嗯)左边一个,右边一个,(那个)请小朋友(嗯)自己动脑筋找一找,(嗯)找好的小朋友(呢)请手拉手站好(嗯,站好)。"

"(嗯,那)谁是4的好朋友?(嗯)想一想,(那个)同意3和5是4的好朋友的请举手,(嗯,那个)同意5和6是4的好朋友的请举手。"

"(嗯),大家找到4的好朋友了没有?(嗯)(那个)张鹏你说说(那)谁是4的好朋友?"(幼儿答)

"(那个)李悦,你来说说4的好朋友还有谁?"(幼儿答)

"(嗯),小朋友你们看啊,(这个)3(呢)比4小1,(那个)5(呢)比4大1,(啊)所以呢,(就是说)3和5才是4的好朋友,(对不对)?(啊)6(呢)比4大2,(就是说)6肯定不是4的好朋友(对不对)?(那个)小朋友,你们弄明白了吗?"(仍有幼儿对"只有比4小1和比4大1的数"才是4的好朋友的答案表现出不解)

点评: 这里且不说用"好朋友"的说法为数字找相邻数是否恰当,单就语言表达看,其中夹杂的口头禅太多,给人以拖沓、呆滞、支离破碎的感觉,冲淡了语意,转移幼儿的注意力,干扰了幼儿的语言接收效率,对处于母语学习阶段的3—6岁的幼儿来说,教师的不良口语习惯会给幼儿语言学习造成负面影响。

造成口头禅的原因很复杂,口头禅常常是一些肤浅乏味的词,与语言贫乏有关;口头禅是无意识状态下说出来的,与思路不清有关;口头禅是一种语言定势,与说话习惯有关。可采取下列方法纠正:说话前先理清思路,把话说得慢些,到口头禅易出现的地方,不妨先停顿一下。开始时可能不习惯,经过一段时间的纠正之后逐渐适应,直到彻底克服口头禅。

4. 语言啰唆、缺乏逻辑性

喋喋不休、短话长说就是啰唆。啰唆的情形有多种,上面谈到的无意识重复、口头禅、口误都可造成啰唆。此外,还表现为短话长说、说话跑题、东拉西扯,一件事情总要从远处说起,半天说不到正题上来。有时解释一个词,要说好多废话,其中很多话与正题无关。有时一件事反复讲,想把意思表达清楚却让人越听越糊涂;还有时是说话人发现口误后为了随即纠正而造成语言啰唆。例如,"我是说,我的意思是";"下面学习第三个动作,不,我是说第二个动作"等。具体表现在以下五个方面。

(1) 成分多余。例如:

① 在我们从事的这项事业当中。("我们从事的"与"事业"重复、搭配不当。)

② 教师在家长会结束时说:"这就是本次家长会的真正目的。"("真正"一词多余。)

(2) 词语搭配不当。

①《小小主持人》节目走出室内演播这是第一次。("走出"和"室内"搭配不当。)

② 痛苦由两个人承担的时候,一份痛苦就成了半份痛苦。(应该是"两个人承担痛苦的时候,痛苦就减少了一半"。)

(3) 句式杂糅。句式杂糅是指有两种或两种以上类型的句子杂糅在一起,从而造成语句结构的混乱。比如:"为了防止这类事故不再发生,我们加强了交通安全教育。"本句将"防止这类事故再次发生"和"使这类事故不再发生"杂糅在一起;"这次运动会的会徽、吉祥物设计的应征者大多是以青年教师为主。"要么说"应征者大多是青年教师",要么说"应征者以青年教师为主"。

（4）句法歧义。"这一发生在普通家庭中的悲剧在亲戚当中也有着不解和议论,要说莉莉的妈妈不爱她家里人谁也不相信。"句子停顿不同,可产生两种理解:一是"要说莉莉的妈妈不爱她,家里人谁也不相信";一是"要说莉莉的妈妈不爱她的家里人,谁也不相信"。还有《新闻媒体使用汉字应规范》中提到的语言结构歧义实例,某电视台的"晚间新闻报道"节目的说法,存在着两种理解:

晚间　　　新闻报道（晚间的新闻报道）

晚间新闻　　　报道（晚间新闻的报道）

（5）逻辑混乱。教师介绍孩子长得高时说"东北人身材高大,这一特征,我们青岛更有",用"更有"似乎在强调"东北人"和"青岛人"的对立;"小学、幼儿园及一切教育机构都要杜绝乱办班、乱收费",小学、幼儿园都从属于教育机构,不能并列,混淆了概念的逻辑关系。

训练材料

1. 同桌之间互相检查对方有无语病,有哪种语病。

2. 听一段自己的说话录音,检查自己有没有语病,有哪些语病,在哪些情况下出现语病,以便加以注意和克服。

3. 流畅地作一次自我介绍(性格、爱好、成长经历、理想等),要做到语言简洁,用词准确,吐字清晰,语流顺畅,上下文过渡自然,没有口头禅、重复、啰唆等语病。

（六）网络流行语体

网络流行语体是在特定语境、特殊人群中流行的语体,是口语表达的结果以书面形式呈现的特殊语言存在。虽然它在正统的汉语语系中显得有些离经叛道,但它轻捷地表情达意,承载了一定的语用功能。网络流行语体主要来源于影视作品、广告、文学作品、社会新闻事件、名人微博、社交网站或网络论坛等,其发展与传播大致都会经历触发与产生、复制与模仿、磨蚀与印记等三个阶段。网络流行语体的快速发展与传播与其自身的社会功能、使用主体的社会心理特点及网络媒介的推动有关。随着互联网应用的普及,网络语言也就应运而生,从网上走出并逐渐渗透到人们的日常用语甚至书面表达中来,引起社会各界的广泛关注。网络语体表现手段极为丰富,外语、方言、拼音、符号、图形等手段都可以出现,同时网络紧跟时代,词语运用追求新奇、时尚和专业化。加上网络语体句子简短,句法灵活,语序富于变化,较少使用关联词语和语义、结构复杂的复句等得以应用传播并且随着时代的发展层出不穷,令人应接不暇,如蓝精灵体、咆哮体、动车体、赵本山体、元芳体、甄嬛体、淘宝体等。下面以淘宝体为例,分析网络流行体的语体特点。

淘宝体是说话的一种方式,最初见于淘宝网卖家对商品的描述。后来因淘宝体亲切、可爱的交流方式逐渐在网上走红。

模板:亲……包邮哦……记得好评哦……

仿句1:"亲,祝贺你哦! 你被我们学校录取了哦!"

仿句2:"亲,9月2号报到哦! 录取通知书明天'发货'哦!"

仿句3:"亲,全5分哦! 给好评哦!"

由此派生出的语体模板:"亲,为什么要犯罪呢亲? 您这罪给十年已经是最优惠了哦亲! 现在入狱包吃包住还送双手连体银手镯哦亲。""刑满释放了哦亲,欢迎下次光临。""出去后要给五星好评哦亲。"

网络流行语体作为一种语言现象,是在快节奏生活状态下为满足人们的心理需要而产生发展起来的。它具有新颖、幽默、风趣、时尚、简洁省事、人情味浓、个性色彩强等特点,正好满足了人们追求时尚、追求个性张扬的心理,作为幼儿教师,在工作之余的休闲消遣活动中使用未尝不可,但是工作中不能用网络语体,如果对幼儿说"亲,祝贺你答对了喔……大家别忘了给他好评喔",或者在组织幼儿讨论时对某个孩子问"元芳,这件事你怎么看"就会使幼儿莫名其妙,甚至造成错觉引起语言表述上的混乱。

思考与练习

1. 什么是"尖音"? 怎样纠正尖音? 注意从班级中查找出有"尖音"的同学并帮助纠正。
2. 语流中的口误现象有哪些? 造成口误的主要原因是什么?
3. 言语编码形成和发送过程中常见的口语问题有哪些?
4. 临时拟定几个话题,然后抽签决定说话内容,在小组内练习说话,之后互相指出语病。
5. 从电视节目主持人的语言活动中找出五例"吃字"表现。

第二节　双向交流中常见问题分析与纠正

在幼儿园教育教学中,教师每天都要和幼儿、家长、同事等进行交流沟通,在各种形式的沟通中,语言沟通对于幼儿教师来讲具有极为重要的意义。语言沟通具有双向性的特点,它是沟通双方一种信息的交换,或者是一种情感的交流,沟通的效果往往就取决于沟通双方的沟通能力。以下重点探讨幼儿教师在双向交流中常见的六个问题,即语境不当、忽视交流对象、打断对方谈话、超前判断、假意倾听和"耳误",阐述了原因并重点提出了纠正的办法,旨在帮助幼儿教师提高语言沟通的能力。

一、语境不当

（一）关于语境

语境就是指语言环境,在双向交流的时候我们都希望把话说得恰当得体,所谓恰当得体就是指在当时的语境中,说话的内容、说话的方式恰到好处。谈到语境,角度和分类有所不同:有的按主客观语境来分,客观语境包括社会背景、时空场合、沟通对象等,主观语境则指说话者,包括说话者的身份、职业、思想、修养、年龄、性别、情绪等方面;有的分为大语境、中语境和小语境,大语境是社会背景,中语境一般指时空场合,而小语境则是上下文或说话中的前言后语。

（二）什么是语境不当

凡是语言的沟通都离不开具体的语境,这个语境或者是语言交流时的社会大背景,或者是具体交流时的时间场合、空间场合等,不论是哪一种语境都对语言沟通的内容和方式有制约作用。如果没有充分认识到语境的这种制约作用,那么谈话的内容和方式就不会适应当时的语境,换句话说,就是因为忽略了语境的因素,而使用了不恰当的交流内容或交流方式,这就是我们所说的语境

不当。

例如，在一家医院的病房里，医务人员正在抢救一个危重病人。这时，一位前来接班的医生指着病人向另一个病人问道："他还有戏没戏？"这句话被在场的病人家属听到，就不依不饶地责怪医生："怎么，你们拿我们的性命当儿戏了？"因此，引起一场医患纠纷。"有戏没戏"本是一句随便使用的惯用语，但在抢救病人这种紧张严肃的场合使用，就会显得不合时宜，引发误会或争端。同样的话在不同的场合、时间及对象面前，其含义也大不一样，由此可见，如果交流沟通离开了当时的语境，说话人没有选择合适的交谈内容和交谈方式，无疑会闹出笑话或导致沟通失败。

鲁迅先生在其杂文里写道：有一人家生了一个男孩，合家高兴极了。满月的时候，抱出来给客人看，……大概是想得到一点好兆头。

一个说："这孩子将来是要发财的。"他于是得到一番感谢。

一个说："这孩子将来是要做官的。"他于是收回几句恭维。

一个说："这孩子将来是要死的。"他于是得到一顿大家合力的痛打。

尽管第三个人说的是实话，但是在当时那种喜庆的场合，就不宜说些让人不高兴的话，正因为第三个人忽略了语境的因素，选择了不恰当的谈话内容，所以遭打也是必然的。不同的语境应该选择不同的语言表达方式或内容，不看场合，看到什么说什么，随心所欲，信口开河，这是一个人"不会说话"的表现。

（三）如何在双向交流中克服语境不当

首先，加强文化修养，学习为人处世、社会生活等各方面的知识。每个人与社会都有千丝万缕的联系，作为社会的一员，如果不具备基本的为人处世知识，是无法在社会立足的。这些处世知识都是和日常生活紧密相连的，诸如访友、寒暄、问候、拒绝、吊唁、介绍别人等，因此我们应该努力掌握这些知识。社会生活方面的知识，包括的内容比较广泛，如风土、人情、习俗、掌故等，更需要潜心学习，并在实践中体会、感悟。为了达到彼此交流沟通的目的，就必须掌握这些知识，否则就会因无知而讲错话，造成不良后果，导致沟通失败。

范例分析

同是对逝者的追忆哀悼和歌颂赞美，因对象的职业身份不同而各有千秋：

雨果评价巴尔扎克："从今以后，他将和祖国的星星一起，熠熠闪耀于我们上空的云层之上！"

恩格斯叙述马克思之死："3月14日下午两点三刻，当代最伟大的思想家停止思想了。"

黄宗英描述演员赵丹之死："一个演员毕生塑造角色，而时代也塑造了他自己。他是在知心的观众欢迎的掌声和殷切的期待中，落下生命之幕的。"

说音乐家聂耳之死："经过23年的青春年华，过早地写下了他生命的休止符。"

点评：雨果用文学性语言"星星、熠熠闪耀"紧扣巴尔扎克"文学巨匠"的身份。后三个段评价分别用"停止思想""落下生命之幕""写下他生命的休止符"凸显对方"思想家""演员""音乐家"的身份。

其次，主动选择时空场合。这里所说的时空场合是指语言沟通中的时间背景、特定的空间场合，按照语境的分类，我们可以把它称为中语境。时空场合是决定交流效果的重要因素，因此为了达到交际目的，可以主动选择恰当的时空场合，以避免不必要的麻烦。

再次，善于利用语境。俗话说"机不可失，失不再来"，如果在交流沟通中能够主动地利用语境，同样会达到预想的效果。

例如：有一次，马克·吐温与一位夫人对坐，他对她说："你真漂亮。"夫人高傲地回答："可惜我实在无法同样地赞美你。"马克·吐温毫不介意地笑笑说："夫人，只要像我一样说假话就行了。"回答风趣，机智，有反讽意味，利用弦外之音令对方哑口无言，非常适合于社交场合。

二、忽视交流对象

兵法上说："知己知彼，百战不殆。"语言交流也是一样，不仅要"知己"，还要充分做到"知彼"，对交流对象的职业、文化水平、性格特点等都要有较充分地了解，并根据掌握的情况选择恰当的交流方式。日本社会心理学家古烟和孝曾说过："即或是最有效的发送者传播最有效的信息内容，如果不考虑接受者方面的态度及其条件，也不能指望获得最大效果。"因此，对于双向交流的任何一方来说，如果忽视了对象的存在，在交流中以自我为中心，就不会保证信息的准确传达和接收，从而影响交流沟通的效果。

在幼儿园的教育教学中，教师常常和幼儿、家长打交道，一旦忽视了交流对象，就会带来不必要的麻烦。

例如，有一位刚入园的幼儿，生活自理能力很差。一天家长来接孩子，保育员当着其他家长的面对他说："你的孩子什么也不会，吃饭、大小便、穿衣、脱衣服、都要人帮忙，他的能力这么差，你们家长也不注意培养，这样的孩子将来是成不了大器的。"家长听了这一番数落，脸色由红变青，最后终于爆发了："我的孩子就是不会才来上幼儿园的嘛……"弄得双方关系很僵。

这位教师不注意家长的自尊心理，直截了当地指出了孩子的缺点，还指责家长的过错，沟通失败是难免的。一般来说，教师找家长谈话时，最好先肯定幼儿的长处，以表扬为主，取得家长信任后，再客观地说出孩子存在的问题。

语言交流具有双向性的特点，不论是在公共场合还是与人个别交谈，说话人不能想说什么就说什么，要从对方的角度考虑谈话内容和方式，创造和谐的交流氛围，达到说话的目的。

幼儿教师如何在双向交流中做到以"交流对象"为中心呢？应注意如下六个方面。

（一）尊重交流对象

在幼儿教师和幼儿的双向交流中，幼儿教师忽视交流对象的原因之一是并没有把幼儿放在平等的交流地位上，如果扪心自问："应该怎样和幼儿谈话？""有没有设身处地地考虑到孩子的感受？""有没有征求过孩子们的意见？"我们就会发现每个幼儿都是一个独立发展的个体，师幼双向交流中，幼儿是思考者、参与者、绝不是被动的服从者、接受者。因此，为了实现真正的沟通，教师应该本着尊重幼儿的原则，为幼儿提供和谐、宽松、民主、平等的沟通环境，把幼儿放在平等的地位上，怀着一颗爱心来和幼儿交流。

尊重交流对象还表现在当对方讲话的时候，做一个积极的倾听者，在听话的过程中表现出足够的耐心，不插话、不打断对方；当自己说话的时候要留心观察交流对象的表情、目光、动作、姿态等，以此来获取有价值的非语言信息，以便及时调整自己的交流方式，达到交流的最佳效果。

（二）重视交流对象的文化程度

沟通对象的文化层次对语言沟通效果有很大影响，因为文化层次的不同，人们对语言的识别能力和理解水平就不一样，所以对文化层次不同的人，语言沟通的内容和形式也要有所不同。

例如，幼儿教师问一个经常来接送孩子的老奶奶："佳佳的双亲常出差吗？"老太太茫然，直到教师

补充了一句："我是问佳佳的爸爸妈妈。"老太太才恍然大悟，"双亲"就是"孩子的爸爸妈妈"。后者更适用于交际对象的文化程度，所以能达到互相沟通的效果。

（三）学会换位思考，揣摩对方的心理

人在不同的情况下会有不同的心态，因此要学会察言观色，洞悉对方的心理，以便有效沟通。以下是社会上广为流传的笑话：一个人做东请客，客人未到齐时他有些着急，就自言自语地说：这该来的都没来！在场的一个人听到后认为自己是不该来的来了，就起身走了，主人又自言自语道：这不该走的又走了。于是，到场的客人全都走了。这个笑话告诫我们说话时要注意语境，因为在特殊的语境中言者无心，但听者有意。

例如，妻子正在厨房炒菜，丈夫在她旁边唠叨不停："慢些、小心！火太大了。赶快把鱼翻过来、油放太多了！"妻子脱口而出："你烦不烦啊？我懂得怎样炒菜。"丈夫平静地答道："我只是要让你知道，我开车时你在旁边喋喋不休，我的感觉如何……"丈夫并未直接表达对妻子平时语言啰唆、干涉太多的不满，而是利用妻子炒菜的时机，巧妙使用换位思考，让对方意识到并能够克服自身的缺点。

（四）了解沟通对象的年龄特征

沟通对象的年龄是语言沟通中不可忽视的重要因素，和不同年龄层次的人交流，一定要选择适合对象的谈话内容和恰当的语言表达方式。如果忽略了交流对象的年龄，那么难免会闹出笑话。

例如，一个上幼儿园的小朋友见妈妈挽留客人吃饭，也拖着客人的衣角不让走。客人问孩子："你用什么招待阿姨啊？"小朋友瞪着眼睛，他听不懂什么叫"招待"。客人忙改口说："那你有什么好吃的给阿姨吃啊？"小朋友听明白了，兴高采烈地说："有好多啊！巧克力、旺旺雪饼。"

幼儿的年龄特点决定了幼儿的语言接受能力和理解能力，因此在和幼儿交流的过程中，幼儿教师要充分考虑到幼儿的年龄特征，使用恰当的话语和他们进行沟通，力求达到最佳的交流效果。

（五）了解交流对象的性格特点

俗话说：百人百性格。对于不同性格的人应采用不同的方式与之沟通：与性格憨厚的人交谈，要实实在在，不可旁敲侧击；与性格直爽的人交谈，要直言直语，不可拐弯抹角；与性格孤僻的人交谈，要循循善诱，不可急于求成。

《论语》记载，孔子的学生子路问孔子："学了礼乐，就可以行动起来了吗？"孔子回答说："有父亲、哥哥在，怎么能不向他们请示就贸然行事呢？"

过了些天，冉有也向孔子问同样的问题，孔子回答说："听到当然要马上行动！"

公西华对此十分迷惑，不明白为什么同一个问题老师却有不同的回答。孔子解释道："冉有办事畏缩、犹豫，所以我鼓励他办事果断一些，叫他看准了马上去办；而子路好勇过人，性子急躁，所以我得约束他一下，叫他凡事三思而行，征求父兄的意见。"公西华听了老师的回答，顿时恍然大悟。实际上，孔子正是因为了解子路和冉有不同的性格，才选择了不同的回答。

幼儿教师在和不同个性的幼儿沟通时，也要根据幼儿的个性特点，注意选择恰当的词语、句式和语气语调。

（六）关注交流对象的兴趣点

沟通交流是一种双向行为，因此交流时要善于发现对方的兴趣点，寻找共同的话题，使交谈顺利进行下去，达到交际的目的。

教师和幼儿的年龄差距比较大，因此要走进幼儿的心灵中去，"以幼儿的眼睛去观察，以幼儿的耳朵去聆听,以幼儿的心灵去感受",真正了解幼儿的兴趣,把话说到幼儿的心里去,激发幼儿的倾听欲望和谈话兴致。

下面的故事颇具启发性:某君以口才伶俐而见长。有人向他求教交谈有什么秘诀,他说:"很简单,看他是什么人,就跟他说什么话。例如,同屠夫就谈猪肉,对厨师就谈菜肴。"那位求教的人又问:"如果屠夫和厨师都在场,你谈些什么呢?"他说:"我就谈红烧肉。"社会生活中的常人尚且如此,教书育人的幼儿教师就更应该引起注意。

训练材料

1. 根据下列三种不同类型的家长,设计谈话内容,要求谈话内容要有针对性。
   一位是脾气暴躁的爸爸;
   一位是溺爱孙子的奶奶;
   一位是放任孩子的妈妈。
2. 用学过的双向交流技巧,以班长的身份与班里性格最孤僻的同学谈心。

三、打断对方话题

在双向交流中,很多人不能够专心听别人说话,时常走神,表现得心不在焉,而且当对方谈兴正浓时,突然插嘴打断对方,从听话者变成说话者,显得很不礼貌。

(一)出现插嘴打断对方的原因

(1)当对对方的谈话没有兴趣的时候,听话人感到厌倦,或者认为对方传达的信息毫无价值,急于想寻找新的话题。(2)从对方的谈话内容中寻找到了自己感兴趣的信息,触发了自己的谈话欲望。(3)当对方不能流畅地表达思想,自己非常想接替对方说话。(4)听到让自己不高兴的话而急于辩白。(5)听到和自己的意见相左的内容而进行反驳。

一般来讲,喜欢打断对方谈话的人常常是那些表现欲比较强的人,这样的人喜欢在双向交流中以自我为中心,自己滔滔不绝,侃侃而谈,全然不顾他人的感受;喜欢狡辩的人、好为人师的人、不懂得尊重他人的人往往如此。

例如,一个家长向幼儿教师询问孩子语言发展的情况,家长说:"我家孩子近期能说很多词、句子,多亏教育得法……"教师马上接过话题说"我们用的是蒙氏教学法,全班的孩子们都参加……"家长的"但是"始终没接上。毋庸置疑,打断对方的谈话,是对对方不尊重的表现,不仅会伤害谈话者的自尊心,还会让谈话者失去谈话兴致,因而就不能很好地了解到谈话者的真实意图,无法达到交流的目的。对于幼儿教师来说,如果总是打断幼儿的谈话,会影响幼儿的语言发展,因为从教师那里得不到应有的尊重和鼓励,幼儿会失去谈话的兴趣。

(二)如何纠正打断对方谈话的不良习惯

1. 学会尊重交流对象

美国行为科学家马斯洛提出过著名的人类需要层次理论,其中尊重需要处于第四层次。尊重需要包括自我尊重的需要和获得别人尊重的需要。人一方面要感到自己的重要性,一方面也须获得他人的认可,包括给予尊重、赞美、赏识和承认地位,以支持自己的感受。在人际交流中,人们只有学会尊重,才会有真正意义上的沟通。要有以"交流对象"为中心的意识,在交谈中每个人都有表现欲,同

时也有被发现、被承认、被赞赏的心理需求,如果只热衷于表现自己而轻视他人的存在,对自己的一切津津乐道,对他人的一切不屑一顾,以自我为中心,就会造成交流的失败。对于幼儿教师来说,学会尊重交流对象是成功沟通的前提。尤其是面对幼儿时,更要放下教师的架子,专心聆听幼儿的谈话,不随意打断幼儿的谈话。即使在幼儿口齿不清,或表达不十分流畅的时候,教师也不能越俎代庖,随意打断幼儿的说话。

2. 学会控制自己的情绪

如果谈话者的内容刺激了你的情绪,或者是兴奋,或者是愤怒,你的内心就会有一种不可抑制的冲动,要去打断对方的谈话,要插进去争辩。你可能会心急如焚、欲罢不能,但是一个不能很好控制自己情绪的人,就无法在交流中占据主动地位,甚至因为自己的言语不当而让交流的效果适得其反。如果非常赞同对方的观点看法,可以通过语言反馈来鼓励对方"你说得太好了""你说得太有趣了""我也是这样想的";如果发现对方说话内容与自己的意见相左,也不要马上反驳,实在不得已,可以用商量的口吻征询一声"请允许我打断一下""请等等,让我插一句",暂时舒缓一下自己的情绪,但不能就此抢过话题,滔滔不绝。

3. 抱着求同存异的心来听

良好人际关系的建立需要努力寻找双方的"一致性",所谓"一致性"是指双方无论在生理或心理上都能进入一个共同的"频道",是指双方观点一致,思考方式一致,行为模式一致。但是,由于每个人的阅历不同,对事物的认识也不一样,观点的分歧也不可避免,这是正常现象,所以在交流中要抱着求同存异的心理,不把自己的观点强加于人,努力寻找他人和自己一致性的信息,让自己比较专注地倾听下去。

四、超前判断

(一)什么是超前判断

语言沟通具有双向性的特点,一方发送信息,一方接收信息并试图理解信息,对于接收者来说,在接收信息的过程中,需要对信息作出分析、判断,从而正确了解谈话人的真正意图。判断应该是在对接收的信息作出全面分析的基础上进行的,但是在很多时候人们往往忽略了作出判断之前的分析工作,按照自己的经验和理解提前判断接收到的信息,揣测发送信息一方的意图,这就是所说的超前判断。

(二)超前判断产生的原因

第一,心浮气躁,没有带着理解和尊重去倾听交流对象的谈话。例如,在教师与幼儿交流的过程中,由于幼儿的语言及思维发展的局限,在表述中出现词不达意的现象,这时候如果幼儿教师没有足够的耐心继续倾听,就会根据听到的只言片语,妄下结论,作出不恰当的评判。

第二,当交流的双方处在不平等的沟通地位时,也会出现超前判断的情况。比如,在师幼交流中幼儿教师没有把幼儿放在一个平等交流的地位,认为倾听幼儿的谈话并不能获得有价值的信息,在幼儿还没有把话讲完时就按照自己的理解评判幼儿,这时候作出的判断往往就会歪曲幼儿的意思,和幼儿内心的真正意图产生偏差。

第三,如果沟通双方在知识、年龄、兴趣爱好等诸多方面存在明显差距,那么占据优势主动地位的一方就会以自我为中心,主观臆断,推测谈话人的意图。超前判断因为没有全面分析接收到的信息,因此判断难免出现偏差,有时甚至和谈话者的真正意图背道而驰。

（三）怎样避免超前判断

第一，做一个优秀的倾听者。优秀的倾听者会尊重交流对象，有足够的耐心倾听对方的谈话，直到谈话结束。尊重交流对象就要把对方放在和自己平等的地位上来，在师幼交流中，这一点尤其重要。例如：一个幼儿在美术活动中，没有按照老师的要求来画出红太阳，而是画了一个绿色的太阳，当老师看到这幅画的时候，如果马上判断出幼儿没有听清老师的要求而指责他，也许会扼杀了一个幼儿的想象力和创造力。如果耐下心来，听到孩子说出"画一个绿色的太阳，小鸭子就不会热了"的时候，就会感到自己的判断和幼儿的所思所想并非一致。

优秀的倾听者不仅会用耳朵听，而且还会用眼睛"听"，察言观色，捕捉对方的非语言信息，在日常生活中，人与人之间的交流和沟通，信息的传递，非语言信息起着非常重要的作用。非语言信息大致分为三类：一类是动态无声的，如点头、微笑、皱眉、摇晃手脚等，被称为手势行为；一类是静止无声的，像站、坐、蹲等，身体本身也可以用不同的方式"说"话；还有一类称为"副语言"，它包括有声的但非言语性的各种动作，如喷嚏、咳嗽等。这些非语言信息与有声语言一起构筑成信息传递的系统。此外，我们还要注意倾听谈话者的语言特征，比如语调、语气等，以此来判断谈话人的真实想法。

第二，加强对交流对象的了解。如果对沟通对象的性格、学识、生活环境、家庭背景等有比较全面的了解，就会有效避免超前判断的发生。在双向交流中，我们常常根据自己的经验对别人的状况作出判断，要想真正了解别人的内心或谈话意图，就应避免用自己的观点来解释从别人身上看到的现象。

五、假意倾听

（一）关于倾听 （详见第二章第二节）

倾听（Listening）是接收口头和非语言信息，确定其含义和对此作出反应的过程。那么，"听"和"倾听"是一回事吗？一般学者认为，"听"是人的感觉器官对声音的生理反应。只要耳朵听到别人谈话，就可以认为在"听"。倾听与听不同，它包括用耳听，用眼观察，用嘴提问，用脑思考和用心感受。因此，倾听虽然以听到声音为前提，但更重要的是必须对声音有所反应。倾听必须是人主动参与的过程，在这个过程中人必须思考、接受、理解，并作出必要的反馈。同时，倾听不仅仅限于声音，还包括理解别人的语言、手势和面部表情等，从这方面来说，人们在倾听对方谈话时，视觉接收到的信息也属于倾听内容。（见表6-1）

表6-1　听和倾听的主要差别

听	倾　听
用耳朵接受各种听得见的声音 只有声音，没有信息 与生俱来的本能 被动的	调动全身的感觉器官获取信息，包括耳眼等 不仅获得信息，而且了解情感 需要技巧和训练 主动的

（二）关于假意倾听

从字面意义上来看，假意倾听就是别人在谈话的时候，假装在听。按照美国著名心理学家托马斯·戈登研究发现，(按照影响倾听效力的行为特征)倾听可以分为三个层次。

层次一：在这个层次上，听者完全没有注意说话人所说的话。假装在听，其实是在考虑其他毫无关联的事情，或内心想着辩驳。他更感兴趣的不是听，而是说。这种层次的倾听，导致的是关系的破裂、冲突的出现和拙劣决策的制定。

层次二：人际沟通实现的关键是对字词意义的理解。在第二个层次上，听者主要听所说的字词和内容，但很多时候还是错过了讲话者通过语调、身体姿势、手势、脸部表情和眼神所表达的意思。这将导致误解、错误的举动、时间的浪费和对消极情绪的忽略。另外，因为听者是通过点头同意来表示正在倾听，而不用询问来澄清问题，所以说话人误以为所说的话完全被听懂理解了。

层次三：听话人表现出一个优秀倾听者的特征。这类倾听者在说话者的信息中寻找感兴趣的部分，他们认为这是获取新的有用信息的契机。高效率的倾听者，清楚自己的喜好和态度，能够更好地避免对说话者作出武断的评价或是受过激言语的影响。好的倾听者不急于作出判断，而是感同身受对方的情感。他们能够设身处地地看待事物，更多的是询问而非辩解。

据统计，约有80%的人只能做到层次一和层次二的倾听，在层次三上的倾听只占20%。按照心理学家的研究，处在较低层次的倾听就属于假意倾听。它主要表现为沟通的一方在倾听的时候，多为有耳无心者，听话人听而不闻，心不在焉，眼睛左顾右盼；或者口头上只是嗯嗯啊啊地随意应答；倾听的时候，心里只想着自己想要说的话，只等对方把话说完，好马上说出自己的想法；或者只择取自己感兴趣的信息来听，从而误解或没能了解谈话者讲话的真正意图，上述这些表现称之为"假意倾听"。

如果听者在双向交流中，常常表现出假意倾听状态，就会让谈话者失去兴趣，自尊心受到伤害，从而阻碍有效信息的获取，导致沟通的失败。

假意倾听的出现，是因为人们的思维远比讲话的速度快，前者至少是后者的3—5倍（据统计，人们每分钟可说出125个词，但可以理解400—600个词），在倾听的过程中，由于思维的速度和听话的速度不同步，就容易在听话时感到厌倦，出现注意力不集中的现象。假意倾听，虽然也给人以倾听的印象，事实上，思绪却在千里之外，因此所获得信息毫无价值。

（三）假意倾听的纠正

1. 树立倾听的意识，充分认识倾听的重要性

有效的沟通始于真正的倾听。戴尔·卡耐基认为：在沟通的各项能力中，最重要的莫过于倾听的能力。而且，"做个听众往往比做一个演讲者更重要"，"一张灵巧的耳朵胜过十张能说会道的嘴巴"。可见，学会倾听是沟通成功的关键。

社会学家兰金早就指出，在人们日常的语言交往活动（听、说、读、写）中，听的时间占45%，说的时间占30%，读的时间占16%，写的时间占9%。这说明，听在人们交往中居于非常重要的地位。古希腊圣贤说："自然赋予人类一张嘴，两只耳朵，也就是要我们多听少说。"

例如，在古希腊，有个人慕名而来向苏格拉底求教演讲的技巧。为了表现自己在这方面的天赋，他滔滔不绝地讲述了自己做了哪些准备，说自己具有特殊的天赋。苏格拉底听了他的叙述后，表示可以收他为学生，但又对这个人讲，"你必须交纳双倍的学费，不然无法学成"。此人大惑不解，怯生生地问："为什么要收我双倍的学费呢？"苏格拉底回答说："我除了教你演讲术之外，还得给你开一门听众课，教你如何保持沉默。你得先学会当听众。"

对于幼儿教师来说，只有学会倾听，才能打开幼儿心灵的窗户，引领他们走进知识的殿堂，让他们快乐地成长。

2. 有效倾听的技巧

（1）精神专注。精神专注是要求听众把所有的注意力都集中在说话人的身上，要心无二用，听别人讲话最忌"左耳朵进，右耳朵出"，倾听时专注的神情，不仅可以让对方感到你的尊重，更重要的是专注倾听他人谈话，可以准确捕捉对方发出的信息，领会对方谈话的意图。做到精神专注首先要注意自身的姿势，一般来讲经常将身体倾向对方是表达专注的方式，但要注意前倾的程度，不能太过。其次，注意倾听时的表情，人的面部表情在人际交往中起着十分重要的作用，它能反映出一个人的情感，传

达着一个人的肯定或否定的态度。认真倾听他人谈话时的表情应该是面带微笑,真诚友好的,这样可以让谈话者感到轻松愉快;此外,面部表情还应该随着说话人的情绪而变化,谈话人从中看出了你的专注、用心,就会保持良好的说话兴致,使交流顺利进行下去。最后,注意保持目光交流,眼睛是心灵的窗户,是传递信息、尤其是心理活动信息最有效的器官。倾听者如果与谈话者保持目光接触,通常表示他对谈话很有兴趣;相反,避免或中断目光接触,通常是对一个人不感兴趣,或对谈话内容不感兴趣。因此,倾听者应以亲切友好的目光注视对方,始终与谈话者保持目光交流。

（2）积极反馈。反馈使沟通成为一个双向的交互过程。在沟通中,双方都不断地把信息汇送给对方,这种信息回返过程叫反馈。反馈可告知发送者,接受者所接受和理解信息的状态。因此,在倾听的过程中倾听者并不是自始至终双唇紧闭,纹丝不动地坐着。倾听是一个积极主动的过程,通常要对谈话的内容做出反应,这样对方在沟通过程中就是一个合作者而非被动的接受者。倾听过程中的反馈可以是语言的反馈,也可以是非语言的反馈。

非语言的反馈是指在倾听的过程中运用眼神、表情等非语言传播手段来表示自己正在认真倾听。尽可能以柔和的目光注视着对方,并通过点头、微笑等方式及时对对方的谈话做出反应。如果对交谈对象的话语明确表示欣赏、赞同,可以不时地交流目光,点头微笑。在倾听他人的交谈中,适度地点头,是对别人谈话的积极反馈,它既表示了你在认真地倾听,也表示你理解或者同意了对方的意思。

在听话的过程中语言的反馈可以不时地说"是的""明白了""继续说吧""对"等话语来表示自己在认真倾听;或者适时地插入"您说得对""是这样的""真有意思"等话语,这样就会极大地鼓舞讲话者,使交谈愉快地进行下去;如果对对方谈到的内容比较感兴趣,可以先点点头,然后简单地表明自己的态度,最后再说"请接着说下去""这件事你觉得怎么样""还有其他事情吗"等,这样会使对方谈兴更浓;如果对对方的谈话不感兴趣,也可以委婉地转换话题,比如,"我想我们是不是可以谈一下关于……的问题",等等。在通常情况下,可以通过复述来帮助理解和弄清对方的意思,简单的做法是:把谈话人刚刚讲过的话,按照自己的理解再陈述一遍,比如你可以说:"我听下来,感觉你说的是……"或"所发生的事是……"或"你的意思是……"这样就不会曲解谈话者意图。

（3）勤于思考。听话听音,要准确地理解对方的意图和内涵,抓住对方说话的要点,并且要善于体察对方谈话的言外之意、弦外之音,注意说话者的语气、用词,理解潜藏在话语中不便说出的深意,从而提高双方的沟通交流的质量和效率。

六、"耳误"现象

"耳误"是指在双向交流中,由于客观环境或交际双方某种主观因素影响而出现的误听。出现误听的原因很复杂,其表现形式也各有不同。

日常生活中的误听,如住宅区废旧回收人员喊:"收废品——收废品了——旧冰箱、旧电视、旧洗衣机、旧思想……"。令人不解的是"旧思想"也能卖钱? 原来是误将"旧纸箱"听成"旧思想"。

误听也经常在视频播出的节目中出现,如电视中的索芙特瘦身广告:张柏芝手托腰间,一摇一摆,风姿绰约地走出来,旁边两个美女羡慕地看着,张说了一句"为什么不用索芙特",有的人听成了"为什么不用手扶着"。听众以为张美人嫌自己的腰太细怕折断,所以告诉大家要用手扶着细腰。

误听发生在幼儿园的各种活动中,如某教师普通话不太标准,她取出一张图片,说:"小朋友,把发给你们的图片拿出来。"孩子们把"图片"误听成"肚皮",一个个撩起衣服,露出小肚皮。老师问:"这图片上画是什么?"小朋友齐声回答:"肚脐眼。"

　　电话交流中的误听,因交际双方的时空距离和缺乏体态语的协助更是屡见不鲜,如男主人在家中接了一个女性打来的电话:

　　女:"你好,我是社区的,协助进行人口普查。请问你家是几个人?"

　　男:"是一个人。"

　　女:"十一个人?"

　　男:"不是十一个人,而是一个人。"

　　女:"二十一个? 怎么又变成二十一个人了?"

　　男(耐着性子说):"你听错了,其实一个人。"

　　女:"七十一个人? 怎么会那么多啊?"

　　男(终于爆发,吼道):"就是一个人!"

　　女:"九十一个? 天哪……"

　　男(顿时崩溃……大声吼道):"二百五,是一个人。"

　　女:"二百五十一个人?"

　　以上出现在不同语境中的误听,尽管有夸张搞笑的成分,但足以表明误听现象的时有发生,尤其是当今现代通讯工具的普遍使用,使发生在电话手机交流中的误听层出不穷,并由此产生误解,有时会造成严重的"误事"后果。避免"耳误"要注意以下几点:(本章已有正面论述,此处简略)

　　一是精神专注集中,不能一心二用,交流中没听清楚的问题不妨再次询问。

　　二是选择适当的通话环境,接听电话的地点具有随机性,街道、商场、车站、公交车上等,这些地方声音嘈杂,不利于沟通,可以根据需要主动要求另约时间再交流,如说:"对不起,现在不方便说话,可否半个小时之后给您回电话?"

　　三是节奏缓慢、语调适中、吐字清晰、语言简洁。

　　四是用重音、重复等突出交流内容里的关键词,如时间、地点、人名地名、号码数字。

思考与练习

1. 通过回答下面的问题衡量自己倾听的有效性。

　　(1) 我是否希望成为好的倾听者

　　(2) 我是否愿意训练自己成为好的倾听者

　　(3) 我是否准备好倾听

　　(4) 我是在用心听,还是在用耳听

　　(5) 我是否连贯地理解自己正在听的信息

　　(6) 我对信息的理解是否正确

　　(7) 我是否每天通过训练来培养自己的倾听习惯

　　如果上述回答否定较多,你就必须重视改善自己的倾听习惯。

2. 阅读下面的故事,结合你的经验,说说倾听的重要性。

　　小猫长大了。有一天,猫妈妈把小猫叫来,说:"你已经长大了,三天之后妈妈就不再喂你奶了,你要自己去找东西吃。"

小猫疑惑地问妈妈:"妈妈,那我该吃什么东西呢?"

猫妈妈说:"你要吃什么食物,妈妈一时也说不清楚,就用我们祖先留下的方法吧! 这几天夜里,你躲在人们的屋顶上、梁柱间、陶罐边,仔细地倾听人们的谈话,他们自然会教你的!"

第一天晚上,小猫躲在梁柱间,听到一个大人对小孩说:"小宝,把鱼和牛奶放到冰箱里,小猫最爱吃鱼和牛奶了。"

第二天晚上,小猫躲在陶罐边,听见一个女人对男人说:"老公,帮我个忙,把香肠和腊肉挂到梁上,关好小鸡,别让小猫偷吃了。"

第三天晚上,小猫躲在屋顶上,从窗户看到一个妇人叨咕着自己的孩子:"奶酪、肉松、鱼吃剩了,也不收好,小猫的鼻子很灵,明天你就没得吃了。"就这样,小猫每天都很开心,她回家告诉妈妈:"妈妈,果然像你说的一样,只要我仔细听,人们每天都会教我该吃些什么。"

靠着倾听别人谈话,学习生活的技能,小猫终于成为一只机智灵活、肌肉强健的大猫,他后来有了孩子,也是这样教导孩子的:"仔细地倾听别人的谈话,他们自然会教你的。"

3. 就某一个话题,同学两人一组,一人先说,一人倾听,谈话结束后,听者复述谈话人的主要观点,监测自己是否领会了说话人的主要意图。然后互换。

4. 从你的生活中找出五例双向交流中出现"耳误"的实例与同桌交换,互相引以为戒。

第三节　肢体语言"语病"

美国著名心理学家艾帕尔·梅拉别斯说:信息的总效应＝10％的文字＋35％的音调＋55％的面部表情。可见,教师所传授的信息能否为对方所接受,很大程度上须借助于教师的肢体语言。关于肢体语言,本教材第二章第二节已按身姿语、手势语、仪态语和目光语分类介绍,下面按此顺序来纠正幼儿教师的肢体语言的"语病"。

一、身姿语

身姿语包括站姿、坐姿、走姿。

(一)不良站姿

站立姿势是教育、教学活动中最主要、最常用的一种姿态。要求教师稳健、挺直,令教学对象感到可信赖,有利于稳定其情绪,振作其精神。不良的站姿,要么显得姿态不雅,要么显得对人不够尊重。若不加以克服,不仅会使本人形象受损,也会给幼儿起到不良的示范作用。不良站姿主要表现为如下五种情况。

(1) 身躯歪斜。教师在站立时,若是身躯出现明显的歪斜,如前倾、后仰、左倾、右倾,频繁地交换双脚重心,都会给人东倒西歪、重心不稳的感觉。还有偏头、斜肩、屈腿,不但看上去不美观,直接破坏人体的线条美,而且还会让人觉得不稳重,没有风度,甚至颓废消沉、萎靡不振、自由放纵。

(2) 弯腰驼背。这是一个人身躯歪斜时的一种特殊表现。除了腰部弯曲、背部弓起之外,还会同时伴有颈部弯缩、胸部凹陷、臀部撅起等不良姿态。凡此种种,显得一个人健康状况不佳,无精打采。

(3) 趴伏倚靠。教学工作的过程中,教师不能在站立时懒散拖沓,双手撑桌,双肩耸起;也不可背、

侧对着幼儿，身体倚靠在桌椅上。

（4）脚位不当。不管是采取基本的站姿，还是变化的站姿，教师均应切记：自己双腿在站立时分开的幅度不要太大，两腿之间的距离不超过本人的双肩，双腿并拢最好。更不能图舒服，一只脚站在地上，同时将另一只脚藏在后面。有的上身趴在桌上的同时，还伴有双脚蹬墙的动作。有时站累了可将身体重心在双腿间轮换，作稍息的站姿，但不要把另一条腿伸得太远。

（5）身体随意晃动。在站立时略作体位变动是允许的，但不宜在站立时频繁地变动体位，身躯扭来扭去，腿脚抖来抖去；教师在讲述讲解时，切忌上身后仰，重心落在后脚，左右摇晃，两脚打颤或轮流抖动，给人轻率、傲慢或紧张的感觉。

（二）不良坐姿

坐姿往往是不同人心态的自然流露。抬头仰身靠在座位上，反映了倨傲不恭的心理；上身略微前倾，头部侧向说话者，是洗耳恭听的态势；上身后仰并把脚放在面前的茶几或桌子上，是放纵失礼的表现；欠身或侧身坐在椅子的一角是谦恭或拘谨的反应；跷起二郎腿不时晃动的坐姿表现了听话人心不在焉；听话人频频变换坐姿流露了疲倦、不耐烦或想发表意见的心理。故此，坐姿应注意以下四种问题。

（1）入座的要求。入座又叫就座或落座，即人们坐到座位上去的行为。在大庭广众之下，一定要坐椅、凳等，坐在桌子、窗台、地板上是随便的、失礼的表现；就座时，要尽量轻声慢坐，不要弄出声响，影响他人。

（2）离座的要求。起身离座时，最好动作轻缓，无声无息，尤其要避免"拖泥带水"，碰撞座椅，或将椅垫、椅罩弄掉；离开座椅后，先要采用"基本的站姿"站定之后，方可离去，否则会显得过于匆忙。

（3）下肢的体位。在大庭广众落座时，教师不宜采用一些不良的坐姿，如双腿叉开过大、跷起二郎腿不时晃动、双腿直伸出去、将腿放上桌椅、腿部抖动摇晃、脚尖指向他人、以脚蹬踏它物、自脱鞋袜、以手触摸脚部、双手抱在腿上、将手夹在腿间等。

（4）上身的体位。坐好之后，头部、躯干与上肢的具体位置，要做到：躯干挺直，胸部挺起，腹部内收，腰背挺直；应避免出现仰头、低头、歪头、扭头等情况。

（三）不良走姿

不良走姿是指教师在组织教育、教学活动时的行走姿势，也包括日常生活中的行走姿势。常见的问题是：步幅过大过小，步频过慢过快。一般说来，最佳的步幅应为本人的一脚之长；脚步移动的频率，还应当快慢适中。步幅过大、步频过慢，会显得拖拖沓沓、滑稽可笑；步幅过小、步频过快，会显得行色匆匆，不够从容稳健。

总之，一个教师要时时注意自己的举止言行，坐有坐相、站有站相、走有走姿，达到古人所要求的"坐如钟、站如松、行如风"。

二、手势语

在所有的态势语言中，教师对手势语的使用频率最高。幼儿园教师经常在教育教学中借助手势语的配合达到教学目标。使用时应做到协调、恰当、自然。过于夸张则显得不真实，带有表演性；过于死板则显得拘谨、机械，缺少生气；手势语过多过乱则喧宾夺主，分散孩子的注意力。

幼儿教师在手势语运用时存在问题：小动作太多，诸如抓耳挠腮、挖鼻孔、挖耳朵、摸头发、手沾唾液翻书或讲稿、撸胳膊挽袖子、用敲击发出的声响警示幼儿；双手插在衣服口袋内，双手抱在胸前，双肘支于讲台上，用两手托住下巴，长时间用双手撑着讲台；对幼儿指指点点。具体表现如下。

（1）背手。在幼儿园里，领导、教师背着手走动、巡视的情形很常见。据有关研究表明，背手可以作为一种权威显示。教师背着手,就显得威严,高高在上,盛气凌人。这样,给幼儿造成心理上的压力,使幼儿产生害怕、不敢亲近的感觉。这种感觉延伸到师幼关系上,就会影响教师和幼儿之间的交流和沟通,不能形成教师与幼儿之间朋友式的平等、和谐关系,不利于幼儿园的教育教学的开展。

(2)双臂交叉于胸前。双臂交叉能显示神气十足的精神状态,给人一种"目中无人"、"唯我独尊"的感觉。在幼儿园里,成人绝对的身高优势已经给孩子形成老师高高在上的心理压力,加上教师双臂交叉站在孩子前面,他们唯一看到的是交叉的双臂,却看不见老师的眼神,不便于理解领会老师的意图,不利于建立融洽的师生关系。

(3)训斥性食指点戳。由于幼儿年龄小,出现错误在所难免。有的教师在批评训斥时伴有用手指指点点、用教鞭敲击物体、拉扯幼儿等不良手势。甚至在生气时伸出食指恶狠狠地点戳幼儿的额头。这是一种极不尊重孩子的手势语,不仅使幼儿在内心对老师产生畏惧、逆反和愤恨,不敢尝试创造,怕犯错误,形成胆怯、软弱的个性;而且非常容易伤害孩子脆弱的心灵和纯真的情感。

加里宁曾说:"教师仿佛每天都蹲在一面镜子里,外面有几百双精细的、富于敏感的、善于窥测教师优点和缺点的孩子的眼睛在不断地盯着你。"任何一个孩子都不会向后背着手、怒视自己、抱起双臂高高在上或训斥自己的人敞开心扉、吐露心声。

三、仪态语

仪态包括仪表和仪容两方面。仪表是指说话者的身材、容貌、仪表、服饰等。这些虽然都是外在因素,但在某种程度上也反映着一个人的内在精神气质,体现出文化素养和审美观念。作为教师,仪态、服饰打扮:一要庄重、整洁、典雅,能显示出教师丰富的精神世界和个人修养;二要符合教师的年龄、性别、性格、体态、脸型、肤色等方面的特点,力求做到协调、自然;三要体现职业特点,朴素大方,既不要过分花哨、新潮,也不要过于古板、随便。

幼儿教育的职业,要求教师在仪容上格外注意,首先应有良好的卫生习惯,面要净,不可浓妆艳抹;发要理,不可过于夸张招摇;也不用穿金戴银、首饰繁杂,以免造成意外事故。良好的仪容能反映出教师的个人风采,展示教师的社会职业形象,从而培养孩子正确、健康的审美情趣。整洁的面容,端庄的外貌,优雅的姿态,使孩子产生愉悦感和安全感。

幼儿教师多数是年轻的女性,喜欢追求时尚,有的人在穿着打扮上不愿受教师职业的约束,因此带来仪态语方面的一些问题。譬如有些年轻教师穿奇装异服显得不伦不类。有的女教师不顾自己的体型、脸型、肤色,也跟着潮流穿体型裤或超短裙,使臃肿的体态暴露无遗,更有甚者,有的女教师下身穿米色紧身体型裤,看上去像是没穿裤子,很不雅观。还有的上身穿得薄、露、透,过于性感;还有的戴着大耳环、浓妆艳抹,显得很低俗等。

四、目光语

目光语主要是指人的眼神,这里也包括人的面部表情。面部表情是最丰富、最能传情达意的肢体语言。心理学家艾尔特·麦拉比恩在一系列实验研究的基础上证实:有55%的信息是通过面部表情来进行交流的。许多学者发现儿童的特点是首先把注意集中在人的面部。面部表情反映着一个人的精神面貌,幼儿教师的面部表情应该是亲切、真诚、和蔼,给孩子温暖踏实可信赖的感觉。幼儿教师的表情应是严肃时不冷漠,热情时不放纵。

在面部表情中目光语最富有表现力,是教师"心灵的窗子",孩子既能从老师的眼神中读到赞许、

信任、鼓励和肯定等积极情感，也能读到否定、怀疑、嘲讽、轻蔑等消极情感。幼儿教师的眼神运用存在如下两个问题。

（1）说话时：教师在各种活动中的讲解说话时，眼神黯淡无光、无精打采；眼睛上翻盯着天花板，令前排的幼儿遭白眼；长时间看着窗外或教案，不敢正视幼儿，手势语与目光语不同步；或视角频繁更换，目光飘忽不定，给人心不在焉的感觉。

（2）交谈时：视线不与幼儿交流，冷落听话者，使之产生被忽视、被冷落的感觉；长时间盯住某个幼儿或某个方向，使人感到不自在，造成心理压力和紧张感；眼球滴溜溜乱转或眼动头不动；边想边说时频繁眨眼或闭目思索；表情过于丰富夸张、挤眉弄眼等。

在教学对象面前，教师要目光分配合理，通过丰富恰当的目光语进行双方的互动交流，要把目光的中心放在人群中间略前的位置，并经常兼顾其他，以便随时调控，让教师的目光语成为活动现场氛围和学生情绪变化的"控制中枢"。

思考与练习

1. 对照教材找出自己在仪容、眼神、姿态、动作方面的不当态势语。

2. 观看教学片段录像材料，评议录像中教师的态势语言运用是否恰当。

3. 请学生到讲台前即兴说话，其余同学评析其态势语言的运用情况。即兴说话题目：

  （1）我喜爱的一件物品（详细描述）

  （2）童年的趣事（边述边评）

  （3）一个老师的外貌及性格特点（描述）（边述边评）

  （4）我最崇拜的明星（边述边评）

  （5）我们的校园（解说）

4. 纠正不良态势语言练习：

  （1）将身体背靠墙壁，使后脑、肩、腰、臀部及足跟与墙壁靠紧，以纠正不良站姿。

  （2）头顶书本站立，不能使其落地，上身、颈部挺直，收下巴深呼吸。

  （3）练习入座和离座。注意动作优雅得体。

  （4）对镜练习走姿，要抬头、挺胸、步履稳重轻盈、速度适中。

  （5）对镜练习：微收下颌，目光平视，面带微笑。

  （6）用肢体语言表达出以下几种内容：鼓励、表扬、赞同、支持、批评、否定、反对。

主要参考文献

1. 人民教育出版社中学语文室. 现代汉语知识[M]. 北京：人民教育出版社,1999.

2. 程培元. 教师口语教程[M]. 北京：高等教育出版社,2004.

3. 李珉. 普通话口语交际[M]. 北京：高等教育出版社,2004.

4. 汪缚天、张祥华. 师范生口语读本[M]. 北京：开明出版社,2005.

5. 周兢、余珍有. 幼儿园语言教育[M]. 北京：人民教育出版社,2004.

6. 刘晓明、陈德峰、童水明. 口语交际的理论与技巧[M]. 北京：高等教育出版社,2002.

7. 刘伯奎、王燕、段汴霞. 教师口语训练教程[M]. 北京：中国人民大学出版社,2000.

8. 谢贤扬. 创造性思维训练(中学版)[M]. 武汉：武汉大学出版社,2000.

9. 李惠中. 跟我学礼仪[M]. 北京：中国商业出版社,2002.

10. 庞丽娟. 教师与儿童发展[M]. 北京：北京师范大学出版社,2003.

11. 张明红. 幼儿语言教育[M]. 上海：上海教育出版社,2001.

12. 孙海燕. 口才训练十五讲[M]. 北京：北京大学出版社,2003.

13. 翟雅丽. 教师口语技巧[M]. 广州：暨南大学出版社,2001.

14. 内蒙古自治区汉语言文字工作委员会办公室. 普通话水平培训测试读本[M]. 呼和浩特：内蒙古大学出版社,2005.

15. 林崇德. 中国少年儿童百科全书(人类·社会)[M]. 杭州：浙江教育出版社,1997.

16. 〔美〕希尔达·L. 杰克曼. 早期教育课程——架起儿童通往世界的桥梁[M]. 杨巍等译. 北京：中国轻工业出版社,2002.

17. 《厦门实验区新课程教学案例》编委会. 幼儿园主题活动案例[M]. 福州：福建教育出版社,2004.

18. 梁志燊. 幼儿园课程实验教材[M]. 北京：中国和平出版社,2001.

19. 郑全全、俞国良. 人际关系心理学[M]. 北京：人民教育出版社,1999.

20. 陈翰武. 语言沟通艺术[M]. 武汉：武汉大学出版社,2006.

21. 张韬、施春华、尹凤芝. 沟通与演讲[M]. 北京：清华大学出版社,2005.

22. 李岳. 赢在倾听[M]. 广州：广东经济出版社,2006.

23. 〔美〕马修·麦凯、玛莎·戴维斯、帕特里克·范宁. 人际沟通技巧[M]. 郑乐平等译. 上海：上海社会科学院出版社,2005.

24. 万迪人. 现代幼儿教师素养新论[M]. 南京：南京师范大学出版社,2002.

25. 陈三桥. 说话办事恰到好处[M]. 北京：当代世界出版社,2005.

26. 谭春虹. EQ情商[M]. 北京：海潮出版社,2005.

27. 中国社会科学院语言研究所词典编辑室编纂. 现代汉语词典(第7版)[M]. 北京：商务印书馆,2016.

28. 中国哲士网：教育资料《体态语》说课教案.

29. 钱维亚. 幼儿教师口语[M]. 北京：高等教育出版社,2008.

30. 黄翠萍. 响鼓也用重锤敲[J]. 早期教育(教师版),2011(4).

31. 欧隆芳. 家长眼中的园长角色[J]. 早期教育,2011(1).

32. 马宏. 幼儿教师口语[M]. 北京：北京师范大学出版社,2011.

33. 吴雪青. 幼儿教师口语[M]. 上海：华东师范大学出版社,2012.

34. 梁雅珠、赵霞. 幼教行为指引手册[M]. 北京：中国经济出版社,2002.

35. 姚继业、师之蕴. 幼儿教师用语、忌语集. 广州市教育委员会,1998.

图书在版编目(CIP)数据

幼儿教师口语训练教程/王素珍主编. —3 版. —上海:复旦大学出版社, 2020.5 (2024.8 重印)
ISBN 978-7-309-14856-5

Ⅰ.①幼… Ⅱ.①王… Ⅲ.①幼教人员-汉语-口语-幼儿师范学校-教材 Ⅳ.①H193.2

中国版本图书馆 CIP 数据核字(2020)第 026305 号

幼儿教师口语训练教程(第三版)
王素珍 主编
责任编辑/查 莉

复旦大学出版社有限公司出版发行
上海市国权路 579 号 邮编:200433
网址:fupnet@ fudanpress.com http://www.fudanpress.com
门市零售:86-21-65102580   团体订购:86-21-65104505
出版部电话:86-21-65642845
上海崇明裕安印刷厂

开本 890 毫米×1240 毫米 1/16 印张 16.5 字数 431 千字
2024 年 8 月第 3 版第 6 次印刷
印数 29 501—35 600

ISBN 978-7-309-14856-5/H · 2962
定价:49.00 元